Evangelische Hochschulperspektiven

Band 5

 PROF.DR.PHIL.
MARTIN BECKER

FEL – Forschung, Entwicklung, Lehre

ist der Verlag des ‚Forschungs- und Innovations- Verbundes an der Evangelischen Hochschule Freiburg' FIVE, vormals Kontaktstelle für Praxisorientierte Forschung. Seit Anfang der 90er Jahre erscheinen im Eigenverlag Forschungs- und Projektberichte aus der Arbeit des Instituts. Unter dem Namen FEL werden neuerdings auch Unterrichtsmaterialien und Lehrbücher sowie Tagungsberichte und Reader/Festschriften verlegt.

Evangelische Hochschulperspektiven

Die Reihe Evangelische Hochschulperspektiven will die fachliche Arbeit der vier beteiligten Hochschulen in den Bereichen Bildung, Wissenschaft und Forschung exemplarisch einer interessierten Öffentlichkeit darstellen. Die Reihe versteht sich als wissenschaftliche Fachpublikation, die jährlich einen Band mit einem interdisziplinären Fokus hervorbringt, der sich an einem aktuellen Thema gesellschaftlicher Entwicklung im Bereich des Bildungs-, Gesundheits-, Sozialwesens orientiert. Dabei soll das kirchliche Profil der Hochschulen inhaltlich ebenso zum Tragen kommen wie die verschiedenen Fachbereiche bzw. Studiendisziplinen der beteiligten Hochschulen. Am Ende enthält jeder Band der Reihe in fortlaufender Aktualisierung eine Publikationsliste der Lehrenden der vier beteiligten Evangelischen Fachhochschulen.

Band 1 (2005): Bildung
Der erste Band der Reihe befasst sich mit dem Thema Bildung. Bildung wird darin aus der Perspektive eines christlichen Menschenverständnisses verstanden als Prozess, in dem der Mensch, in Auseinandersetzung und Beziehung zur Umwelt, seine seelisch-geistig-kulturelle Identität in Kritik und Urteil erfährt.
ISBN 3-932650-17-4   **208 Seiten**   **12,-**

Band 2 (2006): Interkulturalität
Die Aufsätze des zweiten Bandes drehen sich um verschiedene Themenkreise des weiten Themas der Interkulturalität. In dem Band wird das „Inter" vor der Kulturalität verstanden als eine Bewegung des Friedens und der Verständigung, die auf Gerechtigkeit, Toleranz und Verständnis basiert.
ISBN 3-932650-20-4   **252 Seiten**   **12,- €**

Band 3 (2007): Soziale Gesundheit
Der dritte Jahresband ist dem Thema Soziale Gesundheit gewidmet. Gegen einen rein individualisierenden Zugang zum Thema Gesundheit geht der Band von gesellschaftlichen bzw. sozialen Konstrukten von Gesundheit und Krankheit aus. Er plädiert für eine Gesundheitsversorgung, in der soziale Aspekte im Sinne von Public-Health-Verantwortung, Prävention und Gesundheitsförderung integriert sind.
ISBN- 10 3-932650-23-9   **320 Seiten**   **15,- €**

Band 4 (2008): Evangelisch - Diakonisch
Der vierte Jahresband dieser Reihe diskutiert aus verschiedenen wissenschaftlichen Perspektiven die theologischen und ethischen Grundlagen diakonischen Handelns. Er beschäftigt sich dabei sowohl mit Grundsatzfragen als auch mit den Fragen nach diakonischem Handeln in kirchlichem Kontext, dem evangelisch-diakonischen Auftrag in Bildungseinrichtungen und schließlich dem diakonischen Handeln in der Leitungsverantwortung.
ISBN- 978-3-932650-23-1   **288 Seiten**   **15,- €**

Armut – Gerechtigkeit

herausgegeben von
Wilhelm Schwendemann und Hans-Joachim Puch
in Zusammenarbeit mit Richard Edtbauer und Alexa Köhler-Offierski

Evangelische Hochschulperspektiven Band 5 / 2009

Eine Fachbuchreihe, herausgegeben von den vier Evangelischen Hochschulen Darmstadt, Freiburg, Ludwigsburg, Nürnberg.

Redaktion im Auftrag der Hochschulen:
Prof. Dr. Alexa Köhler-Offierski, Evangelische Fachhochschule Darmstadt
Prof. Dr. Wilhelm Schwendemann, Evangelische Hochschule Freiburg
Prof. Richard Edtbauer, Evangelische Hochschule Ludwigsburg
Prof. Dr. Hans-Joachim Puch, Evangelische Fachhochschule Nürnberg

© 2009 FEL Verlag Forschung – Entwicklung – Lehre

FIVE Forschungsinnovationsverbund
an der Evangelischen Hochschule Freiburg,

Satz, Layout und Druckbegleitung:
Agentur Heike Kammerer, Waldkirch

Druck: fgb freiburger graphische betriebe

Bestelladresse:

Verlag Forschung – Entwicklung – Lehre Freiburg i. Brsg.
Bugginger Str. 38, 79114 Freiburg
Telefon: 07 61 / 4 78 12 - 57, Fax: 0761 / 4 78 12 - 22
E-Mail: fel@eh-freiburg.de
Internet: www.fel-verlag.de

ISBN 978-3-932650-36-9 304 Seiten 15,- €

Vorwort

Einleitung: Zwischen Armut und Gerechtigkeit

Die diesjährigen Evangelischen Hochschulperspektiven haben sich eines gesellschaftlichen Themas mit Sprengstoff angenommen: Armut – Gerechtigkeit. Gemeinsam ist den Aufsätzen in diesem Band, eine Verhältnisbestimmung zwischen den Formen von Armut und Gerechtigkeit als Partizipationsgerechtigkcit herzustellen und Absolventinnen und Absolventen der Hochschulen für Soziale Arbeit mit entsprechenden Wahrnehmungskompetenzen jenseits des mittelschichtorientierten Blicks auszustatten für die vielen sozialen Notlagen. Lapidar heißt es im dritten Armutsbericht der Bundesregierung: „Armut ist ein gesellschaftliches Phänomen mit vielen Gesichtern. Es entzieht sich deshalb einer eindeutigen Messung ... Kern sozial gerechter Politik ist es, ökonomische und soziale Teilhabe- und Verwirklichungschancen für alle Mitglieder in der Gesellschaft zu ermöglichen. Politik, die dazu beitragen will, Armut und soziale Ausgrenzung zu verhindern, kann sich daher nicht in der Sicherung materieller Grundbedürfnisse erschöpfen. Dauerhafte Abhängigkeit von staatlicher Fürsorge führt zur Verfestigung von Armut – teilweise über Generationen hinweg – und muss vermieden werden. Entscheidend für den Erfolg einer solchen Politik ist eine wirksame Aktivierungspolitik mit Angeboten etwa für Betreuung, Bildung und Weiterbildung, um die Beteiligten zu befähigen, so weit wie möglich vom Bezug von Transferleistungen unabhängig zu werden. Alle müssen die Chance erhalten, ihre individuellen Möglichkeiten auszuschöpfen." (Lebenslagen 2008, S. 21). Bildung und Beschäftigung werden in dem Bericht (S. 24) als Mittel gegen ein „Armutsrisiko" genannt. Doch Armut hat viele Gesichter und allen gemeinsam ist nicht nur materielle, soziale Not, sondern auch, von Teilhabemöglichkeiten ausgeschlossen zu werden. 13% der Bevölkerung gelten nach diesem Bericht als arm, weitere 13% würden durch Transferleistungen wie Kindergeld usw. vor dem Abrutschen in Armut bewahrt. Als arm gilt man als Alleinlebender, wenn man weniger als 60 Prozent des mittleren Einkommens verdient; in Deutschland waren das 781 Euro netto im Jahr 2008 (vgl. Wahl 2005).[1] In der Badischen Zeitung vom 29.08.2009 haben sich die Wohlfahrtsverbände zu Wort gemeldet, um das Thema ARMUT in die Öffentlichkeit zu tragen und der Armut ein Gesicht zu geben. Als Warnung wurde folgende Meldung verstanden: „Armut kann jeden treffen. Im Landkreis Breisgau-Hochschwarzwald sind (Stand März 2009) rund 8700 Menschen von Hartz IV betroffen. Weitere 5755 Personen leben von Arbeitslosengeld, das auf ein Jahr befristet ist. Danach kann es ganz rapide bergab gehen. Bevor Hartz IV gewährt wird, muss alles Angesparte auf-

---

[1] Peter Wahl: Armut global. http://www.blaetter.de/artikel.php?pr=2082 [Abruf 30.9.2009; 20:52]

gebraucht sein. Als Folge ist Altersarmut programmiert. Zunehmend mit Betroffenen konfrontiert werden die sozialen Dienste und Einrichtungen der sechs Verbände, die sich zur Liga der Freien Wohlfahrtspflege im Landkreis Breisgau-Hochschwarzwald zusammengeschlossen haben: Caritas, Diakonie, Arbeiterwohlfahrt, Deutsches Rotes Kreuz, Zentrale Wohlfahrtsstelle der Juden und Paritätischer Wohlfahrtsverband. Arbeitslosigkeit ist ein mehrdimensionales Problem, beeinflusst von der Wirtschaftslage und Politik. Doch dahinter stehen Betroffene und ihre Familien. Wie geht man mit ihnen um? Die Liga fordert die Unterstützung des einzelnen Menschen im System und in seinem individuellen Werdegang. ... Ohne Geld kann man weder ins Kino noch in Konzerte. Man wird vom öffentlichen Leben ausgegrenzt. ... Noch nie sei der Ausstieg aus der Armut so schwierig gewesen wie heute ... Viele können trotz Arbeit und Nebenjobs ihren Lebensunterhalt nicht finanzieren.[2] Klar sind die Aufgaben von kirchlicher und sozialer Arbeit, nicht nur Linderung materieller Not, sondern die Ursachen klären, um systemische Konzepte zu entwickeln. Zudem sind diakonische Supportsysteme notwendig, um arme Menschen wieder am gesellschaftlichen Leben partizipieren zu lassen. An dieser Stelle ist an die Diakonische Konferenz 1966 in Genf zu erinnern, in der sich die im Ökumenischen Weltkirchenrat zusammengeschlossenen Kirchen verpflichtet haben, in ihren jeweiligen Gesellschaften, und hier waren vor allem die Industrienationen gemeint, darauf hinzuwirken, dass jährlich mindestens 2% des jeweiligen Bruttosozialproduktes der Entwicklung zu menschenwürdigen Verhältnissen zur Verfügung gestellt werden sollen (vgl. Ward 1966; Bent 1968).

Armut ist keine gottgegebene Angelegenheit, sondern hat benennbare Ursachen, von denen viele mit struktureller Gewalt zusammenhängen. Johann Galtung und Dieter Senghaas haben 1972 eine Definition von Gewalt vorgeschlagen, die imstande ist, die Komplexität von Gewaltformen zu fassen. Sie schlugen vor, überall dort, wo es eine Differenz zwischen Potenzialität oder dem gibt, was sein könnte, und der Aktualität bzw. dem, was ist, (Globalisierungseffekte, unterschiedliche Lebens- und Überlebensbedingungen, Arbeitsverteilung, Ressourcenverteilung, Nutzung digitaler Medien, Ungleichheit zwischen Männern und Frauen usw.), von Gewalt zu sprechen und diese wiederum in strukturelle, institutionelle, direkte, interpersonale Gewalt zu unterscheiden (vgl. Galtung u.a. 1973; Senghaas; Galtung 1972; Carmichael; Cooper 1972). Auch verschiedene Formen von Rassismus zählen hierzu. Das heißt, es geht um die Unterscheidung zwischen Gewaltverhalten und Gewaltverhältnissen und systembestimmten Gewaltformen. Armut in diesem Sinn hat auf jeden Fall mit massiver sozialer Exklusion und Ungerechtigkeit zu tun. Die Beiträge des diesjährigen Bandes ziehen deutlich die Verbindungslinien zwischen Armut und Gerechtigkeit. Philosophische und sozialwissenschaftliche Modelle von Gerechtigkeit (vgl. Rawls 1998) werden in Beziehung zu christlich-theologischen oder moralphilosophischen Vorstellungen gesetzt, die sich bis

---

2 http://www.badische-zeitung.de/lokales/breisgau/armut-im-landkreis-wir-wollen-orientierung-am-einzelfall--18875218.html [von Sigrid Unger; abgerufen am 30.9.2009; 19:34]

in juristische und sozialwissenschaftliche Diskurse des Bandes hinein ergeben und auch in den sogenannten Handlungsfeldern wahrnehmbar bleiben. Die theologischen Beiträge gehen von der biblischen *Option für die Armen* aus, die sich in der Gottesoffenbarung am Sinai (Ex 3) gründet und Basis und Maßstab für parteiisch-solidarisches Verhalten wird. Gott zeigt in den biblischen Traditionen seine Gerechtigkeit, indem er den Rechtlosen Recht schafft und Gewaltanwender ins Unrecht setzt und in die Schranken weist. Indem Entrechtete oder vom gesellschaftlichen Leben Ausgeschlossene zu ihrem Recht kommen, werden die Täter und die gesellschaftlichen Strukturen von Unrecht als solche entlarvt und bekommen gleichzeitig die Möglichkeit, gerecht zu handeln. Gerechtes Tun auf menschlicher Seite entspricht die Gemeinschaftstreue Gottes. Unrecht und ungerechte Praxis sind also nicht einfach menschliche Regelverletzungen, sondern stellen den Bruch der Gottesbeziehung dar und lassen sich in biblischer Sprache als *Sünde* charakterisieren.

Literatur

Bent, Ans Joachim van der [Hg.] (1968): World Council of ChurchesIndex to ecumenical statements and World Council of Churches official reports = Index des rapports officiels et des déclaration du Conseil oecumenique des Eglises Geneva: WCC.

Bundesministerium für Arbeit und Soziales [Hg.] (2008): Unterrichtung durch die Bundesregierung: Lebenslagen in Deutschland; dritter Armuts- und Reichtumsbericht / [Bundesministerium für Arbeit und Soziales]. – [Berlin]: Bundesministerium für Arbeit und Soziales; Sonderdruck von: Deutschland / Bundestag: Drucksache 16/9915 vom 30.06.2008; Verfügbar als pdf: http://www.bmas.de/portal/26896/lebenslagen_in_deutschland_der_3_armuts_und_reichtumsbericht_der_bundesregierung.html[.]

Carmichael, Stokeley; Cooper, David (1972): Dialektik der Befreiung. Deutsche Erstausgabe. Reinbek bei Hamburg: Rowohlt (rororo, 1274).

Galtung, Johann; Beck, Christian; Jaastad, Johannes (1973): Educational growth and educational disparity. Paris: Unesco (Current surveys and research in statistics. 5).

Rawls, John (1998): Eine Theorie der Gerechtigkeit, Übers. von Hermann Vetter. – 10. Aufl., Frankfurt am Main: Suhrkamp.

Senghaas, Dieter; Galtung, Johann (1972): Imperialismus und strukturelle Gewalt. Analysen über abhängige Reproduktion. Erstausg., 1. Aufl. Frankfurt am Main: Suhrkamp (Edition Suhrkamp, 563).

Senghaas, Dieter; Galtung, Johann (1972): Imperialismus und strukturelle Gewalt. Analysen über abhängige Reproduktion. Erstausg., 1. Aufl. Frankfurt am Main: Suhrkamp (Edition Suhrkamp, 563).

Ward, Barbara (1966): Space ship earth. London: Hamish Hamilton.

Die diesjährigen Evangelischen Hochschulperspektiven gliedern sich in vier Teile

I. **Philosophische, theologische, sozial- wirtschaftspolitische Grundlagen;**

II. **Sozial- politikwissenschaftliche Theoriebildung und Reflexion;**

III. **Juristische Fokussierungen;**

IV. **Empirie und Handlungsfelder Sozialer Arbeit**

I   Philosophische, theologische, sozial- wirtschaftspolitische Grundlagen

Der Beitrag von *Birgit Bender-Junker* fragt nach den sozialphilosophischen und theologischen Kontexten normativer Überlegungen zu Armut und Gerechtigkeit in den „Denkschriften" der EKD. Interpretiert wird die „vorrangige Option für die Armen" als „Leitmotiv gesellschaftlichen Handelns", in dem sich die Einheit von Gottes- und Nächstenliebe konkretisiert mit Folgen für die Perspektiven einer christlichen Ethik. Die „vorrangige Option für die Armen" als Grundlage theologischer Sozialethik wurde zuerst formuliert von lateinamerikanischen Bischöfen 1968 in Medellin und 1979 in Puebla. Bereits sie heben in ihrer Situationsanalyse die strukturellen Ursachen von Armut neben den persönlichen Ursachen hervor, benennen die biblischen Bezüge und verbinden die „vorrangige Option für die Armen" mit der Forderung nach sozialer Gerechtigkeit, die als Teilhabe- und Beteiligungsgerechtigkeit charakterisiert wird. Die Trias von „Teilhabe-, Befähigungs- und Verteilungsgerechtigkeit" wird zum Fundament einer theologisch-sozialethisch begründeten Vorstellung von Gerechtigkeit, auf deren Fundament „evangelische Ethik für alle Menschen den Zugang zu den Grundgütern der Gesellschaft, eine grundlegende soziale Sicherung und eine Qualifikation aller für die Sphäre des gesellschaftlichen Austauschs" fordert.

Auch bei *Maria Knab* steht die Frage nach sozialer Gerechtigkeit im Vordergrund. Sie stellt brisante Fragen: Was hat Teilhabegerechtigkeit mit professionellem Handeln in offenen Settings zu tun? Wen erreichen die Angebote der Sozialen Arbeit und wen nicht? Für wen sind sie angemessen, wem werden sie gerecht und wen schließen sie aus? *Maria Knabs* Grundthese lautet: Über die Art und Weise, wie professionelle Unterstützung angeboten wird, in welchen Settings dies geschieht, über die Art, wie Themen verhandelt, definiert und anerkannt werden, sowie über die Art, wie AdressatInnen dabei begegnet wird, trägt Soziale Arbeit zu mehr oder weniger Gerechtigkeit bei. In offenen Settings werden Menschen erreicht, die nicht nur aus formalisierteren, höherschwelligen Angeboten ausgeschlossen sind, sondern häufig auch insgesamt gesellschaftlich marginalisiert werden. Es geht hier um Zugangsgerechtigkeit im doppelten Sinne: Zugang zu professioneller Hilfe und darüber, je nach Ausgestaltung dieser professionellen Hilfe, Zugang zu mehr gesellschaftlicher Teilhabe.

Stephan Daniel Richter sieht zwischen Gerechtigkeit und Mindestlohn eine sachlogische Verbindung und er bezieht sich in seiner Darlegung grundsätzlich auf die wirtschaftsethischen Überlegungen von Peter Ulrich. *Stephan Daniel Richter* stellt die These auf, dass sich Wirtschaft als „lebensdienlich" zu erweisen (und Löhne und Gehälter sollen das Überleben sichern!) habe und die Marktwirtschaft eine staatliche Veranstaltung sei, welche es zu umgrenzen und zu moderieren gelte. Neben das Individualprinzip werde in besonderer Weise das Solidarprinzip gesetzt. Der Staat habe seiner Ansicht nach dort praktisch einzugreifen, wo der Markt ein menschenwürdiges Leben nicht fördert oder einem solchen im Wege steht.

Konrad Maier wiederum reflektiert in seinem Aufsatz – in Erweiterung zu Richter – die Krise des Sozialstaats und der sog. Sozialen Marktwirtschaft. Diese Krisen mit ihren z.T. irreversiblen sozioökonomischen Entwicklungen führten, so seine Annahme, zu einer Zunahme von ,Armut', wie immer sie definiert wird. In den entwickelten Gesellschaften nehme die Zahl derer, die unter prekären Einkommensverhältnissen leiden, kontinuierlich zu; immer mehr Menschen würden aus den zentralen gesellschaftlichen Systemen des Erwerbslebens, der Wohnungsversorgung, der Gesundheitsversorgung und – insbesondere – der Bildung ausgeschlossen oder sind von einer Exklusion bedroht. Deshalb seien zukunftsträchtige Arbeitsformen jenseits der Erwerbsgesellschaft zu entwickeln. In diesem Zusammenhang spricht *Maier* von sozialen Bürgerrechten. Auch wenn man vom Capability-Ansatz von Nussbaum und Sen ausgehe und ein komplexes System finaler Sozialpolitik zur Gewährleistung bzw. Verbesserung von Verwirklichungschancen unter dem Gesichtspunkt sozialer Gerechtigkeit als gefordert ansähe, sei eine materielle Grundsicherung jenseits von Erwerbsarbeit nach dem Prinzip der Verteilungsgerechtigkeit unabdingbare Voraussetzung für soziale Gerechtigkeit. Eine materielle Grundsicherung sei Voraussetzung dafür, dass Armut bewältigt und neue Formen gelingenden Alltags entwickelt werden könnten. Am konsequentesten könne eine solche materielle Grundsicherung verwirklicht werden durch ein erwerbsunabhängiges Grundeinkommen.

Dirk Oesselmann skizziert in seinem Beitrag die Grundmuster einer Not wahrnehmenden diakonischen Gemeinde, die sich in der Tischgemeinschaft des Abendmahls und im Dienst an den Nächsten gründet. Am Beispiel biblischer und frühchristlicher Geschichten, die gleichzeitig Maßstäbe diakonischen Handelns bereithalten, entwickelt *Dirk Oesselmann* die diakonische Gemeindepraxis, die gesellschaftlich verursachte Armut benennt und öffentlich macht. Vorbilder für *Oesselmann* sind dabei die Kirchen des Südens, aus der Peripherie, von den Armen selbst. Vor allem in Lateinamerika formierte sich seit den 50er Jahren des 20. Jahrhunderts eine Bewegung von unten: sogenannten Basisgemeinden, die wenig später auch die kirchliche Hierarchie der Bischöfe zu einer notwendigen Befreiung aus gesellschaftlich ungerechten Strukturen bekehrten. Es entwickelte sich eine internationale Bewegung unter dem Anliegen „Option für die Armen", verbreitet durch Theologie und Pädagogik der Befreiung, verstärkt auch durch den Ökumenischen Rat der Kirchen in Genf, in dem die Südkirchen oftmals den Ton angaben. Grundlage dafür war, dass die Armen sich mit ihrer Geschichte in der Bibel wieder erkannten und damit die christliche Botschaft als Kraft entdeckten, sich selbst und ihr Umfeld zu verändern. Der große qualitative Unterschied zu anderen Bewegungen aus der Geschichte sei, so *Oesselmann*, dass die Armen sich aus ihrem Objektdasein als Unterdrückte oder auch Almosenempfänger befreiten, um zu Subjekten ihrer Geschichte zu werden.

Jürgen Rausch und *Wilhelm Schwendemann* machen am Beispiel des großen protestantischen Theologen und Pädagogen Jan Amos Comenius auf die Probleme um Bildungsgerechtigkeit aufmerksam und stellen eine Verbindung zu den beiden neueren Bildungsdenkschriften der EKD her. Von Bildung als Lebensbegleitung dürfe auch im Comenianischen Sinn niemand ausgeschlossen werden. Darauf hinzuweisen und gesellschaftliche Änderungen im Sinn sozialer Gerechtigkeit herbeizuführen, sei nach evangelischem Selbstverständnis Aufgabe einer sich in Bildungsfragen diakonisch verstehenden Kirche. Die Teilhabe sei ein zentraler Anspruch des Menschen, die nach christlichem Verständnis in der den Menschen geschenkten Teilhabe an der Wirklichkeit Gottes begründet ist. Teilhabe sei durch den Leib Christi symbolisiert, und Gott gewähre dem Menschen in der Kraft des Heiligen Geistes Anteil an der Fülle an unterschiedlichen Begabungen, die den Menschen dazu befähigen, die ihm in seinen individuellen Lebenslagen gestellten Aufgaben zu erfüllen. Eine aktive Teilhabe, die die individuellen Begabungen für jeden Einzelnen aber auch für das Gemeinwohl wirksam werden lasse, sei Ausdruck einer aktiven und vor Gott verantworteten Weltgestaltung, wie sie Comenius bereits benannt habe.

Claudia Schulz kritisiert in ihrem Aufsatz die Nichtsensibilität von Kirchengemeinden gegenüber Not und die entsprechende Praxis des Ausschließens und des Verweigerns von Teilhabe. An dieser Armut erzeugenden Praxis hätten auch Kirchengemeinden insofern Anteil, weil es oft nicht gelänge, Teilhabe-Hindernisse effektiv abzubauen. Nehme man die beträchtlichen Unterschiede zwischen den Lebenswelten der verschiedenen Menschen ernst, zwischen Überzeugungen, Kommunikationsgewohnheiten und Vergemeinschaftungsformen von Betroffenen und solchen, die niemals von Ausgrenzung und Benachteiligung betroffen waren, werde ihrer Meinung offensichtlich, wie wenig die Beteiligungsmuster der meisten Ortsgemeinden zu einem sozialen Engagement passten, das echte Teilhabeförderung bedeuten könnte. Sie plädiert für eine Milieuanalyse der Wahrnehmungsmuster von Not und Armut im Alter. Der Gedanke der Gerechtigkeit gehe hier dann von einer grundlegenden Ebenbürtigkeit der Betroffenen aus und denke soziales Hilfehandeln als Befähigung.

Einleitung: Zwischen Armut und Gerechtigkeit

II Sozial- politikwissenschaftliche Theoriebildung und Reflexion

Gabriele Kleiner konstatiert, dass in der gegenwärtigen Debatte zum Alter, einerseits Potenziale des Alters in Wirtschaft und Gesellschaft festgestellt würden, andererseits die Altersarmut aber ansteige. Sie fragt deshalb danach, wie diese beiden Aussagen zusammenpassen. Zunächst werden dazu die klassischen Erkenntnisse der Erforschung sozialer Ungleichheit aufgezeigt und durch die aktuellen Ergebnisse der Lebenslagenforschung ergänzt. Alle vorliegenden Daten der Lebenslagenforschung bestätigten die Existenz von Ungleichheit im Alter und zeichneten ein differentes Bild der Zusammenhänge. Vor diesem Hintergrund ergibt sich eine Reihe von Handlungsorientierungen für die Praxis Sozialer Arbeit.

Gisela Kubon-Gilke zeigt, dass die unterschiedlichen Einschätzungen bei der Beurteilung der Leistungsfähigkeit des deutschen Sozialstaats die Schwachstellen des Systems nicht hinreichend erkennen lassen. Das in Europa gängige wissenschaftliche Konzept der Armut sei eng mit dem Mangel an Partizipationsmöglichkeiten verbunden. Mit den bestehenden Instrumenten würde es allerdings schwer, Aussagen über das Ausmaß der Partizipation zu machen. So vernachlässige beispielsweise die Reduzierung auf eine reine Einkommensbetrachtung die staatliche Koordination und Bereitstellung von Gütern und Dienstleistungen etwa im Bildungs- und Gesundheitsbereich. Abschließend werden deshalb alternative Sozialstaatsmodelle skizziert, denen international eine bessere Leistungsfähigkeit attestiert wird.

Benjamin Benz stellt in seinem Aufsatz Orientierungs- und Handlungswissen für eine politisch engagierte Soziale Arbeit am Beispiel von Entscheidungsprozessen in der Wohnungslosenhilfe bereit. Der Autor plädiert vehement für eine organisierte Verteilungsgerechtigkeit, deren Findeprozess für ihn Ausdruck demokratischen Handelns darstelle. Er betont, dass wir es mit in Strukturen gebunden handelnden Akteuren zu tun hätten, mit konkreten Menschen mit Macht, deren Freiheitsgrade in der Sicht von Handlungsdruck, der Analyse von Problemen und der Einschätzung von Handlungsmöglichkeiten begrenzt seien, denen aber innerhalb ihrer begrenzten Möglichkeiten eben diese (begrenzten Möglichkeiten) verblieben. Die Sicht auf die graduelle statt absolute Freiheit und Bindung politischer Akteure sei wesentlich für die Möglichkeiten von Demokratie allgemein, aber auch für die Frage nach Interventionschancen der Sozialen Arbeit in politische Entscheidungsprozesse.

Traugott Schächtele entwickelt in nuce Kriterien eines Wertemaßstabs für professionelles Handeln in kirchlich-diakonischen Arbeitsfeldern, da seiner Meinung ein Pendant zum Hippokratischen Eid im Arztberuf in den benannten Arbeitsfeldern fehle. Er bezieht sich in seinem Diskurs auf Vorschläge von Angel Cabrera und formuliert folgende Basissätze kirchlichen Handelns: „Ich verpflichte mich, meine berufliche Position nicht in der Weise zu missbrauchen, dass ich die mir anvertrauten Positionen ungebührlich durch Machtmissbrauch oder unangemessene Verhaltensweisen in Abhängigkeit bringe oder die Kooperation verunmögliche. Ich verpflichte mich, die von mir verantworteten Organisationsstrukturen so zu gestalten, dass sie die Botschaft von der Menschenfreundlichkeit und Weltzugewandtheit Gottes nicht verdunkeln. Ich verpflichte mich, meine professionellen Aktionen so zu gestalten, dass sie ungerechte und Menschen in ihren Handlungsmöglichkeiten einschränkende Strukturen und offenkundige oder verborgene Ungerechtigkeit nicht zementieren, insbesondere dadurch, dass meinem Handeln eine theologisch wie sozialpolitisch zu begründende „Option für die Armen" zugrunde liegt. Ich verpflichte mich, mich fachlich (theologisch und pädagogisch) fortzubilden, eine auf Akzeptanz aufbauende Feedback-Kultur zu etablieren, meine eigenen Positionen, Handlungen und die Balance zwischen persönlichem Anspruch und professioneller Anforderung zu reflektieren und mich dabei auch immer wieder professionell begleiten zu lassen. Ich verpflichte mich, um meine spirituelle Kompetenz besorgt zu sein und in meinen Arbeitsalltag Orte und Phasen der Ruhe und des Auftankens zu integrieren. Ich verpflichte mich zur Selbstsorge, indem ich die eigene Überforderung und die Überforderung anderer zu vermeiden suche und meine Ziele und meine Kräfte realistisch einzuschätzen versuche. Dabei suche ich auch den Rat anderer Menschen." Es bleibt abzuwarten, inwieweit diese Thesen ihren Weg in kirchlich-diakonische Arbeit finden.

III Juristische Fokussierungen

Christine Haberstumpf und *Jürgen Kruse* stellen die seit Ende 2008 in Kraft getretene Rechtsnorm der „Unterstützten Beschäftigung" nach § 38a SGB IX vor. Durch die Rechtsänderung sollen Menschen mit Behinderung mit einer individuellen beruflichen Qualifizierung und gegebenenfalls Berufsbegleitung gefördert werden, um ihren Lebensunterhalt außerhalb von Werkstätten für behinderte Menschen in sozialversicherungspflichtiger Beschäftigung auf dem Arbeitsmarkt verdienen zu können. Die neue Leistung schließt eine Lücke für Schulabgänger von Förderschulen ohne Werkstattbedürftigkeit und stellt eine sinnvolle Ergänzung der Fördermöglichkeiten dar. Gleichwohl wird ein darüber hinausreichender Reformbedarf gesehen.

Hans-Ulrich Weth bezieht sich auf das gemeinsame Sozialwort der beiden großen Kirchen „Für eine Zukunft in Solidarität und Gerechtigkeit" in dem Anforderungen an einen demokratischen Rechts- und Sozialstaat formuliert werden. Vor diesem Hintergrund untersucht er die praktische Umsetzung dieses Postulats und nimmt kritisch zu rechts- und sozialpolitischen Entwicklungen Stellung, die der Verwirklichung sozialer Gerechtigkeit zuwiderlaufen. Kritisch wird dabei die Tendenz zur Reduzierung auf Minimal-Leistungen von Sozialleistungsträgern sowie und die Einschränkung beim Rechtsschutz kommentiert und Änderungen durch den Gesetzgeber gefordert.

IV Empirie und Handlungsfelder Sozialer Arbeit

Margret Flieder gibt in ihrem Beitrag einen Einblick in die Ergebnisse des Pflege-Forschungsprojektes „Armut und Pflegebedürftigkeit", bei dem ambulante Pflegende zu ihren Erfahrungen im Umgang mit sozial benachteiligten Menschen befragt werden. Dabei wird deutlich, dass Pflegende in armutsgeprägten Lebensverhältnissen mit einer Vielfalt wenig bekannter Probleme und Herausforderungen konfrontiert werden, die ohne eine angemessene Unterstützung kaum sinnvoll bewältigt werden können. Notwendig seien deshalb die Schaffung einer sensitiven Zugehstruktur sowie die Entwicklung niedrigschwelliger Beratungsangebote.

Karl-Peter Hubbertz blickt auf die internationale Perspektive von Armut und gibt einen Überblick zu wichtigen Indikatoren, Dimensionen und Bewältigungsformen von Kinderarmut in indischen Elendsquartieren. Er betont die besondere Qualität kindlicher Armutserfahrungen und stellt Anpassungs- und Bewältigungsformen von Kindern in benachteiligten Lebenslagen vor. Die Darstellung mündet in ein theoretisches Modell zur Verarbeitung von Kinderarmut, welches die belastungsverstärkende oder –reduzierende Funktion des familiären Zusammenlebens als besonderen Wirkfaktor herausarbeitet. Das hier angelegte Spielraumkonzept erlaubt Folgerungen für praktische sozialarbeiterische Interventionen.

Holger Kirsch geht dem Zusammenhang von gesellschaftlichen, wirtschaftlichen und sozialen Verhältnissen mit seelischen Erkrankungen nach. Verschiedene Studien kommen zu dem Ergebnis, dass unter anderem niedriger sozioökonomischer Status, Arbeitslosigkeit und der Status als Alleinerziehende bedeutende psychosoziale Risikofaktoren für seelische Erkrankungen darstellen. Langzeitstudien zu kindlichen Belastungssituationen zeigten außerdem sehr deutlich, dass soziale Benachteiligungen in der frühen Kindheit die psychische Gesundheit und die Verhaltensanpassung späterer Lebensphasen mitbestimmen. Dieser Zusammenhang sollte in der Unterstützung und Versorgung besser berücksichtigt werden.

Joachim Körkel zeigt anhand empirischer Studien, dass etwa 60% der Münchner - und vermutlich auch der anderen deutschen – Wohnungslosen als alkoholabhängig einzustufen seien. Es sei deshalb zu erwarten, dass bei einer Verbesserung der Wohnsituation das Alkoholproblem nicht „automatisch" verschwinde. Die klassische Wohnungslosenhilfe weise in der Suchtbearbeitung allerdings Lücken auf. Mit dem Projekt WALK („Wohnungslosigkeit und Alkohol") wird ein innovatives Modell vorgestellt, mit dem Wohnungslose durch die Methode der motivierenden Gesprächsführung zur Reduzierung und Kontrolle des Trinkverhaltens gewonnen werden können.

Gisela Rudoletzky überträgt die Diagnose von Hans-Werner Sinn (Institut für Wirtschaftsforschung, München), der die Ursache der aktuellen Finanzkrise in einem Systemfehler sieht, durch den die Renditeerwartung von der Haftungserwartung abgekoppelt wird, auf Sozialunternehmen und sucht nach einem integrierenden Management, das Rendite und Sinn wieder in Zusammenhang bringen kann. Vorgestellt wird das St. Galler Management-Modell, das normative, strategische und operative Unternehmensziele vereinbart und damit auch auf Sozialunternehmen übertragbar erscheint.

Günter Rausch entwickelt in seinem Aufsatz eine Konzeption „befreiender Sozialarbeit" als Menschenrechtshandeln im Kontext von Quartiers- und Gemeinwesenarbeit. Befreinde Sozialarbeit meine aber nicht nur, den eigenen Verstand zu gebrauchen, um die selbstverschuldete Unmündigkeit abzulegen. Darunter sei auch nicht der Ansatz Paulo Freires zu verstehen, der eine Pädagogik der Unterdrückten entwickelte. Befreiende Sozialarbeit ziele darauf zu sensibilisieren und dahin zu wirken, den Menschen aus einengenden und defizitären Verhältnissen zu befreien.

Hans-Joachim Puch & Wilhelm Schwendemann

Nürnberg und Freiburg, im September 2009

Inhalt

Vorwort

I. Philosophische, theologische, sozial-, wirtschaftspolitische Grundlagen

Armut und Gerechtigkeit
Birgit Bender-Junker 19

Professionelles Handeln in offenen Settings und die Frage der Gerechtigkeit
Maria Knab 29

**Der Mindestlohn in der sozialen Marktwirtschaft –
Impulse und Anfragen unter dem Fokus der „Gerechtigkeit"**
Stephan Richter 43

**Die Ideologien der Arbeitsgesellschaft verhindern eine notwendige
Neudefinition von sozialer Gerechtigkeit**
Konrad Maier 57

**Geschichte(n) von Christentum und Armut –
Grund- und Stolpersteine auf dem Weg zu einer diakonischen Gemeinde**
Dirk Oesselmann 77

**Bildung und Gerechtigkeit – die Aktualität des pädagogisch-theologischen Bildungs-
ansatzes von Jan Amos Comenius**
Jürgen Rausch und Wilhelm Schwendemann 95

Armut als Herausforderung für das soziale Handeln der Kirche
Claudia Schulz 109

II. Sozial- politikwissenschaftliche Theoriebildung und Reflexion

Alter(n) zwischen Partizipation und sozialer Ungleichheit
Gabriele Kleiner 125

Armut und Ungerechtigkeit
Gisela Kubon-Gilke 139

Sozialpolitische Interessen, Werte und Entscheidungsprozesse
an einem Beispiel aus der Wohnungslosenhilfe
Benjamin Benz 151

Ethik brauchen doch nicht nur die anderen
Traugott Schächtele 163

III. Juristische Fokussierungen

„Unterstützt beschäftigt" trotz Behinderung – ein neuer Weg aus der Armutsfalle?
Christine Haberstumpf und Jürgen Kruse 175

Teilhabe und Selbstbestimmung im Sozialrecht – Garantien und Gefährdungen sozialer Gerechtigkeit
Hans-Ulrich Weth 185

IV. Empirie und Handlungsfelder Sozialer Arbeit

Armut und Pflegebedürftigkeit:
Chancen und Grenzen professioneller Betreuung aus Sicht der Pflege
Margret Flieder 195

Gesellschaft, sozialer Status und seelische Erkrankungen
Holger Kirsch 207

Kinderarmut in Indien
Karl-Peter Hubbertz 219

Psychische und alkoholbezogene Probleme Wohnungsloser:
Prävalenz und innovative Interventionen
Joachim Körkel 231

Integrierendes Management: ein wirksamer Ansatz zur Verknüpfung von fachlichen,
ethischen und wirtschaftlichen Zielsetzungen in Sozialunternehmen
Gisela Rudoletzky 247

Befreiende Sozialarbeit als Menschenrechtsprofession im Kontext des Gemeinwesens
Günter Rausch 259

Publikationen der vier Evangelischen Hochschulen   263

Autorinnen und Autoren dieses Bandes   299

I.

Philosophische, theologische, sozial-, wirtschaftspolitische Grundlagen

Armut und Gerechtigkeit

Sozialphilosophische und theologische Verhältnisbestimmungen in den Denkschriften der EKD

Birgit Bender-Junker

Der folgende Beitrag fragt nach den sozialphilosophischen und theologischen Kontexten der normativen Überlegungen zu Armut und Gerechtigkeit in den „Denkschriften" der EKD. Er gibt eine kurze Einführung in die Entstehung der „Denkschriften" (Kap. 1) und untersucht dann das Thema Armut und Gerechtigkeit in den theologisch-sozialethischen Reflexionen im gemeinsamen „Wort" der Kirchen „Für eine Zukunft in Solidarität und Gerechtigkeit" (Kap. 2). Die Verortung in theologischen und sozialphilosophischen Gerechtigkeitstheorien erfolgt im dritten Kapitel. Die Interpretation der normativen Überlegungen in der „Denkschrift" „Gerechte Teilhabe. Befähigung zu Eigenverantwortung und Solidarität" arbeitet ihre sozialphilosophisch-theologischen Verortungen heraus, nimmt Überlegungen aus dem vorhergehenden Kapitel auf und führt sie weiter (Kap. 4).

1 „Worte" und „Denkschriften"

Nach dem Zweiten Weltkrieg veröffentlichte die EKD eine große Anzahl von „Worten" und „Kundgebungen" zu gesellschaftlichen Problemen; von 124 „Worten" zwischen 1945 und 1966 erschienen allein 23 zur deutschen Teilung und dem Wunsch nach Wiedervereinigung, 24 zu den besonderen politischen Verhältnissen in der Ostzone, 14 zu Problemen des Friedens, der Wiederaufrüstung und der Atomfrage. Weitere Themen waren die Schuld am deutschen Zusammenbruch, Buße und Neuanfang sowie Fragen des politischen Wiederaufbaus. Spezifisch kirchliche Themen wurden in diesen Jahren nur in 15 „Worten" behandelt (Huber 1973, S. 580). Die Erfahrungen im Kirchenkampf und das sich daraus entwickelnde Selbstverständnis gesellschaftlicher Verantwortung waren eine Ursache für diese Vielzahl an öffentlichen Stellungnahmen, aber auch das Selbstverständnis als „öffentliche Macht" und als „Wahrerin der deutschen Einheit" zu handeln. Die Kirche sah sich als letzte gesamtdeutsche Organisation und v. a. als die am wenigsten durch den Nationalsozialismus zerstörte und diskreditierte gesellschaftliche Gruppe (Huber 1973, S. 534f).
Seit den sechziger Jahren drängte eine andere Form der öffentlichen Stellungnahme die „Worte" zurück: die „Heidelberger Thesen" von 1959 und das „Tübinger Memoran-

dum" von 1961, die, ohne kirchenamtlichen Charakter, aus der Diskussion zwischen Sachverständigen hervorgegangen waren und auf weiterführende Diskussion in der gesellschaftlichen und kirchlichen Öffentlichkeit zielten. Sie werden zu Vorläuferinnen der „Denkschriften", wie sie seit 1962 von den Kammern der EKD vorbereitet werden. Mit den „Denkschriften" löst ein argumentativer Stil die bekenntnishafte Sprache ab, die Verfassergruppe wird genannt, ihre Expertenschaft tritt an die Stelle der Amtsautorität, auch wenn die „Denkschriften" durch den Rat der EKD als Auftraggeber veröffentlicht und zur Diskussion gestellt werden.
Wolfgang Huber unterscheidet für die (frühen) „Denkschriften" eine Dreistufung der politischen Perspektive:

1. Es gibt Situationen, in denen für die Kirche der „status confessionis" als alleinige und verpflichtende Stellungnahme gegeben ist; er denkt dabei an die Bekennende Kirche im Nationalsozialismus, für die die Judenverfolgung, die Euthanasie und die Beschränkung der Bekenntnisfreiheit zum Widerstand aus Glaubensgründen führte. In der „Denkschrift der Zweiten vorläufigen Leitung der Deutschen Evangelischen Kirche vom 28. Mai 1936" wurde diese Widerstandsposition formuliert.
2. Es gibt gesellschaftliche und politische Fragen und Probleme, zu denen die Kirche „wegen des ethischen Gewichts dieser Probleme, wegen der gesellschaftlichen Dimension des Evangeliums und wegen der Mitverantwortung der Kirche für den Frieden Stellung nimmt" (Huber 1973, S. 588). Es geht um sachgemäße und theologisch angemessene Reflexionen und Diskussionsbeiträge, die innerkirchliche wie öffentliche Diskurse provozieren und begleiten sollen. Als Beispiel für solche Prozesse, die auch mit Angriffen und Polemiken gegen die EKD einhergingen, kann die Ostdenkschrift von 1965 genannt werden, in der die Konturen der späteren Ostpolitik der SPD formuliert waren.
3. Zu Fragen der „Tagespolitik" sind spezifisch kirchliche Beiträge weder möglich noch notwendig (Huber 1973, S. 588).

Die zweite und die dritte Perspektive sind jedoch weniger scharf zu trennen, das zeigt z.B. die oben genannte Ostdenkschrift und ihre Wirkungen. Seit den sechziger Jahren werden regelmäßig von den Kammern der EKD Denkschriften erarbeitet, aber auch andere offizielle Verlautbarungsformen des Rates der EKD und der Synode der EKD wie „Worte", „Stellungnahmen", Empfehlungen" veröffentlicht. Seit den achtziger Jahren wird die Gesamtheit der Verlautbarungen unter dem Titel „Die Denkschriften der Evangelischen Kirche in Deutschland" mit den vier Schwerpunkten „Frieden, Versöhnung und Menschenrechte", „Soziale Ordnung", „Ehe, Familie, Sexualität, Jugend" und „Bildung und Erziehung" im Gütersloher Verlagshaus veröffentlicht. Hinzugekommen sind seit den achtziger Jahren auch „gemeinsame Erklärungen" und „gemeinsame Texte" der EKD und der Deutschen Bischofskonferenz.
Von Anfang an stellte sich die Frage nach den Orten einer diskursiven und aktiven Rezeption der vorgestellten Überlegungen: Die innerkirchliche Öffentlichkeit, Gemeinden

und Kirchenmitglieder, wurde nur partiell erreicht oder war nur bedingt zur diskursiven Rezeption bereit, an den Fragestellungen und am Zustandekommen der „Texte" hatten sie keinen Anteil. Ähnliches gilt für die Rezeption in den Medien, in anderen gesellschaftlichen Großgruppen und in der Politik. Mit dem gemeinsamen „Wort" des Rates der EKD und der deutschen Bischofskonferenz zur wirtschaftlichen und sozialen Lage „Für eine Zukunft in Solidarität und Gerechtigkeit" versuchten die beiden Kirchen eine stärkere diskursive Beteiligung ihrer Mitglieder und anderer gesellschaftlicher Gruppen zu erreichen, indem sie einen über zwei Jahre dauernden Konsultationsprozess in Gang setzten (Für eine Zukunft in Solidarität und Gerechtigkeit 1997, S. 18f). 1994 wurde ein Impulspapier zur sozialen und wirtschaftlichen Lage in Deutschland als Diskussionsgrundlage in einer Auflage von 400.000 Exemplaren verbreitet, in den Kirchen, Parteien, Wirtschaftsverbänden und Gewerkschaften fanden eine Reihe von Begegnungen und Veranstaltungen statt, es gab 1995 ein zentrales wissenschaftliches Forum mit ausgewählten Fachleuten, ebenso eine zusammenfassende Veranstaltung im Februar 1996. Insgesamt wurden im Verlauf des Konsultationsprozesses 2.500 Stellungnahmen eingereicht mit einem Umfang von 25.000 Seiten. Zur Vorbereitung und Beratung des endgültigen Dokuments wurden 1996 ein Beraterkreis und eine Redaktionsgruppe eingerichtet. Im Februar 1997 wurde das Dokument veröffentlicht. Der Konsultationsprozess wird relativ ausführlich beschrieben und als Lernprozess für die Kirchen gesehen; zwei Punkte dieses kirchlichen und gesellschaftlichen Lernprozesses möchte ich exemplarisch hervorheben:

„Der Konsultationsproze ß bietet einen Rahmen, in dem der gesellschaftliche Grundkonsens gebildet, gestärkt und verbreitert wird." Hier wurde also ein Ort geschaffen, in dem die Gesellschaft sich über sich selbst aufklärt, verständigt und ihre normativen Gemeinsamkeiten festhält, um ihre Handlungsfähigkeit zu behalten und zu vergrößern. Der zweite aufgeführte Punkt bezieht sich auf diese Handlungsfähigkeit: „Der Konsultationsprozess hat auf der persönlichen und lokalen Ebene praktische Veränderungen bewirkt und die Netzwerke solidarischer Hilfe gestärkt." (Für eine Zukunft in Solidarität und Gerechtigkeit 1997, S. 23) Auch wenn nicht allen EKD „Worten" und „Denkschriften" zu gesellschaftlichen Themen derartig umfangreiche Konsultationsprozesse zugrunde liegen können, besteht mit ihnen die Absicht, einen Beitrag zu einer gesellschaftlichen Selbstaufklärung zu leisten bzw. einen Beitrag zu einem gesellschaftlichen Grundkonsens zu entwerfen und zur Diskussion zu stellen. Über die Schwierigkeiten, eine solche inhaltliche Diskussion in Gang zu bringen, ohne sie von vornherein durch Legitimitätsfragen und den Vorwurf der Inkompetenz zu verflüssigen, geben die Beiträge in der ZEIT vom 16.7. und 23.7. 2009 Auskunft, in denen Robert Leicht sich skeptisch zum „Wort" der EKD zur globalen Finanzmarkt- und Wirtschaftskrise und seiner „Legitimität" äußert und Hans Diefenbacher am Beispiel der im Juli veröffentlichten Denkschrift „Umkehr zum Leben. Nachhaltige Entwicklung im Zeichen des Klimawandels" versucht, den Blick auf die Inhalte und neuen Perspektiven der „Denkschrift" zu legen.

2 Armut und Gerechtigkeit. Verhältnisbestimmungen

In den folgenden Überlegungen beziehe ich mich auf die Perspektive von „Armut und Gerechtigkeit" in der sozialethischen Orientierung im dritten Kapitel des gemeinsamen „Wortes" der Kirchen „Für eine Zukunft in Solidarität und Gerechtigkeit" (1997) und auf ihre theologischen und sozialphilosophischen Hintergründe.
„Für eine Zukunft in Solidarität und Gerechtigkeit" beginnt mit einer Analyse des gesellschaftlichen Wandels und der damit einhergehenden Massenarbeitslosigkeit und Krise des Sozialstaats im Kap. 2 und entwirft im dritten Kapitel normative Ideen für eine gesellschaftliche Orientierung „aus dem christlichen Glauben".[1]
Gerechtigkeit findet sich als eine grundlegende ethische Perspektive und Orientierung bereits im Titel. Gerechtigkeit und Armut, die aus der Perspektive der Subjekte als „vorrangige Option für die Armen, Benachteiligten und Schwachen" gefasst wird, werden als ethische Perspektiven im Kontext der Perspektiven „Das Doppelgebot der Gottes- und Nächstenliebe" (3.3.1), „Solidarität und Subsidiarität" (3.3.4) und „Nachhaltigkeit" (3.3.5) behandelt. Sie bilden wichtige Aspekte der theologisch-sozialethischen Orientierung, die auch „Die Frage nach dem Menschen" (3.1) und die „Weltgestaltung aus dem christlichen Glauben" (3.2) umfasst.

Als ethische Perspektive folgen auf die Ausführungen zum „Doppelgebot der Liebe" die Überlegungen zur „vorrangigen Option für die Armen, Schwachen und Benachteiligten" (3.3.2) und zur „Gerechtigkeit" 3.3.3).
Die „vorrangige Option für die Armen, Schwachen und Benachteiligten" wird exemplarisch aus den Überlieferungen des Alten und Neuen Testament begründet. Sie wird hergeleitet aus der Rettung Israels aus der Sklaverei in Ägypten durch Gottes Handeln. Die Erinnerung an diese Errettung begründet das Recht der Armen (Dtn 24, 17f), das von den alttestamentlichen Propheten vehement eingefordert wird als Verwirklichung von Recht und Gerechtigkeit in der Treue zu Gottes Bund mit Israel (Abs. 105, S. 44). Die neutestamentliche Begründung bezieht sich auf die Gerichtsrede des Matthäus (Mt 25,34-36.40), in der die Solidarität mit den Armen zu einer Gottesbegegnung wird (Abs. 106, S. 44). Interpretiert wird die „vorrangige Option für die Armen" als „Leitmotiv gesellschaftlichen Handelns", in dem sich die Einheit von Gottes- und Nächstenliebe konkretisiert mit Folgen für die Perspektiven einer christlichen Ethik. „ In der Perspektive einer christlichen Ethik muss darum alles Handeln und Entscheiden in Gesellschaft, Politik und Wirtschaft an der Frage gemessen werden, inwiefern es die Armen betrifft, ihnen nützt und sie zu eigenverantwortlichem Handeln befähigt. Dabei zielt die biblische Option für die Armen darauf, Ausgrenzungen zu überwinden und alle am gesellschaftlichen Leben zu beteiligen." (Abs. 107, S. 44f) Mit dieser Option entscheidet sich das „Wort" für eine Perspektive der Parteilichkeit nicht nur als individuelle, sondern als

---

[1] Das erste Kapitel beschäftigt sich mit dem „Konsultationsprozess", das vierte mit dem „Grundkonsens einer zukunftsfähigen Gesellschaft", das fünfte mit „Zielen und Wegen" und das sechste mit den „Aufgaben der Kirchen".

gesellschaftlich-normative Orientierung. Diese Parteilichkeit übernimmt es auch in seine Überlegungen zur Gerechtigkeit. Gerechtigkeit wird als „Schlüsselbegriff" der biblischen Überlieferung eingeführt, „der alles umschließt, was eine heile Existenz des Menschen ausmacht" (Abs. 108, S. 45) und als gesellschaftliches Ordnungsprinzip in der philosophischen und theologischen Tradition formuliert wurde und wird. Dabei nimmt das „Wort" zwei aristotelische Systematisierungen auf; die Billigkeitsregel „Jedem das Seine", die es als Anerkennung der Person, ihrer Leistungen und Bedürftigkeiten interpretiert (Abs. 109, S. 45) und die klassische aristotelische Unterscheidung der Gerechtigkeitsebenen in iustitia legalis (Gesetzesgerechtigkeit), iustitia distributiva (Verteilungsgerechtigkeit) und iustitia commutativa (Tauschgerechtigkeit), die es für die Bedingungen moderner Gesellschaften für ungenügend hält und dem Leitbild der sozialen Gerechtigkeit unterstellt (Abs. 110, S. 45f). Die Statik seiner deskriptiven Unterscheidungen, die Aristoteles über die Billigkeitsregel zu Gunsten von Individuen dynamisiert hatte, wird jetzt über das Leitbild soziale Gerechtigkeit und seine Parteilichkeit dynamisiert, „das auf den Abbau der strukturellen Ursachen für den Mangel an Teilhabe und Teilnahme an gesellschaftlichen und wirtschaftlichen Prozessen" zielt und Teilhabe und Teilnahme zu seinen Zielbestimmungen macht (Abs. 112, S. 46).

Der aristotelische Bezugspunkt ist im „Wort" als „ältere theologische und philosophische Diskussion" ausgewiesen, andere theoretische Hintergründe oder Parallelen bleiben ungenannt, wie die Entstehung des Konzepts „vorrangige Option für die Armen" und seine Geschichte und v.a. die Versuche, sie zum Kern einer theologischen Gerechtigkeitstheorie zu machen, die die „vorrangige Option für die Armen" nicht nur über die christliche Ethik, sondern auch über die praktische Philosophie begründen, um die theologischen Überlegungen verallgemeinerungs- und anschlussfähig zu halten.

3 Philosophische und theologische Gerechtigkeitstheorien

Die „vorrangige Option für die Armen" als Grundlage theologischer Sozialethik wurde zuerst formuliert von lateinamerikanischen Bischöfen 1968 in Medellin und 1979 in Puebla. Bereits sie heben in ihrer Situationsanalyse die strukturellen Ursachen von Armut neben den persönlichen Ursachen hervor, benennen die biblischen Bezüge und verbinden die „vorrangige Option für die Armen" mit der Forderung der Gerechtigkeit. Die „vorrangige Option für die Armen" ist mehr und etwas anderes als christliche Liebestätigkeit (zum Überblick: Bedford-Strohm 1993, S. 151ff bes. S. 165f). 1986 verabschiedete die Vollversammlung der katholischen Bischöfe der USA ihren Hirtenbrief „Economic justice for all: Catholic Social Teaching and the U.S.- Economy", in dem die biblischen Grundlagen der „vorrangigen Option für die Armen" noch umfangreicher herausgearbeitet werden als in den lateinamerikanischen Dokumenten. Die „vorrangige Option für die Armen" wird als Element biblischer Gerechtigkeitsvorstellungen festgehalten, der Bezug zu traditionellen aristotelischen Gerechtigkeitsvorstellungen wie iustitia commutativa, iustitia distributiva wird hergestellt und erweitert um die soziale Gerechtigkeit, die als Beteiligungsgerechtigkeit verstanden wird, deren strukturelle Bedeutung jedoch vernachlässigt wird. (vgl. Bedford-Strohm 1993, S.101ff; Hengsbach 1987, S. 265; bei Hengsbach findet sich eine Veröffentlichung des Hirtenbriefs und seine Kommentierung). Das „Wort" der Kirchen hat 1997 diese Überlegungen der amerikanischen Bischöfe aufgenommen, jedoch die „soziale Gerechtigkeit" deutlich erweitert konzipiert. Sie wird zum Leitbild der anderen Gerechtigkeitsformen und der Bezug zu strukturellen Ungerechtigkeiten wird ausdrücklich hervorgehoben (s. o Kap. 2).

In der protestantischen Theologie begann in den 1990er Jahren die Formulierung theologischer Theorien der Gerechtigkeit mit Heinrich Bedford - Strohm (1993) und Wolfgang Huber (1996). Beide machen die „vorrangige Option für die Armen" zum Kern ihrer Gerechtigkeitstheorie, deren biblische Begründungen und theologischen Kontexte sie im Vergleich zum „Hirtenbrief" der amerikanischen Bischöfe deutlich erweitern und mit modernen philosophischen Konzepten wie Rawls „A Theory of Justice" vergleichen. Beide Autoren versuchen mit ihrer Rezeption von Rawls die Verallgemeinerungs- und die Anschlussfähigkeit ihrer theologischen Theorie für den gesellschaftlichen und wissenschaftlichen Diskurs zu beweisen.

John Rawls veröffentlichte 1971 „A Theory of Justice" (dt. 1975), die über Jahrzehnte die maßgebliche Gerechtigkeitstheorie sein wird und in der er vertragstheoretisch argumentiert. Sein Ausgangspunkt ist ein fiktiver gesellschaftlicher Urzustand, der es für die Individuen unmöglich macht, vorherzusagen, ob sie einmal zu den Wohlhabenden oder den Benachteiligten der Gesellschaft zählen werden. Diese Ungewissheit hat Auswirkungen auf die vertragliche Ausgestaltung des Gesellschafts- und Wirtschaftssystems. Rawls formuliert ein allgemeines Gleichheitsprinzip für alle Menschen und ein Differenzprinzip, wonach Einkommensungleichheiten nur akzeptabel sind, wenn sie den Ärmsten die bestmögliche Versorgung garantieren.

Sowohl Bedford-Strohm wie auch Huber suchen in der Rawlschen Theorie nach den theoretischen „Orten" für eine Integration ihres Gerechtigkeitsprinzips „vorrangige Option für die Armen" und finden sie in einem ergänzten Differenzprinzip, das in seinem Rahmen der Einkommensungleichheiten den „fairen Wert der Freiheiten" und die „faire Chancengleichheit" sichern soll, und das Bedford-Strohm als Äquivalent für die Teilhabegerechtigkeit fasst, die er bei Rawls vermisst (vgl. Bedford-Strohm 1993, S. 308f; Huber 1996, S. 186ff). Huber verstärkt den Blick auf die fehlende Teilhabegerechtigkeit bei Rawls und fügt seinen Überlegungen einerseits die Ergänzungen Bedford-Strohms hinzu und erweitert andererseits die aristotelische Verteilungsgerechtigkeit und Tauschgerechtigkeit um die Teilhabegerechtigkeit, um der „vorrangigen Option für die Armen" einen theoretischen „Ort" zu sichern. Auch wenn die Beteiligungsgerechtigkeit oder Teilhabegerechtigkeit im „Wort" der Kirchen noch keine eigene Begrifflichkeit bildet, findet sie sich der Sache nach in der Zielbestimmung der sozialen Gerechtigkeit, der es um die Ermöglichung von Teilnahme und Teilhabe geht (s. Kap. 2; „Für eine Zukunft in Solidarität und Gerechtigkeit, Abs. 112, S. 46).

4 Armut und Gerechtigkeit in der „Denkschrift" „Gerechte Teilhabe. Befähigung zu Eigenverantwortung und Solidarität" (2006)

Mit der „Denkschrift" „Gerechte Teilhabe" werden die normativen Überlegungen aus dem „Wort" der Kirchen weiterentwickelt und gewinnen ein deutlicheres begriffliches Profil, das sowohl Elemente theologischer als auch sozialphilosophischer Gerechtigkeitstheorien enthält. Die „Denkschrift" beginnt mit der gegenwärtigen Situation, die sie als „Armut in einem reichen Land" (Kap. 1) beschreibt und deren Analyse sich das zweite Kapitel mit dem Titel „Einkommensverteilung und Armut in Deutschland" widmet. Die „theologisch-sozialethische Orientierung", in der die normative Orientierung für die gerechte Teilhabe entworfen wird, und auf die ich mich bei meinen Ausführungen beziehen werde, folgt im dritten Kapitel. Die Denkschrift endet mit Überlegungen zu „Wegen aus der Armut" (Kap. 4).

Zur zentralen begrifflichen Grundlage für soziale Gerechtigkeit wird jetzt das Konzept der „Teilhabe- oder Beteiligungsgerechtigkeit", die auf die Inklusion aller Gesellschaftsmitglieder hin ausgerichtet ist (Abs. 60, S. 43) und Verteilungs- und Befähigungsgerechtigkeit miteinander verbindet (Abs. 62, S. 44). Die Trias von „Teilhabe-, Befähigungs- und Verteilungsgerechtigkeit" wird zum Fundament einer theologisch-sozialethisch begründeten Vorstellung von Gerechtigkeit, auf deren Fundament „evangelische Ethik für alle Menschen den Zugang zu den Grundgütern der Gesellschaft, eine grundlegende soziale Sicherung und eine Qualifikation aller für die Sphäre des gesellschaftlichen Austauschs" fordert. Die Ungleichheiten, die sich in der Sphäre des gesellschaftlichen Austauschs oder der „Tauschgerechtigkeit" bilden, sind dann zu tolerieren, „wenn auch diejenigen, die am schlechtesten gestellt sind, davon Vorteile haben, indem ihre Teilhabe an den wirtschaftlichen und sozialen Prozessen wächst" (Abs. 63, S. 44).

Diese Ausführungen lesen sich wie eine Kombination der Argumentationen von Huber/Bedford-Strohm (Teilhabegerechtigkeit und Verteilungsgerechtigkeit, s. Kap. 3), Amartja Sen (Befähigungsgerechtigkeit und Grundgüter, s.u.) und Rawls (Differenzprinzip, s. Kap. 3) und stellen eine kritische Weiterentwicklung des Rawlschen Ansatzes dar, wie er v. a. von Sen formuliert wird, der Rawls Freiheitsverständnis teilt, aber darüber hinausgehend die Frage nach der Nutzung der Grundgüter (primary goods) stellt, und herausarbeitet, dass es vor allem darum geht, die Menschen zur Nutzung dieser Güter zu befähigen, nur so kann reale Freiheit (effective freedom) eröffnet werden. Sen spricht vom „capability approach", der ins Deutsche mit Befähigungsgerechtigkeit[2] übersetzt wird (Sen, 2000).

Die „Denkschrift" sieht in den Gerechtigkeitsformen Teilhabe-, Befähigungs- und Verteilungsgerechtigkeit eine Konkretisierung für den Kerngedanken der „vorrangigen Option für die Armen, Schwachen und Benachteiligten" (Abs. 65, S. 45), dessen biblische Bezugspunkte sie ebenso benennt (Abs. 66, S. 45f) wie die Präzisierungen in der öku-

---

2 Diese Übersetzung hat sich in den letzten Jahren durchgesetzt. In „Ökonomie für den Menschen" (2000) wird capability approach noch mit Verwirklichungschancen übersetzt.

menischen Diskussion, die eine paternalistische Option ebenso ablehnt wie eine Reduzierung der Option für die Armen auf die materielle Armut (Abs. 67, S. 46f).
Die „Denkschrift" benennt ihre theologischen und philosophischen Bezüge leider nicht, sodass sich die LeserInnen diese argumentativen Hintergründe nicht erschließen können, dazu sind die Texte zu sehr Programmschriften. Eine Leistung des „Wortes" der Kirchen und der „Denkschrift" liegt darin, dass sie aufgrund ihrer „vorrangigen Option für die Armen, Schwachen und Benachteiligten", die sie biblisch völlig einsichtig herleiten, und mit Hilfe der theologischen Gerechtigkeitstheorien und Sens capability approach theoretisch zu verankern versuchen, einerseits an Rawls Gerechtigkeitstheorie festhalten, andererseits einen kritischen Kommentar und eine Ergänzung zu dieser Gerechtigkeitstheorie entwerfen; diese programmatischen Ideen in die Öffentlichkeit tragen und in der Öffentlichkeit zur Diskussion stellen.

Trotzdem stellt sich die Frage, ob dieser theoretische Bezug die „vorrangige Option für die Armen", die von ihrer biblischen Herleitung her immer auf Inklusion und die Anerkennung der Person hin angelegt ist, wirklich adäquat erfasst. Dazu abschließend einige Bemerkungen. Die Gerechtigkeitstheorie von Rawls ist eine kontraktualistische Theorie, die nicht primär bzw. intrinsisch auf Inklusion hin angelegt ist, sondern darauf, den Rahmen für Kooperationen herzustellen: Es dominieren die symmetrischen Beziehungen, asymmetrische Beziehungen, die jedoch typisch für die „vorrangige Option für die Armen, Schwachen und Benachteiligten" sind, sind in der Theorie ebenso wenig mitgedacht wie die Anerkennung der Person, ihrer Würde, Leiblichkeit und Verletzlichkeit. Die Prozeduralität der Rawlschen Gerechtigkeitstheorie schließt diese anthropologischen Dimensionen und Anerkennungsdimensionen ebenso aus wie Fragen nach dem „guten Leben", die auch in den biblischen Bezügen[3] der „Option für die Armen" liegen. Auch Sens Ergänzung und Kritik von Rawls über seine Variante des capability approach (vgl. Nussbaum 1999; dito 2006)[4] bestimmt die capabilities eher formal und vermeidet anthropologische Bezüge. Die „Suche" nach der begrifflichen Fassung von Gerechtigkeit(en), die die „Option für die Armen" und ihre biblischen Bezüge adäquat theoretisch-normativ thematisieren, sollte also fortgesetzt werden.

---

3 Z.B. werden die relationalen und narrativen Bezüge der Gerechtigkeit, die sich zahlreich in den biblischen Quellen finden, aufgrund der Rawlschen Vorgaben ausgeschlossen.
4 Die von Martha Nussbaum vertretene Variante des capability approach fand bisher keinen Eingang in die theologischen Gerechtigkeitstheorien bzw. die Denkschriften.

Literatur

Bedford-Strohm, Heinrich (1993): Vorrang für die Armen. Auf dem Weg zu einer theologischen Theorie der Gerechtigkeit, Gütersloh: Christian Kaiser; Gütersloher Verlagshaus.

EKD (1997): Für eine Zukunft in Solidarität und Gerechtigkeit. Wort des Rates der Evangelischen Kirche in Deutschland und der Deutschen Bischofskonferenz zur wirtschaftlichen und sozialen Lage in Deutschland (1997), Hannover: Kirchenamt der EKD.

EKD (2006): Gerechte Teilhabe. Befähigung zu Eigenverantwortung und Solidarität. Eine Denkschrift des Rates der EKD zur Armut in Deutschland (2006), Gütersloh: Gütersloher Verlagshaus.

Hengsbach, Friedhelm (1987): Gegen Unmenschlichkeit in der Wirtschaft. Der Hirtenbrief der katholischen Bischöfe der USA „Wirtschaftliche Gerechtigkeit für alle". Aus deutscher Sicht kommentiert von Friedhelm Hengsbach, Freiburg; Basel; Wien: Herder.

Huber, Wolfgang (1996): Gerechtigkeit und Recht. Grundlinien christlicher Rechtsethik, Gütersloh: Christian Kaiser; Gütersloher Verlagshaus.

Huber, Wolfgang (1973): Kirche und Öffentlichkeit, Stuttgart: Ernst Klett Verlag.

Nussbaum, Martha (2006): Frontiers of Justice. Disability, Nationality, Species Membership, Cambridge: Belknap Press of Harvard University Press.

Nussbaum, Martha (1999): Gerechtigkeit oder das gute Leben. Genderstudies, Frankfurt a.M.: Suhrkamp.

Rawls, John (1975): Eine Theorie der Gerechtigkeit, Frankfurt a.M.: Suhrkamp.

Sen, Amartya (2000): Ökonomie für den Menschen. Wege zu Gerechtigkeit und Solidarität in der Marktwirtschaft, München: Hanser.

Professionelles Handeln in offenen Settings und die Frage der Gerechtigkeit

Theoretische Bezugslinien zur Entwicklung von Antworten

Maria Knab

1 Die Frage der Gerechtigkeit

Was hat professionelles Handeln in offenen Settings mit Gerechtigkeit zu tun? Wie kann das, was in vielen offenen, diffusen Begegnungen im Rahmen der Sozialen Arbeit geschieht, als ein Beitrag zu mehr Sozialer Gerechtigkeit ausgewiesen und weiterentwickelt werden? Und: Welche Rolle spielen dabei Theorien Sozialer Arbeit? Diese Fragen werden im Folgenden verhandelt.

Ich beginne mit dem, was Grundlage und Ziel meiner Ausführungen ist, wofür Soziale Arbeit als Profession und Disziplin stehen soll und kann, nämlich ein gesellschaftlicher Entwicklungsfaktor für mehr Gerechtigkeit zu sein. Nicht Hilfe, sondern Gerechtigkeit sieht Timm Kunstreich (2003), ein Vertreter des theoretischen Ansatzes einer Politik des Sozialen, als die Hauptorientierung für Soziale Arbeit. Ich schließe mich der späteren Variante von Kunstreich (2006) an: Es geht um Hilfe, um soziale Gerechtigkeit zu erreichen. Mit dieser Fokussierung wird eine grundlegende Entscheidung in der Sozialen Arbeit getroffen, die AdressatInnen nicht auf den Status der Hilfsbedürftigkeit reduziert, sondern die Gesellschaft und ihr Ausmaß an Gerechtigkeit in den Blick nimmt.

Die Frage der Gerechtigkeit – eine große Frage –, im 19. Jahrhundert auch als die „große Suppenfrage" (Heine) benannt, ist heute zwar erweitert, jedoch nicht gelöst. Auch wenn sie abschließend nicht zu beantworten ist, gilt es sich in der Sozialen Arbeit dieser Frage immer wieder neu zu stellen und aktuelle Antworten zu entwickeln. Selbst nach dem ‚Ende der großen Erzählungen' lässt sich in diesem „Streit um Gerechtigkeit" (Möhring-Hesse 2008) eine übereinstimmende Aussage in verschiedenen Gerechtigkeitsdiskursen (vgl. Young 1990; Fraser; Honneth 2003) ausmachen. Konsens besteht in der Zielrichtung einer Politik der „egalitären Differenz" (Prengel 1990); es geht um gleichberechtigte gesellschaftliche Teilhabe in Anerkennung der Verschiedenheit von Menschen. Auftrag der Sozialen Arbeit ist es, zu dieser gesellschaftlichen Teilhabe in ökonomischer, sozialer, rechtlicher und kultureller Hinsicht beizutragen. Die Denkschrift des Rates der EKD zur Armut in Deutschland trägt ebenfalls den Titel „Gerechte

Teilhabe" (2006): In der Sozialethik habe sich das Konzept der Teilhabe- oder Beteiligungsgerechtigkeit entwickelt, das auf eine möglichst umfassende Integration aller Gesellschaftsmitglieder ziele. In diesem Konzept seien zwei verschiedene Gerechtigkeitsdiskurse und -perspektiven, die der Tausch- und Befähigungsgerechtigkeit sowie der Bedarfs- und Verteilungsgerechtigkeit zusammengeflossen, da heute nur dann verantwortlich von sozialer Gerechtigkeit gesprochen werden könne, wenn beide Aspekte aufeinander bezogen werden (vgl. EKD 2006, S. 43). Auch Nancy Fraser plädierte in ihrer Diskussion mit Axel Honneth, ob es um Umverteilung oder Anerkennung gehe, für Umverteilung **und** Anerkennung (vgl. Fraser; Honneth 2003).

Was nun hat Teilhabegerechtigkeit mit professionellem Handeln in offenen Settings zu tun? Unter der Perspektive einer Politik der egalitären Differenz ist zu fragen: Wen erreichen die Angebote der Sozialen Arbeit und wen nicht? Für wen sind sie angemessen, wem werden sie gerecht und wen schließen sie aus? Meine Grundthese lautet: Über die Art und Weise, wie professionelle Unterstützung angeboten wird, in welchen Settings dies geschieht, über die Art, wie Themen verhandelt, definiert und anerkannt werden sowie über die Art, wie AdressatInnen dabei begegnet wird, trägt Soziale Arbeit zu mehr oder weniger Gerechtigkeit bei. In offenen Settings werden Menschen erreicht, die nicht nur aus formalisierteren, höherschwelligen Angeboten ausgeschlossen sind, sondern häufig auch insgesamt gesellschaftlich marginalisiert werden. Es geht hier um Zugangsgerechtigkeit im doppelten Sinne: Zugang zu professioneller Hilfe und darüber, je nach Ausgestaltung dieser professionellen Hilfe, Zugang zu mehr gesellschaftlicher Teilhabe. Mein Anliegen ist es, offene Settings mehr ins Zentrum einer professionellen Reflexion und Qualifizierung zu rücken. Denn bisher werden mit ihnen zwar vielfach Menschen erreicht, die gesellschaftlich an den Rand gedrängt werden, jedoch betreiben Professionelle dieses Geschäft oft eher randständig; die Gerechtigkeitspotenziale dieses Settings sind noch nicht ausgeschöpft. Dabei stellt dieser Bereich m.E. der Clou unserer Profession dar: Es ist ein spezifischer Beitrag der Sozialen Arbeit zu mehr sozialer Gerechtigkeit. Professionspolitisch gesprochen ist es ein Alleinstellungsmerkmal, denn kaum eine andere Profession bietet so viele niedrigschwellige Möglichkeiten für marginalisierte Gruppen.

2 Zugangsgerechtigkeit

In beiden Dimensionen von Zugangsgerechtigkeit - zu professioneller Hilfe und zu mehr gesellschaftlicher Teilhabe - spielen Marginalisierungsprozesse aufgrund von Schicht-, Generationen- und Geschlechterzugehörigkeit sowie der Migrationsfaktor eine Rolle. Was verstehe ich unter offenen Settings? Mit offenen Settings meine ich methodisch wenig formalisierte, häufig diffuse Begegnungsräume und -gelegenheiten, die durch wenige Rollenvorgaben gesichert sind. Diese offenen Settings sind oft im wörtlichen Sinn zwischen Tür und Angel angesiedelt: Menschen sprechen Professionelle oft im Übergang zwischen geschlossenen Räumen oder außerhalb an. In solchen Settings suchen Menschen Kontakt mit Professionellen, das kann auch ohne sprachlichen Austausch geschehen, ein erstes in Augenscheinnehmen sein. Eine zentrale Voraussetzung für diese Zugangsmöglichkeit scheint gerade in ihrer Offenheit zu liegen; sie bietet Platz für die Formen der Kontaktaufnahme der AdressatInnen. Dadurch können AdressatInnen die Situation und das Setting mitbestimmen. Sie suchen sich (gezielt) eine Person aus, sie wählen den Zeitpunkt und die Dauer und sie wählen den Ort und die Situation. Diese offenen Situationen ermöglichen einen ersten Kontakt oder Zugang zu intensiveren Kontakten. Häufig in Bewegung, unterwegs im Auto oder im gemeinsamen Gehen, wie z.B. zum Spielplatz, wie ich es im Frauenhaus erlebte; beim gemeinsamen Tun, wie etwa dem Küchendienst in einer Jugendhilfeeinrichtung oder in Pausen bei Bildungsangeboten. Solche Situationen sind z.T. im Übergangsraum zwischen dem Setting von Einzel- und Gruppenarbeit sowie zwischen verschiedenen ausgewieseneren Handlungsformen der Sozialen Arbeit wie Bildung, Betreuung und Begleitung angesiedelt und erhalten hieraus eine spezifische Qualität.

Weiter können AdressatInnen in diesem Offenen auch die Intensität mitbestimmen, sich aufgrund dieser Offenheit im Prozess für ‚mehr' oder weniger entscheiden; sie dosieren selbst und sind so keinem ‚Aufmerksamkeitsterror' ausgesetzt. Dieser Begriff stammt von *trio virilent* (1996), einem Autorenteam, die damit ein mögliches Erleben von Männern im klassischen Beratungssetting zum Ausdruck bringen.

Als Forschungsfrage stellt sich hier: Wenn gerade die Offenheit und das Uneindeutige eine wesentliche Qualität dieser Settings ausmacht, was heißt das dann für dessen Profilierung?[1] Wie muss Professionalisierung und Forschung aussehen, die gerade das Potenzial der Offenheit nicht gefährdet? Erste Antworten hierzu: Eine Profilierung liegt gerade nicht in einer Methodisierung und Standardisierung, sondern darin, die Qualität und den Sinn dieser Offenheit für die AdressatInnen auszuweisen und zu analysieren, wodurch diese Qualität entsteht und was Professionelle und AdressatInnen hierfür leisten.

Als professionelle Leistungen sind zunächst das Aushalten und reflexive Umgehen mit einer hohen Rollenunsicherheit sowie ein ad hoc zu entwickelndes, der Situation angemessenes Handeln, auszuweisen. Dies wird u.a. im Ansatz der Selbstreflexiven Sozialpädagogik als Kompetenz einer für heutige Lebensverhältnisse angemessenen Professionalität benannt (vgl. Dewe; Otto 2002). Als eine methodische Kompetenz in offenen Settings weist Christine Henke (2008) mit Bezug auf Maja Heiner (2004) „Ak-

---

[1] Zygmunt Bauman (1992) plädiert für einen Bereich des Uneindeutigen in seinen kulturgeschichtlichen Analysen. In der westlichen Zivilisationen habe sich ein dichotomes Denken durchgesetzt, das sehr stark Eindeutigkeit einfordere. Wenn jedoch alles eindeutig zu sein hat, werde der Realität Gewalt angetan. Für eine Neubewertung von uneindeutigen Zwischen- und Übergangsräumen können auch Theoretiker, die sich explizit um das ‚Zwischen' bemüht haben, herangezogen werden. Birgit Bender-Junker (2006) benennt in ihrem Aufsatz Buber und Merleau-Ponty als Theoretiker des dritten Raums.

tives Warten" aus, mit dem eine Mischung aus Beobachten, Reflektieren und Metakommunizieren gemeint sei. Eine spezifische Integrationsleistung von räumlicher Gestaltung und interaktioneller Inszenierung ist als weitere Kompetenz zu nennen. Diese ermöglicht eine differenzierte Niedrigschwelligkeit, nämlich als personale, räumliche, interaktionelle und inhaltliche Niedrigschwelligkeit. Während im Rahmen formalisierter Beratungssettings der Schwerpunkt methodischer Kompetenzen auf der Kommunikations- und Beziehungsebene liegt, kommt in offenen Settings der Kompetenzbereich der Gestaltung des Raums, des Begegnungsortes und Rahmens dazu und dies nicht nur additiv. Hier werden Gelegenheitsstrukturen und Möglichkeitsräume gestaltet. Viele Theorien Sozialer Arbeit betonen dies als spezifische Aufgabe und Kompetenz unserer Profession. Bei einer Repolitisierung von Sozialer Arbeit geht es für Michael Winkler (1988) neben der Stärkung des Subjektbegriffs vor allem auch um eine Aufwertung des Momentes des Raumes, was gegenüber der personalen, interaktiven Seite des sozialpädagogischen Handelns als vernachlässigt gelten kann. Hans Thiersch hat in seinem Ansatz der Lebensweltorientierung über die Handlungs- und Strukturmaxime der Alltagsnähe und Regionalisierung diese Aufgabe ebenfalls hervorgehoben. Dieser Ansatz hat darüber hinaus viel zu bieten für die Rekonstruktion der Lebenswelt, also um zu erfahren, wo und wie in der Lebenswelt Räume zu gestalten sind, damit sie zu Gelegenheitsstrukturen und Möglichkeitsräumen werden (vgl. Grunwald; Thiersch 2004). Hier möchte ich die Chance des dritten Ortes hervorheben, das sind Räume außerhalb von Hilfeeinrichtungen und außerhalb der privaten Räume der AdressatInnen.[2]

3 Verhandlungs- oder partizipative Gerechtigkeit

Selbst, wenn ein äußerer Zugang zu professioneller Hilfe gelingt, bietet dies noch keine Gewähr, einen inneren Zugang und Anfänge eines gemeinsamen Handelns zwischen AdressatInnen und Professionellen zu finden. Hierzu ein Beispiel aus der empirischen Untersuchung der Familienhilfe von Astrid Woog (1998). Einer Familie wird von Seiten der Schule Erziehungsberatung nahegelegt. Die Eltern sind motiviert und suchen eine Erziehungsberatungsstelle auf. Dort wird ihnen nach einigen Gesprächen das Etikett verliehen, sie seien noch nicht erziehungsberatungsfähig. Im Rahmen sozialpädagogischer Familienhilfe, einem offenen in die Lebenswelt eingelassenen Setting, zeigt sich, dass die Eltern durchaus erziehungsberatungsfähig sind, in einem ihnen und ihrer Lebenswelt angemesseneren Setting. In diesem Setting bekommen ihre Ausdrucksformen und ihre Zeit, d.h. wie und wann sie mit der Professionellen in Verhandlung treten wollen, eine Chance.

---

2 Eine Gelegenheitsstruktur neueren Datums stellt die Internetberatung dar. Sie bietet eine anonyme und geschützte Möglichkeit der Kontaktaufnahme zu professioneller Hilfe, wie z.B. „Life line", ein online-Beratungsangebot des Arbeitskreises Leben für suizidgefährdete Jugendliche in Tübingen/Reutlingen.

Neben einer Anerkennung der je eigenen Verhandlungsweisen in konkreten Begegnungen gilt es diese Verhandlungsweisen in der infrastrukturellen Planung von Angeboten ernst zu nehmen. Zu dieser Verhandlungsgerechtigkeit formuliere ich folgende These: In den letzten Jahren hat sich Partizipation als ein fachlicher Standard durchgesetzt. Eine Gefahr ist hier, dass Professionelle Partizipationsverfahren in „ihrer Sprache" und Ausdrucksweise entwickeln und die Formen von Partizipation, die AdressatInnen bereits praktizieren, übersehen. Das sind z.b. solche, die sich im praktischen Tun und nicht in schriftlichen oder verbalen Interessensbekundigungen ausdrücken. Beispiele hierfür: Eine Praktikantin einer Jugendhilfeeinrichtung berichtet, dass ihr Beratungszimmer wenig genutzt werde. Intensive Gespräche jedoch verlaufen häufig draußen, außerhalb der Räume der Jugendhilfeeinrichtung. Ihre Schilderung: „Dann hat der mich *ausgetrickst* und ich fand mich draußen bei einer gemeinsamen Zigarette plötzlich in einem intensiven Beratungsgespräch." Dieses Gefühl des „Ausgetrickstwerdens", verweist auf eine normative Dimension und auf eine Vorstellung von Professionalität, in welcher die Professionellen einseitig die Definitionsmacht über das Setting haben. In einem weiteren Beispiel fühlte sich eine Professionelle von einer jungen Frau „gecatcht", als diese den Hof eines Jugendzentrums für das Erzählen ihrer dramatischen Lebenssituation wählte. Ich plädiere dafür, dieses ‚Austricksen' und „Catchen" auch als eine Form von Partizipation der AdressatInnen zu interpretieren. Damit plädiere ich nicht für eine ausschließliche Orientierung an den Bedürfnissen der AdressatInnen, sondern vielmehr dafür, allen Beteiligten eine Chance einzuräumen, das Setting mit gestalten zu können. Diese Fähigkeit zur Ko-Produktion, die häufig im Konkreten praktiziert wird, gilt es als ein Moment unserer Fachlichkeit anzuerkennen und auszubuchstabieren.

Paolo Freire (1973) hat mit seiner Analyse der „Kultur des Schweigens" auf die bedeutsame Rolle hegemonialer Sprachen und Ausdrucksformen in Prozessen der Entmündigung hingewiesen; dieser ältere theoretische Bezug scheint mir hochaktuell. Neuere Forschungsdiskurse zeigen Wege auf, wie „die Stimme der Adressaten" (Bitzan, Bolay; Thiersch 2006) in Praxis und Forschung berücksichtigt werden kann. Gertrud Oehlerich und Andreas Schaarschuch (2006, S. 185) konstatieren auf der Basis einer neueren Theorie Sozialer Dienstleistung hier einen Nachholbedarf in der Forschung: „Was in der sozialpädagogischen Theoriediskussion seit geraumer Zeit als zentrale Prämisse gilt, dass nämlich Sozialpädagogik ihren Ausgang von den Lebenslagen, den alltäglichen Lebenswelten, den Subjekten und ihren Reproduktionspraxen zu nehmen haben [....], ist in der empirisch verfahrenden Forschung der Sozialen Arbeit zumeist noch Desiderat. Von wenigen Ausnahmen abgesehen steht hier eine Zentrierung auf die Professionellen, die Institutionen, die Organisationen sowie die Programme im Vordergrund." Was hier als Desiderat beklagt wird, haben Helga Huber und ich in unserer empirischen Untersuchung Mitte der neunziger Jahre praktiziert: Wir haben Forschungszugänge entwickelt, um Frauen zu befragen, in welchen Kontexten sie Beratung praktizieren und wünschen (vgl. Huber; Knab 1992; Huber; Knab 1993).

Dass die Gefahr einer Kolonialisierung in lebensweltnaher professioneller Arbeit hoch und dementsprechend zu reflektieren sei, darauf hat Thiersch immer wieder hingewiesen. Dies gilt für die Praxis in offenen Settings in besonderer Weise, da hier subtile, wenig transparente und reflektierte Festlegungsprozesse von Seiten der Professionellen stattfinden können. Die Kolonialisierungsgefahr gilt auch für die Forschung[3].

4 Behandlungs- oder Anerkennungs-Gerechtigkeit[4]

Damit ein Zugang zu professioneller Hilfe auch einen Zugang zu mehr gesellschaftlicher Teilhabe eröffnet, sind folgende Fragen zu reflektieren: Was oder wer wird als Gegenstand der ‚Behandlung' definiert und anerkannt, ein Problem, ein Verhaltensmuster oder eine Lebenssituation als Ausdruck gesellschaftlicher Ausgrenzungsprozesse oder - noch weitgehender - ein Gemeinwesen, ein gesellschaftlicher Konflikt? Und wie wird „behandelt": mit Einzelfall-, Gruppen- oder gemeinwesenorientierter Arbeit? Mit diesen Fragen sind wir auf der diskurspolitischen Ebene, der Ebene der Deutungsmacht, die in allen aktuellen Theorien Sozialer Arbeit sowie in Ansätzen der Ungleichheitsforschung einen zentralen Stellenwert einnimmt. Diese Ansätze zeigen auf, wie bedeutsam es für die Profession ist, überhaupt solche Fragen zu stellen, um den gesellschaftlichen Auftrag der Exklusionsverwaltung nicht unhinterfragt zu übernehmen. Es besteht sonst die Gefahr, über gut gemeinte Hilfe Ausgrenzungs- und Besonderungsprozesse mit festzuschreiben. Meine zentrale Aussage hier lautet: Es braucht eine sozial-politische Ausgestaltung von offenen Settings, um Zugang zu mehr gesellschaftlicher Teilhabe zu ermöglichen. Für diese sozial-politische Ausgestaltung gilt es die Chance von offenen Settings mit ihrer Ansiedlung im Übergang zwischen Einzel- und Gruppensetting zu nutzen, Solidarisierungs- und Veröffentlichungsprozesse in und mit Gruppen wahrzunehmen und zu fördern, mit dem Ziel, eine sozialpolitische Anerkennung von Lebensumständen zu organisieren. Offene Settings können dann zu einer Sozialpolitik von unten werden, wenn die Stimmen und Anliegen von Menschen, die häufig in den ausgewiesenen sozialpolitischen Gremien und Verfahrenswegen keine Anerkennung finden, hier nicht nur gehört werden, sondern auch in zuständige Gremien weitertransportiert werden. Am Beispiel unserer empirischen Forschung „Grundlagen der Beratung für Frauen in ländlichen Regionen" möchte ich dies erläutern (vgl. Huber; Knab 1993). In zwei Regionen Baden-Württembergs haben wir Professionelle und Frauen zu Umgangsweisen mit Konflikten und Beratungskontexten gefragt. Ein Ergebnis war: Frauen suchen in Grup-

---

3 Mit den Titeln „Professionelles Handeln zwischen Tür und Angel" und „in offenen Settings" drückt sich das Spannungsfeld aus, in dem sich meine Forschung bewegt; es geht um Settings, die von AdressatInnen angezettelt, nachgefragt, inszeniert werden. Eine wissenschaftliche Perspektive auf diese Situationen einzunehmen, mit dem Ziel, sie im Fachdiskurs zu verankern, verlangt, diese mit Fachbegriffen zu benennen. Die Herausforderung besteht darin, Begriffe zu entwickeln, welche den Eigensinn dieser Situationen auch aus der Perspektive der AdressatInnen bestehen lassen und sie nicht durch die Wissenschaftssprache zu kolonialisieren.

4 Einen anerkennenden Dank an meine Kollegin Birgit Bender-Junker für diesen begrifflichen Hinweis.

pen- und Bildungskontexten viel Beratung nach, hier kommen auch brisante Themen und Lebenssituationen auf den Tisch, häufig auch in informellen Kontakten und Pausengesprächen. Die Weiterverweisungsversuche der Professionellen in Beratungseinrichtungen funktionieren nur bedingt. Ein erster Interpretationsschritt von uns war, analog zu dem vieler Professioneller, eher ein defizitorientierter: Viele Frauen trauen sich nicht, ihre Probleme offen zuzugeben und professionelle Hilfe in Anspruch zu nehmen. In einem zweiten Schritt haben wir diesen Befund auch als Hinweis der Frauen gedeutet, wo, wie und mit wem sie ihre Probleme ver- und behandelt haben wollen, nämlich in Bildungskontexten und in Frauengruppen, die auch Frauenöffentlichkeiten darstellen. Dies kann als Widerstand gegen eine tendenziell individualisierende, auf psychische Faktoren reduzierende Form der Problembehandlung interpretiert werden. Dass mit der Definition und dem institutionellen Kontext der Ver- und Behandlung immer auch Zensuren, d.h. gesellschaftliche Wertigkeiten und Zuschreibung vermittelt werden, kann mit dem Ansatz einer Politik des Sozialen (vgl. Kunstreich 2003) analysiert werden.

Soziale Arbeit schöpft dann ihre Gerechtigkeits-Potenziale aus, wenn sie neben der Einzelfallarbeit kollektive Verhandlungen in Gruppen initiiert und begleitet, mit dem Ziel, Lebensumstände sozialpolitisch zur Anerkennung zu bringen. Diese Perspektive einer sozialpolitisch orientierten Netzwerkarbeit habe ich in einem weiteren Interpretationsschritt der empirischen Ergebnisse aus der oben genannten Untersuchung im Rahmen meiner Dissertation analysiert (vgl. Knab 2001). Um Unterstützungszusammenhänge von Frauen auch in ihrer sozialpolitischen Relevanz zu untersuchen, habe ich mich auf den Ansatz der Lebenslage / Lebensbewältigung bezogen, wie er von Lothar Böhnisch und Heide Funk (1989) entwickelt wurde. Dieser Ansatz formuliert Dimensionen, von denen sozialpolitische Anerkennung abhängt und mit dem die Gruppen- und sozialpolitische Veröffentlichungsdimension auch in diskurspolitischer Perspektive analytisch gefasst werden kann. Während mit dem Ansatz der Lebensweltorientierung, die der empirischen Untersuchung zugrunde lag, die subjekt- und strukturtheoretische Ebene gut untersucht werden kann, braucht es für die Analyse der diskurspolitischen Ebene zur Erklärung der Herstellung von Deutungsmacht ein weiteres theoretisches Konzept. Auch Maria Bitzan hat in ihren Ausführungen zur Repolitisierung der Lebensweltorientierung (2000) die sozialpolitische Perspektive weiter ausgearbeitet; dies geschah u.a. mit Bezug zu Ansätzen der Frauenforschung (vgl. Tübinger Institut für frauenpolitische Sozialforschung e.V. 1998). Frank Bettinger (2005) bezieht sich für die diskurspolitische Ergänzung des Ansatzes der Lebensweltorientierung auf Michael Winkler. Es wäre lohnenswert für die Weiterentwicklung sozialpädagogischer Forschungsperspektiven, diese verschiedenen theoretischen „Kombinationen" in ihrem jeweiligen analytischen Gehalt zu ‚vergleichen'. Denn gerade die Handlungsebene von Sozialer Arbeit braucht eine solche theoretische Fundierung, um ihre sozialpolitische Dimension bzw. die Politik des Sozialen in den alltäglichen offenen Begegnungssituationen reflektieren und ausweisen zu können.

Als Profession positionieren wir uns in Bezug auf Gerechtigkeit u.a. über unsere Ausrichtung in Bezug auf Einzel-, Gruppen und Gemeinwesenarbeit; dadurch entscheiden wir, ob einer Entöffentlichung von gesellschaftlichen Konflikten und Ausgrenzungsprozessen Vorschub geleistet wird. Eine ausschließlich an Einzelfallarbeit ausgerichtete „Behandlung" birgt die Gefahr, potentielle Solidarisierungsprozesse zu untergraben und eine Ausgrenzung von Problemen und den davon betroffenen Menschen aus dem Gemeinwesen zu fördern, anstatt die zugrunde liegenden gesellschaftlichen Konflikte anzuerkennen.

5 Ausstattungsgerechtigkeit

Wie sieht eine angemessene und gerechte strukturelle Ausstattung und Verankerung von offenen Settings aus? Diese Frage verweist auf das innere Gefüge von Einrichtungen, weiter auf das Gefüge zwischen Einrichtungen und schließlich auf das Gefüge im Sozialraum zwischen Einrichtungen, Gruppen und Verbänden. Welchen Stellenwert haben offene Settings in Arbeitsplatzbeschreibungen, in Teamreflexionen, im Leitbild und in der Finanzierung? Wie viel Zeit und Ressourcen stehen dafür zur Verfügung? Die Theorie der Lebensweltorientierung betont mit dem Doppelgesicht der Handlungs- und Strukturmaxime, dass alltagsnahe Angebote nicht vom Handeln einzelner Professioneller abhängig sein dürfen, sondern in der Organisation und im sozialräumlichen Gefüge zu verankern sind.

Ein Beispiel für eine Einrichtung mit gut abgestimmten Angeboten unterschiedlicher Verbindlichkeitsgrade, in dem der offene Bereich deutlich strukturell verankert ist, ist das Mädchenhaus Frankfurt (FeM 2007). Eine ‚Schutzengelcard' in Scheckkartengröße listet Telefonnummern für den offenen Treff, Beratungsstelle und Zufluchtsmöglichkeit auf. Diese Card ist ein gelungenes Beispiel für eine altersangemessene niedrigschwellige Kontaktmöglichkeit. Eine sinnvolle Verankerung von Gelegenheitsstrukturen in und zwischen Einrichtungen bieten viele Frauenprojekte und aktuell der Bereich der integrierten und flexiblen Erziehungshilfen. Über praktische Anlässe und Gruppenangebote wird ein zunächst wenig verbindlicher, vor allem nicht problemorientierte Kontakt mit Professionellen sowie Vernetzung zwischen BewohnerInnen eines Stadtteils ermöglicht (vgl. Hamberger; Köngeter; Zeller 2004). Sonnen (1996) erwähnt in seinem Text zu gemeinwesenorientierter Familienberatung, dass bewusst Zeit für die Wege zwischen Büro und Bushaltestelle eingeräumt werde, um ansprechbar zu sein und praktische Anlässe gestaltet werden, um in Kontakt zu kommen.

Mit einem Blick auf Kooperation zwischen professionellen und weiteren engagierten Gruppen im sozialräumlichen Gefüge möchte ich für unterschiedliche Öffentlichkeitsstrukturen sensibilisieren. Wie sehen angemessene Gelegenheitsstrukturen für ländliche Öffentlichkeiten aus? In unserer empirischen Untersuchung zu Grundlagen der Beratung von Frauen in ländlichen Regionen haben wir solche Gelegenheitsstrukturen untersucht. In ländlichen Regionen ist es oft ein weiter Weg, um in Kontakt zu professioneller Hilfe zu kommen. Hier braucht es WegbegleiterInnen und WegbereiterInnen aus dem Gemeinwesen. In unserer Untersuchung haben wir diesen meist ehrenamtlich engagierten Ansprechpartnerinnen den Titel „Vertrauensfrauen" verliehen. Sie sehen es als eine ihrer Aufgaben an, Menschen auf dem langen Weg zu begleiten, bis sie einsehen, Hilfe von Außen zu brauchen, so die Worte einer Interviewpartnerin. Die Gestaltung einer Gelegenheitsstruktur bedeutet hier, diese Vertrauensfrauen nicht allein zu lassen, sondern über Kooperationen mit Professionellen Begleitung und Entlastung zu ermöglichen. Themenspezifische Veranstaltungen vor Ort, zu denen Professionelle eingeladen werden, haben sich hier als hilfreich erwiesen. Vertrauensfrauen sind dann auch Gewährsfrauen für professionelle Angebote, die dadurch einen anerkannten Status im Gemeinwesen bekommen können. Diese Kooperation mit Schlüsselpersonen im Gemeinwesen sehe ich als Entwicklungshilfe für ein Gemeinwesen an. Je mehr Personen zu tabuisierten Themen wie Gewalt oder Sucht eine offenere Haltung entwickeln, desto eher verändert sich auch die Atmosphäre im Gemeinwesen im Umgang mit diesen.

6 Selbst-Gerechtigkeit

Von einer weiteren Qualifizierung von offenen Settings erhoffe ich mir, dass wir unserer Profession gegenüber gerechter werden. Meine Forschungsergebnisse deuten immer wieder auf eine enorme Diskrepanz zwischen den kreativen Gestalten von offenen Settings, dem intuitiven Eingehen auf den Bedarf einerseits und der mangelnden Wertschätzung dieses Handelns als professionelles Handeln andererseits. Von zentraler Bedeutung für eine Professionalisierung erweist sich die Dimension der Anerkennung. Für einen Perspektivwechsel können hier Ansätze der Frauenforschung sowie der Diskurs um Professionalität herangezogen werden. Beide Diskurse plädieren für ein Überschreiten von nach wie vor dominanten, jedoch veralteten Professionalitätsmaßstäben. Soziale Arbeit als noch junge Profession erfindet ja nicht nur eine neue Profession, sondern entwickelt gleichzeitig neue, für heutige gesellschaftliche Verhältnisse notwendige Vorstellungen für Professionalität überhaupt. Bereits 1986 betitelte Thomas Olk seine Veröffentlichung mit „Abschied vom Experten. Sozialarbeit auf dem Weg zu einer alternativen Professionalität." Handeln in Ungewissheit war dabei ein zentrales Stichwort: der Ausweis einer Professionalität, die nicht mehr in hierarchischer Gebärde „alles besser weiß", sondern deren Expertentum darin besteht, das Entwickeln des eigenen Expertentums der AdressatInnen zu begleiten. Dieses begleitende, nicht so deutlich in Erscheinung tretende Handeln mit wenig Rollensicherheit gilt für offene Settings im besonderen Maße. In meinen Ausführungen zu Zugangs- und Verhandlungsgerechtigkeit wurde deutlich, dass und wie dadurch Partizipation ermöglicht wird. Damit wird eine einseitige Definitionsmacht des alten Expertenmodells überwunden. Mit dem Gestalten von Aushandlungs- und Partizipationsprozessen wird ein für heutige gesellschaftliche Verhältnisse zentrales Kriterium für Expertentum entwickelt. Otto und Dewe (1984) insistieren gegenüber einem expertokratischen zweckrationalen Wissen auf ein diskursives Wissen, das es nicht nur wissenschaftlich, sondern immer auch sozialkulturell und lebenspraktisch rückzubinden gilt in die situativen Bedingungen der sozialen Handlungsvollzüge hinein. Diese Leistungen im Kontext von offenen Settings gilt es selbstbewusst als Beitrag zu neuen Professionalitätsformen deutlich zu machen. Franz Hamburger (2003) sieht mit Bezug zu Heiko Kleve (2001) die Zuständigkeit von Sozialer Arbeit für irrationale Folgen der rationalen Moderne. „Die sozialpädagogische Professionalität wird dann als Handlungsform des Umgangs mit Ambivalenz zu beschreiben sein, die die Paradoxien und Mehrdeutigkeiten nicht wegdefiniert. Soziale Arbeit ist ein Handlungssystem, das dann gebraucht wird, wenn die Leistungsfähigkeit der ‚rationalen' Systeme erschöpft ist. ... Exemplarisch lässt sich dies an Beratung zeigen, die als sozialpädagogische gerade herausgelöst aus den „festen" Settings ihre Produktivität entfaltet." Für Oevermann (1996) beginnt professionelles Handeln in Abgrenzung zu beruflichem Handeln da, wo standardisiertes Handeln nicht mehr möglich ist.[5] Oevermann argumentiert weiter: Weil uns Standardisierung nicht weiterhelfe, benötigen wir einen professionellen Habitus. Der Ausweis der oben genannten Gerechtigkeitsgehalte in offenen Settings bietet eine Grundlage für diesen professionellen Habitus[6].

---

5 Hildrut von Spiegel (2004) hat differenzierte Reflexionsperspektiven für solche offenen, nicht standardisierbaren Situationen entwickelt, damit das zunächst notwendig collagenhafte Handeln zu professionellem Handeln werden kann.
6 Zu fragen ist, wo und wie dieser professionelle Habitus ausgebildet wird? Nach Sommerfeld (2000) kann dieser nur z.T. innerhalb der akademischen Ausbildung entwickelt werden; hierfür brauche es die Praxis und zwar eine ausgebildete professionelle Kultur in der Praxis. Die Entwicklung professioneller Handlungskompetenz erfordert eine gute wissenschaftliche Ausbildung und eine professionelle Kultur. Aus diesen Überlegungen heraus plädiere ich für spezifische Formen der Kooperation zwischen Forschung, Theorieentwicklung und Praxis: Diese sind als kooperative Formen der Wissensbildung auf gleicher Augenhöhe zwischen Hochschule und Praxis während der Ausbildung, in Weiterbildungsperspektiven und in Forschungskooperationen zu gestalten.

Literatur:

Bauman, Zygmunt (1992): Moderne und Ambivalenz. Hamburg: Junius.

Bender-Junker, Birgit (2006): Implizite Ethiken der Inter-Kulturalität, in: Evangelische Hochschulperspektiven, Band 2, S. 15–23.

Bettinger, Frank (2005): Sozialer Ausschluss und kritisch–reflexive Sozialpädagogik – Konturen einer subjekt- und lebensweltorientierten Kinder- und Jugendarbeit, in: Anhorn, Roland; Bettinger, Frank [Hg.]: Sozialer Ausschluss und Soziale Arbeit. Positionsbestimmungen einer kritischen Theorie und Praxis Sozialer Arbeit, Wiesbaden: VS Verlag für Sozialwissenschaften, S. 367–395.

Bitzan, Maria (2000): Konflikt und Eigensinn. Die Lebensweltorientierung repolitisieren, in: Neue Praxis, 30. Jg., S. 335–346.

Bitzan, Maria; Bolay, Eberhardt; Thiersch, Hans [Hg.] (2006): Die Stimme der Adressaten. Empirische Forschung über Erfahrungen von Mädchen und Jungen mit der Jugendhilfe, Weinheim; München: Juventa.

Böhnisch, Lothar; Funk, Heide (1989): Jugend im Abseits? Zur Lebenslage Jugendlicher im ländlichen Raum, München: Juventa.

Dewe, Bernd; Otto, Hans Uwe (2002): Reflexive Sozialpädagogik. Grundstrukturen eines neuen Typs dienstleistungsorientierten Professionshandelns, in: Thole, Werner [Hg.]: Grundriss Soziale Arbeit. Ein einführendes Handbuch, Opladen: VS Verlag für Sozialwissenschaften, S. 179–198.

EKD [Hg.] (2006): Gerechte Teilhabe. Befähigung zu Eigenverantwortung und Solidarität. Eine Denkschrift des Rates der Evangelischen Kirsche in Deutschland zur Armut in Deutschland, 3. Aufl. Gütersloh: Gütersloher Verlagshaus.

FeM – Feministische Mädchenarbeit e.V. [Hg.] (2007): Jahresbericht des Mädchenhaus Frankfurt a.m., Mainz.

Fraser, Nancy; Honneth, Axel (2003): Umverteilung oder Anerkennung? Eine politisch-philosophische Kontroverse, Frankfurt a.M.: Suhrkamp.

Freire, Paolo (1973): pädagogik der unterdrückten. bildung als praxis der freiheit, Reinbek bei Hamburg: Rowohlt.

Grunwald, Klaus; Thiersch, Hans (2004): Das Konzept Lebensweltorientierte Soziale Arbeit – einleitende Bemerkungen, in: dieselben: Praxis Lebensweltorientierter Sozialer Arbeit. Handlungszugänge und Methoden in unterschiedlichen Arbeitsfeldern, Weinheim; München: Juventa, S. 13–39.

Hamberger, Matthias; Köngeter, Stefan; Zeller, Maren 2004: Integrierte und flexible Erziehungshilfen, in: Grunwald; Thiersch [Hg.], S. 347–374.

Hamburger, Franz (2003): Einführung in die Sozialpädagogik, Stuttgart: Kohlhammer.

Heiner, Maja (2004): Professionalität in der Sozialen Arbeit. Theoretische Konzepte, Modelle und empirische Perspektiven, Stuttgart: Kohlhammer.

Henke, Christine (2008): Professionalisierung der Beratung in offenen Settings als ein Beitrag zur beruflichen Identität der Sozialen Arbeit. Theoretische Überlegungen und Anhaltspunkte für weiterführende empirische Untersuchungen, unveröff. Diplomarbeit, EFH Darmstadt.

Huber, Helga; Knab, Maria (1992): Grundlagen der Beratung für Frauen in ländlichen Regionen. Teil I: Alltägliche Leistungsanforderungen und Bewältigungsformen, Projektbericht. Tübingen 1992.

Huber, Helga; Knab, Maria (1993): Grundlagen der Beratung für Frauen in ländlichen Regionen, Teil II: Vermittlungsstrukturen und -leistungen zur Herstellung von Öffentlichkeiten in ländlichen Regionen, dargestellt am Problemkomplex '(Sexuelle) Gewalt gegen Frauen und Mädchen'. Projektbericht. Tübingen 1993.

Kleve, Heiko (2001): Sozialarbeit als Beruf ohne (eindeutige) Identität. Eine postmoderne Umdeutung, ihre Begründung und Auswirkung. In: Forum Sozial, Heft 3, S. 15–17.

Knab, Maria (2008): Beratung zwischen Tür und Angel. Perspektiven für Professionalisierung, Forschung und eine gerechtere Infrastruktur, in: Beratung aktuell, Zeitschrift für Theorie und Praxis der Beratung, Heft 2, 9. Jg. S. 113–126.

Knab, Maria (2001): Frauen und Verhältnisse. Eine sozialpolitische Netzwerkanalyse. Herbolzheim: Centaurus.

Knab, Maria (1996): Frauennetzwerke in ländlichen Regionen zur öffentlichen Thematisierung von Gewalt gegen Frauen und Mädchen. Reflexion und Weiterentwicklung praktizierter Ansätze. Dokumentation von Workshops. Tübingen; Ravensburger.

Kunstreich, Timm (2003): Was ist eine Politik des Sozialen, in: Sorg, Richard [Hg.] Soziale Arbeit zwischen Politik und Wissenschaft. Münster Hamburg London: LIT, S. 55–74.

Kunstreich, Timm (2006): Markt macht Moral – zur moralischen Ökonomie der Sozialen Arbeit, in: Widersprüche Heft 99, 26. Jg., S. 7–22.

Möhring-Hesse, Matthias [Hg.] (2008): Streit um Gerechtigkeit. Themen und Kontroversen im gegenwärtigen Gerechtigkeitsdiskurs, Wiesbaden: Wochenschau-Verlag.

Oehlerich, Gertrud; Schaarschuch, Andreas (2006): Zum Gebrauchswert Sozialer Arbeit. Konturen sozialpädagogischer Nutzerforschung, in: Bitzan, Maria u.a. [Hg.] (2006), S. 185–214.

Oevermann, Ulrich (1996): Theoretische Skizze einer revidierten Theorie professionalisierten Handelns, in: Combe, Arno; Helsper, Werner [Hg.]: Pädagogische Professionalität. Zum Typus pädagogischen Handelns, Neuwied Frankfurt a.M.: Suhrkamp, S. 70–182.

Olk, Thomas (1986): Abschied vom Experten. Sozialarbeit auf dem Weg zu einer alternativen Professionalität, Weinheim; München: Juventa .

Prengel, Annedore (1990): Annäherung an eine egalitäre Politik der Differenzgedanken gegen Sexismus und Rassismus, in: beiträge zur feministischen theorie und praxis 13. Jg. Heft 27, S. 127–134.

Rawls, John (1971): Theorie der Gerechtigkeit, Frankfurt a.M.: Suhrkamp.

Sommerfeld, Peter (2000): Forschung und Entwicklung als Schnittstelle zwischen Disziplin und Profession. Neue Formen der Wissensproduktion und des Wissenstransfer, in: Homfeldt, Hans Günther; Schulze-Krüdener, Jürgen [Hg.]: Wissen und Nichtwissen. Weinheim; München: Juventa, 315–324.

Sonnen, Fritz (1996): Gemeinwesenorientierte Familienberatung, in: Belardi, Nando u.a. [Hg.]: Beratung. Eine sozialpädagogische Einführung. Weinheim; Basel: Beltz, S. 118–130.

Thiersch, Hans (2004): Lebensweltorientierte Soziale Beratung, in: Nestmann, Frank; Engel, Frank; Sickendiek, Ursel [Hg.]: Das Handbuch der Beratung, Band 2, Tübingen: dgvt, S. 699–709.

Tübinger Institut für frauenpolitische Sozialforschung e.V. [Hg.] (1998): Den Wechsel im Blick. Methodologische Ansichten feministischer Sozialforschung, Herbolzheim: Centaurus.

Spiegel, Hiltrud von (2004): Methodisches Handeln in der Sozialen Arbeit. Grundlagen und Arbeitshilfen für die Praxis, München; Basel: Ernst Reinhardt.

Trio Virilent (1996): Kann man Männer beraten? Bedingungen männerspezifisch niedrigschwelliger psychosozialer Beratung, in: BauSteineMänner [Hg.]: Kritische Männerforschung, Hamburg: Argument, S. 249–283.

Winkler, Michael (1988): Eine Theorie der Sozialpädagogik, Stuttgart: Klett-Cotta.

Woog, Astrid (1998): Soziale Arbeit in Familien. Theoretische und empirische Ansätze zur Entwicklung einer pädagogischen Handlungslehre. Weinheim; München: Juventa.

Young, Iris Marion (1990): Justice and the Politics of Difference, Princeton N.J.: University Press.

Der Mindestlohn in der sozialen Marktwirtschaft –
Impulse und Anfragen unter dem Fokus der „Gerechtigkeit"

Stephan Richter

1 Der Ruf nach Mindestlöhnen ist nicht zu überhören – auch nicht der Streit

„Gerechtigkeit [...] ist der Hauptpfeiler, der das ganze Gebäude stützt. Wenn dieser Pfeiler entfernt wird, dann muss der gewaltige, der ungeheure Bau der menschlichen Gesellschaft [...] in einem Augenblick zusammenstürzen und in Atome zerfallen." (Adam Smith) (Ulrich 2001, S. 170)[1]

Der sogenannte Mindestlohn ist ein in der Bundesrepublik Deutschland intensiv diskutiertes Thema. Im August 2009 finden sich dazu bei Google rund 730.000 Einträge. Die am weitesten oben gelisteten Suchergebnisse zu „Mindestlohn" bestehen dabei vorrangig aus Zeitschriftenartikel (vgl. www.welt.de, www.süddeutsche.de), Foren und Blogs („Stimmen für den Mindestlohn", vgl. www.mindestlohn09.de; „Mindestlohn BLOG", vgl. www.mindestlohn-blog.de) und Plattformen, die von Interessenvertretern (Parteien, Verbänden) verantwortet werden (z.B. Verdi, vgl. www.mindestlohn.verdi. de oder SPD vgl. www.spd.de). Das Bundesministerium für Arbeit und Soziales, derzeit (August 2009) von einem SPD-Minister geführt, bietet sogar „5 gute Argumente für den Mindestlohn" (vgl. www.fuer-ein-lebenswertes-land.bmas.de). *„Hierüber lässt sich trefflich streiten – ein Blick auf die Internetseite der CDU genügt: „Dumpinglöhne – SPD-Heuchelei beim Mindestlohn"* (vgl. www.cdu.de), wobei allerdings im sog. *„Themenportal – Die Politik der CDU von A-Z auf einen Blick"* (vgl. ebd.) das Thema „Mindestlohn" nicht vorkommt. Wir wollen uns an dieser Diskussion so nicht beteiligen. Stattdessen soll der Fokus auf den Begriff der „Gerechtigkeit" gerichtet werden. Dass Gerechtigkeit und Mindestlohn etwas miteinander zu tun haben, ist evident: Wie gerecht ist es, wenn Löhne auseinanderklaffen? Was ist gerechte Bezahlung? Für wie viel Gerechtigkeit muss „die Gesellschaft" respektive „die Demokratie" sorgen – und was ist eigentlich gerecht? (Zur Kombination „Mindestlohn und Gerechtigkeit" finden sich bei Google immerhin noch knapp 120.000 Einträge.)
Eine Diskussion von „Mindestlohn und Gerechtigkeit" bewegt sich in einem komplexen Spannungsfeld verschiedener Disziplinen, was einen Diskurs nicht gerade erleichtert:

---

1 Im Original aus dem Werk „Theorie der ethischen Gefühle".

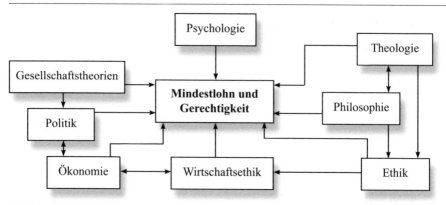

Abbildung 1

Sicherlich sind in dieser Grafik nicht alle möglichen Verbindungen und Rückkoppelungen dargestellt, dennoch dürfte deutlich sein, wer sich alles an einer Diskussion zum Thema „Mindestlohn und Gerechtigkeit" beteiligen könnte. Dass manche Disziplinen gegenwärtig in einem offensiveren Austausch stehen, wurde durch die Doppelpfeile angedeutet (z.B. Wirtschaftsethik und Ökonomie), aber tatsächlich könnte man hier noch viele andere einfügen (z.B. zwischen Philosophie und Politik). Nach einer kurzen Darstellung des *Status Quo* in der sozialen Marktwirtschaft der Bundesrepublik sollen verschiedene Zugänge zum Begriff der „Gerechtigkeit" aufgezeigt werden, ohne jedoch auf Vollständigkeit pochen zu können. Ein Verweis auf die evangelische Perspektive (vgl. Kirchenamt der EKD 2006) darf u.E. ebenso wenig fehlen wie John Rawls (vgl. Rawls 1979) und Amartya Sen (vgl. Sen 2007). Aus Sicht der Wirtschaftsethik wird immer wieder Peter Ulrichs „Integrative Wirtschaftsethik" (vgl. Ulrich 2001; Maak; Ulrich 2007) anklingen, da „Gerechtigkeit" bei ihm stetig reflektiert und in eine „lebensdienliche Ökonomie" einbezogen wird. Werfen wir noch einmal einen Blick auf Abbildung 1, so erscheint es fraglich, ob am Ende des kurzen Abriss' zum Thema tatsächlich ein eindeutiges Fazit gezogen werden kann – wenn aber ein Stück weit Bewusstheit dafür geschaffen würde, die Beheimatung der eigenen Argumentation im Diskurs offen zu legen und verschiedene Ebenen nicht zu vermischen, so wäre schon ein ganzes Stück gewonnen.

2 Der *Status Quo* in der Bundesrepublik

Der *Status Quo* in der BRD wird sich in Zukunft gewiss verändern – ein klares Bild vom *Status Futurus* zeichnet sich aber noch nicht ab, dafür sind die (politischen) Positionen (noch) zu weit auseinander und bevorstehende Wahlen tun das ihrige dazu. Neben Forderungen nach einem Mindestlohn gibt es Ansätze, die sich mit Kombilohn oder einem bedingungslosen Grundeinkommen beschäftigen. Diese Diskussionen werden geführt *„vor dem Hintergrund stagnierender Einkommen im Bereich der arbeitnehmerischen*

Der Mindestlohn in der sozialen Marktwirtschaft

Mitte der Gesellschaft, einem real existierenden Niedriglohnsektor, in dem ein Viertel der Vollzeitbeschäftigten arbeitet [...], einer anhaltenden Veränderung der Arbeitsorganisation durch neue Managementkonzepte, die lohnarbeitende Menschen zwischen Flexibilitätszumutungen, Autonomieversprechen und stärkerer Vermarktlichung der Arbeitsbeziehungen und Lebenskonzepte treiben". (Völker 2006, S. 7) Der Mindestlohn soll vom Arbeitgeber bezahlt und Löhne unter der Armutsgrenze bei Vollzeitarbeit sollen vermieden werden. Hauptstreitpunkt ist die Frage, ob es einen einheitlichen gesetzlichen Mindestlohn für alle Branchen geben soll oder ob dieser von den Tarifparteien branchenspezifisch vereinbart wird. Noch weiter geht die Idee des „bedingungslosen Grundeinkommens", welche an die Prognose anknüpft, dass „Lohnarbeit für alle" dauerhaft nicht mehr zu haben sei. Beim bedingungslosen Grundeinkommen wird besonders deutlich, wie unterschiedliche Gerechtigkeitsvorstellungen miteinander konkurrieren, sodass von den Diskursparteien sogar der Kategorische Imperativ in die Waagschale geworfen wird (vgl. Völker 2006, S. 13). Begriffe wie „Tauschgerechtigkeit" und „Reziprozitätskonzepte" machen die Runde, wobei die Vorstellung von einem „Einkommen ohne Arbeitsleistung" vielen zunächst als „Spinnerei" erscheinen mag.

Abbildung 2

Abbildung 2 vom März 2009 des DGB (vgl. www.mindestlohn.de) zeigt Deutschland als tabula rasa: Mindestlöhne haben anscheinend (noch) keinen bzw. kaum Eingang gefunden. Der Datenreport 2008 der Bundeszentrale für politische Bildung informiert ergänzend:

„In Deutschland gab es am 1. Januar 2008 keinen branchenübergreifenden gesetzlichen Mindestlohn, sondern nur verbindliche Mindestlöhne für einzelne Branchen und Berufe. Am 1. Januar 2008 galten Mindestlöhne in fünf Bauberufen sowie in der Gebäudereinigung und für Briefdienstleister." (Statistisches Bundesamt 2008, S. 13) Zur Einkommensverteilung und Armut in Deutschland führt der Datenreport an: *„Die Ungleichheit der verfügbaren Einkommen im Haushalt hat sich damit [zwischen 2000 und 2006] deutlich erhöht, die Schere zwischen arm und reich hat sich weiter geöffnet. [...] Inzwischen ist das Ausmaß der Einkommensungleichheit auf einem der höchsten Niveaus der vergangenen Jahrzehnte angelangt."* (Statistisches Bundesamt 2008, S. 164) Und zum Thema „Armut"[2] lesen wir: *„Alle Indizes haben sich gegenüber den Vorjahren vergrößert, das Ausmaß an Niedrigeinkommen und Armut ist auf eines der höchsten Niveaus der letzten beiden Jahrzehnte angestiegen; zugleich haben sich die Einkommen der Armen immer weiter von der Armutsschwelle entfernt und die Intensität der Armut hat sich erhöht."* (Statistisches Bundesamt 2008, S. 166) Diese kurzen Blitzlichter aus dem Datenreport mögen als Hintergrund dienen, vor dem sich einige Facetten des Begriffs „Gerechtigkeit" entfalten sollen. Zuvor soll aber noch ein wichtiger Bezugspunkt eingeführt werden: die soziale Marktwirtschaft.

3 Wirtschaftssysteme

Prinzipiell unterscheidet man zwischen einer zentralen Planwirtschaft, der (kapitalistischen) Marktwirtschaft und als drittem Modell das der sozialen Marktwirtschaft. Erstere kann hier vernachlässigt werden, obwohl es spannend wäre darüber nachzudenken, ob etwa in der ehemaligen DDR „Mindestlöhne" verwirklicht waren. Nach Adam Smith, dem Vordenker der klassischen Nationalökonomie, führt die „unsichtbare Hand" des freien Marktes zu einer effektiven und gerechten Verteilung der Güter (und auch der Löhne) unter den Menschen. Das System regelt sich selbst, die Freiheit des Individuums ist das wertvollste Gut (vgl. Hüther 2006, S. 13ff). Korrekt einzuordnen sind Smith' Thesen indes nur dann, wenn man sie als eine Kritik des damals vorherrschenden Merkantilismus versteht, die zugleich eine rechtsstaatlich gewährleistete Gerechtigkeit fordert. Die „unsichtbare Hand" kann dabei als ein beinahe metaphysisches Prinzip begriffen werden und der Markt wird zum Ort der Moral (vgl. Ulrich 2001, S. 168ff). Nicht selten wird Smith als angeblicher Vater eines ungezügelten Neoliberalismus gebrandmarkt – obwohl ohne individuelle Freiheit gewiss kein gesellschaftlicher

---

2 Wie im Datenreport „Armut" definiert wird, lässt sich hier aus Platzgründen leider nicht wiedergeben. Jedenfalls wird auch dies in der Öffentlichkeit heftig diskutiert.

Wohlstand erwachsen kann. Bedenklich wird es allerdings, wenn im „freien Spiel der Kräfte" ethische Reflexion nur mehr als Teil der Marktlogik gesehen wird, wie es Peter Ulrich zu Recht kritisiert.[3] Schon 1955 hat von Nell-Breuning vorausschauend eingewendet, dass die Maßstäbe, nach denen sich Wirtschaftspolitik auszurichten hätte, nicht aus der Wirtschaft selbst gewonnen werden können (vgl. Ulrich 2001, S. 347). Die Erfahrungen mit der Bankenkrise und die Daten des statistischen Bundesamtes können als deutliche Warnsignale gegen einen völlig deregulierten Markt, eine in weiten Teilen vorherrschende *Mainstream Economics*, verstanden werden. Blickt man auf Abb. 1, so könnten viele Disziplinen nur mehr als „Hilfswissenschaften" verstanden werden, um einen „funktionierenden Markt" zu gewährleisten. Mindestlöhne bzw. Löhne, die existenzsichernd sind, sollten sich dann eigentlich von selbst ergeben.

Beginnend mit den Reformen Otto von Bismarcks begann in Deutschland die Entwicklung eines dritten Weges (vgl. Homann; Lütge 2005, S. 60f). Angeführt von Wirtschaftsminister Ludwig Erhard und Alfred Müller-Arnack wuchs die sog. „soziale Marktwirtschaft". Wilhelm Röpke, einer der Hauptvertreter[4] eines „Ordoliberalismus" formuliert das Anliegen so: *„Die Marktwirtschaft ist nicht alles. Sie muss in eine höhere Gesamtordnung eingebettet werden, die nicht auf Angebot und Nachfrage, freien Preisen und Wettbewerb beruhen kann."* (Ulrich 2001, S. 348) Wirtschaft hat sich als „lebensdienlich" zu erweisen (und Löhne und Gehälter sollen das Über-leben sichern!) und die Marktwirtschaft ist eine staatliche Veranstaltung, welche es zu umgrenzen und zu moderieren gilt. Neben das Individualprinzip tritt in besonderer Weise das Solidarprinzip. Der Staat hat dort praktisch einzugreifen, wo der Markt ein menschenwürdiges Leben nicht fördert oder einem solchen im Wege steht. Problematisch allerdings ist die Tatsache, dass das Ordnungskriterium der „Marktkonformität", welches staatliche Eingriffe in den Markt näher bestimmt, nicht eindeutig den Vitalinteressen nachgeordnet wurde und so sehr schnell neoliberale „Sachzwänge" Einzug hielten. So ist vielleicht auch die Kritik an der sozialen Marktwirtschaft als „faulen Kompromiss" zu verstehen und politische Entscheidungen der letzten Jahre, die eher hin zum Neoliberalismus tendierten. Für die Beschäftigung mit dem Mindestlohn bedeutet dies u.E., sich vor Etikettenschwindel zu hüten: Stimmen die politischen Richtungsangaben tatsächlich mit dem überein, was inhaltlich vertreten wird? Oder wird der Mindestlohn eigentlich in einem neoliberalen Umfeld diskutiert, welches ihn gerne dem Spiel eines globalisierten Marktes überlassen würde?

Nachdem in groben Zügen der wirtschaftspolitische Raum skizziert wurde, wenden wir uns der Gerechtigkeit selbst zu, die ja einen „Sitz im Leben" braucht, in dem sie sich entfalten kann. Verschiedene Zugangsweisen sind zu unterscheiden – beginnen wir mit der psychologischen.

---
3   Ulrich (2001) zitiert und kritisiert G. Habermann. Letzter sagt: „Zwischen dem ökonomisch Gebotenen und dem moralisch Richtigen besteht [für den Unternehmer in der Marktwirtschaft, P.U.] kein Gegensatz: beide fallen zusammen." (Ebd., S. 172)
4   Weitere wichtige Denker könnten genannt werden, wie z.B. die Freiburger Schule mit Franz Böhm, Friedrich A. v. Hayek oder Walter Eucken.

4 Gerechtigkeit

Gerechtigkeit und Ungerechtigkeit werden oft als „gefühlte" erlebt (vgl. Witte 1994, S. 287ff).[5] Vorrangig die **Sozialpsychologie** beschäftigt sich mit „Gerechtigkeit", insofern Gerechtigkeitsurteile aus (sozialen) Vergleichen und Interaktionen erwachsen. Geläufig sind die Stufen der moralischen Entwicklung und des moralischen Urteils, wie sie von Kohlberg formuliert wurden (vgl. Gerrig; Zimbardo 2008, S. 405ff; auch Maak; Ulrich 2007, S. 477ff). Wichtig ist in unserem Zusammenhang die Feststellung, dass *„das moralische Urteil von Erwachsenen [...] als Mischung aus der Berücksichtigung von Gerechtigkeit und Fürsorge"* (Gerrig; Zimbardo 2008, S. 408) beschrieben werden kann, wobei diese Mischung über den Großteil der Lebensspanne hinweg erhalten bleibt. Diese beiden Orientierungspunkte lassen sich u.E. immer wieder in politischen Diskussionen ausmachen, wenn es darum geht, ob stärker die Fürsorgefunktion des Staates oder die sog. Leistungsgerechtigkeit betont wird. Beim Gerechtigkeitsbegriff tun sich ähnliche Probleme auf, wie bei dem des prosozialen Handelns. Je nachdem, ob man die Position des Empfängers eines Gutes, die des Verteilers oder eines unabhängigen Beobachters einnimmt, können sich unterschiedliche Gerechtigkeitseinschätzungen ergeben (vgl. Witte 1994, S. 286). Hier kann man als Beispiel die Seite der Arbeitgeber, die den Mindestlohn bezahlen, und die der Lohnempfänger heranziehen, eine dritte, unabhängige könnten etwa die Kirchen einnehmen. Außerdem gibt es in der Regel mehr als ein Gerechtigkeitsprinzip, nach dem man sein Handeln ausrichten kann (klassisch: das Beitrags-, Gleichheits- und Bedürfnisprinzip; vgl. Witte 1994, S. 292). Diese Prinzipien differieren je nach sozialer Situation, in der ein Problem auftritt, lassen sich z.T. auch kombinieren und obendrein gibt es kulturelle Unterschiede! Empirisch hat sich gezeigt, dass in *„primär ökonomisch orientierten Beziehungen eher das Beitragsprinzip, in solidaritätsorientierten Beziehungen das Gleichheitsprinzip und in fürsorgeorientierten Beziehungen das Bedürfnisprinzip als angemessen erachtet und angewandt wird."* (Mikula 1997, S. 175f) Vielleicht erklären sich hieraus unterschiedliche Argumentationsmuster beim Ringen und den Mindestlohn – besteht überhaupt ein Konsens darüber, wie die Gesprächspartner ihre Beziehung definieren?

In der **praktischen Philosophie** gilt Gerechtigkeit als einer der umstrittensten Begriffe (vgl. Mazous 2006, S. 371). Da Gerechtigkeit immer intersubjektiv aufzufassen ist, wird sie von allen Disziplinen behandelt, die mit Beziehung(en) zu tun haben (vgl. Abb. 1!) Konzeptionell unterscheidet man Gesetzes- oder Regelmäßigkeit, eine ausgleichende bzw. wiederherstellende Gerechtigkeitsauffassung (Austauschgerechtigkeit und korrektive Gerechtigkeit) und die Verteilungsgerechtigkeit (distributiv). Daneben kann man prozedurale und materiale Ansätze finden. Erste lenken den Blick eher auf das *Verfahren*, zweite eher auf den *Inhalt* (vgl. Mazous 2006, S. 372). Das Prinzip der Verfahrens-

---

5 Adams spricht im Rahmen seiner „Equity-Theorie" vom kognitiven und affektiven Subsystem – unangenehme Zustände führen zum Bemühen, diese zu verändern. Die „Equity-Theorie" wurde in den 70er- und 80er-Jahren zahlreichen empirischen Überprüfungen unterzogen, auf Grund derer aber Ergänzungen angemahnt wurden.

gerechtigkeit wird von Friedrich A. von Hayek in seiner „Spielmetapher" für die soziale Marktwirtschaft präferiert, insofern *„das Wettbewerbs- und Tauschspiel des Marktes [...] selbstverständlich am Maßstab der »Verfahrensgerechtigkeit« [...] zu messen ist, dass es aber keinen Sinn haben kann, die Ergebnisse des Spiels [...] an einem gesonderten Kriterium der »Ergebnisgerechtigkeit« [...] zu messen."* (Vanberg 2007, S. 42) Für den Bereich der Entlohnung könnte dies in einer „harten" Auslegung bedeuten, dass niedrige Löhne einem „schlechten" Spieler selbst zuzuschreiben wären – insofern, und dies ist entscheidend! – wirklich allen Mitspielern der gleiche Ausgangspunkt und die gleichen Fähigkeiten zum „Spiel" gegeben wurden (und überhaupt ein Interesse am „Spiel" besteht – wer sagt, dass ich am „Marktspiel" überhaupt teilnehmen MUSS?) Der Umfang dieses Aufsatzes erlaubt keine historischen Exkurse, es kann aber konstatiert werden, dass moderne Gerechtigkeitstheorien in der Regel davon ausgehen, dass alle die gleichen Rechte haben sollen (was nicht immer so war). Der Begriff der „sozialen Gerechtigkeit" tauchte in Europa eher beiläufig auf, um dann bald von der christlichen Sozialethik rezipiert und oft in einem Atemzug mit „Solidarität" genannt zu werden (vgl. Höffe 2007, S. 84ff). In aktuellen Diskursen sind die Ansätze von John Rawls und Amarty Sen wegweisend, die sich aber in gewissen Punkten eher kritisch zueinander verhalten. Rawls bestimmt Gerechtigkeit als Fairness, womit er die herkömmliche Vorstellung vom Gesellschaftsvertrag verallgemeinern und auf eine höhere Abstraktionsebene heben will (vgl. Rawls 1979, S. 19). Sein sog. „Differenzprinzip" besagt, dass soziale und wirtschaftliche Ungleichheiten nur dann gerecht sind, wenn sie den Schlechtestgestellten den größtmöglichen Vorteil bringen. Motiviert war er u.a. durch die christliche Lehre, die von einer brüderlichen Gleichheit aller Menschen ausgeht. Dabei besteht er darauf *„dass es keine allgemeine Theorie der Gerechtigkeit (und Liberalität) geben kann, sondern lediglich eine rudimentäre Minimalkonzeption, die nur dann akzeptiert wird, wenn sie der gesellschaftlichen Gerechtigkeitsintuition entspricht, d.h. dem kulturell und historisch bedingten common sense."* (Priddat 2006, S. 282) Rawls nutzt in seinem Hauptwerk die Denkfigur eines „Urzustandes". In diesem „Urzustand" wird eine gemeinsame Übereinkunft gemäß bestimmter Grundsätze der Gerechtigkeit getroffen, die für alle akzeptabel sind. Der Clou ist der sog. „Schleier des Nichtwissens": Niemand wird von gesellschaftlichen Umständen oder Zufällen der Natur beeinflusst, so dass die Wahl völlig ohne egoistische Motive erfolgen kann bzw. muss. Für heutige Entscheidungsträger kann dieser „Schleier des Nichtwissens" eine hilfreiche Gedankenübung sein: Wie würde ich mich entscheiden, wenn ich distributive Entscheidungen so treffen müsste als ob ich nicht wüsste, wem sie später wirklich zu Gute kommen – wenn ich nicht wüsste, ob ich selbst einmal in den Bereich eines „Mindestlohnes" rutschen könnte? Amartya Sen hat den Ansatz Rawls dahingehend kritisiert, dass dessen Fokus zu sehr auf materiellen Gütern läge und die individuellen Möglichkeiten doch sehr stark von physischer Verfasstheit und dem soziokulturellen Umfeld abhingen (vgl. Mazouz 2006, S. 374f), was sicherlich auch durch die unterschiedliche soziokulturelle Herkunft der beiden Denker bedingt ist. Sen arbeitete an Hand der großen Hungerkatastrophen eindrücklich heraus, dass ein funktionierender Markt noch lange nicht zu einer gerechten Verteilung führen muss. Auch wenn in Deutschland keine großen Hungersnöte herrschen, ist die Grundeinsicht dennoch bemerkenswert und kann den Blick auf das Marktgeschehen schärfen.

Was hat schließlich noch die **Theologie** zum Begriff der Gerechtigkeit beizutragen, findet er sich doch in vielfältigen Nuancen im gesamten Alten und Neuen Testament? Hier ist aber anzumerken, dass es sich in der Regel um einen anderen Bedeutungsinhalt dreht als in der heutigen Diskussion. *„Das Wort wird in einer auf den ersten Blick verwirrenden Weise beinahe gleichbedeutend verwandt mit ‚Heiligkeit', ‚Heil', ‚Gnade', ‚Frieden', ‚Befreiung'; ‚Erlösung', umschreibt also unter einer bestimmten Rücksicht all das, was ein gläubiger Mensch von Gott erwartet."* (Kerber; Westermann; Spörlein 1981, S. 9) Gerechtigkeit wird in besonderer Weise Gott selbst zugeschrieben, insofern er die Geschichte lenkt und letztendlich für das Heil seines Volkes einsteht. Im biblischen Sprachgebrauch ist Gerechtigkeit eng mit Gemeinschaft verbunden, und zwar dahingehend, dass sie diese ermöglichen und bewahren soll. Der alt- und der neutestamentliche Gebrauch von „Gerechtigkeit" muss dabei unterschieden werden (vgl. Kerber, Westermann; Spörlein 1981, S. 12). Im AT wurde „gerecht" allmählich mit „fromm" und „ungerecht" mit „gottlos" verbunden. Gottes Gerechtigkeit zeigt sich in seiner Funktion als Gesetzgeber, zudem in seinem Walten in der Geschichte. Das neutestamentliche Verständnis knüpft zwar daran an, ist aber (dem griechischen Sprachgebrauch entsprechend) oft eher dem Begriffsfeld der „iustitia" zugeordnet. Herauszuheben ist das paulinische Verständnis, welches betont, dass Gott „gerecht macht". Gerechtigkeit Gottes bezeichnet hier ganz positiv das „Heil", nach Luther jene Gerechtigkeit, „die vor Gott gilt". In der Botschaft Jesu ist „Gerechtigkeit" eng verknüpft mit dem kommenden Reich Gottes: Mit Jesus hat Gottes Gerechtigkeit begonnen, Einzug in die Welt zu halten und Jesu Liebesgebot ist die Zusammenfassung dieser Gerechtigkeit, die weltliche Aufrechnung übersteigt (vgl. Kerber; Westermann; Spörlein 1981, S. 17ff). Durch Luthers Zwei-Reiche-Lehre und seine Trennung in weltliche und geistliche Ordnung ergibt sich aber das Problem, inwiefern theologische Kommentare, z.B. zur weltlichen Gerechtigkeit, angemessen sind. Zumindest kann man konstatieren, dass „soziale Gerechtigkeit" nicht nur die Überwindung wirtschaftlicher Ungleichheit und Not bedeutet, sondern eine *„umfassende und wirksame Anerkennung der gleichen Würde aller Menschen in allen Bereichen."* (Kerber; Westermann; Spörlein 1981, S. 71). In der EKD-Denkschrift „Gerechte Teilhabe" wird gleich zu Beginn betont, dass die Kirche an der Seite der Armen steht (vgl. EKD 2006, S. 7). Dazu wird ergänzt: *„Eine solche [gerechte] Gesellschaft ist so verfasst, dass sich diese aus den individuellen Begabungen erwachsenen Gaben und Fähigkeiten [...] zur möglichst eigenverantwortlichen Sicherung des Lebensunterhalts und im Interesse aller solidarisch einsetzen lassen."* (EKD 2006, S. 11f) Und deutliche Worte gibt es zum Niedriglohnsektor: *„Ein Niedriglohnsektor darf kein Bereich werden, in dem Arbeitnehmerinnen und Arbeitnehmer durch eine sich stets nach unten bewegende Lohnspirale ausgebeutet werden."* (EKD 2006, S. 12) Die Bedeutung für eine Argumentation bzgl. gesetzlicher Mindestlöhne, die ein „würdiges" Leben ermöglichen, muss nicht extra betont werden, wobei im weiteren Verlauf der Denkschrift zusätzlich ein besonderer Wert auf die Bildung gelegt wird.[6]

Unsere Tour de Force muss hier zum Ende kommen, auch wenn die Suche nach Gerechtigkeit so alt ist wie die Problematik der Verteilung.

Aus dem Bereich der Wirtschaftsethik soll noch Peter Ulrich mit seinem integrativen Ansatz Gehör finden, da er skizziert, wie sich das Verhältnis von Ethik und Ökonomie zukünftig gestalten könnte: *„Es ist also der normative Gehalt der ökonomischen Rationalität selbst, den es kritisch zu ergründen und zu erhellen gilt. Von da müsste es gelingen, die ethische Vernunft in eine umfassende regulative Idee vernünftigen Wirtschaftens zu integrieren. So und nur so kann die Zwei-Welten-Konzeption von Ethik und Ökonomik an der Wurzel überwunden und Wirtschaftsethik als Vernunftethik des Wirtschaftens konzipiert werden [...]"* (Ulrich 2001, S. 117)

Es gilt, die eigenen normativen Grundlagen immer wieder zu hinterfragen, offen zu legen und in einen Dialog einzutreten, der sich nicht von angeblichen ökonomischen Sachzwängen die Denkrichtungen vorschreiben lässt.

---

[6] Die Denkschrift wird bei Argumentationen pro Mindestlohn zahlreich zitiert, z.B. vom Kirchlichen Dienst in der Arbeitswelt (kda), vgl. www.kda-ekd.de/media/documents/themen/KDA-BundStellungnahmeMindestlohn.pdf – Stand 17.08.2009. Ergänzend erschien 2008 „Unternehmerisches Handeln in evangelischer Perspektive"; diese Denkschrift ist mit kritischen Stimmen konfrontiert, die z.T. auch aus den eigenen Reihen kommen; siehe beispielhaft http://culturebase.org/home/soltauer-impulse/Anmerkungen.pdf – Stand 17.08.2009 oder www2.uni-erfurt.de/maxwe/personen/wagner/042009.pdf – Stand 17.08.2009: „Man sollte nicht um den heißen Brei herumreden: Die meisten evangelische Pfarrer (und wahrscheinlich auch viel katholische Priester) stehen der Marktwirtschaft und dem Unternehmertum äußerst skeptisch gegenüber. Dies wird überdeutlich durch die Kritik, die während der Bremer Tagung der Synode an der EKD-Denkschrift »Unternehmerisches Handeln in evangelischer Perspektive« geübt wurde".

5 Ausblick

Als Ausblick soll dem Leser / der Leserin eine Reihe von Fragen angeboten werden.

1. Sind Sie eher ein Verfechter der sozialen Marktwirtschaft oder vertreten Sie neoliberale Positionen?
2. Welchen Stellenwert nehmen bei Ihnen Gerechtigkeit und / oder Fürsorge ein, wenn es darum geht, moralische Situationen zu beurteilen?
3. Hat der Staat eine Fürsorgepflicht gegenüber seinen Bürgerinnen und Bürgern oder soll sich v.a. eine „Leistungsgerechtigkeit" durchsetzen?
4. Auf welcher Seite stehen Sie: Lohnempfänger, Arbeitgeber oder gar auf einer dritten, neutralen?
5. Definieren Sie Ihre Beziehungen eher ökonomisch, solidaritätsorientiert oder fürsorgeorientiert? Welches Gerechtigkeitsprinzip leitet sich hieraus für Sie ab?
6. Wie stehen Sie konzeptionell zur Gerechtigkeit: Geht es um die Einhaltung von Regeln und Gesetzen, um einen gerechten Austausch oder um die Verteilung? Geht es eher um das Verfahren oder um das Ergebnis?
7. Ist es überhaupt möglich, am „Marktspiel" nicht teilzunehmen? Und falls ja: Wie beurteilen Sie dies?
8. Welche Gerechtigkeitsprinzipien würden Sie in einem „Urzustand" hinter dem „Schleier des Nichtwissens" festlegen?
9. Was bedeutet „Gerechtigkeit" für Sie, wenn man sie christlich unter dem Paradigma des kommenden Reich Gottes versteht? Wie verändert sich unsere Haltung, wenn wir Gerechtigkeit im Sinne Jesu verstehen?
10. Lässt sich durch Bildung das Problem des Niedriglohnsektors lösen?

Wenn Sie Ihre Antworten überdenken – welche Position zum Mindestlohn nehmen Sie ein? Der Verfasser selbst findet den *integrativen Ansatz moralischer Reife* weiterführend, wie er von Maak und Ulrich in der Zusammenschau der Positionen Kohlbergs und Gilligans entwickelt wird: *„Ein fortschrittliches Moralbewusstsein zeichnet sich dann zum einen durch ein an universalen moralischen Prinzipien des gelingenden und gerechten Zusammenlebens orientiertes Moralverständnis aus; zum anderen wird es durch Care-Elemente ergänzt, d.h. das Wissen, was richtig ist, wird durch das Fühlen, warum es richtig ist – also durch Einfühlungsvermögen und Empathie, komplettiert."* (Maak; Ulrich 2007, S. 480) Mit Einfühlungsvermögen und Empathie kann dann auch die allgemeine Forderung Ulrichs neu gelesen werden:
„Leitidee sollte stets sein, dass der soziale Sinn der Wirtschaft in der weitestmöglichen ursächlichen Beseitigung der Existenznöte aller Menschen besteht, während die blosse [sic!] fortschreitende «Modernisierung der Armut» als Ausdruck seiner fortwährenden Verfehlung zu deuten ist." (Ulrich 2001, S. 213)

Literatur

Gerrig, Richard J.; Zimbardo, Philip G. (2008): Psychologie, 18. Auflage, München u.a.: Pearson Education.

Höffe, Otfried (2007): Gerechtigkeit. Eine philosophische Einführung, 3. Auflage, München: C.H. Beck.

Homann, Karl; Lütge, Christoph (2005): Einführung in die Wirtschaftsethik, 2. Auflage, Münster: Lit.

Hüther, Michael [Hg.] (2006): Klassiker der Ökonomie. Von Adam Smith bis Amartya Sen, Initiative Neue Soziale Marktwirtschaft, Luzern: getAbstract AG und Bonn: Bundeszentrale für politische Bildung.

Kerber, Walter; Westermann, Claus; Spörlein, Bernhard (1981): Gerechtigkeit. In: Böckle, Franz u.a. [Hg.]: Christlicher Glaube in moderner Gesellschaft, Enzyklopädische Bibliothek, Teilband 17, Freiburg im Breisgau: Herder, S. 5–75.

Kirchenamt der EKD [Hg.] (2006): Gerechte Teilhabe. Befähigung zu Eigenverantwortung und Solidarität. Mit einer Kundgebung der Synode der EKD. Eine Denkschrift des Rates der Evangelischen Kirche in Deutschland zur Armut in Deutschland, Gütersloh: Gütersloher Verlagshaus.

Maak, Thomas; Ulrich, Peter (2007): Integre Unternehmensführung. Ethisches Orientierungswissen für die Wirtschaftspraxis, unter Mitarbeit von Heiko Spitzeck, Stuttgart: Schäffer-Poeschel.

Mazouz, Nadia (2006): Gerechtigkeit. In: Handbuch Ethik, hg.v. Düwell, Marcus; Hübenthal, Christoph und Werner, Micha H., 2. Auflage, Stuttgart: Metzler und Carl Ernst Poeschel, S. 371–376.

Mikula, Gerold (1997): Gerechtigkeit. In: Sozialpsychologie. Ein Handbuch in Schlüsselbegriffen, hg.v. Frey, Dieter und Greif, Siegfried, 4. Auflage, Weinheim: Beltz, Psychologische Verlagsunion, S. 174–177.

Priddat, Birger P. (2006): Gerechtigkeit in einer liberalen Gesellschaft (Kommentar). In: Hüther, Michael [Hg.]: Klassiker der Ökonomie. Von Adam Smith bis Amartya Sen, Initiative Neue Soziale Marktwirtschaft, Luzern: getAbstract AG und Bonn: Bundeszentrale für politische Bildung, S. 282–284.

Rat der Evangelischen Kirche in Deutschland [Hg.] (2008): Unternehmerisches Handeln in evangelischer Perspektive. Eine Denkschrift, Gütersloh: Gütersloher Verlagshaus, in der Verlagsgruppe Random House GmbH, München.

Rawls, John (1979): Eine Theorie der Gerechtigkeit, a.M.: Suhrkamp.

Sen, Amartya (2007): Ökonomie für den Menschen – Wege zu Gerechtigkeit und Solidarität in der Marktwirtschaft, 4. Auflage, München: dtv.

Statistisches Bundesamt (Destatis) / Gesellschaft Sozialwissenschaftlicher Infrastruktureinrichtungen (GESIS-ZUMA) – Zentrum für Sozialindikatorenforschung / Wissenschaftszentrum Berlin für Sozialforschung (WZB) – Zentrales Datenmanagement [Hg.] (2008): Datenreport 2008. Ein Sozialbericht für die Bundesrepublik Deutschland, Bonn: Bundeszentrale für politische Bildung (bpb).

Straubhaar, Thomas (2006): Wohlstand durch Freiheit (Kommentar). In: Hüther, Michael [Hg.]: Klassiker der Ökonomie. Von Adam Smith bis Amartya Sen, Initiative Neue Soziale Marktwirtschaft, Luzern: getAbstract AG und Bonn: Bundeszentrale für politische Bildung, S. 46–48.

Ulrich, Peter (2001): Integrative Wirtschaftsethik – Grundlagen einer lebensdienlichen Ökonomie, 3. Auflage, Bern; Stuttgart; Wien: Paul Haupt.

Vanberg, Viktor J. (2007): Marktwirtschaft und Gerechtigkeit – Idee und Kritik der sozialen Gerechtigkeit im Konzept der Sozialen Marktwirtschaft. In: Empter, Stefan und Vehrkamp, Robert B. [Hg.]: Soziale Gerechtigkeit – eine Bestandsaufnahme. Gemeinschaftsinitiative der Bertelsmann Stiftung, Heinz Nixdorf Stiftung und Ludwig-Erhard-Stiftung, Gütersloh: Bertelsmann Stiftung, S. 25–50.

Völker, Wolfgang (2006): Soziale Fragen: Arbeit – (Grund)einkommen – Auskommen, In: Neue Soziale Fragen? Zur Diskussion um Arbeit, Mindestlohn und bedingungsloses Grundeinkommen, Widersprüche, Zeitschrift für sozialistische Politik im Bildungs-, Gesundheits- und Sozialbereich 26. Jg, Heft 102, Dezember 2006, S. 7–23.

Witte, Erich H. (1994): Lehrbuch Sozialpsychologie, 2. Auflage, Weinheim: Beltz, Psychologische Verlagsunion.

Literatur zur Ergänzung

Ballestrem, Karl [Hg.] (2001): Internationale Gerechtigkeit, Opladen: Leske und Budrich.

Bieback, Karl-Jürgen u.a. (2007): Tarifgestützte Mindestlöhne, Schriften der Hans-Böckler-Stiftung, Bd. 67, Baden-Baden: Nomos.

Bundeszentrale für politische Bildung (bpb) [Hg.] (2009): Die soziale Situation in Deutschland – Zahlen und Fakten, 2. Auflage, CD-Rom.

Dux, Günter (2005): Moral und Gerechtigkeit als Problem der Marktwirtschaft, Wiener Vorlesungen im Rathaus, Band 120, hg. für die Kulturabteilung der Stadt Wien von Hubert Christian Ehalt, Vortrag im Wiener Rathaus am 2. März. 2005, Wien: Picus Verlag.

Füllsack, Manfred [Hg.] (2006): Globale soziale Sicherheit – Grundeinkommen – weltweit? Berlin: Avinus.

Halm, George (1960): Wirtschaftssysteme – Eine vergleichende Darstellung, Berlin: Duncker und Humblot.

Hensel, Paul (1974): Grundformen der Wirtschaftsordnung – Marktwirtschaft – Zentralverwaltungswirtschaft, 2. Auflage, München: Beck.

Kersting, Wolfgang [Hg.]: Moral und Kapital. Grundfragen der Wirtschafts- und Unternehmensethik, Paderborn: Mentis.

Küpper, Hans-Ulrich (2006): Unternehmensethik – Hintergründe, Konzepte, Anwendungsbereiche, Stuttgart: Schäffer-Pöschel.

Lienemann, Wolfgang (1995): Gerechtigkeit. Ökumenische Studienhefte 3, hg.v. Barth, Hans-Martin und Frieling, Reinhard, Bensheimer Hefte 75, hg.v. Evangelischen Bund, Göttingen: Vandenhoeck & Ruprecht.

Noll, Bernd (2002): Wirtschafts- und Unternehmensethik in der Marktwirtschaft, Stuttgart: Kohlhammer.

Nusser, Karl-Heinz (2007): Menschenrechte und Leistungsgerechtigkeit - Philosophische Lehren in Zeiten der Globalisierung, Hamburg: Merus.

Sachs, Jeffrey (2005): Das Ende der Armut – Ein ökonomisches Programm für eine gerechtere Welt, 2. Auflage, Berlin: Merus.

Sterkel, Gabriele; Schulten, Thorsten; Wiedemuth, Jörg [Hg.] (2006): Mindestlöhne gegen Lohndumping – Rahmenbedingungen – Erfahrungen – Strategien, Hamburg: VSA.

Zeeb, Matthias (2006): Beteiligungsgerechtigkeit – Bildung, Arbeit, Niedriglohn, Berlin: Lit.

Die Ideologien der Arbeitsgesellschaft verhindern eine notwendige Neudefinition von sozialer Gerechtigkeit

Konrad Maier

Der Ruf nach sozialer Gerechtigkeit entstand, als sich im 18. und 19. Jahrhundert die landwirtschaftlich-agrarisch verfasste Gesellschaft auflöste und damit die überkommenen Regelungen der Sicherung des Lebensunterhaltes für die breiten Schichten der Bauern und Handwerker nicht mehr funktionierten. Bis dahin gab es durchaus unterschiedliche Formen der Hilfe für die Armen, sowohl die christliche Diakonie/Caritas wie auch die traditionelle Fürsorge entstanden in Gesellschaften, in denen nach heutigen Wertvorstellungen die Güter der Gesellschaft äußerst ungerecht verteilt waren. Die vormodernen, traditionalen Gesellschaften waren jedoch gerade dadurch gekennzeichnet, dass das Bestehende, also auch die bestehende Form der Güterverteilung, in keiner Weise hinterfragt sondern vielmehr als natur- bzw. gottgegeben hingenommen wurde.

1   Entstehung und Krise des Sozialstaates

Im Zusammenwirken ganz unterschiedlicher politischer Kräfte und Motivationen entstanden mit der Industrialisierung unter der Chiffre des Sozialstaates neue „Bettungen" (Giddens) Dabei wurden die als naturwüchsig empfundenen, in einem jahrhundertelangen Entwicklungsprozess entstandenen Formen des bäuerlichen und handwerklichen Lebens abgelöst durch gesellschaftliche Regelungen unter dem Gesichtspunkt von sozialer Gerechtigkeit. Zentral ging es um den gerechten Lohn, d.h. die gerechte Verteilung des Ertrags des kapitalistischen Produktionsprozesses sowie um die soziale Absicherung der Arbeiter und ihrer Familien in Notsituationen wie Krankheit, Invalidität, Alter und Arbeitslosigkeit. Auf diese Weise ist in der zweiten Hälfte des 19. und der ersten Hälfte des 20. Jahrhunderts ein Sozialstaat entstanden, der gekennzeichnet ist durch ein umfassendes System von quasi-staatlichen Sozialversicherungen sowie ein komplexes System des Arbeitnehmerschutzes und der partnerschaftlichen Regelungen der Lohngestaltung.

Die sozioökonomischen Grundlagen des *Sozialstaates,* wie er sich im Zuge der Industrialisierung herausgebildet hat, unterliegen spätestens seit Mitte der 1970er Jahre einem tief greifenden Erosionsprozess:

- Zentrale Grundlage des Sozialstaates ist die gesellschaftliche Norm, dass zumindest die Männer vom Abschluss einer Ausbildung bis zur Erreichung des gesellschaftlich definierten Rentenalters erwerbstätig sind in einer so genannten Normalanstellung, d.h. einer unbefristeten Vollzeitbeschäftigung mit tariflicher Bezahlung. Über das Erwerbseinkommen des „Haushaltsvorstandes" waren auch die Kinder und die die Familienarbeit leistenden Frauen versorgt und sozial abgesichert. Durch die enorme Produktivitätssteigerung und die zunehmende weltweite Verflechtung (Globalisierung) ist die notwendige Arbeit auch bei steigendem Wohlstand und einem wachsenden Bruttoinlandsprodukt deutlich rückläufig. So sank das Gesamtarbeitsvolumen (geleistete Arbeitsstunden in Deutschland insgesamt) von 1991 bis 2006 um 6,1% bei einer Zunahme des BIP um 25%. Im gleichen Zeitraum ging die Zahl der Menschen, die in Deutschland ihren Lebensunterhalt überwiegend aus eigener Erwerbstätigkeit bestreiten, von 44,5% auf 39,4% zurück (vgl. Maier 2008, S. 19). Dies hat nicht nur eine zunehmende Zahl von Arbeitslosen sondern auch eine Erosion des Normalarbeitsverhältnisses zu Gunsten von prekären Beschäftigungsverhältnissen und insbesondere eine Erosion der normalen Erwerbsbiographie zu Gunsten von Patchwork- Biographien zur Folge (vgl. Maier 2008, S. 16ff). Damit wird dem System der sozialen Sicherung in Form von lohnbezogenen Pflichtversicherungen zunehmend der Boden entzogen.

- Mit der Erosion der Familie als verlässliche, lebenslange Lebensform wird die Absicherung der Kinder und Jugendlichen und derer, die sich der Erziehung widmen, zunehmen brüchig. Heute heiraten kaum noch 70% eines Altersjahrgangs (gegenüber 90% vor 100 Jahren), gut 30% der Ehen werden geschieden, die Zahl der unehelich geborenen Kinder hat sich in den letzten 20 Jahren verdoppelt. Zwar bleibt Familie durchaus eine hochgeschätzte Lebensform, sie nimmt jedoch ganz unterschiedliche Formen an, ist häufig auf begrenzte Zeit angelegt und ein Wechsel des Partners/der Partnerin wird durchaus normal. Das dem System der Sozialversicherung zugrunde liegende Grundmodell einer lebenslangen Ehe mit einem lebenslang erwerbstätigen Haushaltsvorstand und durch die Familie abgesicherten Kindern wird eher zur Ausnahme.
- Grundlage sowohl der Sozialversicherungen als auch des Systems der Lohnfindung in Tarifauseinandersetzungen ist die Annahme einer Sozialpartnerschaft zwischen Arbeitnehmern und Arbeitgebern. Der – partiellen – Solidarität zwischen Arbeitgebern und Arbeitnehmern, die unter der Chiffre „Rheinischer Kapitalismus" verteufelt wurde und heute teilweise nostalgisch verklärt wird, wird zunehmend die sozioökonomische Basis entzogen: Gewinne werden heute nicht mehr gemacht durch die „Ausbeutung" der Mitarbeitenden sondern durch Finanztransaktionen. Der Aktienwert einer Firma (und der Bonus der Vorstände) steigt, wenn sie die Entlassung von Mitarbeitenden bekannt gibt. Damit wird die Streiklyrik nach der Parole „Alle Räder stehen still, wenn dein starker Arm dies will" geradezu anachronistisch. Zugleich werden die Arbeitgeberbeiträge zu den Sozialversicherungen zu einer Belastung des Wirtschaftsstandorts Deutschland und werden in der Logik des

Wirtschaftsstandortsnationalismus im Zuge der Globalisierung zu einer Gefährdung der Arbeitsplätze (vgl. Maier 2005).

Diese – irreversiblen – sozioökonomischen Entwicklungen führen zu einer Zunahme von ‚Armut', wie immer sie definiert wird. In den entwickelten Gesellschaften nimmt die Zahl derer, die unter prekären Einkommensverhältnissen leiden, kontinuierlich zu; immer mehr Menschen werden aus den zentralen gesellschaftlichen Systemen des Erwerbslebens, der Wohnungsversorgung, der Gesundheitsversorgung und – insbesondere – der Bildung ausgeschlossen oder sind von einer Exklusion bedroht.[1]
Es erscheint durchaus nahe liegend, angesichts dieser tief greifenden sozioökonomischen Veränderungen wiederum neue soziale Bettungen zu schaffen jenseits des im Zuge der Herausbildung der Erwerbsarbeitsgesellschaft entstandenen Sozialstaates. Gerhard Schröder sah nach der Logik der Erwerbsarbeitsgesellschaft den Ausweg in einem aktivierenden Staat mit dem Konzept des ‚Forderns und Förderns', bei dem nach wie vor die Sicherung des Lebensunterhalts durch Erwerbsarbeit im Zentrum steht und staatliche Sozialpolitik die Hauptaufgabe hat, die Ressourcen für die Teilhabe an der Erwerbsarbeit zu erschließen. Der Logik dieses Konzeptes entspricht es, für diejenigen, die nicht in der Lage sind, am Erwerbsleben teil zu haben, eine existenzsichernde Grundsicherung einzuführen bzw. auszubauen (vgl. Benz 2009).
Alternativ hierzu wird spätestens seit dem Soziologentag 1982 unter dem Thema „Krise der Arbeitsgesellschaft" (Matthes 1983 vgl. Maier 2008, S. 25ff) eine relative Abkoppelung der Verteilung der gesellschaftlichen Güter von der Erwerbsarbeit gefordert. Esping-Andersen spricht von einer konsequenten De-Kommodifizierung (vgl. Esping-Andersen 1998, S. 36ff) in dem Sinne, dass der Zugang zu gesellschaftlichen Gütern vom Marktgeschehen abgekoppelt wird. Michael Opielka hat diesen Gedanken zu einem sozialpolitischen und sozialethischen Gesamtkonzept des „Garantismus" weiterentwickelt (vgl. Opielka 2008) – Inzwischen wird nicht nur im unmittelbaren Diskurs um Sozialpolitik, sondern auch in der sozialphilosophischen und soziologischen Diskussion eine Neudefinition von sozialer Gerechtigkeit gefordert.

2 Menschenrechte – Soziale Bürgerrechte – Verwirklichungschancen

2.1 Menschenrechte

Die Grauen der nationalsozialistischen Diktatur und des Zweiten Weltkrieges gerieten zum Auslöser einer wachsenden Betroffenheit vieler Menschen und Institutionen um den Bestand der Menschenwürde und den Schutz der Grundrechte. Am 10. Dezember 1948 verabschiedeten die Vereinten Nationen die „Allgemeine Erklärung der Menschen-

---

1 Einen Überblick über Definitionen und Entwicklung von Armut geben die einleitenden Beiträge des Sammelbandes „Armut als Thema der Sozialen Arbeit" (Maier 2009).

rechte", die den klassischen Katalog der individuellen Freiheitsrechte um einen breiten Katalog sozialer Anspruchsrechte erweiterte: Jeder hat „das Recht auf einen für Gesundheit und das Wohlergehen von sich und seiner Familie angemessenen Lebensstandard einschließlich ausreichender Ernährung, Bekleidung, Wohnung, ärztlicher Versorgung und notwendiger sozialer Leistungen, sowie ferner das Recht auf Sicherheit im Falle von Arbeitslosigkeit, Krankheit, Invalidität, Verwitwung, Alter und von anderweitigem Verlust seiner Unterhaltsmittel durch unverschuldete Umstände." (Art. 25 Abs. 1). 1966 folgten zwei internationale Pakte über bürgerliche und politische, bzw. über soziale, wirtschaftliche und kulturelle Rechte. Die überwiegende Mehrheit der unabhängigen Staaten der Welt haben Menschenrechtsbekundungen in die jeweilige nationale Verfassung aufgenommen, darüber hinaus sind unterschiedliche regionale Menschenrechtskonventionen „Ausdruck der Universalisierung der Menschenrechte" (Kühnhardt 1987, S. 29). Eine konsensfähige ethische Begründung dieser Menschenrechte jenseits des abendländisch naturrechtlichen Denkens steht jedoch nach wie vor aus, offen bleibt insbesondere die Frage, wer diese Menschenrechte und die damit verbundenen Leistungen gewährleisten soll und wie dies ethisch zu begründen ist. Kühnhardt weist darüber hinaus darauf hin: Je umfangreicher das Menschenrechtskonzept selbst, umso schwieriger und wirkungsloser werden die politischen und rechtlichen Mittel, die Menschenrechte auch tatsächlich zu schützen, zu fördern und zu festigen, wie es der eigentliche Auftrag umschreibt (vgl. Kühnhardt 1987, S. 98).

Silvia Staub-Bernasconi, die die Soziale Arbeit als „Menschenrechtsprofession" deutet, begründet die Menschenrechte mit einer voraussetzungsvollen Theorie menschlicher Bedürfnisse (vgl. Staub-Bernasconi 2006, S. 280ff)[2]. Ergänzend verweist Silvia Staub-Bernasconi auf neuere Theorien der sozialen Gerechtigkeit, insbesondere auf den amerikanischen Philosophen *John Rawls* (1921-2002). Im sozialphilosophischen Diskurs um Menschenrechte bleibt weithin offen, ob die Menschenrechte einschließlich weitgehender sozialer Anspruchsrechte als positives Recht gedeutet und damit dem Rechtssystem zugeordnet werden oder ob sie als regulative Idee zu sehen sind, deren Realisierung dem politischen System und dem System der Wohlfahrtsproduktion aufgegeben ist.

2.2 Soziale Gerechtigkeit nach Rawls

In seiner grundlegenden „Theorie der Gerechtigkeit" (Erstausgabe 1971) entwickelt Rawls unter Rückgriff auf die klassischen Vertragstheorien der neuzeitlichen politischen Philosophie (Locke, Rousseau, Kant) das Konzept einer „Gerechtigkeit der Fairness", das wiederum „freie und vernünftige Menschen in einer anfänglichen Situation der Gleichheit zur Bestimmung der Grundverhältnisse ihrer Verbindung"(Rawls 1975, S. 28) vor-

---

2 Die Bedürfnistheorie, die Silvia Staub-Bernasconi sowohl ihrer Theorie der Sozialen Arbeit wie auch der Begründung der Menschenrechte zugrunde liegt, wurde entfaltet durch Werner Obrecht (1999) vor dem Hintergrund der Arbeiten des australisch-kanadischen Wissenschaftlers Mario Bunge; eine knappe Darstellung dieser Bedüfnistheorie und der Folgerungen für die Soziale Arbeit gibt Klaassen 2009.

aussetzt. Zu den Grundgütern, die er als Dinge, von denen man annehmen kann, dass sie jeder vernünftige haben will, auffasst, zählt Rawls „Rechte, Freiheiten, Chancen, Einkommen, Vermögen und Selbstachtung" (ebd., S. 83). Die Individuen einigen sich nach Rawls in dem (hypothetischen) Urzustand auf zwei Gerechtigkeitsprinzipien: Das erste betrifft die rechtlich politische Gerechtigkeit, geht von einer strikten Gleichverteilung aus und zielt auf die Maximierung individueller Freiheitsrechte. Bei dem zweiten Gerechtigkeitsprinzip, das sich auf die sozio-ökonomische Gerechtigkeit bezieht, geht Rawls davon aus, dass sich immer wieder Ungleichheiten ergeben. Soziale Ungleichheiten müssen jedoch zwei Bedingungen erfüllen: „ Erstens müssen sie mit Ämtern und Positionen verbunden sein, die unter Bedingungen fairer Chancengleichheit allen offen stehen und zweitens müssen sie den am wenigsten begünstigten Angehörigen der Gesellschaft den größten Vorteil bringen" (Rawls 2003, S. 78). Faktisch zählt dieses zweite Gerechtigkeitsprinzip auf eine „ faire Chancengleichheit" (Rawls 1975, S. 136 f), bei der er insbesondere den Bereich der Bildung im Blick hat. In seinem Spätwerk gibt es deutliche Hinweise darauf, dass die Schaffung von Chancengleichheit nur mit der Gewährleistung eines sozio-ökonomischen Existenzminimums realisiert werden kann (vgl. Rawls 2003, S. 243ff).

Unmittelbar an Rawls anknüpfend, entwirft der belgische Philosoph und politische Ökonom Philippe van Parijs das Konzept eines „unconditional basic incomes" als Instrument zur Verwirklichung einer realen Freiheit für alle (real freedom for all): „If real freedom is a matter of means, not only rights, people's incomes are obviously of great importance" (Van Parijs 1995, S. 30)

2.3 Soziale Bürgerrechte

Die philosophisch-ethische Theorie sozialer Gerechtigkeit korrespondiert über weite Strecken mit dem soziologischen Konzept sozialer Bürgerrechte von Thomas Marshall. Der britische Soziologe hat bereits 1950 am Beispiel der englischen Geschichte aufgezeigt, wie die Verankerung von Bürgerrechten (in der Bill of Rights) eine bemerkenswerte Dynamik entwickelt hat: Das bürgerliche Element der Sicherung der individuellen Freiheit wurde im 18. und 19. Jahrhundert erweitert durch das politische Element der Teilhabe an politischen Entscheidungen und im 20. Jahrhundert das soziale Element der Teilhabe an den ökonomischen und sozialen Gütern: Der soziale Staatsbürgerstatus bezeichnet „eine ganze Reihe von Rechten, vom Recht auf ein Mindestmaß an wirtschaftlicher Wohlfahrt und Sicherheit, über das Recht an einem vollen Anteil am gesellschaftlichen Erbe, bis zum Recht auf ein Leben als zivilisiertes Wesen entsprechend der gesellschaftlich vorherrschenden Standards. Die am engsten mit ihm verbundenen Institutionen sind das Erziehungswesen und die sozialen Dienste" (Marshall 1992, S. 40, S. 71).

In einer vergleichbaren historisch-soziologischen Untersuchung kommt der Freiburger Soziologe *Günter Dux* auf dem Hintergrund der deutschen Geschichte zu dem Ergebnis: „Die Entwicklung der Neuzeit hat zu einer Sinnbestimmung geführt, die als Errungenschaft der menschlichen Daseinsform verstanden werden muss: Selbstbestimmung, Freiheit von Not, Bildung sind ihre wichtigsten Ausprägungen. Sie werden vom Postulat der Gerechtigkeit eingefordert und können ihrer immanenten Geltungsdimension nach niemandem verweigert werden, ohne ihn in der Entfaltung seiner Lebensführung zu beschädigen" (Dux 2008, S. 334).

2.4 Verwirklichungschancen

Sowohl die Idee der Menschenrechte wie auch die philosophischen und soziologischen Theorien eines modernen Wohlfahrtsstaates sind begründet in den neuzeitlichen Prinzipien der Volkssouveränität, der Gleichheit und der Freiheit. Daneben gewinnt im sozialphilosophischen Diskurs die klassische Frage von Aristoteles nach dem „guten Leben" wieder an Bedeutung.

Der indische Ökonom und Nobelpreisträger *Amartya Sen* stellt die übliche Beschreibung des Kapitalismus als eines markt-, gewinn- und eigentumsorientierten Wirtschaftssystems in Frage und stellt fest, dass gerade reiche Staaten auf Leistungen setzen, die außerhalb des Marktes erbracht werden, wie Altersvorsorge, Sozialversicherungsleistungen und Bildung. Als Maßeinheit für Erfolg und Entwicklung sieht er die je individuellen „Verwirklichungschancen eines Menschen, d.h. (…) diejenigen substantiellen Freiheiten, die es ihm erlauben, ein mit guten Gründen erstrebtes Leben zu führen" (Sen 2002, S. 110). Da die „substantiellen Freiheiten" begründet sein müssen, wird die klassische Frage des Aristoteles nach dem ‚guten Leben' in die aktuelle gesellschaftspolitische Diskussion eingeführt.

Martha Nussbaum, die in Chicago eine Professur für Recht und Ethik bekleidet, geht explizit von der aristotelischen Tugendlehre aus und stellt die Frage nach dem ‚guten Leben' ins Zentrum von sozialer Gerechtigkeit. Die Beantwortung dieser Frage erscheint ihr durchaus möglich durch eine intensive Untersuchung menschlicher Geschichte und menschlicher Erkenntnis im Sinne eines „historically grounded empirical essentialism" (Nussbaum 1992, S. 208) ohne Rückgriff auf einen „metaphysischen Essentialismus". In diesem Sinne entwickelt sie eine „starke vage Konzeption des Guten" (Nussbaum 1995, S. 456). Mit der Übernahme des Senschen Konzepts der Verwirklichungschancen rückt Nussbaum die Schaffung und Aufrechterhaltung der sozialen Bedingungen, die es individuell erlauben ein gelingendes Leben zu führen, ins Zentrum ihrer Theorie. Wesentliche Aufgabe der politisch verfassten Gemeinschaft ist es, jedem Bürger „die materiellen, institutionellen sowie pädagogischen Bedingungen zur Verfügung zu stellen, die ihm einen Zugang zum guten menschlichen Leben eröffnen und ihn in die Lage versetzen, sich für ein gutes Leben und Handeln zu entscheiden (vgl. Nussbaum 1999, S. 24). Im Gegensatz zu der klassischen Tugendlehre des Aristoteles und der aristotelischen Denktradition wird das so formulierte Konzept des guten Leben durchaus vereinbar mit liberalen und wertpluralistischen Grundprämissen der Moderne, indem es bei der Ermöglichung eines guten Lebens um den Spielraum von Selbstbestimmung und Autonomie geht (vgl. Otto; Ziegler 2008, S. 11).

Die Übernahme des Capability-Ansatzes von Sen ermöglicht einmal die Formulierung einer „objektiven Liste" grundlegender menschlicher capabilities (Güter im Sinne von Grundgütern), die jedem Menschen zur Verfügung stehen müssen (vgl. Nussbaum 1999, S. 49-58)[3]. Zum andern eröffnen sich vielfältige Möglichkeiten des Übergangs von einer kausalen Sozialpolitik (bei der die Frage nach den erworbenen Ansprüchen im Vordergrund steht) zu Gunsten einer finalen Sozialpolitik (bei der es um die Erreichung gesellschaftlich definierte Ziele geht). Dies eröffnet wiederum interessante Perspektiven für eine eigenständige Sozialarbeitsforschung unter der Fragestellung, wie können die Voraussetzungen geschaffen und optimiert werden für ein selbst bestimmtes „gutes Leben".[4]

2.5 Zusammenfassend

Zusammenfassend lässt sich festhalten: Die neueren Konzepte von sozialer Gerechtigkeit verweisen von ganz unterschiedlichen disziplinären und philosophischen Ansätzen auf die klassische Unterscheidung des Aristoteles zwischen ‚*Verteilungsgerechtigkeit*' und ‚*Tauschgerechtigkeit*'. Dies bedeutet, dass zunächst eine gerechte Verteilung jenseits der individuellen Leistung unter dem Gesichtspunkt erfolgt, dass jeder Mensch bzw. jedes Mitglied der verfassten Gesellschaft diejenigen Güter erhält, die angesichts des sozioökonomisch Möglichen ein Leben in Würde bzw. eine selbstbestimmte Lebensführung ermöglichen. Darüber hinaus erscheint es durchaus ein Erfordernis der sozialen Gerechtigkeit, dass die individuelle Leistung auch adäquat honoriert wird. Damit ergibt sich eine unauflösbare Idealkonkurrenz zwischen Teilhabegerechtigkeit und Leistungsgerechtigkeit, die nicht im Sinne von überzeitlichen Menschenrechten, sondern nur in fairen Aushandlungsprozessen bewältigt werden kann.

3 Ideologien der Erwerbsarbeitsgesellschaft

Eine solche – relative – Abkoppelung der Güterverteilung vom Marktgeschehen wurde bereits Anfang der 1980er unter der Chiffre „Krise der Arbeitsgesellschaft" diskutiert: Danach hat sich im Zuge der Industrialisierung eine „Arbeitsgesellschaft" herausgebildet, in der Erwerbsarbeit das zentrale Medium für Vergesellschaftung und die Verteilung

---

3   Diese Güter im Sinne von Grundgütern sind durchaus vergleichbar mit den „Primärgütern" im Sinne von Rawls. (vgl. Otto; Ziegler 2008, S. 12).
4   Inzwischen wurde im Umkreis von Hans-Uwe Otto dieser Capability-Ansatz von Nussbaum aufgegriffen und als konstitutive Fragestellung für die Erziehungswissenschaft weiterentwickelt/ entfaltet (Otto; Ziegler 2008; Otto; Schrödter 2009). Hier zeichnet sich im Diskurs um Soziale Arbeit eine interessante Kontroverse ab in Auseinandersetzung mit der ‚Menschenrechtsprofession' von Silvia Staub-Bernasconi. Wenn Menschenrechte nicht (nur oder in erster Linie) im juristischen Sinne als Anspruchsrechte verstanden werden, sondern als „regulative Idee" (Staub-Bernasconi 2007b) ergeben sich vermutlich vielfältige Verständigungsmöglichkeiten.

aller gesellschaftlicher Güter darstellt. Die Konzentration aller gesellschaftlichen Ressourcen auf die Steigerung der Produktivität hat dazu geführt, – diese These hat Hannah Arendt bereits in den 1950er Jahren entwickelt - dass „der Gesellschaft das einzige ausgeht, worauf sie sich noch versteht: die Erwerbsarbeit" (Arendt 2002, S. 167). Die Erosion der im Zuge der Industrialisierung entstandenen Erwerbsarbeit ist in vollem Gange, es ist jedoch keineswegs eine Krise oder gar ein Ende der Arbeitsgesellschaft in Sicht, vielmehr verfestigt sich die im 19. und 20. Jahrhundert entstandene Arbeitsgesellschaft als ein allpräsenter politisch-ideologischer Überbau. Je mehr die sozioökonomischen Voraussetzungen für diese Arbeitsgesellschaft erodieren, umso mehr wird der Überbau dieser Arbeitsgesellschaft verteidigt. Nur so lässt sich vermutlich erklären, dass eine SPD-geführte Bundesregierung aufgrund von Empfehlungen einer Kommission, die den Namen eines Gewerkschaftlers trägt, den Wohlfahrtsstaat zum workfare-state „weiterentwickelt" hat (vgl. Kessl; Otto 2009; vgl. Maier 2008). Es sind diese Ideologien der Erwerbsarbeitsgesellschaft, die einer Weiterentwicklung von sozialer Gerechtigkeit entgegenstehen, wobei sich Ideologien dadurch auszeichnen, dass sie „Teilsichten und Teilprinzipien mit der Absicht durch Abblendung von anderen Teilen der Wirklichkeit eine spekulative, im Grunde nicht verifizierbare Objektivation und einen einseitig bestimmten Erwartungs- und Hoffnungshorizont für künftig Mögliches und allgemein Gewünschtes zu schaffen" (Speck 1999, S. 104).

Auch wenn man vom Capability-Ansatz von Nussbaum und Sen ausgeht und ein komplexes System finaler Sozialpolitik zur Gewährleistung bzw. Verbesserung von Verwirklichungschancen unter dem Gesichtspunkt sozialer Gerechtigkeit als gefordert ansieht, ist eine materielle Grundsicherung jenseits von Erwerbsarbeit nach dem Prinzip der Verteilungsgerechtigkeit unabdingbare Voraussetzung für soziale Gerechtigkeit. Eine materielle Grundsicherung ist Voraussetzung dafür, dass Armut bewältigt und neue Formen gelingenden Alltags entwickelt werden können. Am konsequentesten kann eine solche materielle Grundsicherung verwirklicht werden durch ein erwerbsunabhängiges Grundeinkommen[5]. Seit den bürgerlichen Revolutionen des 18. Jahrhunderts werden aus unterschiedlichen gesellschaftspolitischen Positionen heraus unterschiedliche Konzepte für ein erwerbsunabhängiges Grundeinkommen entwickelt (einen Überblick geben Vanderborght/Van Parijs 2005). Vor dem Hintergrund der aktuellen Diskussion in Deutschland habe ich an anderer Stelle ein – wie ich glaube – praktikables Konzept für Deutschland entwickelt (vgl. Maier 2009b).

Im Diskurs um die Einführung eines erwerbsunabhängigen Grundeinkommens werden die Ideologien der Erwerbsarbeitsgesellschaft in besonderer Weise sichtbar und diskutierbar. Deswegen sollen in einem abschließenden Kapitel zentrale Ideologien der Er-

---

5 Seit den bürgerlichen Revolutionen des 18. Jahrhunderts werden aus unterschiedlichen gesellschaftspolitischen Positionen heraus unterschiedliche Konzepte für ein erwerbsunabhängiges Grundeinkommen entwickelt (einen Überblick geben Vanderborght; Van Parijs 2005; vor dem Hintergrund der aktuellen Diskussion in Deutschland habe ich an anderer Stelle ein – wie ich glaube – praktikables Konzept für Deutschland entwickelt (Maier 2009b).

werbsarbeitsgesellschaft am Beispiel der Kritik an einem erwerbsunabhängigen Grundeinkommen einer systematischen Kritik unterzogen werden.

3.1 „Leistung muss sich lohnen"

Der Präsident des Kieler Instituts für Weltwirtschaft, Horst Siebert, stellte 2007 in der FAZ fest: „Der schwerwiegendste Fehlanreiz (eines erwerbsunabhängigen Grundeinkommens) bestünde darin, dass die Motivation der Individuen, ihre Arbeitskraft der Volkswirtschaft zur Verfügung zu stellen, schwindet." Und „Müssen wir nicht erwarten, dass sich die junge Generation durch das bedingungslose Grundeinkommen an die Nicht-Arbeit gewöhnt, also der Arbeit entwöhnt wird? Und welchen Anreiz sollten junge Menschen haben, in der Jugend ihr Humankapital aufzubauen?" Der Artikel endet mit der Beschwörung: „Da Deutschland nicht wie die Ölscheichs vom Erdöl leben kann, müssen Arbeit, Kapital, Energie und andere Produktionsfaktoren immer wieder neu zusammenwirken damit Werte zustande kommen. Stattdessen wird so getan, als ob das Volkseinkommen wie Manna vom Himmel fällt – eine merkwürdige Vorstellung" (FAZ vom 27.06.07).[6] – Hier werden Vorstellungen transportiert, die in den Wirtschaftswissenschaften und einer entsprechenden Öffentlichkeit seit Adam Smith als selbstverständlich angenommen werden, die jedoch in zweierlei Richtung fragwürdig sind:

Die anthropologische Figur des *„homo oeconomicus"* (des Menschen, der auf seinen Vorteil bedacht ist und diesen rational verfolgt), die nach wie vor die selbstverständliche Basis der Nationalökonomie ist, wurde von den humanistisch inspirierten Sozialwissenschaften stets bestritten (vgl. Bröckling 2002, S. 157). In zahlreichen empirischen Untersuchungen wurde nachgewiesen, dass der Mensch sich nicht nur egoistisch und insbesondere keineswegs durchgängig oder auch nur überwiegend zweckrational verhält (vgl. Etzioni 1994). Der französische Sozialwissenschaftler Foucault hat aufgezeigt, wie in der Geschichte der Herausbildung der Arbeitsgesellschaft Erwerbsarbeit von einer von außen auferlegten Last immer mehr zu einem vom Menschen internalisierten sinnhaften Tun im Sinne der Selbstverwirklichung geworden ist (vgl. Foucault 1994). Neuere Untersuchungen zum Arbeitsverständnis und Arbeitsverhalten von qualifizierten Arbeitskräften sprechen von einer Subjektivierung der Arbeit, indem Arbeit nicht mehr als von außen auferlegte Pflicht gesehen wird, sondern als Teil der Selbstverwirklichung bei der Identitätskonstruktion in der beruflichen Tätigkeit gesucht und im Zweifelsfalle auch

---

6 Mit teilweise identischen Worten und denselben Argumenten wendet sich der engagierte Sozialpolitiker Norbert Blüm in der ZEIT gegen ein Grundeinkommen unter der Überschrift „Wahnsinn mit Methode" (Die Zeit vom 19.4.2007, Nr. 17 [www.diezeit.de]).

eingefordert wird.[7] Die Höhe des Arbeitsentgelds entscheidet keineswegs primär oder ausschließlich über die Wahl des Arbeitsplatzes oder den Verbleib in einem bestimmten Betrieb (vgl. Baethge 1991; Kruse 2004). – Dass die Entlohnung nur ein begrenztes Motiv für Arbeit und Leistung ist, wird insbesondere dadurch sichtbar, dass zunehmend hochqualifizierte Frauen in das Erwerbsleben streben, auch wenn sich dies – wenn sie mit einem gut verdienenden Partner verheiratet sind – in unserem Steuersystem keineswegs finanziell auszahlt. - Auch die immer wieder geäußerte Vermutung, dass ein dichtes Netz von Sozialleistungen die Bereitschaft zur Arbeitsaufnahme lähmt, hält keiner empirischen Untersuchung stand: Eine vergleichende Auswertung deutscher und internationaler Untersuchungen zur Wirkung des Abstandes von Sozialleistungen zur Lohnhöhe haben ergeben, dass Lohnabstände „bisher aus anreiztheoretischer Perspektive keine interpretierbaren Ergebnisse geliefert" haben (vgl. Gebauer 2007, S. 163): Das Interesse und die subjektiven Bemühungen um eine Wiedereingliederung in das Erwerbssystem sind weithin unabhängig von der Höhe der Sozialleistungen. Allerdings ist die Inanspruchnahme von Sozialleistungen durchaus abhängig von der Einschätzung der eigenen Chance, wieder einen Arbeitsplatz zu finden.

Der *zweite* Einwand gegen die Verabsolutierung von Leistung geht dahin, dass der Leistungs-Begriff einseitig auf die berufliche Leistung eingeengt wird. Wie total und wie verhängnisvoll diese Einengung des Leistungsbegriffs ist, wird für mich deutlich in dem ersten Diskussionsentwurf für das Sozialwort der Kirchen (1994) in dem es im Zusammenhang mit einem „Menschenrecht auf Arbeit" heißt: „Das beinhaltet, dass auch diejenigen, die weniger leistungsfähig sind, die Schwächeren, die Behinderten, einen Arbeitsplatz ausfüllen, bei dem sie ihre Fähigkeiten und Kräfte zur Geltung bringen können..." (Zur wirtschaftlichen und sozialen Lage in Deutschland 1994, S. 50). Wenn ein 20jähriger Mensch erfährt, dass er muskelkrank ist und an den Rollstuhl gefesselt sein wird, muss er enorme Leistungen erbringen, um sich an die neue körperliche Situation zu gewöhnen, die Sozialbeziehungen neu aufzubauen und den Alltag zu bewältigen. Es erscheint geradezu zynisch, wenn die Würde des Menschen es erfordert, dass er darüber hinaus auch noch einen Arbeitsplatz ausfüllt. Wie grotesk hier Leistung verkannt wird, wird dadurch deutlich, dass die Leistungen dieses muskelkranken Menschen erst dann ökonomisch relevant werden, wenn er diese Leistung nicht selbst erbringt, sondern professionelle Pflege eingesetzt werden muss. – In diesem Sinne sind von jedem Menschen von der frühen Kindheit bis zum Tod beträchtliche Leistungen gefordert, deren Bedeutung erst dann sichtbar wird, wenn sie nicht erbracht werden, sondern zu Verhaltensauffälligkeit, Krankheit, Hilfebedürftigkeit oder Delinquenz führen.

---

7 In seiner arbeitssoziologischen Untersuchung kommt Baethge zu dem Ergebnis: „Bei drei Vierteln der Beschäftigten dominierten subjektbezogene Ansprüche an Arbeit, die sich entweder auf den Tätigkeitsinhalt oder auf das kommunikative Beziehungsgeflecht konzentrieren: Man will innerlich an der Arbeit beteiligt sein, sich als Person in sie einbringen können und über sie eine Bestätigung eigener Kompetenz erfahren" (Baethge 1991, S. 7).

Die enormen Leistungen der Familienarbeit, der Fürsorge und Pflege bleiben ebenso unbeachtet wie das, was der Philosoph Thomas Gil als „Lebensarbeit" bezeichnet: die Lebensarbeit der Selbstregulation, der Anpassung an fremde Milieus, die Aneignung von Fremdem (vgl. Gil 1997, S. 17). Diese Leistungen der Lebensarbeit wie die nichtmonetarisierten Care-Leistungen sind für die Gesellschaft mindestens ebenso wichtig wie die im Rahmen des Erwerbssystems erbrachten Leistungen.

Durch ein erwerbsunabhängiges Grundeinkommen würde anerkannt, dass jeder Mensch Leistungen erbringt. Der weite Bereich der Care-Leistungen und damit überwiegend die Leistungen der nicht berufstätigen Frauen würde zumindest ansatzweise honoriert. Zweifellos müssen auch weiterhin im beruflichen Bereich Höchstleistungen erbracht werden, aber alles spricht dafür, dass diese auch bei geringerer Dotierung erbracht werden. Bei den Spitzeneinkommen der Ackermanns, Wedekings oder Ballacks wird der finanzielle Leistungsanreiz zu einem Fetisch, der jeden Bezug zu Glück oder Lebensqualität verloren hat.

3.2 „Wer nicht arbeitet, soll nicht essen"

Diese Aussage ist Ausdruck eines sehr tief verwurzelten Gerechtigkeitsempfindens. Es „ergibt sich aus der in christlichen (dort vor allem protestantischen), marktliberalen und sozialistischen Traditionen gleichermaßen verwurzelten arbeitsethischen Gerechtigkeitsauffassung" (Offe 2005, S. 139). Es fußt auf dem elementaren Reziprozitätsprinzip; für den Politikwissenschaftler und Ethiker Höffe ist dieses Prinzip Grundlage von jeder Form von Gerechtigkeit (vgl. Höffe 2004, S. 11ff; kritisch hierzu Opielka 2008). In der modernen Bibelwissenschaft herrscht weithin Übereinstimmung, dass die zitierte Aussage des 2. Briefes an die Thessalonikier „keineswegs als das moralische Prinzip gemeint (ist), als das es heutzutage gerne in Anspruch genommen wird" (Meireis 2008, S. 3). Es wird davon ausgegangen, dass es sich bei dem 2. Brief des Paulus an die Thessalonikier um eine aus der Paulus-Schule stammende Anweisung handelt, die sich dagegen verwehrt, dass eine wachsende Zahl von umherziehenden Predigern von der nicht gerade wohlsituierten Gemeinde angesichts des baldigst erwarteten Weltendes materielle Unterstützung reklamiert (vgl. Stegemann; Stegemann 1997, S. 264f). Eine kategorische Aussage im Sinne eins absoluten Gebotes zu arbeiten, steht im Widerspruch zur Gesamttheologie von Paulus (vgl. Klumbies 1996). - Luther wandte sich mit diesem Satz insbesondere gegen die elitäre Verabsolutierung von Wissenschaft und Meditation der Priester-Mönche bei gleichzeitiger Abwertung der körperlichen Arbeit der Laien-Brüder, Bauern und Handwerker.
Die Luther-Tradition hat sich jedoch in Verbindung mit der reformatorischen Arbeitsethik im Bürgertum tief festgesetzt (vgl. Aßländer 2005, S. 19f) und sogar noch Auswirkung in der deutschen Arbeiterbewegung. Im Gothaer Programm der SPD von 1875 hat diese Tradition in dem Satz *„Arbeit ist die Quelle allen Reichtums"* ihren geschichtsträchtigen Niederschlag gefunden. Kein Geringerer als Karl Marx hat in seiner Kritik am

Gothaer Programm aufgezeigt, dass es neben der Arbeit die Produktionsfaktoren Boden und Kapital gibt, wobei er Kapital als „geronnene Arbeit" definiert. Dies bedeutet aber, dass die heute Arbeitenden nur deswegen mit relativ geringem Aufwand so große Werte schaffen können, weil frühere Generationen intensiv gearbeitet und einen erheblichen Konsumverzicht geleistet haben.

Heute rücken neben den durch die Erwerbsarbeit geschaffenen Gütern immer mehr auch andere Güter ins öffentliche Bewusstsein:
- Angesichts der Gefährdungen unserer Umwelt wird immer deutlicher bewusst, dass die Natur nicht nur Bodenschätze und Grund und Boden zur Verfügung stellt, sondern die Reinigung der Luft und die Aufbereitung von Wasser sehr hohe Werte darstellen, die – falls man sie technologisch produzieren müsste – kaum finanzierbar wären (vgl. Lieger 2007).
- Durch die moderne *care-Diskussion* (vgl. Fraser 1994; Brückner 2003) sind die nichtmonetären Leistungen der Erziehung, der Fürsorge und der Pflege deutlicher ins Bewusstsein gerückt worden, und durch die Fortschritte der Medizin wird Pflege eine immer größere Bedeutung für die Menschen erhalten. Im Zuge der Herausbildung der modernen Arbeitsgesellschaft in den letzten 200 Jahren sind diese Tätigkeiten in den Hintergrund getreten, sie dienen bestenfalls der Reproduktion der in dieser Gesellschaft so zentralen Arbeitskraft. - Versuche, den Wert dieser care-Arbeit zu berechnen, z. B. durch die Zahl der nicht-monetär erbrachten Arbeitsstunden im Vergleich zu den in der Arbeitswelt erbrachten Stundenleistungen kommen zu dem Ergebnis, dass die nicht-monetär geschaffenen Güter einen mindestens ebenso hohen Wert darstellen, wie die monetär erbrachten Leistungen. - Es ist keineswegs plausibel, dass alle diese Güter – die von der Natur, theologisch gesprochen vom Schöpfer, zur Verfügung gestellten Güter, die Leistungen früherer Generationen in Form von „geronnener Arbeit", und die vielfältigen care-Leistungen – nur über die Medien Erwerbsarbeit und Kapitalbesitz verteilt werden.

Die Leitfrage muss also lauten: Wie soll der aus ganz unterschiedlichen Quellen kommende Reichtum heute verteilt werden? Vor 200 Jahren wurde das Volkseinkommen zu 70% über das Medium Eigentum und nur zu 30% über das Medium Erwerbsarbeit verteilt. Heute haben sich diese Größenordnungen umgedreht, wobei seit 20 Jahren die Bedeutung des Vermögens für die Erzielung von Einkommen wieder deutlich wächst. Die Entwicklung von der Vermögensorientierung zur Einkommensorientierung vollzog sich in der Phase der Industrialisierung, in der die Aktivierung der verfügbaren Arbeitskräfte Voraussetzung für den technologischen Fortschritt und den Ausbau der industriellen Produktion war. Durch die enorme Produktivitätssteigerung im Zuge der Herausbildung der Erwerbsarbeitsgesellschaft wurde die Güterproduktion zunehmend unabhängig vom Arbeitseinsatz, wichtigstes Instrument zur Steigerung der Wertschöpfung eines Unternehmens wurde die Einsparung von Arbeitskräften. Damit verliert jedoch Erwerbsarbeit die Fähigkeit, „zuverlässig, vorhersehbar und vor allem für alle in gleicher Weise Daseinschancen zu vermitteln ... was bisher als Arbeit gegolten hat, versagt als Kriterium für die Zuteilung von Existenzmitteln" (Füllsack 2006, S. 9). Positiv gewendet birgt „Rationalisierung im historischen Maßstab die Chance in sich, dass es mehr und mehr obsolet wird, dass das einzelne Gesellschaftsmitglied nur nach Maßgabe eines Beitrags zum BSP an der Verwendung des BSP teilhaben kann. Vielmehr eröffnet sich die Möglichkeit, den gesellschaftlichen Reichtum immer weniger nach individueller Leistung und immer mehr nach individuellen Bedürfnissen zu verteilen" (Vobruba 2007, S. 15). Dem Versuch, diese Möglichkeiten nutzbar zu machen, steht eine weitere Ideologie der Erwerbsarbeitsgesellschaft entgegen:

3.3   Müßiggang ist aller Laster Anfang

Erwerbsarbeit erscheint als zentrales Medium der Sozialisation und der Vergesellschaftung des Menschen. Wir können uns nicht mehr vorstellen, dass ein gesunder Erwachsener ohne Erwerbsarbeit ein sozial verträgliches oder gar erfülltes Leben führt, noch weniger können wir uns vorstellen, dass die Sozialisation von Jugendlichen ohne Erwerbsarbeit gelingt.
Hannah Arendt hat in ihrer großen Geschichte der Arbeit und der Arbeitsgesellschaft aufgezeigt, dass in allen vormodernen Gesellschaften ein Leben ohne Arbeit höchstes Ziel war und 90% der Bevölkerung hart arbeiten mussten, um für eine kleine Elite dieses Leben in Muße zu ermöglichen (vgl. Arendt 2002; Maier 2008, S. 25ff). So fordert Aristoteles, dass Jugend „nur mit solchen nützlichen Beschäftigungen befasst werden darf, die sie nicht zu Banausen, zu gemeinen Handwerkern herabwürdigen". Als banausisch galten „sowohl alle Künste und Handwerke, die einen körperlich in eine schlechte Verfassung bringen, als auch jede lohnbringende Arbeit, da sie den Geist der Menschen der Muße beraubt und ihn erniedrigt (vgl. Aristoteles 1995, S. 283f). Xenophon weist darauf hin, dass es aus diesem Grunde „in einigen Städten keinem Bürger erlaubt (ist), sich einer handwerklichen Beschäftigung zu widmen (Xenophon 1956, S. 249).
Im Laufe der abendländischen Geschichte vollzog sich eine grundlegende Umkehrung der Wertungen, indem - nicht zuletzt gefördert durch die protestantische Arbeitsethik – alle menschlichen Energien und alle sozialen Ressourcen konzentriert wurden auf das Bemühen, die Produktion notwendiger Güter zu optimieren; die Muße wurde zum „Müßiggang" und erschien nur noch zur „Reproduktion der Arbeitskraft" wertvoll. Inzwischen ist die Geschichte der „Verfleißigung" des Menschen im Zeichen des Merkantilismus (vgl. Helmstetter 2002, S. 262) und des „groß angelegten Lehrprozesses für jene breiten Schichten der Bevölkerung…, denen jedes abstrakte Erwerbsstreben abging" (Müller 1982, S. 14) hinreichend beschrieben. Bei allen geschichtlichen und sozialphilosophischen Betrachtungen wird deutlich, dass sowohl die Definition wie die Wertung von „Arbeit" und „Muße" historisch geworden und damit auch änderbar sind.

3.4 Ideologien und Interessen

Die ideologiekritische und sozialethische Auseinandersetzung mit diesen Ideologien der Arbeitsgesellschaft ist zweifellos wichtig, sie stößt jedoch an Grenzen, weil diese Ideologien mit handfesten Interessen von großen gesellschaftlichen Gruppen unmittelbar verbunden sind.

Ralf Dahrendorf hat bereits auf dem Soziologentag von 1982 aufgezeigt, dass die Konfliktlinien der Arbeitsgesellschaft, also besonders der Gegensatz zwischen Kapital und Arbeit, Grundlage des Systems der machtvollen gesellschaftlichen Verbände und Parteien ist. Eine auch nur relative Abkopplung der Einkommensverteilung vom Medium Erwerbsarbeit würde einen Macht- und Bedeutungsverlust der Tarifparteien bedeuten.

Die am Anfang dieses Abschnittes zitierten Aussagen des Präsidenten des Kieler Institutes für Weltwirtschaft zeigen sehr deutlich, dass die Unternehmer um ihr Quasi-Monopol zur Sicherung des Lebensunterhalts fürchten und die Steigerung der Leistungsbereitschaft im Sinne der Erwerbsarbeit zentrales Interesse der Unternehmer ist. – Die Gewerkschaften wie auch die SozialpolitikerInnen in den verschiedenen Parteien haben in dem sich immer mehr ausdehnenden System der sozialen Sicherung, in den Gremien der Sozialversicherungen, in Kammern und Verbänden eine Domäne der sozialpolitischen Gestaltung gefunden. Mit der zunehmenden Ausdifferenzierung des Systems der sozialen Sicherung sind zunehmend „autoritative Zuschreibungen von Bedarfen, Pflichten und Berechtigungen an rechtlich codierte Kategorien und Kollektive von Personen" (Offe 2005, S. 137) gebunden, die durch die Einführung eines erwerbsunabhängigen Grundeinkommens in Frage gestellt werden. Deswegen ist es durchaus verständlich, dass die mühselig erworbenen Zuständigkeiten und die damit verbunden Gestaltungsmöglichkeiten sowohl von den Sozialpolitikern wie auch den Verwaltungsapparaten, die zur Umsetzung der komplexen Regelungen der Sozialpolitk geschaffen worden sind, verteidigt werden. Vermutlich muss sich in diesem Zusammenhang auch die Soziale Arbeit der Frage stellen, inwiefern bei der Skepsis gegen ein erwerbsunabhängiges Grundeinkommen der Verlust von finanziellen Anreiz- und Sanktionsmöglichkeiten eine Rolle spielt.

Einen wichtigen Hintergrund für die Auseinandersetzungen um eine relative Abkoppelung des Einkommens von der Erwerbsarbeit bildet der Konflikt zwischen den Geschlechtern: nach dem Bericht der Vereinten Nationen „Über die menschliche Entwicklung" vom Jahre 1995 tragen Frauen mehr als die Hälfte der Gesamtarbeitslast. Von der Gesamtarbeitszeit der Männer entfallen dreiviertel auf bezahlte Tätigkeiten, von der von Frauen erbrachten Arbeit wird nur ein Drittel bezahlt und dies zu deutlich niedrigeren Löhnen. „Somit erhalten Männer den Löwenanteil an Einkommen und Anerkennung für ihren ökonomischen Beitrag während der größte Teil der Frauenarbeit unbezahlt, nicht anerkannt und unterbewertet bleibt" (Krebs 2002, S. 11). Böhnisch/Arnold/Schröer haben in ihrer ‚Sozialpolitik' aufgezeigt, wie sich diese Benachteiligung der Frauen und die Marginalisierung von Care - Leistungen in der Arbeitsgesellschaft im System der sozialen Sicherung reproduzieren (vgl. Böhnisch, Arnold; Schröer 1999, S. 254ff). - Hier wird sehr deutlich, dass die Frage eines erwerbsunabhängigen Grundeinkommens unmittelbar verbunden ist mit der Frage, wie die in der Gesellschaft notwendigen und immer notwendiger werdenden Care-Leistungen angemessen erbracht werden können. Im Interesse der Aufrechterhaltung der Arbeitsgesellschaft erscheint es durchaus nahe liegend, diesen weiten Bereich von Care sukzessive zu „monetarisieren", d.h. diese Aufgaben zu verberuflichen und in den Formen der Erwerbsarbeit zu erbringen. Ob dieser insbesondere von gewerkschaftlicher und sozialdemokratischer Seite vertretene Weg zu einer humaneren Gesellschaft führt, bedarf einer eingehenden öffentlichen Diskussion, zu der auch und gerade die Soziale Arbeit herausgefordert ist (vgl. Maier 2008, S. 34f).

Einen wichtigen Schlüssel für die Deutung der interessengeleiteten Auseinandersetzungen um ein erwerbsunabhängiges Grundeinkommen bietet schließlich die Theorie der meritokratischen Triade der Arbeitsgesellschaft. Der Soziologe Reinhard Kreckel hat aufgezeigt, wie Bildung, Beruf und Einkommen in der Arbeitsgesellschaft eine Erklärung und zugleich eine Legitimation für soziale Ungleichheit bieten (vgl. Kreckel 1992; Maier 2008; S. 32f). Das Konzept des ‚Forderns und Förderns' geht davon aus, dass die Teilhabe an der Gesellschaft jedem offen steht, der leistungswillig ist und sich entsprechend bildet. Damit „formiert sich der Diskurs über gesellschaftliche Teilhabe auf dem Mythos ungehinderter Selbstorganisation und Selbstverantwortlichkeit (‚Wer will, der kann.'), er übergeht aber die Ungleichheit von Chancen in Folge differierender Ressourcenausstattung" (Krieger 2009, S. 203). Lyotard beschreibt diese spezifisch postmoderne Problematik folgendermaßen: „Zwischen zwei Partnern besteht ein Widerstreit, wenn die ‚Lösung' dieses Konflikts, der sie einander entgegengesetzt, im Idiom des einen Partners erfolgt, während das Unrecht, das dem anderen widerfuhr, in diesem Idiom nicht in Erscheinung tritt" (Lyotard 1985, S. 23).

Dies bietet auch eine mögliche Erklärung dafür, dass ein bedingungsloses Grundeinkommen im Protestantismus auf erhebliche Ablehnung stößt (vgl. Wegner, Jablonowski; Zeeb 2007; Maier 2008, S. 31). Wenn man davon ausgeht, dass die protestantische Kirche traditionell „die Kirche der Besitzenden und der Gebildeten" ist, so ist es durchaus nahe liegend, dass berufliche Tätigkeit und Bildung als die zentralen Medien der gesellschaftlichen Teilhabe gesehen werden und es als selbstverständliche Aufgabe der Politik gesehen wird, alle Menschen zu dieser Teilhabe zu führen (vgl. Gerechte Teilhabe 2006; Wegner, Jablonowski; Zeeb 2007). Der Leiter des Sozialwissenschaftlichen Instituts der EKD entwickelt im Rückgriff auf den volonté general von Rousseau die These, dass es durchaus im eigenen objektiven Interesse der Betroffenen ist, wenn sie durch die Regelungen von Hartz IV zu dieser Form der Teilhabe mit Nachdruck/mit Zwang geführt werden (vgl. Wegner 2008). Dass diejenigen, die nicht dem Bildungsbürgertum angehören, bei diesen Formen der gesellschaftlichen Teilhabe immer wieder benachteiligt sind und die Privilegien des Bildungsbürgertums nachhaltig gesichert werden, bleibt außer Betracht. Dem gegenüber treten im Katholizismus, der traditionell in weniger privilegierten und weniger gebildeten Milieus beheimatet ist prominente Sozialethiker wie auch große Organisationen zunehmend für ein erwerbsunabhängiges Grundeinkommen ein.[8]

4 Folgerungen

Der langjährige Chefredakteur der Frankfurter Rundschau, Wolfgang Storz, hat in dem evangelischen Magazin ‚Chrismon' die These entwickelt, ein erwerbsunabhängiges Grundeinkommen „brächte ein großes Maß an Freiheit – und vor allem Fantasie und Mut zu neuen Wegen" (Chrismon 07/2009, S. 42). Bei einer nüchternen Betrachtung der Situation der „Armen" in der deutschen Wohlfahrtsgesellschaft wird man die Bedeutung eines erwerbsunabhängigen Grundeinkommens sicherlich bescheidener beschreiben:

- Mit einem erwerbsunabhängigen Grundeinkommen würden die „autoritativen Zuschreibungen von Bedarfen, Pflichten und Berechtigungen an rechtlichen codierte Kategorien und Kollektive von Personen" überflüssig (vgl. Offe 2005, S. 137f). Mit dem Wegfall der bürokratischen Antragstellung und der Bedürftigkeitsüberprüfung würden die vielfältigen Demütigungen ebenso wegfallen wie der Verzicht auf berechtigte Ansprüche und damit die hohe und insbesondere für Kinder verhängnisvolle „Dunkelziffer der Armut".
- Durch die Einführung eines erwerbsunabhängigen Grundeinkommens würde der Einstieg in eine Erwerbstätigkeit erleichtert und zugleich ein Beitrag geleistet zur Humanisierung der Arbeitswelt. Die hinreichend beschriebene „Arbeitslosenfalle" (Spermann 1996) würde mit dem Wegfall der Nachrangigkeitsregelungen beseitigt, in dem jeder durch Erwerbsarbeit erworbene Euro zu einer tatsächlichen Verbesserung der Einkommenssituation beiträgt (und nicht zum Lebensunterhalt der Bedarfsgemeinschaft eingesetzt werden muss). Andererseits würde gewährleistet, „dass am Arbeitsmarkt der Kern aller Freiheit, nämlich die Freiheit ‚nein' zu sagen zur Geltung gebracht würde – wenn auch keineswegs die materiellen Anreize dafür beseitigt würden, gegebenenfalls … bei zufrieden stellenden Arbeitsbedingungen und Entgelten ‚ja' zu sagen" (Vobruba 2007, S. 138).
- Ein erwerbsunabhängiges Grundeinkommen ist Voraussetzung dafür, dass sich neue Lebensformen, und neue sinnvollen Betätigungen jenseits der Erwerbsarbeit entwickeln können. Heiner Keupp hat aufgezeigt, dass die Entwicklung neuer

---

8 Für die sozialethische Diskussion vgl. besonders Büchele/Wohlgenannt 1985. Aus dem Verbandskatholiszismus ist besonders zu verweisen auf das bemerkenswerte Konzept des BDKJ wie auch das entsprechende Engagement der Vorsitzenden der Katholischen Arbeitnehmer-Bewegung Deutschlands Birgit Zenker (vgl. Exner/Rätz/Zenker 2007). Eine bemerkenswerte Würdigung des erwerbsunabhängigen Grundeinkommens aus protestantischer Perspektive bietet Meireis 2008.

Identitäten materieller Ressourcen bedarf. „Eine Gesellschaft, die sich ideologisch politisch und ökonomisch allein auf die Regulationskraft des Marktes verlässt, vertieft die gesellschaftliche Spaltung durch eine wachsende Ungleichheit der Chancen an Lebensgestaltung" (Keupp 1997, S. 19).

Ein solches erwerbsunabhängiges, existenzsicherndes Grundeinkommen beseitigt keineswegs alle sozialen Benachteiligungen, es löst auch nicht alle sozialen Probleme bei der Befriedigung von Bedürfnissen und ist keineswegs eine Gewähr für Wohlbefinden und gelingenden Alltag. Sehr wohl ist jedoch ein solches Grundeinkommen eine wichtige Voraussetzung dafür, dass Armut bewältigt werden und neue Formen gelingenden Alltags entwickelt werden können.

Literatur

Arendt, Hannah (2002): Vita activa oder vom tätigen Leben, München: Piper, engl. Originalausgabe: The human Condition", Chicago 1957.

Aristoteles (1995): Die Nikomachische Ethik, München: Dt. Taschenbuch-Verl.

Aßländer, Michael S. (2005): Bedeutungswandel der Arbeit. Versuch einer historischen Rekonstruktion. München: Hanns-Seidel-Stiftung, Akad. für Politik und Zeitgeschehen.

Baethge, Martin (1991): Arbeit, Vergesellschaftung, Identität – Zur zunehmenden normativen Subjektivierung der Arbeit, in: Soziale Welt 1/1991, S. 6–19.

Benz, Benjamin (2009): Perspektiven der Mindestsicherung, in: Maier [Hg.] 2009a, S. 209–230.

Böhnisch, Lothar; Arnold, Helmut; Schröer, Wolfgang (1999): Sozialpolitik: eine sozialwissenschaftliche Einführung, Weinheim; München: Juventa-Verlag.

Bröckling, Ulrich (2002): Diktat des Komparativs, in: Ulrich Bröckling; Eva Horn [Hg.] (2002): Anthropologie der Arbeit, Tübingen: Narr, S. 157–174.

Brückner, Margit (2003): Care. Der gesellschaftliche Umgang mit zwischenmenschlicher Abhängigkeit und Sorgetätigkeit, in: neue praxis 2/2003, S. 162–171.

Dux, Günter (2008): Warum denn Gerechtigkeit – Die Logik des Kapitals. Die Politik im Widerstreit mit der Ökonomie, Weilerswist: Velbrück.

Esping-Andersen, Gøsta (1998): Die drei Welten des Wohlfahrtskapitalismus. Zur Politischen Ökonomie des Wohlfahrtsstaates, in: Lessenich; Ostner (1998), S. 19–56.

Etzioni, Amitai (1994): Jenseits des Egoismus-Prinzips, Stuttgart: Schäffer-Poeschel.

Exner, Andreas; Rätz, Werner; Zenker, Birgit [Hg.] (2007): Grundeinkommen. Soziale Sicherheit ohne Arbeit, Wien: Deuticke.

Foucault, Michel (1994): Das Subjekt und die Macht, in: Hubert Dreyfus; Paul Rabinow; Michel Foucault: Jenseits von Strukturalismus und Hermeneutik, Frankfurt a.M.: Beltz Athenäum.

Fraser, Nancy (1994): Widerspenstige Praktiken. Macht, Diskurs, Geschlecht, Frankfurt a.M.: Suhrkamp.

Füllsack, Manfred [Hg.] (2006): Globale soziale Sicherheit. Grundeinkommen – weltweit?, Berlin: Avinus-Verlag.

Gebauer, Ronald (2007): Arbeit gegen Armut – Grundlagen, historische Genese und empirische Überprüfung des Armutsfallentheorems, Wiesbaden: VS Verlag für Sozialwissenschaften.

Gerechte Teilhabe (2006): Befähigung zu Eigenverantwortung und Solidarität. Eine Denkschrift des Rates der EKD zur Armut in Deutschland, 2. Aufl, Gütersloh: Gütersloher Verlagshaus.

Gil, Thomas (1997): Sozialphilosophie der Arbeit, Stuttgart: Schmetterling-Verlag.

Helmstetter, Rudolf (2002): Austreibung der Faulheit, Regulierung des Müßiggangs. Arbeit und Freizeit im Zeitalter der Industrialisierung, in: Ulrich Bröckling; Eva Horn [Hg.]: Anthropologie der Arbeit, Tübingen: Narr, S. 259–279.

Höffe, Otfried (2004): Wirtschaftsbürger Staatsbürger Weltbürger. Politische Ethik im Zeitalter der Globalisierung, München: Beck.

Kessl, Fabian; Otto, Hans-Uwe [Hg.] (2009): Soziale Arbeit ohne Wohlfahrtsstaat? Zeitdiagnosen, Problematisierungen und Perspektiven. Weinheim; München: Juventa.

Keupp, Heiner (1997): Diskursarena Identität: Lernprozesse in der Identitätsforschung, in: Heine Keupp; R. Höfer [Hg.]: Identitätsarbeit heute, Frankfurt a.M.: Suhrkamp, S. 11–39.

Klumbies, Paul Gerhard (1996): Einsatzreligion Arbeit?, in: Dt. Pfarrerblatt 96, S. 187–189.

Krebs, Angelika (2002): Arbeit und Liebe. Die philosophischen Grundlagen sozialer Gerechtigkeit, Frankfurt a.M.: Suhrkamp.

Kreckel, Reinhard (1992): Politische Soziologie der sozialen Ungleichheit, Frankfurt a.M.; New York: Campus Verlag.

Krieger, Wolfgang (2009): Soziale Arbeit ohne Standpunkt? Ambivalenzkritische Orientierungen im postmodernen Habitus Sozialer Arbeit, in: Albert Mühlum; Günther Rieger [Hg.]: Soziale Arbeit in Wissenschaft und Praxis. Festschrift für Wolf Rainer Wendt, Lage: Jacobs, S. 199–212.

Kruse, Jan (2004): Disziplinierende Simulation. Zur Retotalisierung des Arbeitsprinzips in neoliberalen Gesellschaften – eine Auseinandersetzung mit Baudrillard und Foucault, in: ARBEIT. Zeitschrift für Arbeitsforschung, Arbeitsgestaltung und Arbeitspolitik, 4/2004, S. 390–400.

Kühnhardt, Ludger (1987): Die Universalität der Menschenrechte. Bonn: Bundeszentrale für Polit. Bildung.

Lieger, Nicole (2007): Das geldfreie Grundeinkommen, Onlinedokument, URL: www.grundeinkommen2007.org/images/geldfreies%20grundeinkommen.pdf

Lyotard, J.-F. (1985): Grabmal des Intellektuellen, Wien: Passagen Verlag Ges.M.B.H.

Maier, Konrad (2005): Globalisierung und die Krise der Arbeitsgesellschaft als Chance und Herausforderung für die Soziale Arbeit, in: Ulrich Pfeifer-Schaupp [Hg.]: Globalisierung und Soziale Arbeit, Hamburg: Vsa.

Maier, Konrad [Hg.] (2008): Soziale Arbeit in der Krise der Arbeitsgesellschaft, Freiburg: FEL.

Maier, Konrad [Hg.] (2009 a): Armut als Thema der Sozialen Arbeit. Freiburg. FEL.

Maier, Konrad (2009 b): Für ein erwerbsunabhängiges Grundeinkommen, in: Maier 2009a, S. 231–258.

Marshall, Thomas H. (1992): Bürgerrechte und soziale Klassen. Zur Soziologie des Wohlfahrtsstaates, hg. v. Elmar Rieger, Frankfurt a.M.; New York: Campus-Verlag , S. 33–94. Originalausgabe 1981.

Matthes, Joachim (1964): Gesellschaftspolitische Konzeptionen im Sozialhilferecht. Zur soziologischen Kritik der neuen deutschen Sozialhilfe-Gesetzgebung von 1961, Stuttgart: F. Enke.

Meireis, Thorsten (2008): Bedingungsloses Grundeinkommen – eine protestantische Option?, in: Ethik und Gesellschaft 2/2008, URL: www.ethik-und-gesellschaft.de/pdf-aufsaetze/EuG-2-2008_Meireis.pdf

Nussbaum, Martha (1990): Der aristotelische Sozialdemokratismus, in: Nussbaum [Hg.]: Gerechtigkeit oder das gute Leben, Frankfurt a.M.: Suhrkamp, S. 24–85.

Nussbaum, Martha (1995): Menschliches Tun und soziale Gerechtigkeit. Zur Verteidigung des aristotelischen Essentialismus, in: Micha Brumlik; Hauke Brunkhorst [Hg.], Gemeinschaft und Gerechtigkeit, Frankfurt a.M.: Fischer-Taschenbuch-Verlag, S. 323–361.

Nussbaum, Martha (1999): Gerechtigkeit oder das gute Leben, Frankfurt a.M.: Suhrkamp.

Obrecht, Werner (2002): Umrisse einer biopsychosozialen Theorie sozialer Probleme.Ein Beispiel einer transdisziplinären integrativenTheorie, überarbeitete Version eines Referats, gehalten an der Fachtagung „Themen der Sozialarbeitswissenschaft und ihre transdisziplinäre Verknüpfüung" 5. März 2002, an der Hochschule für Soziale Arbeit Zürich.

Offe, Claus (2005): Nachwort, in: Armut, Arbeitsmarkt und Autonomie, in: Vanderborght; Van Parijs (2005), S. 131–150.

Opielka, Michael (2008): Vision Grundeinkommen. Eine Perspektive für die Arbeitsgesellschaft?, in: Maier [Hg.] (2008), S. 43–65.

Otto, Hans-Uwe; Schrödter, Mark (2009): Befähigungs- und Verwirklichungsgerechtigkeit im Post- Wohlfahrtsstaat. In: Fabian Kessl, Hans-Uwe Otto [Hg.]; 2009, S. 173–190.

Otto, Hans-Uwe; Ziegler, Holger [Hg.] (2008): Capabilities – Handlungsbefähigung und Verwirklichungschancen in der Erziehungswissenschaft, Wiesbaden: VS Verlag für Sozialwissenschaften.

Rawls, John (1994): Eine Theorie der Gerechtigkeit. 8. Aufl. Frankfurt a.M.: Suhrkamp. Originalausgabe *A Theory of Justice. Harvard 1971.*

Rawls, John (2003): Gerechtigkeit als Fairness. Ein Neuentwurf, Frankfurt a.M.: Suhrkamp.

Sen, Amartya (2002): Ökonomie für den Menschen. Wege zu Gerechtigkeit und Solidarität in der Marktwirtschaft, München: Deutscher Taschenbuch Verlag.

Speck, Otto (1999): Die Ökonomisierung sozialer Qualität: Zur Qualitätsdiskussion in Behindertenhilfe und Sozialer Arbeit, München, Basel: Reinhardt.

Spermann, Alexander (1996): Das „Einstiegsgeld" für Langzeitarbeitslose, Baden-Baden: Nomos-Verl.-Ges.

Staub-Bernasconi, Silvia (2007a): Soziale Arbeit als Handlungswissenschaft. Systemtheoretische Grundlagen und professionelle Praxis – Ein Lehrbuch, Bern/Stuttgart/Wien: Haupt.

Staub-Bernasconi, Silvia (2007b): Soziale Arbeit: Dienstleistung oder Menschenrechtsprofession? Zum Selbstverständnis Sozialer Arbeit in Deutschland mit einem Seitenblick auf die internationale Diskussionslandschaft, in: Andreas Lob-Hüdepohl; Walter Lesch [Hg.] (2007): Ethik Sozialer Arbeit, Paderborn: Schöningh, S. 20–54.

Stegemann, Ekkehard; Stegemann, Wolfgang (1997): Urchristliche Sozialgeschichte. Die Anfänge im Judentum und die Christusgemeinden in der mediterranen Welt, 2. Aufl, Stuttgart/Berlin/Köln: Kohlhammer.

Van Parijs, Philippe (1995): Real Freedom for All. What (if anything) Can Justify Capitalism?, Oxford: Oxford University Press.

Vanderborght, Yannick; Van Parijs, Philippe (2005): Ein Grundeinkommen für alle? Geschichte und Zukunft eines radikalen Vorschlags, Frankfurt a.M.: Campus Verlag.

Vobruba, Georg (2007): Entkoppelung von Arbeit und Einkommen. Das Grundeinkommen in der Arbeitsgesellschaft, 2. erw. Aufl., Wiesbaden: VS Verlag für Sozialwissenschaften.

Wegner, Gerhard (2008): Aktivierung subjektiver Selbstführung – Hilfe oder Herrschaft?. Über die Zivilisierung der Fürsorge am Beispiel des SGB II, in: Zeitschrift für Evangelische Ethik, 52. Jg., S. 266–285.

Wegner, Gerhard; Jablonowski, Harry; Zeeb, Matthias (2007): Das bedingungslose Grundeinkommen: nicht unbedingt eine gute Idee (epd Dokumentation Nr. 19/2007), Frankfurt a.M.: Gemeinschaftswerk der Evangelischen Publizistik.

Zur wirtschaftlichen und sozialen Lage in Deutschland (1994): Diskussionsgrundlage für die Konsultationsprozess über ein gemeinsames Wort der Kirchen, hg. vom Kirchenamt der Evangelischen Kirche in Deutschland, Hannover.

Geschichte(n) von Christentum und Armut –
Grund- und Stolpersteine auf dem Weg zu einer diakonischen Gemeinde[1]

Dirk Oesselmann

Bei Geschichten von Christentum und Armut vermischen sich bei mir wissenschaftliche Distanz und eigene Betroffenheit, Gefühle von Wut über Gleichgültigkeit angesichts des Elends und Hoffnung auf Gerechtigkeit. Ein rein materieller und historisch-faktischer Zugang ist schwer vollziehbar. So sagt Rubem Alves, ein brasilianischer Theologe, Erzieher, Psychologe und Philosoph: Die Rede über Gott und Leben darf nicht auf Wissen (saber) beschränkt bleiben, wir benötigen den Geschmack (sabor) der dahinter stehenden Erfahrungen, um die sinn-hafte, sinn-volle Dringlichkeit von Liebe und Gerechtigkeit in uns wachzurufen.

Doch werden auch sehr positive Leit-Bilder von Geschichte(n) wachgerufen, die ich hier „auf dem Weg zu einer diakonischen Gemeinde" begreifen will. Ich beziehe mich dabei auf meine Erfahrungen in der Peripherie von São Paulo, wo ich sieben Jahre beim Aufbau einer ökumenischen Gemeinde mitgewirkt habe. Ihr Raum waren die Slums der Umgebung. Wir bezeichneten unsere Arbeitsform als großen „Mutirão", eine gemeinschaftliche Selbsthilfe, bei der alle mit ihrem Potenzial und Engagement eine gemeinsame Vision teilten: den Kindern, die dort in großer Zahl ihren Alltag auf der Straße verbrachten, Würde und Chance zu geben. Unterstützt wurden wir von einer lutherischen Gemeinde der gehobenen Mittelklasse, die uns dort ein Grundstück zur Verfügung stellte, es aber nicht dabei beließ, sondern sich mehr und mehr den Menschen in den Baracken über den Abwässerkanälen annäherte. Bis heute prägen tief greifende Veränderungen Beziehungen und Selbstverständnis der Beteiligten aus zwei so unterschiedlichen sozialen Schichten.

Konzeptionell steht ein solcher Ansatz den Gedanken von Jürgen Moltmann über Diakonie und Gemeinde sehr nahe. Für ihn ist Gemeinschaftswerdung in gestörten Beziehungen grundlegend. Das Reich Gottes als Vision und Hoffnung bricht die Leid erzeugende Normalität auf und wird zur Perspektive eines Gegenentwurfes auf der Suche nach konkreten Veränderungen.

„Ohne die Reich-Gottes-Perspektive wird Diakonie zur ideenlosen Liebe, die nur kompensiert und wiedergutmacht. Ohne die Diakonie wird allerdings die Reich-Gottes-Hoffnung zur lieblosen Utopie, die nur fordert und anklagt."(Moltmann 1989, S.20).

Für den Umgang mit der armen Bevölkerung stehen aus meiner Sicht zwei Grundelemente christlichen Handelns in einem konstitutiven Zusammenhang: die *Tischgemein-*

---

[1] Vortrag gehalten am 26.4.2007 in der Evangelischen Fachhochschule Rheinland-Westfalen-Lippe, Bochum.

schaft des Abendmahles und der *Dienst am Nächsten und als Nächster*. Leid erzeugende Missstände können nicht innerhalb von Abhängigkeits- und Machtbeziehungen von Gebenden und Nehmenden überwunden werden, sondern nur in solidarischer Teilhabe aller.

Ein solch idealisiertes Bild ganzheitlicher Veränderung von zwischenmenschlichen bis hin zu gesellschaftlich-kulturellen Beziehungen konkretisiert sich am ehesten in einer Gemeinde, die sich einerseits in einem offenen und den Anderen suchenden Prozess begreift, sich andererseits eindeutig in sozialen Grenzsituationen zu positionieren weiß. Im Anschluss an theologisch-praktische Ansätze der letzten drei Jahrzehnte (Bach, Ruhfus, Steinkamp, Degen, Kleinert, Schäfer, Gern, Götzelmann) übernehme ich den Begriff der „diakonischen Gemeinde". Sie kann nicht Selbstzweck sein, sondern macht zu ihrer Grundoption, aus ihrer Kerngruppe hinauszugehen und dort zu sein, wo Glaube zum Ernstfall wird, wo Leid und Elend nach Veränderung schreien, *dort, wo keiner hin will*. Dort deckt sie den Tisch, um in Wort und Tat zu dienen.

Punktuelle Erfahrungen und Konzeptionen reichen jedoch nicht aus, um grundlegende Impulse für äußerst vielfältige, komplexe und ambivalente Zusammenhänge von Glaubensvorstellungen, gesellschaftlich-kulturellen Kontexten und institutionellen Möglichkeiten zu geben. Die Beschäftigung mit Geschichte(n) soll sowohl Distanz für einen Überblick schaffen als auch Tiefgang für eine differenzierte Wahrnehmung ermöglichen. Es geht mir darum, die vielfältigen Bewegungen zu betrachten, um aus ihnen heraus Grund- und Stolpersteine für gegenwärtige Fragen der Diakonie zu erkennen.

Bewusst habe ich den Titel mit „Geschichte(n)" überschrieben. Er soll die Vielfalt an einzelnen Geschichten in der Geschichte des Christentums ausdrücken, die es fast unmöglich macht, die unterschiedlichen Blickwinkel, Wahrnehmungen und Perspektiven in *einem* Referenzrahmen zusammen zu fassen. Das Christentum ist kein monolitischer, klar abgrenzbarer Block. Ich will das als Stärke begreifen, denn die Zusammenschau der Geschichten macht eines deutlich: Es besteht eine Innovationskraft, die vor allem aus dem Rückbezug zu den Wurzeln lebt – zu Erzählungen von der Nähe zu Gott, zu prophetischen Anklagen von Ungerechtigkeit und zu einer Hoffnung bringenden Verheißung. Ihre Vielfältigkeit ist eine Chance für das Christentum, intern für Selbstreflexivität und extern für eine Dialogkultur.

Armut ist bis heute eine zentrale weltgesellschaftliche Herausforderung. Der Zusammenhang zum Christentum ist nicht zufällig: Er ist im Kern der christlichen Botschaft angelegt (Mt 25) und bildet die Eckpfeiler diakonischer Praxis und Theorie. Aber was genau bedeutet Armut? Wer sind die Armen? Es gibt eine materielle Bestimmung für relative Armut – in Deutschland z.B. 60% des mittleren Einkommens (WHO 50%) –, die in Zahlen zum Ausdruck bringt, dass Arme sich an der Grenze oder unter der Linie der Existenzsicherung befinden. Doch daneben bedeutet Armut Abhängigkeit, Chancenlosigkeit und Ausschluss, die die gesamte Lebenswirklichkeit prägen. Neben vielfachem physischem Leid und Mangel ist „Arm-Sein" auch ein gesellschaftlicher Ort, eine untergeordnete Position, eine Nicht-Perspektive und ein konstantes Vor-Urteil.

In der Geschichtsschreibung sind große politische Ereignisse der Mächtigen, Krieg und Unterdrückung ausführlich belegt. Armut wird eher am Rande erwähnt[2], und dann meist aus der Perspektive der Machthabenden bzw. Meinungsträger, so gut wie nie aus der der Armen selbst. Wir können wenig aus erster Hand erfahren, sondern haben in gewisser Weise immer schon ideologische Abhandlungen über die Armut vor uns. Aus diesen Ideologien heraus versuche ich, vorsichtige Schlussfolgerungen über die Situation und den Umgang mit Armen und mit der Armut zu formulieren. Daneben beziehe ich ein paar visuelle Impressionen ein, um dem Geschmack der Begegnungen von Christentum und Armut auf die Spur zu kommen.

1 Geschichte(n)

Geschichten aus dem Neuen Testament

Es gibt unzählige Geschichten im NT über die intensive Zuwendung Jesu zu den Kranken und Ausgeschlossenen. Er ist genau dort anzutreffen, wo Leid und Elend vorherrschen. Seine Jünger, Anhänger und Anhängerinnen rekrutiert er aus den armen Bevölkerungsschichten.

In seiner Botschaft klingt eindeutig die alttestamentliche Verheißung eines Gottes an, der den Armen zu ihrem Recht verhilft und die gesellschaftlichen Machtverhältnisse umkehrt. Schon das Magnificat Marias spricht in dieser Tradition klare Worte: *„Die Mächtigen stürzt er von den Thronen und die Niederen hebt er hoch empor; die Hungernden erfüllt er mit Gütern und die Reichen lässt er leer ausgehen."* (Lk 1,51-53)

Drei Geschichten, die Jesus erzählte, hatten in der Geschichte des Christentums besondere Wirkung:

- Die Geschichte vom barmherzigen Samariter (Lk 10,25-37): Jesus wird von einem Toralehrer gefragt, wer der Nächste sei. Jesus dreht die Ausgangsfrage um: Wie handle ich als Nächster – das ist heilsentscheidend. Er erzählt eine Geschichte von einem von Räubern überfallenen und schwer verletzten Menschen. Weder Priester noch Levit helfen ihm. Stattdessen nimmt sich ein Samariter seiner an, ein Fremder für die Juden. – Neben der Kritik an der konstituierten Religion, die mit ihren Vertretern ihrem Anspruch nicht gerecht wird, geht es hier um die Grenzen überschreitende Zuwendung zum Menschen als höchstes Gebot.

---

2 Hubertus Halbfas dazu: *„Die Geschichte der Barmherzigkeit ... ist noch nicht geschrieben worden. Ihre gegenläufige Spur in einem Kontinuum von Krieg, Terror, Unterdrückung und Angst ist besser dokumentiert."* In: Halbfas 2004, S. 274.

Abbildung 1 Vincent van Gogh, Der gute Samariter – Dem Armen wird aktiv geholfen. Helfer und Zu-Helfendem verschmelzen miteinander zu einem Ausdruck von Symbiose.

- Die Geschichte vom Reichen Jüngling (Mk 10,17-27) macht den Besitzstand zum Thema der Nachfolge Jesu. Die Abhängigkeit vom Besitz entfernt die Reichen von Gott. Mit der scharfen Kritik am Reichtum „*Es ist leichter, dass ein Kamel durch ein Nadelöhr gehe, als dass ein Reicher ins Reich Gottes komme*", zusammen mit der Seligpreisung der Armen (Lk 6,20), rückt Jesus die Menschen, die in Armut leben, in die Nähe zu Gott – im Gegensatz zu denen, die an ihrem Besitz hängen.
- Das Weltgericht (Mt 25,31-46 – „*Was ihr getan habt einem von diesen meinen geringsten Brüdern, das habt ihr mir getan.*") verweist auf die grundlegende Bedeutung einer diakonischen Zuwendung. Alle Völker werden danach beurteilt, wie sie mit leidenden Menschen (Hunger, Durst, Fremdheit, Nacktheit, Krankheit und Gefangenschaft) verfahren. Für mich hat das den Geschmack einer Menschenrechtserklärung, nur mit dem Unterschied, dass Jesus die Rechte der ausgeschlossenen und benachteiligten Menschen zum Maßstab des Weltgerichts erhebt. Damit weitet Jesus seine konkrete Tischgemeinschaft aus: Teile das, was du hast, und diene den Menschen.

Die Armen sind in der Person Jesu als auch mit ihm anzutreffen. Es ist mehr als eine spezielle Zuwendung. Seine Botschaft wird von den Armen aus formuliert und erhält hier ihren grundlegenden Handlungsvollzug.

Geschichten aus den ersten Gemeinden
Der Besitzausgleich war ein zentrales Anliegen der ersten entstehenden christlichen Gemeinden. Sowohl in der Apostelgeschichte als auch in den paulinischen Briefen gibt es verschiedene Hinweise, dass die Gemeinschaft unter den Gemeindemitgliedern durch die Verteilung von Gütern (Apg. 2 und 4) sowie durch gegenseitige Anerkennung (1.Kor 12,12-31) angestrebt wurde, aber durchaus nicht ohne Konflikte ablief.
Die damalige gesamtgesellschaftliche Entwicklung des römischen Reiches, nämlich die Konzentration von Reichtum einerseits und die massenhafte Verelendung andererseits, machte den Anspruch einer idealen Gemeinschaft zu einer großen Herausforderung. Paulus musste immer wieder die Integration der aus verschiedenen sozialen Schichten stammenden Gemeindemitglieder ansprechen.
Das Verhältnis der Christen zum Reichtum war Thema vieler Diskussionen: Ist Reichtum abzulehnen, oder ist er von Gott gegeben und muss an die Bedürftigen verteilt werden? Da die Gemeinden letztlich die Spenden der Besitzenden zur Hilfe für die Notleidenden benötigten, wurde die Frage zugunsten der zweiten Option, der Besitznutzung, entschieden. Es ging darum, Menschen mit Besitzstand zu gewinnen, ohne die Armen zurückzusetzen (Kampling 1986, S. 358).
Die messianische Armenbewegung weitet sich aus auf Menschen mit größerem Besitzstand. Die Gemeinden sind bemüht um eine spirituelle und materielle Gemeinschaft als ein „Leib". Der Geschmack der Poesie von 1.Kor.12 spricht für sich selbst: Aber Gott hat den Leib zusammengefügt und dem geringeren Glied höhere Ehre gegeben, damit im Leib keine Spaltung sei, sondern die Glieder in gleicher Weise füreinander sorgen. Und wenn ein Glied leidet, so leiden alle Glieder mit, und wenn ein Glied geehrt wird, so freuen sich alle Glieder mit.

Geschichten von „Vätern der Armen"
Mit Anwachsen des Christentums im 2. und 3. Jahrhundert wuchs auch der Druck, sich nicht nur den sozialen Bedürfnissen innerhalb der christlichen Gemeinden zu widmen, sondern sich darüber hinaus der Situation besonders Benachteiligter wie Fremder, Kranker und Waisen anzunehmen.
Sowohl vor als auch nach der Konstantinischen Wende werden uns viele Geschichten vor allem von Bischöfen übermittelt, die sich in besonderer Weise für die armen Bevölkerungsgruppen eingesetzt haben. Sie galten verbreitet mehr als Sozialanwälte denn als geistig-spirituelle Oberhäupter (vgl. Angenendt 1990, S. 239).[3] *„Es gibt kaum einen uns bekannten Prediger des 4. und 5. Jahrhunderts, der nicht heftig die Ausbeutung der*

---

3 So schließt Arnold Angenendt: „Was tut ihr da Besonderes?" `Lichtblicke´ in der Geschichte der Kirche.

Armen, den Luxus und die Habgier der Reichen kritisierte und mit der Kritik die Forderung nach Almosen verband." (Kampling 1986, S. 362)

Berühmt wurde Basilius von Cäsarea (329-379) für seine Initiative, anlässlich einer Hungersnot eine breit angelegte Essensverteilung zu organisieren. Darüber hinaus gründete er für die sozial Ausgeschlossenen eine Siedlung mit Werkstätten, Herbergen und Krankenhäusern. Ein deutliches Zeugnis als „Fürsprecher der Armen und Bedürftigen" gab er dadurch, dass er seinen Amtssitz in diese Einrichtung verlegte.

Johannes Chrysostomos (um 350-407) konfrontierte die christliche Gemeinde von Konstantinopel mit einem Projekt, ihre gesamten Reichtümer zusammen zu legen, um damit alle Gemeindemitglieder ernähren und die Sklaven zu befreien zu können.

Das Interesse von Ambrosius von Mailand (340-397) galt den Gefangenen, für deren Auslösung er den Verkauf sämtlicher kirchlicher Gerätschaften rechtfertigte. Ebenso tat es der Caesarius von Arles zirka 150 Jahre später.

Abbildung 2   Martin von Tours (317-397) und der Bettler – zeigt die einfache Gestalt des späteren Bischofs, kaum Unterschiede in den Gesichtszügen zu dem Bettler.

Der Ausgleich Arm-Reich, die Fürsorge für die sozial Benachteiligten war im Christentum der Alten Kirche ein zentrales Anliegen, das sie über ihre Grenzen hinaus profilierte. Bedeutsam war vom allgemeinen geschichtlichen Umfeld her betrachtet nicht nur die Organisation eines breiten Unterstützungssystems, welches auch bei der konstantinischen Eingliederung der Kirche in den Staat Beachtung fand, sondern vor allem auch das grundlegende Verständnis von Armut. Es brach mit der Vorstellung von Armut als unveränderliches Schicksal und betrachtete sie als ein Problem der Allgemeinheit. Die herausragende Präsenz der Armen innerhalb der Gemeinden etablierte darüber hinaus einen respektvollen Umgang als gleichwertige Mitmenschen, was im Umfeld einer stark segmentierten Gesellschaft bisher unvorstellbar war.

Mit der konstantinischen Wende fand somit auch eine gesellschaftliche Wende statt, denn die Unterstützung der Armen seitens der christlichen Kirche wurde nicht nur anerkannt und übernommen, sondern auch finanziell unterstützt. Jedoch wurde die Kirche gleichzeitig dazu herangezogen, mit den gesellschaftlich Verantwortlichen zu kooperieren, die jetzt auch verstärkt in die inzwischen anerkannten christlichen Gemeinden drängten und diese von innen her modifizierten. Damit erlahmte zunehmend sowohl die kritische Auseinandersetzung mit dem Reichtum als auch die faktische Solidarität mit den Armen.

R.Kampling zieht ein Fazit dieses geschichtlichen Zeitabschnitts: *„Zweifelsohne gehört es zu den Verdiensten des Christentums, den Gedanken, dass es die Aufgabe eines jeden sei, die Not des Mitmenschen zu lindern, im Bewusstsein verankert zu haben. Die Strukturen jedoch, die zur Verelendung führten, haben sie nicht durchbrochen. Und immer mehr verschwand der Gedanke, dass der Arme Anspruch und Recht auf Hilfe habe. Er wurde zum Versorgungsobjekt."* (Kampling 1986, S. 363)

Geschichten von Macht und Gegen-Bewegung

„Die Hungrigen speisen und Fremde aufnehmen".
Fries im Ospedale del Ceppo in Pistoia aus der Werkstatt des Andrea della Robbia, 1514.

Abbildung 3   Almosenvergabe – Unterschied zwischen Kirchenvertretern und den Armen

Die Kirche wuchs im Mittelalter durch Zuwendungen der politischen Machthaber bzw. Abgaben der Bevölkerung zu einer mächtigen und reichen Institution. Dabei war sie vor allem auch Nutznießer des weit verbreiteten Almosengebens. Als Verwaltungs- und Verteilungsinstanz für die Spendengelder entstanden große karitative Einrichtungen. Die Klöster spielten bei der Almosenvergabe eine besondere Rolle – genauso wie bei der Entstehung von Gegenbewegungen.

Jüngstes Gericht, Tympanon des Westportals von Sainte-Foy, Conques im französischen Zentralmassiv. Die Abtei war ein wichtiges Pilgerzentrum auf dem Weg nach Santiago de Compostela. Die Inschrift an der Basis des Tympanons besagt: „wisset, o Sünder, wenn ihr euer Leben nicht ändert, wird hartes Gericht euch erwarten." Der Ausschnitt zeigt u.a. das Tor zum Paradies und den Höllenschlund. Jeder Missetat (z.B. Hochmut, Unzucht, Geiz, Völlerei, Falschmünzerei) wird eine eigene Strafe zugedacht.

Abbildung 4   Weltgericht als Angst erzeugende Darstellung der Höllenqualen, losgelöst von den inhaltlichen Grundoptionen des Bibeltextes

Ein weit verbreitetes Phänomen war die Angst vor der ewigen Verdammnis, welche der Bevölkerung in Szenen von Endgericht und Höllenqualen an und in den Kirchen plastisch vor Augen geführt wurde. Diese Angst und das daraus resultierende Heilsmonopol der Kirche wurden ausgenutzt, um soziale Unruheherde weitgehend zu kontrollieren.

Die Macht der Kirche blieb nicht ohne Reaktionen aus den eigenen Reihen. Gerade ihr Reichtum in einer immer stärker verelenden Umgebung wurde zum Anstoß von Kritik und Abgrenzung. Unterschiedliche Bewegungen entstanden, die Armut als Ideal von christlichem Lebenswandel in den Mittelpunkt stellten. Inspiriert wurden diese Armutsbewegungen oftmals von charismatischen Persönlichkeiten wie z.b. Petrus Waldes oder Franz von Assisi, die sich zur Armut bekehrten, d.h. freiwillig ihren Lebensstandard aufgaben und im einfachen Leben eine Mystik der Nachfolge Jesu erlebten. Dabei ging es nicht nur um eine eigene Lebensoption, sondern sie verbreiteten ein anderes Bild von Armut in der Öffentlichkeit: den Wert und die Würde der Menschen, die in Armut lebten.

Allerdings blieb ein unaufhebbarer Unterschied zwischen dieser freiwilligen Armut aus der Motivation eines christlichen Ideals heraus und der unfreiwilligen, die die Menschen vernichtete. Zwar wurde Besitz in Frage gestellt, aber nicht menschenunwürdiges Elend angeklagt. Die gesellschaftlich verursachte Armut blieb weitgehend unangetastet.

Dieser Farbholzschnitt aus Augsburg, einem damals reformatorischem Protestzentrum, rückt die Armut Jesu in eine krassen Gegensatz zum Reichtum der Kirche. Der Text darunter beschuldigt den Papst, „weit weg vom Herrn" zu sein.

Abbildung 5   Reich und Arm – ein Spannungsverhältnis

Die Kirche reagierte mit Ausgrenzung oder Unterordnung. Während Bewegungen wie Waldenser und Katharer als Ketzer verfolgt wurden, blieben Franziskaner und Dominikaner innerhalb der Kirchenstrukturen und wurden bewusst mit einer integrierenden und ausgleichenden Funktion hinsichtlich der Kritiker eingesetzt.

Vor allem das Mittelalter ist geprägt von intensiven Spannungen zwischen Machtausübung und Ausgrenzung, zwischen Reichtum und Bekehrung zur Armut, zwischen Unterordnung und Widerstand.
Auch die Reformation war Teil dieser Gegenbewegungen. Sie richtete sich gegen eine Kirche, die sich der Menschen – ihres Heils und ihrer Güter – bemächtigte. Martin Luther betonte die religiöse Mündigkeit und Würde der einzelnen Menschen. Bildung sollte allen zugänglich sein, nicht nur dem Stand des Klerus. Damit veränderte sich das Bild der Kirche: Sie verlor ihre Vormund- und Vormachtstellung und gab einer prozesshaften Vorstellung einer sich aus dem Glaubensvollzug heraus erneuernden Kirche Raum. Das Abhängigkeitsverhältnis der Einzelnen – und damit auch der Armen – zur Kirche brach somit auf. Mit dieser Theologie legte Luther den Grundstein dazu, dass – zu einem späteren Zeitpunkt – die Armen selbst zu anerkannten Glaubenssubjekten werden konnten. Eine Bewegung der Befreiung, die sich bis in die neuere Zeit durch die Basisgemeinden der Armen fortsetzt. Hinsichtlich der sozialen Problematik hielt Luther an einer obrigkeitlichen Sozialverantwortung für die Armen fest, verlagerte aber ihren Charakter von reiner Almosenvergabe zu einem Miteinander von Nächsten: *„diese Regel soll gelten, dass die Güter, die wir von Gott haben, von dem einen zum anderen fließen und allgemein werden."* (Luther 1520, S. 1f)

Geschichten von Caritas und Politik
Karitative Aktivitäten waren von Anfang an konstitutiv für das Christentum. Die Fürsorge für die besonders Bedürftigen wurde zu keiner Zeit in Frage gestellt. Die kirchliche karitative Arbeit war aber auch gesellschaftsstabilisierend, da sie vor allem an sozialen Brennpunkten eine ausgleichende Funktion übernahm. Dadurch, dass die arme Bevölkerung sowohl materiell als auch religiös in einem Abhängigkeitsverhältnis belassen wurde, änderte sich kaum etwas an der sozialen Struktur und Ständeordnung.
Mit Beginn der Neuzeit können Anzeichen einer Politisierung kirchlicher Arbeit festgestellt werden, d.h. sozialer und diakonischer Einsatz und Engagement rieben sich mehr und mehr auch an den gesellschaftlich-kulturellen Strukturen und drangen auf weiter gehende Veränderungen.
Gesellschaftskritisch waren die Reaktionen aus dem kirchlichen Umfeld auf die Kolonisation und die damit verbundenen Versklavung. Die militärische Eroberung Amerikas ging einher mit einer immensen Missionsbewegung unter der Aufgabe, die Einheimischen für die Sklavenarbeiten zu unterwerfen. Aus dem Lager der Franziskaner und Dominikaner regte sich aber schon bald Widerstand vor allem gegen die brutalen Unterwerfungsmethoden gegenüber der indigenen Bevölkerung. Zum öffentlichen Wortführer wurde der Dominikaner Bartolomé de las Casas, der damit auch auf der politischen Ebene das Verbot einer Versklavung der Einheimischen erreichte.

Geschichte(n) von Christentum und Armut 87

Ausschnitt aus dem großen Wandgemälde des mexikanischen Malers Diego Rivera (1886–1957) im Nationalpalast von Mexiko-Stadt. Rivera stellt Las Casas dar, wie er die Indios vor Menschenhandel und Quälerei schützt. In anderen Teilen des Wandgemäldes werden die Grausamkeiten der „Conquista" (= spanische Eroberung Mexikos im 16. Jahrhundert) und deren Unterstützung durch die christliche Mission angeprangert.

Abbildung 6 B.de las Casas – *Schutz der Indigenen Bevölkerung, Konflikt mit den Kolonialherren*

Der aus diesem Verbot resultierende Sklavenhandel mit Afrika wurde im „Namen der Heiligen Dreifaltigkeit" legitimiert, doch standen ihm Geschichten von Bemühungen gegenüber, in denen die Abschaffung von Sklaverei aus christlicher Motivation heraus vorangetrieben wurde. Ein dogmatischer Grund dafür war die Taufe, die einen freien Entscheid der Zustimmung und gleiche Behandlung vor Gott verlangte (vgl. Angenendt 1990, S. 241). Die ersten Gruppen, die sich öffentlich mit einem Aufruf gegen Sklaverei positionierten, waren Mennoniten und Quäker 1683 in den USA, später folgten auch die Methodisten. Der Einsatz gegen die soziale und rassische „Segregation" geht weiter bis in die heutige Zeit. Genannt werden muss auf diesem Weg Martin Luther King mit seiner weltweiten Ausstrahlung in seinem Kampf gegen Rassismus.

Selbst wenn diese Stimmen in der Kirche vereinzelt und nicht ohne Widerspruch in den eigenen Reihen blieben, konnten sie doch zu gesellschaftlichen Veränderungen beitragen. Massive Missstände wie Sklavenhaltung und Rassismus forderten das Christentum heraus, sich in einem größeren politischen Zusammenhang zu positionieren. Im Deutschland des 19.Jahrhunderts wurde die aufbrechende „soziale Frage" innerhalb der Kirche zugunsten der Obrigkeit entschieden. Erweckungsbewegungen inspirierten breite diakonische Liebestätigkeiten, allerdings in klarer Distanz zu der Arbeiterbewegung.

Scharfer Angriff der Gesellschaft und Religion wegen der elenden Lage der Kinder im „Wahren Jakob" von 1905, einer der Sozialdemokratie nahe stehenden politisch-satirischen Zeitschrift.

Abbildung 7   Die starke Polarisierung zwischen Kirche und Arbeiterbewegung wird deutlich in der Kritik an der Widersprüchlichkeit kirchlichen Handelns: „Lasset die Kinder zu mir kommen!"

In Europa wurde die Kirche im 19. Jahrhundert durch die grundlegenden sozialen Umwälzungen der Industriellen Revolution auch politisch herausgefordert. Während die Arbeiterschaft sich organisierte, um politische, strukturelle Veränderungen zu erreichen, war die Kirche in der Verbindung Thron-Altar gefangen. Sie war institutionell von staatlichen Instanzen abhängig und intern mit staatstragenden Schichten verflochten. Theologisch und politisch wurden gesellschaftliche Ordnung als von Gott gegeben legitimiert und im Gegenzug revolutionäre Arbeiterbewegungen als satanisch verworfen (vgl. Brakelmann 1981, S. 111ff). Dennoch wurde die soziale Frage ernst genommen und es entwickelten sich beachtenswerte Initiativen innerhalb der Kirche, die soziale Not zu lindern: Schon im 18.Jh. war ein diakonischer Aufbruch zu verzeichnen, der teils von einer pietistisch geprägten Frömmigkeit (Herrnhuter Freiwilligkeitsgemeinde, Hallesches Waisenhaus), teils von einem aufgeklärten religiösen Humanismus (Herder, Pestalozzi) getragen wurde. Die erste Hälfte des 19. Jahrhunderts war gezeichnet von einer „evangelischen Liebestätigkeit", die vor allem auch über die Innere Mission von Wichern eine weite Verbreitung erhielt. Die wachsende Armut brachte große diakonische Einrichtungen hervor, unter anderem das Rauhe Haus, die Anstalten Bethel, die Kaiserswerther Diakonissenarbeit oder auch die Kolpinghäuser auf katholischer Seite. Kennzeichnend ist jedoch, dass alle sich klar zu den damaligen Arbeiterbewegungen abgrenzten. Erst spät (2.Hälfte des 19.Jh.) und nur vereinzelt (Huber, Todt, der frühe Naumann und der katholische Ketteler) öffneten sich kirchliche Vertreter einer christlich-sozialen Bewegung, die allerdings eine Randströmung in der Kirche blieb.

Geschichten eines Christentums von unten
Ein neuer Impuls zur Politisierung des Christentums kam aus den Kirchen des Südens, aus der Peripherie, von den Armen selbst. Vor allem in Lateinamerika formierte sich seit den 50er Jahren des 20. Jahrhunderts eine Bewegung von unten: sog. Basisgemeinden, die wenig später auch die kirchliche Hierarchie der Bischöfe zu einer notwendigen Befreiung aus gesellschaftlich ungerechten Strukturen bekehrten. Es entwickelte sich eine internationale Bewegung unter dem Anliegen „Option für die Armen", verbreitet durch Theologie und Pädagogik der Befreiung, verstärkt auch durch den ÖRK in Genf, in dem die Südkirchen oftmals den Ton angaben. Grundlage dafür war, dass die Armen sich mit ihrer Geschichte in der Bibel wieder erkannten und damit die christliche Botschaft als Kraft entdeckten, sich selbst und ihr Umfeld zu verändern. Der große qualitative Unterschied zu anderen Bewegungen aus der Geschichte ist, dass die Armen sich aus ihrem Objektdasein als Unterdrückte oder auch Almosenempfänger befreiten, um zu Subjekten ihrer Geschichte zu werden.
Aus der Bewegung der Basisgemeinden heraus entstand das Vorhaben, eine Christentumsgeschichte aus der Sicht der Armen zu schreiben (vgl. Meier 1981). Dabei wurde festgestellt, dass die Basisgemeinden an die Geschichte einer Volksreligiosität anknüpfen, die schon immer latent hinter der offiziell legitimierten Religion existiert hat. Zumeist hat sie sich während der geschichtlichen Unterdrückung mit den gegebenen Kräften äußerlich arrangiert, um verdeckt ihrer Religiosität Ausdruck, Raum und Zeit geben zu können. Selbst wenn über weite Strecken die Hoffnung auf Anerkennung und Veränderung nicht Realität werden konnte, steckt in dieser Religiosität dennoch eine Stärke und Vitalität, eigenes Leben inmitten von Zeichen des Todes zu bewahren.
Auch in Deutschland bilden sich in den Gemeinden diakonische Initiativen, die vom Engagement unzähliger Ehrenamtlicher getragen werden: Tafeln, Nachbarschaftshilfen

und Besuchskreise (vgl. Schäfer 2003) – aber auch politisch handelnde Netzwerke wie der Armutsbericht in Kleve (vgl. Thien 1999). Diese Menschen, die den Kirchengemeinden teils nah, teils entfernt gegenüberstehen, nehmen Bedürfnisse in ihrem Lebensumfeld wahr und entdecken ihre Möglichkeiten verantwortender Teilhabe.
Armut muss ein gemeinsames Anliegen aller werden, in dem die Stimme der Armen und Ausgeschlossenen nicht überhört werden darf. Veränderung geschieht von unten und bildet in den Gemeinden – mal vereinzelt, mal weit verzweigt – Tischgemeinschaften.

Grund- und Stolpersteine
Bis heute ist das Feld sehr widersprüchlich, voll von Grund- und Stolpersteinen...
Titel aus der ZEIT vom 04.04.2007: *„Diener zweier Herren. Fernando Lugo ist Paraguays Bischof der Armen. Jetzt will er die Nation als Präsident führen und die reiche Elite des Landes entmachten. Doch die Kirche stellt sich ihm in den Weg."*
Aus der Denkschrift des Rates der Evangelischen Kirche in Deutschland zur Armut in Deutschland: *„Kirchengemeinden können (...) ein hervorragendes Einübungsfeld von Teilhabe und Anerkennung von Armen sein – sie müssen dies allerdings bewusst anstreben."* (EKD 2006, S. 77-78)
Meldung einer lateinamerikanischen Nachrichtenagentur vom 12.04.2007: *„10 kirchliche Mitarbeiter im Norden Brasiliens, darunter Bischöfe, werden offen mit dem Tod bedroht, weil sie sich für die Rechte der Kleinbauern und Landlosen einsetzen."*
Epd 6/2007 – Der neue Diakonie-Präsident Klaus-Dieter Kottnik: *„Die Diakonie muss von den Menschen als das `soziale Gesicht der Kirche´ erlebt werden, die sich `eindeutig und glaubwürdig´ auf die Seite der benachteiligten Menschen stellt."*
Sicher ist, dass die soziale Frage des Umgangs mit den Armen immer wieder die Geschichte des Christentums bis heute in Bewegung gebracht hat. Sie war und ist auch weiterhin ein zentraler Maßstab, an dem Kirche von außen gemessen wird sowie sich selbst nach außen legitimiert. Deutlich wurde, dass an dieser Frage ein innerer Widerspruch zu Tage tritt: Die christliche Kirche entwickelte sich in weiten Teilen der Welt als reicher und machtvoller gesellschaftlicher Akteur – und entfernte die Armen immer weiter aus ihrer Mitte. Ein zentraler Stolperstein ist, dass bis heute in den „Nord-Kirchen" das Problem der Armut zwar benannt und bekämpft wird, aber die von Armut betroffenen Menschen aus den eigenen Reihen weithin verbannt bleiben bzw. nicht wahrgenommen werden. Die Kirchenmitgliedsstudie von 2006 stellt für die Gruppe der Bevölkerung mit einer geringen sozialen Integration – der etwa 16% der Befragten zuzuordnen sind – fest, dass diese unter den Kernmitgliedern unterdurchschnittlich vertreten sind (vgl. EKD 2003, S. 65–67). Diese interne soziale Ausgrenzung – ein klarer Stolperstein auf dem Weg zu einer diakonischen Gemeinde – wird immer wieder als Provokation und Skandal empfunden und bildet die Wurzel unzähliger Abgrenzungen und Gegenbewegungen – heute wie in der Geschichte.
Beeindruckend ist, wie die Bibel selbst mit ihren Erzählungen von Erfahrungen mit Gott die Geschichten dieser Gegenbewegungen prägt. Sie wirkt in ihrer Kernbotschaft lebendig und zeitlos zugleich und ermöglicht den Menschen, immer wieder für sich

Glaube, Orientierung, Sicherheit und Perspektiven zu finden. Aus diesem Grund werden im Rückbezug auf ihre Erzählungen bis heute grundlegende Impulse für eine „eindeutige Option für die Armen" gegeben. Die oben angesprochenen Geschichten verweisen auf Menschen, die mit exemplarischem Einsatz und Verhalten im Verlauf der Christentums- und Kirchengeschichte diesen Bewegungen ein Gesicht gegeben haben und bis heute als Vor- und Gegenbilder verändernde Prozesse inspirieren – sie stellen für mich Grundsteine dar für eine den lokalen und globalen Problemen offen gegenübertretende Gemeinde (vgl. Langenhorst 2002).

Die Bibel ist auch die Grundlage für die das Christentum revolutionierende Bewegung der Basisgemeinden. Die Armen selbst entdecken die biblische Botschaft für sich, ihre Kraft und Vitalität, sich aus der ausschließenden Normalität zu befreien, Gegenmodelle zu entwerfen und zu einer Tischgemeinschaft aller Menschen aufzurufen. Es ist kein Zufall, dass sich diese Bewegung mit der ökumenischen teilweise überschneidet oder in ihr eine Unterstützung und Weiterführung findet.

Beim Rückblick auf die Geschichte stellt sich heraus, dass die verändernden Impulse der Bibel weiten Teilen der Macht-Ausübenden durchaus bewusst waren. Der Zugang zur Bibel sowie ihre kirchliche Vermittlung waren nicht unproblematisch – die Bibel wurde zum Instrument von Kontrolle und Unterordnung, ein weiterer Stolperstein. Dieser wurde vor allem von der Reformation angeprangert. *„Entscheidend ist, das man sich der Beziehung zwischen dem Wohlergehen des Menschen und der Macht voll bewusst ist und auch weiß, wie Macht das Wohl des Menschen fördern oder aufs Spiel setzen kann."* (Couch 1986, S. 405)

Nicht zu übersehen ist, wie das Christentum auf die allgemeine Wahrnehmung von Armut in den Kulturen gewirkt hat und bis in die gesellschaftliche Ordnung prägend eindringen konnte. Die „Lichtblicke" (vgl. Angenendt 1990) des Christentums in der Menschheitsgeschichte sind gerade dort anzutreffen, wo es mit Vorstellungen gebrochen hat, die Armut als gegebenes Schicksal abgestempelt und damit die zwischenmenschlichen Beziehungsformen als unveränderlich gesetzt haben. Einer kulturell-gesellschaftlichen Unbeweglichkeit, die Armut als Bedrohung ihrer Stabilität, aber nicht als Verantwortlichkeit erkannte, wurde ein Gegenmodell gegenübergestellt, das den Armen nicht nur eine grundlegende Würde zusprach, sondern das die aktive Zuwendung zu den ausgeschlossenen bedürftigen Bevölkerungsschichten als heilsentscheidend erklärte. Allerdings: Wirkung erzielt wurde vor allem dann, wenn diese Vorstellungen nicht nur punktuell, sondern exemplarisch – in Gestalt von Vorbildern – und übergreifend – als breite, massenhafte Handlungsform – zu einem Profilelement christlicher Präsenz wurden. Unkenntlich dagegen wurden diese Vorstellungen, wenn sie auf Diskurs und Symbolik beschränkt blieben, dagegen nur eine reiche und mächtige Kirche sichtbar wurde, die das öffentliche Bild prägte. Dem Wort muss ein kohärentes Zeugnis entsprechen – ansonsten werden Grund- zu Stolpersteinen.

Eine Kirche, die nur sich selbst zum Thema macht, wurde und wird zum Selbstzweck. Sie orientiert sich nach innen und verliert ihre grundlegende Bestimmung, hinauszugehen zu den Menschen. Sie wird zur Gefangenen ihrer selbst. Die Geschichte erzählt uns bis heute von dieser Gefangenschaft, wenn Grundsteine – gelegt in der gelebten und handelnden biblischen Botschaft – aus ihrem Fundament gelockert und zu Stolpersteinen werden. Gleichzeitig werden uns Geschichten von der außerordentlichen Fähigkeit des Christentums übermittelt, aus seinem Anliegen und Glauben heraus sich selbst immer wieder in Bewegung zu setzen. Diakonische Gemeinde ist Ausdruck einer solchen Bewegung, die Wort und Tat annähert, die hinausgeht und die Armen in ihre Tischgemeinschaft einlädt. In den vielfältigen Bewegungen von Leben und hin zum Leben, *ertappen wir Gott auf frischer Tat.*

Literatur

Angenendt, Arnold (1990): „Was tut ihr da Besonderes?" `Lichtblicke´ in der Geschichte der Kirche. In: Katechetische Blätter 1990, S. 238–243.

Brakelmann, Günter (1981): Die soziale Frage des 19. Jahrhunderts, 7. Auflage. Bielefeld: Luther-Verlag.

Couch, Richard: Die Kirchen in den entwickelten Ländern und die Bevölkerung der Dritten Welt. In: Concilium 22/1986, S. 403–407.

Evangelische Kirche in Deutschland (EKD) (2006): Gerechte Teilhabe. Befähigung zu Eigenverantwortung und Solidarität. Eine Denkschrift des Rates der Evangelischen Kirche in Deutschland zur Armut in Deutschland. 2. Aufl., Gütersloh: Gütersloher Verlagshaus.

Evangelische Kirche in Deutschland (EKD) (2003): Kirche, Horizont und Lebensrahmen. Vierte EKD-Erhebung über Kirchenmitgliedschaft: Weltsichten, Kirchenbindung, Lebensstile, Hannover: Kirchenamt der EKD.

Halbfas, Hubertus (2004): Das Christentum. Düsseldorf: Patmos.

Kampling, Rainer (1996): „Haben wir denn nicht aus der Erde einen Himmel gemacht?" Arm und Reich in der Alten Kirche. In: Concilium 22/1986, S. 357–363.

Langenhorst, Annegret (2002): Las Casas, Romero, Menchú – Gegenbilder aus Lateinamerika zwischen Mode und Ideal. In: rhs 5/2002, S. 277–285.

Luther, Martin (1520): Von der Freiheit eines Christenmenschen, WA 7, 69.

Meier, Johannes (1981): Die Kirchengeschichte vom Volk aus schreiben. In: Katechetische Blätter 1981, S. 239–246.

Moltmann, Jürgen (1989): Diakonie im Horizont des Reiches Gottes. Neukirchen-Vluyn: Neukirchener Verlag.

Schäfer, Gerhard K. (2003): Diakonie in der Ortsgemeinde. In: Lernort Gemeinde 2/2003, S. 17–21.

Thien, Ulrich&Tönnesen, Jürgen (1999): „Not-Wendigkeiten" – Ein Armutsbericht bewegt kirchliche Gruppen und Gemeinden. In: Mette, Norbert; Weckel, Ludger; Wintels, Andreas [Hg.]: Brücken und Gräben. Sozialpastorale Impulse und Initiativen im Spannungsfeld von Gemeinde und Politik. Theologie und Praxis, Bd.6, Münster, Hamburg, London: Lit-Verlag, S. 31–45.

Die Abbildungen 1–7 wurden entnommen aus: Halbfas, Hubertus (2004): Das Christentum, Düsseldorf: Patmos.

Bildung und Gerechtigkeit – die Aktualität des pädagogisch-theologischen Bildungsansatzes von Jan Amos Comenius

Jürgen Rausch und Wilhelm Schwendemann

1   Grundgedanken der Bildungstheorie von Jan Amos Comenius

Auf der Ebene des religiös begründeten Menschenbildes wollen wir den Ansatz der pädagogischen Anthropologie von Jan (=Johann) Amos Comenius reflektieren und deren Zeitgemäßheit, aber auch deren Anspruch an Pädagogik und Ethik. Der protestantische Christ Jan Amos Comenius (1592- 1670)[1] öffnete, so unsere Vermutung, vor allem mit

---

1   Jan (=Johann) Amos Comenius (Jan Amos Komenský) wurde am 28. März 1592 in einem mährischen Dorf in Nivnice geboren. Beide Eltern gehörten der Brüderunität an, die bedeutendste Vereinigung der Böhmischen Reformation. Nach dem frühen Tod der Eltern wird Jan Amos von der Brüdergemeinde aufgenommen. Erst im 16. Lebensjahr besucht er eine Lateinschule. Bereits 1611 Aufnahme des Studiums der Theologie in Herborn, später in Heidelberg. Geprägt wird sein weiteres Arbeiten von den Professoren Johann Piscator (1546-1625) und Johann Heinrich Alsted (1588-1638), die seine enzyklopädische Neugier weckten und, woraus sich später seine „Pansophie" (Allweisheit) entwickelte, die eine universale Wissenschafts-, Kirchen- und Politikreform zum Ziel hatte. Von 1614 bis 1647 durchschreitet Comenius mehrere Stationen als Lehrer und Prediger. Comenius ist ständig auf der Flucht vor den Kriegswirren des 30-jährigen Krieges. In dieser Zeit entstehen u.a.die „Böhmische Didaktik", „Didactica magna", erste Entwürfe der „Pansophiae Prodromus". Auf Einladung von Samuel Hartlib (1595-1662) 1641/42 Mitwirkung an einer Kirchen-, Schul- und Gesellschaftsreform für England. Anschließend im Dienst des schwedischen Königshauses. Auch dort beauftragt mit der Reform des Schulwesens u.a. durch das Verfassen neuer Schulbücher. Im Jahr 1648 nach dem Westfälischen Frieden gab es keine Anerkennung der Brüderunität als eigene Kirche neben Lutheranern und Calvinisten. Tod des ersten Bischofs der Brüderunität. Comenius wird in Lissa zum Nachfolger ernannt. Da für die tschechischen Mitglieder der Brüderunität keine Aussichten auf Rückkehr und Anerkennung im eigenen Land bestanden, verstand sich Comenius als „letzter Kämpfer und Bewahrer" der sich zerstreuenden Gemeinde. Bis 1650 versuchte er ‚vergeblich, in Sáros Patak die Lateinschule zu reformieren. Das erfolgreiche Werk „Sprachenpforte" wird durch Bilder ergänzt aber auch die Welt in Bildern „Orbis pictus" führt bei den Schülern nicht zum erhofften Wandel ihrer Lernhaltung. Erst das Schultheater mit in Dialogform geschriebenen Texten der „Sprachpforte" zeitigt den erhofften Erfolg. Der schwedisch-polnische Erbfolgekrieg und der damit einhergehenden Brandschatzung führen zum Verlust von Comenius´ Vermögen. Als armer Mann gelangt er über Frankfurt/Oder nach Amsterdam. Gönner und Freunde unterstützen ihn und seine Familie. Comenius ergänzt sein umfangreiches Schriftenwerk und bringt sein Hauptwerk „Opera Didactica Omnia" heraus. Seine irenischen (ökumenischen) Bestrebungen galten der Überwindung der konfessionellen Zerrissenheit Europas, seine politischen richteten sich auf den europäischen und

seinem Werk „Pampaedia" (vgl. Comenius; Schaller 2001) die Tür zu einer kommunikativen Bildungstheorie und Didaktik unserer Zeit (vgl. Hanisch 1991; Dietrich 1995; Goßmann; Schröer 1992; Schaller 1966).

Wenn wir über die pädagogische Anthropologie und die sich daraus ergebende Vorstellung von Gerechtigkeit bei Comenius nachdenken, dann denken wir über den Menschen nach, wie er unter dem Einfluss, der Macht von Erziehungseinwirkungen zu sich selbst kommt und im Erziehungsgeschehen und im Bildungs- und Lernprozess mündig und partizipationsfähig wird (vgl. Roth 1966, S. 19ff; Faustmann1993, S. 25ff). Zugrunde legen wir den Begriff der bildenden Begegnung zwischen Personen über Sachverhalte aber auch als Selbst- und Persönlichkeitsbildung. Comenius begriff, dass Bildungs- und Lernprozesse als kommunikatives Geschehen zu begreifen sind, d.h., die tatsächlichen Interaktionen zwischen Lehrenden und Lernenden und die Gestaltung der Beziehung sind wichtig, was einem konstruktivistischen Ansatz unserer Zeit entspricht. *„Wissen kann nie als solches von einer Person zur anderen übermittelt werden. (...). Die einzige Art und Weise, in der ein Organismus Wissen erwerben kann, (besteht darin), es selbst aufzubauen oder für sich selbst zu konstruieren.(...) Die Tätigkeit des Lehrens (sollte) als ein Versuch angesehen werden (...), die Umwelt eines Schülers so zu verändern, dass dieser möglichst jene kognitiven Strukturen aufbaut, die der Lehrer vermitteln möchte."* (Glasersfeld 1987, S. 133) Diese Art der Kommunikation lässt sich als ein unserem Sein vorausliegendes Zwischenmenschliches charakterisieren, das sozialen Sinn herstellt und gleichzeitig zur alltäglichen Verständigung beiträgt. Kommunikation im Sinn von Comenius ist das Ineinander individueller Verbesserung und Verbesserung sozialer Lebensbedingungen. Bildung im Comenianischen Sinn ist deshalb immer kritische Bildung, die den Übergang von Wissen zum Handeln offen hält (vgl. Schaller 1993, S. 190ff).

2 Abwehr des postmodernen Subjektivismus

Comenius' Lehrsätze[2] zur Erziehung und Bildung eines Menschen bieten noch heute eine Grundlage für die Erziehungswissenschaften. Man würde aber Comenius völlig

---

den Weltfrieden. Aus seiner Heimat während des Dreißigjährigen Krieges vertrieben, verbrachte er mehr als vierzig Jahre rastlos schriftstellerisch und für seine exilierte Kirche der böhmisch-mährischen Brüder-Unität organisatorisch arbeitend im Exil. Wegen seiner Lehrbücher, die in viele europäische und sogar in asiatische Sprachen übersetzt wurden, ersuchten ihn Fürsten, Könige und städtische Magistrate um Rat in Fragen der Bildungsreform. Das englische Parlament berief ihn zur Gründung von wissenschaftlichen Kollegs nach London. Sein Hauptwerk De rerum humanarum emendatione consultatio catholica (Allgemeine Beratung über die Verbesserung der menschlichen Dinge) gehört zu den bedeutendsten Werken innerhalb der europäischen Wissenstradition.

2 Comenius wurde durch die Arbeit von „Samuel Hartlib" wesentlich beeinflusst. Hartlib wurde als „Samuel Hartlieb" um 1600 um in der Hansestadt Elbing in Preußen geboren und starb 1662 in England, wo er besser als Samuel Hartlib bekannt ist. Er war ein Wissenschaftler und Päda-

missverstehen, wenn man ihm einen postmodernen Subjektivismus unterstellte. Eher ist die Dimension pädagogischen Handelns als eine Art Empowerment zu sehen, dass angeeignetes Wissen und erworbene Kompetenzen dazu dienen sollen, eine menschengerechte Gesellschaft und eine besondere Form der Achtsamkeit anzustreben. Der Forscher Boris Uher kann daher auch gut formulieren:

„*...Anders aber Komenský! Er setzte immer auch auf den menschlichen Verstand, der eine Gabe Gottes ist. Er vertraute auf die menschliche Weisheit und den guten Willen der Menschen, sich zu verständigen, einander zu verstehen. Das ist es ja, was das fünfte Gebot, das Liebesgebot fordert.*" (Uher 1991, S. 172f)

Comenius pädagogischer Ansatz findet sich in seinem Selbstzeugnis:[3] *Alles, was er aufgeschrieben habe für die Jugend, habe er nicht als Pädagoge, sondern als Theologe getan*, so Comenius (Comenius 1998, S. 141; Schaller 2004, S. 12). Das Verhältnis des Menschen zur Welt bestimmte Comenius als ein Dreifaches: Ratio – Oratio – Operatio. „Im Sprechen wird Theorie in Praxis, Vernunft anfänglich in Handlung umgesetzt." (Schaller 2004, S. 14) Dieser Triadismus, und das ist die wesentliche Voraussetzung im Denken Comenius, entspricht der christlichen Trinitätsvorstellung bzw. dem Trinitätsdogma in Gott-Vater, Gott-Sohn, Gott-Heiligem Geist. Hierbei wird Gott von Comenius immer als kommunikativer Gott gesehen, ein Gott im Gespräch – nicht nur in den drei Personen untereinander, wie es die klassische Trinitätslehre sieht, sondern immer auch mit seinem Geschöpf, dem Menschen (vgl. Comenius 1970). Die Hinwendung zu Gott ist für Comenius gleichzeitig die tätige Hinwendung des Menschen zur Welt, weil die Welt wie der Mensch Schöpfungswerk Gottes darstellt, beseelt von Liebe und dem Friedenswillen des Schöpfers. Wenn sich der Mensch auf Gott einlässt, lässt er sich auf die Welt in doppelter Hinsicht ein: einmal sprachlich, indem der Herrschaftsauftrag in Gen 1 wahrgenommen wird und zum anderen auf die Sachen selbst: Die Pforte des Wissens öffnet sich für den Menschen. Das ist das, was Comenius dann unter Pansophia versteht: „Pansophia ist universale Weisheit: Kenntnis nämlich – von allem, was ist, - auf welche Weise es ist, was es ist, - dem Sinn und Nutzen gemäß, zu dem es da ist. Dreierlei also ist erforderlich, 1. dass alles seinem Sinn gemäß gewusst werde, 2. dass schließlich durch das Ziel seines Seins (finis) klar der Nutzen von allem aufgezeigt werde." (CC II, S. 604; Schaller 2004, S. 32). Das ganze Sein liegt also dem Menschen ausgebreitet vor Augen und ist in den drei Dimensionen WELT, GEIST, HEILIGE SCHRIFT auch zugänglich, sodass er in ihnen lesen kann. Comenius meint, dass jeder lernende Mensch sich der Sachenwelt in einer Haltung des Respekts vor Gottes Schöpferwirken nähern könne, um die verkehrte Menschenwelt zu verbessern, was der Generalsinn des Lernens sei. Nach Comenius´ Verständnis ist das irdische Leben einzig

---

goge. Hartli(e)bs originale Briefe auf Deutsch und Englisch werden erst seit Kurzem wieder neu studiert. Das Lebensmotto von Samuel Hartlib: Alles menschliche Wissen zu dokumentieren und universal der ganzen Menschheit dessen Studium zu ermöglichen", „To record all human knowledge and to make it universally available for the education of all mankind": www.melifon.de/Samuel%20Hartlib [Zugriff 16.4.2005].

3 www.deutsche-comenius-gesellschaft.de/comenius.html.

als Vorbereitung auf das ewige Leben zu verstehen. Erst nach seinem Englandaufenthalt korrigiert er sich: *„[...] irdische Schulen sind für das gegenwärtige Leben da, dieweil wir unter dem Himmel leben, nicht für jenes künftige."* (Comenius 1957, S. 288)
Demgemäß existieren für Comenius zwei unterschiedliche Vorgehensweisen: Man kann die Welt als Arsenal von Einzeldingen ansehen und je nach Interesse daraus auswählen, um sie eigennützig zu gebrauchen. Eine derartige Verwendung der Dinge stehe aber nach Comenius einem Gesamtsinn von Welt entgegen. *„Nur ein jeder Handlungsverbindlichkeit entkleidetes Wissen ermächtigt den Menschen, mit dem Wissen anzufangen, was immer er will."* (Schaller 2004, S. 42). Die beiden Typen, die Comenius unterscheidet, lassen sich in seiner Sprache einmal als pansophisch-emendatorischer Typ und andererseits als bürgerlich-utilitaristischer Typ charakterisieren. In der Didacta Magna formuliert Comenius diesen Gedanken aus: *„Daraus folgt erstens, dass die Wörter nicht unabhängig von den Sachen gelernt werden sollen, da die Sachen abgesondert weder existieren noch verstanden werden können, sondern nur in ihrer Verbindung [mit den Wörtern] hier und dort vorkommen, dies und jenes bewirken."* (Comenius 1993, S. 150)
Übersetzt in moderne Sprache, lehnt Comenius den Gedanken eines reinen Informationswissens ab, das in seiner Aufgeklärtheit schnell in Barbarei umschlagen könne, sondern setzt auf Bedeutungswissen bzw. pansophisches Wissen, das er als die Welt verbesserndes Handeln des Menschen charakterisiert und nur in dieser spezifischen Form des Bedeutungswissens komme der Mensch zu seiner menschlichen Bestimmung und Schulen würden zu Pflanzstätten der Menschlichkeit. Der Mensch, von Geburt an unwissend, ist gehalten, durch Bildung seine Bestimmung zu erfüllen, die Comenius in der Vorbereitung auf Gott sieht.
Comenius spricht jedem Menschen die Fähigkeit zu „Wissen von den Dingen" zu erwerben und begründet dies damit, dass der Mensch Abbild Gottes ist: *„Zunächst wünschen wir, dass in dieser vollkommenen Weise nicht nur irgendein Mensch, wenige oder viele zum wahren Menschentum geformt werden, sondern alle Menschen, und zwar jeder einzelne, jung und alt, arm und reich, adelig und nicht adelig, Männer und Frauen, kurz jeder, der als Mensch geboren ist. So soll künftig die ganze Menschheit dieser vervollkommnenden Wartung zugeführt werden, alle Altersstufen, alle Stände, Geschlechter und Völker."* (Comenius; Schaller 2001, S. 13) Jeder Mensch bedarf der Ausbildung seiner Gottebenbildlichkeit. Diese biblische Gedankenfigur wird für Comenius bestimmend, denn er entnimmt ihr den Gedanken der gleichen Teilhabe aller Menschen an Gottes Schöpfung und die Begrenzung des Menschen, der nach dem biblischen Schöpfungszeugnis nicht um der Macht über andere Menschen willen auf der Welt ist (vgl. Schwendemann; Stahlmann 2006).

3 Bildungsverständnis in evangelischer Perspektive

Die Welt steht unter dem Vorzeichen der guten Schöpfung. Ausgehend von Comenius' theologisch-anthropologisch begründetem Leitsatz „Omnes omnia omnino doceantur" sind Bildung und Aneignung von Bildung Kennzeichen von Menschlichkeit. Comenius' Forderung „Allen alles von Grund auf zu lehren" ist heute als Leitbegriff einer sozialdiakonischen Haltung und eines Bildungsverständnisses in evangelischer Perspektive, präsent etwa in der Denkschrift „Gerechte Teilhabe" (2006) des Rates der EKD oder in der Denkschrift „Maße des Menschlichen" (2003). Beide Denkschriften lassen Bezugslinien zum Comenianischen Denken erkennen, etwa durch die Feststellung, dass der Einzelne Verantwortung dafür trägt, die ihm von Gott durch den Heiligen Geist gewährten Begabungen durch aktives Zutun fruchtbar werden zu lassen für sich und das Gemeinwohl (vgl. Comenius; Schaller 2001, S. 11) Die Denkschrift „Maße des Menschlichen" führt den Gedanken so aus, dass Bildung im Kontext von Lebenssinn mehr sei als reine Zweckorientierung und damit einem höheren Ziel diene. Für Comenius ist eine zentrale Aufgabe eines jeden Einzelnen, *„dass niemand, der an der Menschennatur teilhat, von dem Ziel seiner Sendung auf die Welt"* (Schaller 2001, S. 20) abweicht. Ein Leben, ohne die Frage nach dessen Sinn zu leben, ist für Comenius nicht nach dem Willen Gottes. Entsprechend ist bei Comenius Bildung ein den ganzen Menschen erfassender Prozess, der neben einer personalen auch eine soziale Dimension mit einschließt und auf die vollkomme Erlösung hinwirken soll (vgl. Comenius; Schaller 2001, S. 21).[4]
Letztlich sind es auch die sozialen Bezüge, die beide Denkschriften etwa in ihrem Bezug auf einen Anspruch auf Bildung für alle aufzeigen und hier mit Comenius´ Leitsatz „Omnes omnia omnino doceantur" korrespondieren. In diesem Zusammenhang ist das Einstehen für Bildungsgerechtigkeit als das Wesen diakonischer Kirche zu sehen. Die Aufgabe einer diakonischen Kirche bestünde nach Comenius darin, sich für einen gerechten Zugang zu einer guten Bildung und Ausbildung einzusetzen, um so zu mehr Teilhabegerechtigkeit innerhalb der Gesellschaft beizutragen. Teilhabegerechtigkeit in dieser Weise vermindere das Armutsrisiko - Nichtteilhabe an gesellschaftlichen und ökonomischen Ressourcen fördere dagegen das Armutsrisiko. Ein derartiges kirchliches Engagement gründet auf dem Selbstverständnis der Gleichwertigkeit jedes Einzelnen gegenüber seinen Mitmenschen, wie einem christlichen Verständnis vom Menschsein zugrunde liegt, und widerspricht dem gesellschaftlichen und bildungspolitischen Denken von „Gleichsein". Denn es geht nicht darum, dass jeder *die* gleiche Chance, *die* gleiche Bildung angeboten bekommt. Vielmehr müssen die individuelle Begabung, die Vielfalt und Verschiedenartigkeit bei gleichzeitiger Unverfügbarkeit der Person berücksichtigt und durch entsprechende Bildungsangebote angesprochen werden (vgl. EKD 2003, S. 28ff). Ein evangelisches Bildungsverständnis folgt konzeptionell dem Prinzip „Bildung als Lebensbegleitung" (EKD 2003, S. 62) und bringt damit einerseits ein um-

---

4 Comenius ist überzeugt, dass die Erneuerung – die Erlösung der Welt – allein Christus vorbehalten ist.

fassendes Verständnis von Bildungshandeln zum Ausdruck, das - über ein Bildungsminimum hinaus und entgegen materialistisch-utilitaristischer Zweckdefinitionen - die Einzigartigkeit und damit die Vielfalt menschlicher Existenz und deren Lebenslinien bejaht und gleichzeitig ein an den Lebenslagen des Einzelnen orientiertes Bildungshandeln anstrebt.

4 Bildungsgerechtigkeit – lebenslagenorientierte Bildung – lebenslanges Lernen

Aus der Trias Bildungsgerechtigkeit - lebenslagenorientierte Bildung - lebenslanges Lernen lässt sich neben einer bildungspolitischen auch eine sozialpolitische Dimension für das Bildungsverständnis und Bildungshandeln in evangelischer Perspektive ableiten. Sozialdiakonisches Handeln ist deshalb auch als ein politisches Handeln zu interpretieren, besonders dann, wenn die Interdependenzen von Bildung und sozialem Status bzw. von Teilhabe und Armut berücksichtigt werden. Zu politischen Verhältnissen Stellung zu beziehen, folgt dabei durchaus einer protestantischen Tradition. Bereits 1619 nimmt Comenius mit seinen „Briefen nach dem Himmel" zu sozialpolitischen Themen Stellung (vgl. Dieterich 2004, S. 12ff und dito 2005, S. 355-366). Darin nimmt er im Wechsel einmal aus der Perspektive der Armen, der Reichen und als Christ Stellung zu wirtschaftlichem Handeln, Wohlstand und sozialer Ordnung sowie der Bestimmung des menschlichen Daseins. Aus seinen Argumentationslinien lassen sich zwei Tendenzen ableiten:
1. Die analysierende Tendenz: Sie betrifft die ökonomischen Strukturen und die Gesellschaft.
2. Die moralisierende Tendenz: Sie betrifft das menschliche Verhalten.

In Antinomien wie Überfluss – Hunger / Kleidung – Nacktheit / Geld – Schulden bringt Comenius die Situation von Menschen in prekären Lebenslagen zum Ausdruck und klagt Unterstützungsangebote wie die Kreditvergabe an, die letztendlich durch Wucherzinsen die Situation armer Menschen noch verschärfen würden (vgl. Dieterich 2005, 356). Dem gegenüber steht die wieder fiktive Antwort durch die Reichen, wonach die Armen selbst Schuld trügen an ihrer Lage. In nachcalvinistischer Denkweise wird die Prädestinationslehre argumentativ angeführt, wonach Reichtum und Wohlstand sichtbares Zeichen für die Gnade Gottes und als Anerkennung für die geleisteten Mühen des Einzelnen auf Erden anzusehen seien. Comenius lehnt eine derartige Sicht für prekäre Lebenslagen ebenso wie ein revolutionäres Gleichmachen ab. Ungleichheit ist für Comenius ein strukturelles Problem, das sozialethisch zu vertreten ist, jedoch aber Ungleichheit so zu gestalten ist, dass die Armen und Schwachen berücksichtigt werden und die Reichen sich nur nehmen, was ihnen rechtlich zusteht. Comenius äußert sich kritisch zum Konsumverhalten im „Labyrinth der Welt", der Nachfolgeschrift zu seinem Werk „Briefe nach dem Himmel", und ist gegen eine freie Marktwirtschaft.

5 Comenius' Kritik an frühkapitalistischen Tendenzen

In den beiden Schriften „Labyrinth der Welt" und „Paradies des Herzens" äußert Comenius Kritik am aufkommenden Frühkapitalismus – nur Geld anhäufen und dann wieder ausgeben, entsprechen nicht einem verantwortlichen Umgang damit (vgl. Dieterich 2005, S. 358).
Comenius ist sich der Bedeutung der Ökonomie bewusst, sieht aber auch den schmalen Grad zur menschlichen Besitzgier (vgl. Dieterich 2005, S. 362).[5]
Comenius spricht jedem Menschen die Fähigkeit zu, „Wissen von den Dingen" zu erwerben und begründet dies damit, dass der Mensch Ebenbild Gottes ist: Jeder Mensch bedarf der Ausbildung seiner Gottebenbildlichkeit. Diese biblische Gedankenfigur wird für Comenius bestimmend, denn er entnimmt ihr den Gedanken der gleichen Teilhabe aller Menschen an Gottes Schöpfung und die Begrenzung des Menschen. Der Mensch als Ebenbild Gottes hat nach Comenius´ Verständnis durch seine Herrschaft über die Erde die Ankunft Christi auf Erden vorzubereiten. Den Sinn des Lebens sieht Comenius darin, sich dieser Aufgabe zu widmen und die göttliche Schöpfungsabsicht zu vervollkommnen.
Ziel sei es, so Comenius, alle Menschen zu erleuchten, sie in die rechte Ordnung zu bringen und sie durch die wahre Religion so mit Gott zu einen, dass niemand das Ziel seiner Sendung auf dieser Welt verfehlen könne. Und das werde erreicht, indem der Mensch lerne (vgl. Schaller 2003, S. 14).
In der Pampaedia vertritt Comenius den Gedanken der Liebe des Menschen zu seinem Leben und seinen Möglichkeiten, was sich von der pessimistischen zeitgenössischen Weltsicht sehr unterscheidet.[6] Durch den sinnvollen, auf die Pflege der Welt gerichteten Verstand, durch die Sprache und entsprechendes Handeln unterscheide sich der Mensch nun von anderen Geschöpfen: *„Ratio zielt auf Tat und Hervorbringung auf Schöpfung, wozu zugleich Mitteilung, Kommunikation durch Sprache nötig ist."* (Schaller 2004, S. 47) Omnes, omnia, omnio - allen, alles, allumfassend.
Den Menschen zum Allwissenden (Pansophen) erziehen, die Gesellschaft (alle) soll gleich im Wissensstand sein (alles umfassend) und die Menschheit soll Harmonie und Frieden gewähren, so die Inhalte der Pampaedia, des pädagogischen Hauptwerks von Comenius.

---

5 Comenius führt hierzu in „Angelus Pacis" von 1667 den Englisch-Holländischen Seekrieg an. Hier sei die Bedürfnisbefriedigung in Habsucht umgeschlagen.

6 „Die Menschen müssen gelehrt werden, ihr irdisches Leben so zu lieben, dass sie wünschen, es währe ewig. Damit ist nicht gesagt, dass sie das bloße Leben und das bloße Lebendigsein lieben sollen; denn dieses Verlangen ist allem Lebendigen eigen, und es ist wahrlich nicht nötig, den Menschen Liebe zum bloßen Leben anzuraten.- Davon sollte man ihnen eher abraten; denn viele sündigen ihr Leben lang gar viel aus übergroßer Liebe zum Leben. – Sie sollen aber ihr irdisches Leben so lieben, dass das, was auf dieses Leben folgt, wieder Leben ist und nicht der ewige Tod. Müsste der Mensch durch das Leben in den Tod eingehen, wäre er besser nicht geboren worden." Pamp 45.

Es geht um die allumfassende Schulung des Menschen in allen Lebensabschnitten und in jeder Hinsicht. Erziehung verliert sich nach Comenius' Vorstellungen nicht in Details oder einzelnen Lebensphasen eines Menschen, sondern umfasst die ganze Lebenszeit. Die Erziehung zum Pansophen als Ideal, wie sich die Pädagogik generell am Ideal zu orientieren sucht und so den Educanden als Teil seines eigenen Bildungs- und Erziehungsprozesses hin zum Ideal beschreibt, um über die Bildung zu einer Verbesserung der Lebensverhältnisse zu kommen und das Göttliche mit dem Weltlichen in Einklang zu bringen.

In einen aktuellen Kontext gestellt, ist die Pampaedia als sozialpolitisches Ordnungsmoment heutiger Gesellschaften zu verstehen. Das gilt insbesondere dann, wenn in einer Bildungsgesellschaft, die Bildung als Voraussetzung für Teilhabe und ihr Fehlen als Armutsrisiko definiert werden.

Comenius hatte die (schulische) Erziehung und Ausbildung eingebettet in einen religiösen und anthropologischen Zusammenhang: *„Der Mensch soll das Wahre wissen; vom Falschen lasse er sich nicht verführen ... Und schließlich gehe er mit den Sachen, mit den Menschen und mit Gott nicht unbesonnen um, sondern mit allem verfahre er der Ordnung gemäß. So wird er es verstehen, nie vom Ziel seines Glückes abzuweichen"* (Comenius; Schaller 2001, S. 14).

Wenn also Antworten zur Bedeutung von Comenius' Leitsatz ALLEN-ALLES-ALLUMFASSEND zu lehren für die evangelische Kirche gefunden werden sollen, dann sind Perspektiven zu

1. Bildungsgerechtigkeit
2. Teilhabe und
3. Armut

in Bezug auf das sozialdiakonische Selbstverständnis der evangelischen Kirche und ihre Möglichkeiten, Antworten darauf zu geben, zu diskutieren.

Einer Diskussion Bildungsgerechtigkeit, Teilhabe und Armut ist das Verständnis der Begriffe zugrunde zu legen. Im vorliegenden Fall ergibt sich eine Verschränkung zuerst einmal dadurch, dass mit Eckart Liebau gesprochen, **Bildung** als **Teilhabeinteresse** und **Teilhabebefähigung** in den zentralen Bereichen menschlicher Existenz verstanden wird. Gemeint sind damit die Bereiche Arbeit, Politik, Öffentlichkeit, Kunst und Kultur, Wissenschaft, Religion und Alltag (vgl. Liebau 2007, S. 78). In der öffentlichen Bildungsdiskussion stehen nach Liebau Nützlichkeit und Brauchbarkeit der im ökonomischen Sinn verwertbaren Qualifikationen im Mittelpunkt (ebda.). Darin ist eine unzulässige utilitaristisch verkürzte Sicht auf Bildung zu sehen, die ebenso unzulässig erscheint, wie Bildungskonzepte, die losgelöst von den partikularen Lebensbedingungen formuliert werden.

Moderne westliche Gesellschaften sind Bildungsgesellschaften und entsprechend hoch ist der Stellenwert von Bildung einzuschätzen, wenn es um die Teilhabe an der Gesellschaft geht. Die Teilhabe ist ein zentraler Anspruch des Menschen, die nach christlichem Verständnis in der den Menschen geschenkten Teilhabe an der Wirklichkeit Gottes begründet ist. Teilhabe ist nach christlichem Verständnis symbolisiert durch den Leib

Christi und Gott gewährt dem Menschen in der Kraft des Heiligen Geistes Anteil an der Fülle an unterschiedlichen Begabungen, die den Menschen dazu befähigen, die ihm in seinen individuellen Lebenslagen gestellten Aufgaben zu erfüllen (vgl. EKD 2006, S. 11). Eine aktive Teilhabe, die die individuellen Begabungen für jeden einzelnen aber auch für das Gemeinwohl wirksam werden lässt, ist Ausdruck einer aktiven und vor Gott verantworteten Weltgestaltung, wie sie Comenius bereits benannt hat.
Armut ist der bedeutendste Gegenspieler einer gelingenden gesellschaftlichen Teilhabe. Und wenn in einem im weltweiten Vergleich reichen Land wie Deutschland dem Thema Armut hohe Aktualität zukommt, dann ist das unter anderem darin begründet, dass sich die sozial- und wirtschaftspolitischen Rahmenbedingungen in Blick auf die Teilhabe aller Menschen zunehmend verschlechtert, haben (vgl. EKD 2006, S. 17). *„Armut i.S. sozialer Ausgrenzung und nicht mehr gewährleisteter Teilhabe liegt dann vor, wenn die Handlungsspielräume von Personen in gravierenderweise eingeschränkt und gleichberechtigte Teilhabechancen an den Aktivitäten und Lebensbedingungen der Gesellschaft ausgeschlossen sind."* (Bundesministerium für Arbeit und Soziales 2005, S. 9).
Dem Argument, dass mangelnde Teilhabe in der Ungleichheit der Menschen zu begründen ist, muss aus sozialethischer Sicht entgegen gehalten werden, dass die Unterschiede zwischen den Menschen und ihrer Leistungsfähigkeit tatsächlich gegeben sind. Jedoch sind die Unterschiede so zu gestalten, dass die sich daraus ergebende Leistungsfähigkeit einer Gesellschaft auch den Schwächeren und Armen zugutekommt. Aus sozialethischer Perspektive ist es nicht das Ziel, eine Gesellschaft der Gleichheit im Sinne von Uniformität zu schaffen, vielmehr geht es darum, eine Gesellschaft zu schaffen, *„in der alle auf ihre Weise, und möglichst selbst gewählt, Anteil an den in der Gesellschaft üblichen Möglichkeiten haben können"*. (EKD 2006, S. 17)
Die Heterogenität ist also ausdrücklich gewünscht und als Quelle einer verantworteten Teilhabe- oder Beteiligungsgerechtigkeit anzusehen.
Armut, als fehlende Teilhabe verstanden, basiert auf dem unfreiwilligen Ausschluss von der Teilhabe an den gesellschaftlichen Grundgütern. Im Gegensatz dazu ist in theologisch-sozialethischer Perspektive der freiwillige Verzicht, die Beschränkung des eigenen Besitzes und der Verzicht auf Anhäufung von Kapital und Gütern durchaus als christliche Tugend zu begrüßen.
„Von allen zur Armut beitragenden Faktoren schlägt mangelnde Bildung am deutlichsten durch." (EKD 2006, S. 61)
In evangelischer Perspektive ist Bildung weiter zu fassen als die reine Vermittlung von Wissen. Bildung ist als das Zusammenwirken von Lernen, Wissen, Können und der Handlungsfähigkeit im Horizont sinnstiftender Lebensdeutung zu verstehen (vgl. EKD 2003, S. 90).
Damit einher geht die Erfahrung des Gelingens, ohne dass das Scheitern negiert werden muss. Hier greift das Verständnis von Subsidiarität, als Befähigung zur Eigenverantwortung und die Stärkung von Autonomie und Selbstkompetenz über den psychosozialen Ansatz von Empowerment, indem bislang ungenutzte Stärken aktiviert und der Aspekt

Lebensautonomie gestärkt werden. Theologisch lässt sich dieser Ansatz einem protestantischen Rechtfertigungsverständnis zuordnen.

Wirkliche Armutsbekämpfung ist nur mit einem „deutlichen »Fordern und Fördern« in Richtung Bildung" (EKD 2006, S. 62) erfolgsversprechend. Die EKD-Denkschrift (2003) fordert deshalb die frühe Förderung des Kindes, die Stärkung der Erziehungskompetenz der Eltern und deren Entlastung und auf institutioneller Seite eine Öffnung und Vernetzung der Schulen, Wertschätzung und gute Unterrichtsqualität sowie die Modularisierung von Ausbildungsgängen. Unberücksichtigt bleibt der Aspekt des lebenslangen Lernens. An dieser Stelle sei wieder an Comenius erinnert, der den Aspekt des lebenslangen Lernens theologisch begründet und es zu den Pflichten eines jeden gehört, sich zu bilden und anderen Bildung zukommen zu lassen. Da ist gerade das ganzheitliche Verständnis von Bildung, das von einem lebenslangen und alle Lebenslagen umgreifenden Prozess ausgeht, von besonderer Bedeutung. Bildung muss alle Menschen zu allen Zeiten ihres Lebens ansprechen und der Zugang zu Bildungsangeboten für alle muss gewährleistet sein. Im Sinne eines Comenianischen Verständnisses ist es als eine Christenpflicht anzusehen, jedem Bildung zugänglich zu machen, besonders denen, die ihr überdurchschnittlich fern sind. Denn das Milieu der Armut wirkt selbstreferenziell auf Menschen dieser Gesellschaftsgruppe. Denn gerade jene inneren Kompetenzen, die zur eigenverantwortlichen und sinnhaften Lebensgestaltung befähigen, die letztlich die Lebensautonomie stärken würden, fehlen im sozialen Umfeld der Menschen, die von der Teilhabe ausgegrenzt sind und als *bildungsfern* bezeichnet werden. Kennzeichnend dafür sind u. a. das Fehlen von Ritualen und Regeln, körperliche Gewalt und die fehlende Vorbildfunktion der Eltern im sprachlichen Bereich und der habituellen Kompetenzen (vgl. Scherb 2008, S. 49).[7] Was wiederum ein Indiz dafür ist, dass kognitive und prozedurale Kompetenzen unterdurchschnittlich entwickelt sind.

Schulischen Angeboten greifen für die Zielgruppe der Jugendlichen und Erwachsenen nicht mehr. Es sind insbesondere die diakonischen Einrichtungen der Kirchen, die mit diesen Menschen in persönlichen Kontakt treten können. Dabei darf diakonisches Handeln nicht auf seine institutionellen Formen beschränkt werden, vielmehr ist das ehrenamtliche Engagement gleichrangig neben der professionellen Arbeit zur Bekämpfung von Armut und zur Minimierung des Armutsrisikos zu sehen.

Dementsprechend konzentriert sich diakonisches Engagement für die gerechte Teilhabe der Armen auf die sozialen Brennpunkte, wobei die Diakonie einen gemeinwesenorientierten Ansatz verfolgt. Ein solcher Ansatz nähert sich, wenn er institutionelle Bildungsansätze zu integrieren sucht dem Community Education Modell. Lebenslanges Lernen, Integration von Randgruppen, individuelle Förderung, Pluralität, global denken - lokal handeln, das sind Leitbegriffe von Community Education. Auf dem Hintergrund der

---

7 Mit habituellen Kompetenzen umschreibt Armin Scherb die Bereitschaft der Lernenden, Entscheidungen bezüglich ihrer Einstellungen und ihres Verhaltes auf der Grundlage gewissenhafter und verantwortungsbewusster Urteilsbildung begründete zu treffen und diese im ständigen Spannungsfeld zwischen Zustimmung und Kritik umzusetzen (Bewerten, Beurteilen, Entscheiden, Handeln, Selbstreflexion).

PISA-Ergebnisse, einer Neugestaltung des Schulsystems u.a. durch Ganztagesschulmodelle, verdient Community Education noch stärkere Beachtung im bildungs- und sozialpolitischen Engagement der Kirchen. Ein derartiges Engagement ist aber nicht auf konzeptionelle Überlegungen zu beschränken, sondern schließt strukturelle und organisationale Veränderungen innerhalb institutioneller Bildungseinrichtungen ein. Comenius vertritt in seiner Schul- und Bildungstheorie einen sinnstiftenden Unterricht und den Erwerb von sinnhaftem Wissen (vgl. Winkel 1997, S. 70-84). Voraussetzung dafür ist eine Lebensweltorientierung, die den Wissenserwerb begleitet und durch lebenslagenorientierte Bildungsangebote individuellen und personalen Charakter bekommt. Lebensweltorientierung setzt eine „Öffnung von Schule" voraus. Das gelingt dann besonders, wenn eine interdisziplinäre Vernetzung mit der außerschulischen Lebenswelt und deren Einrichtungen wie etwa Jugendhilfe und Schulsozialarbeit/-pädagogik, Jugendberufshilfe gewährleistet werden kann. Lebensweltbezug und Interdisziplinarität sind neben Formen eines längeren gemeinsamen Lernens, einer Binnendifferenzierung oder alternativen Formen der Leistungsbewertung Voraussetzung dafür, dass die durch PISA angemahnten Veränderungsprozesse zugunsten einer Minderung des Einflusses der sozialen Herkunft auf die Bildungsbiografie von Schülerinnen und Schüler gelingen können. Im Vordergrund steht dann nicht die Gleichheit aller, sondern die Gleichwertigkeit unterschiedlicher Begabungen über das Bildungsminimum hinaus, mit dem Ziel mehr Bildungsgerechtigkeit anzubahnen. Mit der Denkschrift „Gerechte Teilhabe" stellt die Evangelische Kirche von Deutschland (EKD) die Frage nach Gerechtigkeit. Gerechte Teilhabe meint eine „umfassende Beteiligung aller an Bildung und Ausbildung sowie an den wirtschaftlichen, sozialen und solidarischen Prozessen der Gesellschaft" (EKD 2006, S.12). Und die EKD-Denkschrift weist den Weg, indem darin das bundesdeutsche Bildungssystem hinterfragt wird, indem sowohl die Forderung aufgestellt wird, Kinder von bildungsfernen Schichten in besonderer Weise zu fördern als auch die „Kultur des drei- und mehrgliedrigen Schulsystems in Deutschland diskutiert" werden müsse mit dem Ziel ein armutsverringerndes Bildungssystem zu entwickeln (vgl. EKD 2006, S. 66).

In diesem Sinne wirkt Comenius über eine theologisch begründete Pflicht zu sozialdiakonischem Engagement der Kirche im Bildungsbereich hinaus auf strukturale und strategische Überlegungen zur Gewährung von mehr Bildungsgerechtigkeit in unserer Gesellschaft. Ungeachtet davon bleibt das Recht des Einzelnen zur Teilhabe an der Kirche, das ihm durch die Taufe universell gegeben ist.

Literatur

BMAS – Bundesministerium für Arbeit und Soziales (2005): Lebenslagen in Deutschland – Der 2. Armuts- und Reichtumsbericht der Bundesregierung, Berlin: Bundesministerium.

Comenius, Johann Amos; Schaller, Klaus [Hg.] (2001): Pampaedia – Allerziehung, in deuscher. Übersetzung. hrsg. von Klaus Schaller. – 3. Aufl. – Sankt Augustin: Academia-Verlag.

Comenius, Johann Amos (1998): Das einzig Notwendige. Unum necessarium. Ein Laien-Brevier übersetzt von I. Seeger, hg. von L. Keller, Jena/Leipzig 1904; jetzt: Comenius, Johann Amos; Keller, Ludwig: Unum necessarium = Das {einzig Notwendige}, 2., überarb. Druck, modernisiert nach der 1. Ausg. 1904. – Haarlem: Rozekruis Pers.

Comenius, Johann Amos (1993): Große Didaktik. Übersetzt und herausgegeben von Andreas Flitner. Mit einem Nachwort zur neueren Comeniusforschung von Klaus Schaller, 8. Auflage, Stuttgart: Klett-Cotta.

Comenius, Johann Amos; Hofmann, Franz (1970): de rerum humanarum emendatione consultatio catholica = Allgemeine Beratung über die Verbesserung der menschlichen Dinge, Ausgew., eingel. u. übers. von Franz Hofmann. – 1. Aufl. – Berlin: Verl. Volk und Wissen (=CC).

Comenius, Johann Amos; Schaller Klaus [Hg.] (1966): Die Erneuerung der Schulen, Bochum: Verlag F. Kamp.

Comenius, Johann; Amos Chlup, Otokar [Hg.] (1957): Opera Omnia, Bd. 17, Reprint Prag: Acad. Scientiarum Bohemoslovenicae.

Dieterich, Veit-Jakobus (2005): Soziale Gerechtigkeit bei Comenius. „Alle sollen essen, trinken, sich kleiden und Gott preisen". In: Comenius und der Weltfriede (2005). hg. von Korthaase, Werner; Hauff, Sigurd; Fritsch, Andreas. Berlin:Deutsche Comenius-Gesellschaft, S. 355–366.

Dieterich, Veit-Jakobus (1995): Johann Amos Comenius, 2.Aufl., Reinbek bei Hamburg: rororo.

Dieterich, Veit-Jakobus; Hecker, Hans [Hg.] (2004): Comenius der Politiker. Baltmannsweiler: Schneider-Verl. Hohengehren

EKD – Kirchenamt der EKD [Hg.] (2006): Gerechte Teilhabe. Befähigung zu Eigenverantwortung und Solidarität. Eine Denkschrift des Rates der EKD zur Armut in Deutschland, Gütersloh: Gütersloher Verlagshaus.

EKD – Kirchenamt der EKD [Hg.] (2003): Maße des Menschlichen. Evangelische Perspektiven zur Bildung in der Wissens- und Lerngesellschaft, Gütersloh: Gütersloher Verlagshaus.

Faustmann, Astrid (1993): Sinn und Bedeutung anthropologischer Basalelemente in gegenwärtigen und historischen Didaktik-Konzepten, Köln: Universität Köln Dissertation.

Fischer, Dietlind; Elsenbast, Volker [Hg.] (2007): Zur Gerechtigkeit im Bildungssystem, Münster u.a.: Waxmann.

Glasersfeld, Ernst von (1987): Wissen, Sprache und Wirklichkeit: Arbeiten zum {radikalen Konstruktivismus} / Ernst von Glasersfeld. – Braunschweig: Vieweg.

Goßmann, Klaus; Schröer, Henning [Hg.] (1992): Auf den Spuren des Comenius. Texte zu Leben, Werk und Wirkung, Göttingen: Vandenhoeck & Ruprecht.

Hanisch, Helmut (1991): Johann Amos Comenius. Stationen seines Lebens, mit Bildern von Zivan Kuzel, Stuttgart: Calwer Verlag.

Liebau, Eckart (2007): Pädagogik der Teilhabe. In: Zur Gerechtigkeit im Bildungswesen. Hrsg. von Fischer, Dietlind; Elsenbast, Volker, Münster. S. 78–84.

Roth, Heinrich (1966): Pädagogische Anthropologie, Berlin u.a.

Schaller, Klaus (2004): Johann Amos Comenius: ein pädagogisches Porträt, Weinheim; Basel; Berlin: Beltz.

Schaller, Klaus (1993): Pädagogik der Kommunikation, in: Borrelli, M.; Ruhloff, J. [Hg.]: Deutsche Gegenwartspädagogik, Band II, Baltmannsweiler: Schneider-Verl. Hohengehren, S. 190–200.

Schaller, Klaus (1967): Die Pädagogik des Johann Amos Comenius und die Anfänge des pädagogischen Realismus im 17. Jahrhundert, Heidelberg: Quelle & Meyer.

Scherb, Armin (2008): Der Bürger in der streitbaren Demokratie. Über die normativen Grundlagen Politischer Bildung, Wiesbaden: VS Verlag für Sozialwissenschaften.

Schwendemann, Wilhelm; Stahlmann, Matthias (2006): Anthropologie. Biblische Perspektiven. Eine Unterrichtseinheit für die Oberstufe, Stuttgart: Calwer Verlag.

Uher, Boris (1991): Jan Amos Komenský. Comenius – Lehrer der Völker, Basel: F. Reinhardt.

Winkel, Rainer (1997): Theorie und Praxis der Schule. Oder: Schulreform konkret – im Haus des Lebens und Lernens. Baltmannsweiler: Schneider-Verl. Hohengehren.

Armut als Herausforderung für das soziale Handeln der Kirche

Ein altes Problem aus der Milieuperspektive betrachtet

Claudia Schulz

Ein privater Träger der Altenhilfe beschließt, sich in der Bekämpfung von Armut zu engagieren und ein Zeichen zu setzen. In einer Seniorenwohnanlage dieses Trägers in einer deutschen Großstadt hat die kirchlich engagierte Leiterin bereits Kontakt zu einer großen, von der Diakonie getragenen Tafel. So ergeht die Einladung an fünfzig Nutzerinnen und Nutzer dieser Tafel, an einem Sonntag im Advent in die Wohnanlage zu kommen und sich dort gemeinsam mit einigen Mitarbeitenden der Tafel bewirten zu lassen. Der weitere Verlauf der Geschichte erinnert an das „Gleichnis vom großen Gastmahl" in der Bibel (Lk 14, 15ff.): Nur zwei der insgesamt über 300 Nutzerinnen und Nutzern der Tafel sind bereit, diese Einladung zum Essen anzunehmen. Der Termin rückt näher und die Mitarbeitenden mühen sich nach Kräften, leisten in unzähligen Gesprächen Überzeugungsarbeit, sie bitten und drängen, sie mieten schließlich einen Bus, der die Eingeladenen gemeinsam bis zur Wohnanlage fährt, nur damit dieses Essen auch wirklich stattfinden kann. Aber sie fragen sich: Ist dies nun eine gute Tat gewesen? War das ein deutliches Zeichen für mehr gesellschaftliche Teilhabe der Ausgegrenzten? Der Leiter der Tafel erzählt diese Geschichte in einer Gruppe von Diakoninnen und Diakonen, die sich darüber austauschen, wie sich der Armut wirksam begegnen lässt – und für ihn ist diese Geschichte nur ein Beispiel von vielen für das ungelöste Problem, zu einer „echten" Teilhabe der Ausgegrenzten zu kommen.

Berücksichtigt man, dass sich die Gesellschaft stark ausdifferenziert hat, sodass sich beispielsweise Lebensstile und Milieus unterscheiden lassen, könnte man das so kommentieren: Ein Engagement für mehr Teilhabegerechtigkeit muss berücksichtigen, dass die einen gern mit gestärkten Tischdecken und Tafelsilber essen, die anderen dies eher unangenehm finden. Die einen mögen das festliche, gemeinsame Mahl im großen Speisesaal, die anderen tragen lieber ihre überschaubare Tüte mit Lebensmitteln nach Hause, wo sie sich unbeobachtet wissen und sicher fühlen. Nun lassen sich nicht alle Menschen mit höherem Einkommen zu der einen, alle mit geringem Einkommen zu der anderen Gruppe rechnen. Deutlich ist aber, wie Differenzen zwischen Milieus – Vorlieben oder Meinungen – zu einem Faktor werden, der das soziale Engagement zur Bekämpfung von Armut durchaus erschwert. In der folgenden Sichtung der Herausforderungen des Problemfelds Armut für die Kirche soll nach einer Annäherung aus der Milieuperspektive und einer Analyse kirchlicher Perspektiven auf Armut eine präzisere Formulierung dieser Erschwernis möglich sein.

1 Armutsbekämpfung in der Kirche – eine übergroße Herausforderung?

Was sind die Hintergründe für dieses nicht ganz einfache Verhältnis der Kirche zum sozialen Engagement? Zunächst einmal kommen Kirche und ihre Gemeinden – zumindest theoretisch – nicht ohne den Blick auf soziale Verhältnisse und die Lebensumgebung der Menschen aus. Dies gilt für die theologische Diskussion, in der geklärt werden muss, wie das Handeln Gottes mit der konkreten Lebensgestaltung der Menschen zusammenhängt, sowohl in der Gemeinschaft der Glaubenden als auch in der allgemeinen Kommunikation über kirchliche Zusammenhänge und religiöse Themen hinaus. Dies gilt dann in der Folge für die Gestaltung des kirchlichen Lebens am Ort, wo soziale Probleme und Ausgrenzung zum Rahmen für gemeindliche Arbeit gehören, auch wenn dieser Aspekt nicht immer viel Beachtung findet. Wie und in welcher Funktion diakonisches Handeln in kirchliche Arbeit integriert sein soll oder kann, das steht nach wie vor als kirchentheoretische Fragestellung zur Diskussion.

Auf der abstrakten Ebene ist dies verhältnismäßig leicht zu klären, wie die EKD es 2006 in der Denkschrift „Gerechte Teilhabe. Befähigung zu Eigenverantwortung und Solidarität" unternommen hat (vgl. EKD 2007). Ausgangspunkt ist die Parteinahme Gottes und damit der Kirche für die Benachteiligten (vgl. Bedford-Strohm 1983). Armut und Ausgrenzung von Menschen aus dem gesellschaftlichen Miteinander ist aus christlicher Perspektive nicht akzeptabel. Mit dem Begriff der Teilhabe beschreibt die Denkschrift, wie der kirchliche Auftrag vor allem darin besteht, Ausgrenzungsprozesse aufzudecken und die Teilhabe der Betroffenen zu fördern.

Schon beim näheren Hinsehen, etwa in der Wahrnehmung von Perspektiven und Teilhabewünschen von Betroffenen (vgl. Schulz 2007) scheint eine solche Positionierung nicht mehr ausreichend. Eine Teilhabe-Logik erfordert es, sich für kirchliche Strukturen zu engagieren, in denen Teilhabe-Hindernisse effektiv abgebaut werden können. Nimmt man aber die beträchtlichen Unterschiede zwischen den Lebenswelten der verschiedenen Menschen ernst, zwischen Überzeugungen, Kommunikationsgewohnheiten und Vergemeinschaftungsformen von Betroffenen und solchen, die niemals von Ausgrenzung und Benachteiligung betroffen waren, wird offensichtlich, wie wenig die Beteiligungsmuster der meisten Ortsgemeinden zu einem sozialen Engagement passen, das echte Teilhabeförderung bedeuten könnte.

Betrachtet man nun nicht die Arbeit von Ortsgemeinden, sondern allgemein die diakonische Arbeit der Kirche, zeigt sich das Verhältnis von Kirche und sozialem Handeln noch vielschichtiger: Das diakonische Handeln der Kirche ist in Werken und durch die Arbeit diakonischer Einrichtungen auf hohem professionellem Niveau ausdifferenziert. Damit manifestiert sich jedoch zugleich im Gegenüber von Kirchengemeinde und Einrichtungsdiakonie, von professionellem Helfen und Nächstenliebe, von Haupt- und Ehrenamt so mancher Konflikt in der Vorstellung von „guter, gelungener Diakonie". Im Themenfeld Armut wird dann beispielsweise die Klage laut, Kirche entferne sich mit der professionellen Armutsbekämpfung in Fachreferaten, Initiativen und Beratungsstellen insgeheim vom helfenden Handeln als Teil ihres Verkündigungsauftrags und erspare sich quasi in den Gemeinden die Arbeit mit sozialen Problemen, was den so genannten Kerngemeinden ihre Vielfalt und Anbindung an unterschiedliche Lebenskontexte raubt. Hier rückt ein Engagement für mehr Teilhabe nicht nur in ein Zuordnungsdilemma in den kirchlichen Strukturen, indem nicht klar ist, auf welcher organisatorischen Ebene sich die Kirche vorrangig für Ausgegrenzte stark machen sollte, sondern unwillkürlich auch in ein Spannungsfeld zwischen Nächstenliebe und professionellem Hilfehandeln. Hier stellt sich dann in größerem Umfang die Frage, wie Ausgrenzung denn prinzipiell überwunden werden soll: mit einer kleinräumigen Diakonie in der Gemeinde oder in institutionalisierten Formen wie in Diakonischen Trägern auf kommunaler Ebene oder in anderen Strukturen.

Und selbst die Situation eines Diakonischen Werks im Sozialstaat ist hochkomplex: Zum einen haben sich die der Diakonie als Spitzenverband angeschlossenen Träger längst zu Sozialunternehmen entwickelt, in deren Handeln der christliche Auftrag zwar zum Leitbild gehört und sich an verschiedenen Stellen im Geschehen auswirkt, aber insgesamt nur einen kleinen Aspekt der Arbeit ausmacht. So profiliert sich ein Diakonisches Werk gegenüber seinen Mitgliedern durch seine Wirtschafts- und Rechtsberatung und zahlreiche Serviceleistungen. Zum anderen übernimmt die Diakonie durchaus deutlich den anwaltschaftlichen Auftrag der Kirche, kommentiert das sozialpolitische Geschehen, mischt sich ein, ergreift Partei und entwickelt Konzepte zur Verbesserung der Lebenssituation benachteiligter Menschen. In konkreten Fragen ergibt sich daraus regelmäßig ein Zwiespalt: Will sich ein Diakonisches Werk in der Bekämpfung von Armut engagieren, muss es politisch sensibel agieren, denn die Länder, Landkreise und Kommunen sind einerseits gegenüber einer Forderung nach mehr sozialer Gerechtigkeit und darin auch Zielgruppe mancher Kampagne, andererseits sind sie anspruchsvolle Partner (und Geldgeber) der Mitgliedseinrichtungen, ohne die deren soziale Arbeit im derzeitigen Umfang nicht möglich wäre. In diesem Spannungsfeld ist ein Engagement der Diakonie im Themenfeld Armut nur mit Einschränkungen möglich.

So lassen sich zum einen strukturelle und konzeptionelle Schwierigkeiten eines kirchlichen Engagements gegen Armut und Ausgrenzung beschreiben. Zum anderen gibt es auf einer anderen Ebene Zugangsschwierigkeiten zu dieser Thematik, die vor allem Gemeinden und lokale Initiativprojekte beschreiben: Zwar ist die Armut als gesellschaftliches Thema in den Medien auffallend präsent, einschlägige Berichte, Zahlen von benachteiligten Kindern und Fallbeispiele betroffener Familien erfreuen sich großer Aufmerksamkeit. Für einen Großteil der Menschen scheinen Informationen über derartige Probleme in der unmittelbaren Umgebung jedoch eher weniger Interesse zu wecken. Ein Zeitungsartikel über einen Mittagstisch für bedürftige Kinder bewegt offenbar die Menschen eher zum Engagement als das Alkoholproblem der Nachbarin und die sichtbare Unterversorgung ihrer kleinen Tochter. So tut sich Kirche immer wieder schwer, die Armut in der Bevölkerung am Ort zum Thema zu machen. Während nach wie vor die Mehrzahl der Kirchenmitglieder die soziale Arbeit der Kirche zu deren wichtigsten „Kerngeschäften" zählt (vgl. Schloz 2006, S. 58ff) und zahlreiche Kirchenmitglieder etwa bereit sind, für Menschen in Not Geld zu spenden, finden Gemeinden nur wenige Aktive, die in lokalen Projekten Verantwortung übernehmen.

Hier lässt sich eine Kluft der Engagementbereiche diagnostizieren, die möglicherweise mit dem Unterschied zwischen einer medialen oder abstrakt-thematischen Präsenz der Armut und ihrer akuten, lokalen Präsenz zu tun hat. Armut macht keinen Spaß. Sie beeinträchtigt die gemeinsame, unbeschwerte Gestaltung von freier Zeit und problematisiert viele Bereiche des Lebens, die für Altersgenossinnen und -genossen nicht problematisch sind. Wer sich darüber Gedanken machen muss, ob die Preise für das Grillfleisch beim Gemeindefest, die Anforderungen an Kletterausrüstung bei der Jugendfreizeit oder den Beitrag für den Musikunterricht im Gemeindehaus etliche Menschen ausschließt, ist in aller Regel im gewohnten Denken und den gewohnten Handlungsabläufen gestört. Eine solche Störung im Sinne einer Anpassung der Abläufe an die Bedürfnisse der Menschen kann im professionellen Kontext als bereichernd erlebt werden. Für zahlreiche Ehrenamtliche in Gemeinden ist sie es aber eher nicht, denn sie bedeutet eine unangenehme Beeinträchtigung.

In vielen evangelischen und katholischen Kirchengemeinden in Deutschland sind derzeit diakonische Projekte – bewusst im Kontext und als Teil der Gemeinde – im Aufwind. So manche einschlägige Veranstaltung ist gut besucht, die mediale Präsenz der Armut, etwa in den Armuts- und Reichtumsberichten der Bundesregierung (z.B. Deutsche Bundesregierung 2008) stärkt das Bewusstsein vieler Menschen dafür, dass soziale Probleme auch im eigenen Umfeld an Bedeutung gewinnen könnten. Es bilden sich überregionale Netzwerke diakonisch engagierter Gemeinden wie das offene „Netzwerk Diakoniekirchen in Europa" (www.diakonie-kirchen.eu) oder das explizit auf missionarische Gemeindeentwicklung ausgerichtete „mi-di-Netzwerk" der AMD (www.a-m-d.de/mission-und-diakonie). Kirchliche Institute und Hochschulen veranstalten gut besuchte Tagungen und Fortbildungen.

Dieser Aufwind scheint zugleich an vielen Punkten gebrochen zu werden: An wichtigen Orten der kirchlichen Landschaft ist das Thema weniger erwünscht, etwa auf dem Deutschen Evangelischen Kirchentag, wo es bis zum Jahr 2009 trotz aller Bemühungen der Fachszene im Thementableau zwar einen Ort für Globalisierung, Weltwirtschaft und Arbeitslosigkeit, aber immer noch keinen für die Armut gibt. Gleichzeitig lässt sich beobachten, wie in manchen Bereichen das diakonische Engagement in eine Phase der Ernüchterung und konzeptioneller Stagnation eingetreten ist: Tafeln und Vesperkirchen geraten in die Kritik (vgl. Selke 2008) und damit mancherorts auch der kirchliche Hilfe-Habitus. Hier würde Kirche „lediglich helfen", so ein häufiger Vorwurf, und sich auf diesem Weg die sozialpolitische Widerspenstigkeit und den gleichberechtigten Kontakt mit Betroffenen ersparen.

Was aus der Perspektive der Gemeindeentwicklung fast schwerer wiegt, ist die Ernüchterung bei den Aktiven vielerorts wie in der Geschichte vom Adventsessen in der Seniorenwohnanlage: Man tut etwas für „die Armen", hat aber, wenn die Zeichen guten Willens überhaupt wahrgenommen werden, auch weiterhin kaum etwas mit ihnen zu tun. Es gibt in vielen diakonischen Projekten kaum eine befriedigende Förderung von Teilhabe, etwa in Form einer Begegnung der Lebenswelten. Es entsteht nur selten eine innerhalb von Gemeinden spürbare „Gemeinschaft", und die Chancen auf ein wahrhaft „geteiltes Leben" werden als gering eingeschätzt. Distanzen zwischen Helfenden und Betroffenen bleiben oder verstärken sich noch, Stigmatisierungen wirken und vertiefen die Kluft zwischen den einen und den anderen.

2 Analytische Annäherung: Milieus bedingen das gesellschaftliche und kirchliche Leben

Im vergangenen Jahrzehnt haben sich in der Kirchen- und Gemeindeentwicklung zahlreiche Einflüsse der Sozialstrukturanalyse ausgewirkt (vgl. Hradil 2005; Otte 2004) und unter anderem in der Erforschung von Lebensstilen und Milieus in Kirche und Gesellschaft als Verständnishilfe für Dynamiken, Dissonanzen und Konflikte im kirchlichen Leben herausgebildet. Einer der Anstöße war der Aufsatz „Milieus in der Kirche" (Hauschildt 1998) als praktisch-theologischer Reflex auf Gerhard Schulzes Erlebnisgesellschaft (vgl. Schulze 1997) und seiner Unterscheidung von fünf Milieus mit jeweils unterschiedlichen Vorlieben für geordnete oder spontane, komplexe oder einfache Erlebnisse. Diese Methode der Differenzierung von sozialen Gruppen über Einstellungen und Meinungen hinaus wurde in einer Mischform von Lebensstil- und Milieuanalyse in die Vierte Erhebung der EKD über Kirchenmitgliedschaft aufgenommen, die als Längsschnittstudie die Perspektiven der Evangelischen auf Glauben, Kirche und Mitgliedschaft untersucht hat (vgl. Huber; Friedrich; Steinacker 2006). Friederike Benthaus-Apel berechnete in einer Clusteranalyse sechs Typen von Kirchenmitgliedern (vgl. Benthaus-Apel 2006), die sich mit leichten Veränderungen auch unter Nicht-Evangelischen wieder finden lassen.

Gebildet werden Milieutypen auf der Datenbasis einer repräsentativen Erhebung, wie sie in der EKD-Untersuchung vorliegt. Hierin werden Menschen je nach Forschungsinteresse nach Meinungen und Einstellungen, Vorlieben, Interessen und Gewohnheiten befragt. In der Clusteranalyse der EKD wurde berücksichtigt, was die Befragten für ihr Leben als wichtig erachten, wie sie sich gegenüber Normen positionieren, welche Musik sie hören, welche Vorlieben für die Freizeitgestaltung und welche Interaktionsmuster sie haben. Das Ergebnis – in diesem Fall sechs Milieutypen – sind Idealtypen, also Cluster von Befragten, die sich in den verschiedenen Dimensionen der Vorlieben, Einstellungen und Aspekten der Lebensgestaltung sehr ähnlich sind. Der Gewinn einer solchen quantitativen Berechnung von Typen ist es, dass diese Typen anhand des Datensatzes jetzt nach weiteren Vorlieben, ihrem Glauben und ihren Erwartungen an kirchliches Handeln

„befragt" werden können. Berechnungen machen es jetzt möglich, genau zu erfahren, welche Erwartungen die Menschen in einem bestimmten Milieu an einen Gottesdienst oder an die Pfarrerin haben und welches Argument sie zum Kirchenaustritt bewegen könnte.

In der Anwendung der Erkenntnisse über die so gebildeten Milieus lassen sich unter anderem zwei Wege beschreiben: Der eine befasst sich unmittelbar mit den Milieutypen und erfasst sie in ihren spezifischen Perspektiven auf Glaube, Kirche und Gemeinde, Ehrenamt etc. Von hier aus lassen sich Gemeinde- und Beteiligungsstrukturen beleuchten und die Entwicklung der eigenen Arbeit planen (vgl. Schulz; Hauschildt; Kohler 2009, Kapitel IV und V). Der andere Weg betrachtet quer dazu vor allem die unterschiedlichen Dimensionen, in denen sich die gebildeten Milieus voneinander unterscheiden lassen. Dieser Weg bietet sich dort an, wo es nicht so sehr um die Analyse einzelner Milieus geht, sondern in erster Linie darum, Unterschiede zu erkennen und in ihrer Wirkung einschätzen und nutzen zu können. Denn mit Blick auf die gesamte Gesellschaft gilt: Milieus als Ausdifferenzierung der Gesellschaft in Teilbereiche haben für die einzelnen Menschen eine ähnliche Funktion wie in früheren Zeiten die Zugehörigkeiten zu Klassen oder Schichten. Sie sorgen, wenn auch nur in Ausschnitten, für Übereinstimmung mit den einen Menschen und für Abgrenzung von anderen.

Die Gewissheit, dass man niemals solche Gardinen aufhängen und so ein Auto fahren würde wie die Nachbarin, die doch im gleichen Alter ist und dieselbe Lebensform gewählt hat, stärkt die Plausibilität des eigenen Lebensentwurfs und schafft notwendige Verbindungspunkte mit gleichgesinnten Menschen. Auf diese Weise sind Abstoßungseffekte keine unangenehmen Nebenwirkungen einer ausdifferenzierten Gesellschaft, die ihre Segmente auf ewig voneinander trennt. Sondern sie bilden andersherum gewissermaßen den Kitt, der sie – in kleineren Einheiten – zusammenhält und inmitten einer ungeahnten Wahlfreiheit zwischen Lebensentwürfen und -stilen dafür sorgt, dass es dennoch Linien gibt, an denen entlang sich das Leben orientiert.

Auch wenn Kirchen- und Gemeindeentwicklung hier nur im kleinen Ausschnitt der diakonischen Chancen der Kirche zur Debatte steht, sei doch ein Kommentar für die Arbeit mit und für Milieus in der Kirche erlaubt: Stilistische Unterschiede zwischen Menschen (und auch zwischen Kirchenmitgliedern und ihren divergierenden Vorlieben) bedeuten keinesfalls die simple Herausforderung, sie zu überwinden und den „gemeinsamen Nenner" zu suchen. Diese Unterschiede haben eine wichtige Funktion, die sie auch innerhalb einer Gemeinde erfüllen, indem sie etwa das Selbstbewusstsein von Gruppen stärken und damit so manches Engagement vertiefen. Sie können allerdings punktuell in den Hintergrund treten, worin gemeinsame religiöse Gewissheiten möglich und die einzigartige Funktion der Kirche sichtbar werden. So etwas lässt sich beispielsweise in Gottesdiensten an Weihnachten oder zur Einschulung erleben, wo es eben nicht darum geht, dass mit dieser Veranstaltung die eigenen Vorlieben bedient werden, der eigene Stil getroffen ist oder das gewünschte Niveau in einer Predigt erreicht wird. Hier geht es dann – allerdings nur ausnahmsweise und damit oft auf besonders bewegende Art – um die milieuübergreifende Gemeinschaft aller vor Gott.

Armut als Herausforderung für das soziale Handeln der Kirche

Im zweiten der beschriebenen Wege, der Arbeit an Dimensionen der Verschiedenheit, lassen sich nun einige zentrale Dimensionen umfassender beschreiben (vgl. Schulz; Hauschildt; Kohler 2009, S. 86–119), von denen ich hier nur vier nenne:

1. hohe / geringe Traditionsorientierung
2. starkes / geringes Interesse an Kommunikation und Geselligkeit
3. Vorliebe für komplexe / einfache Erlebnisse
4. Orientierung an Autoritäten / am Individuum

Die erste Dimension der Traditionsorientierung oder -bindung ist bei sehr vielen Menschen deckungsgleich mit der Dimension des Alters bzw. der damit meist verbundenen biografischen Schließung oder biografischen Offenheit. Diese Traditionsorientierung korreliert in hohem Maß mit der Kirchenbindung. Die zweite Dimension meint das Interesse an Kommunikation außerhalb der Notwendigkeiten, quasi als Gestaltungsform des Lebens, für die das Miteinander mit anderen und in der Regel auch das lokale und praktische gemeinsame Gestalten ein wesentliches Element bedeutet. Menschen mit einem hohen Interesse an einem solchen geselligen Miteinander sind nicht stärker mit der Kirche verbunden als andere, sie haben aber in der Gestaltung des Gemeindelebens vom Familiengottesdienst bis zum Gemeindefest eine deutlich höhere Chance, Angebote und Beteiligungsformen auszumachen, die ihnen zusagen, als Menschen, die mit wenigen persönlichen Kontakten auskommen oder nur sehr selektiv kommunizieren mögen.

Die dritte Dimension der Vorliebe für komplexe bzw. einfache Erlebnisse (nach Schulze 1997, S. 142-153), hier in der Beschreibung von Hochkultur- und Trivialschema) äußert sich im kirchlichen Bereich häufig im Interesse an einer (quasi zweckfreien) Auseinandersetzung mit philosophischen, (sozial-) politischen oder weltanschaulichen Themen, an Diskursen und Gesprächsabenden, an Bildungsangeboten und der Chance, jenseits einer privaten oder beruflichen Notwendigkeit etwas Neues zu lernen – oder im Gegensatz in einer hohen Distanz dazu. Diese Dimension unterscheidet Menschen, die sich zu einem Abend über Calvin einladen lassen, von denen, die sich nicht vorstellen können und mögen, wofür eine solche Auseinandersetzung mit theologischen und historischen Einzelheiten gut sein sollte. Sie unterscheidet umgekehrt Menschen, die es einfach toll finden, wenn im Erntedankgottesdienst alle vom großen Brot etwas abbekommen, von denen, die hinterher den unzureichenden Bedeutungsgehalt eines solchen volkstümlichen Geschehens bemängeln. Im kirchlichen Kontext mit seinen häufig hohen Anforderungen an das persönliche Verstehen und eine eigene Position zu diversen Fragen haben häufig diejenigen mehr Beteiligungs- und vor allem mehr Gestaltungsmöglichkeiten, die in dieser dritten Dimension ein hohes Interesse an komplexen Erlebnissen aufweisen.

Die Dimension der Orientierung an Autoritäten bzw. am Individuum markiert die Unterscheidung anhand einer Einstellung: Ist vor allem das, „was man macht", „wie Dinge allgemein gesehen werden" oder „wie man sie sehen soll", der zentrale Prüfstein für das eigene Denken und Handeln – oder eher die eigene Person, die innere Stimme, der eigene Anspruch an Authentizität? Die Einordnung innerhalb dieser Dimension hat keinen direkten Bezug zur Kirchenbindung von Menschen, aber natürlich sehr wohl darauf, wie sie sich selbst innerhalb einer Glaubensgemeinschaft verstehen, welche Rechte und Pflichten sie sich zuschreiben und welche Vorgaben sie zu akzeptieren (und anderen zu machen) bereit sind.

In das Spektrum, das durch diese Dimensionen (und natürlich ebenso durch weitere) eröffnet wird, lassen sich nun Milieutypen aller Art einordnen. Besonders interessant werden jetzt Gegensätze zwischen Milieutypen, die im Durchschnittsalter durchaus nah beieinander liegen. Hier zeigt sich die Wucht milieuspezifischer Unterschiede: Wo (bei jungen wie bei älteren Menschen) Differenzen in Alter, Einkommen und Lebensform so deutlich hinter Differenzen in Bedürfnissen und Gewohnheiten zurücktreten, lassen sich Vorlieben ebenso wie diverse Abstoßungseffekte tatsächlich an ganz konkreten Beispielen verstehen.

In einzelnen Bereichen kirchlicher Arbeit bieten sich diese Dimensionen jetzt an, um zu hinterfragen, auf welchen Handlungs- und Kommunikationslinien sich diese Arbeit bewegt und wo sich darin Anziehungs- und Abstoßungseffekte finden. Ausgehend von diesem zweiten Weg, einer Arbeit mit Dimensionen der Verschiedenheit von Milieus, möchte ich im Folgenden einige Aspekte des sozialen Handelns der Kirche daraufhin untersuchen, wo derartige Effekte möglicherweise vorliegen, wie sie sich auf die Arbeit auswirken und welche Chancen und Gefahren sie bergen.

3 Praktische Annäherung:
Milieus bedingen die Perspektiven auf Armut

Zunächst möchte ich einige Motive der religiösen bzw. kirchlichen Herangehensweise an das Thema Armut und Ausgrenzung daraufhin untersuchen, wo sich in den genannten Dimensionen Zuordnungen erschließen lassen:

Eine weit verbreitete Perspektive auf die Armut ist geprägt durch das Grundmuster der Nächstenliebe: „Brich mit dem Hungrigen dein Brot" (nach Jes 58 bzw. Mt 25). Wo jemand existenziell in Not ist, muss geteilt werden. Diese Haltung ist deswegen quasi Konsens unter Christen wie Nichtchristen, weil sie in kaum einer der genannten Dimensionen klar einzuordnen ist: Dass man teilen soll, mag die Bibel befehlen oder die innere Stimme. Es ist in Gemeinschaft möglich (gemeinsames Engagement) oder als individuelles, sogar verborgenes Handeln (Spende). Es ist unter Einbeziehung einer Reflexion möglich (Durchdringen der sozialen Probleme, Kritik an politischen Entscheidungen) oder auch ganz unabhängig davon (wo Not ist, muss zuerst geholfen werden). Lediglich der traditionelle Zugang zum Helfen unterscheidet die Menschen voneinander: Die einen betrachten es als selbstverständlichen Teil des Lebens, für andere muss es zuerst gut begründet sein.

Wenn diakonisches Handeln der Kirche auf dieser Argumentationslinie aus der Milieuperspektive etwas lernen kann, dann das: Es ist für einen großen Teil der Bevölkerung zumindest attraktiv, wenn der Sinn eines sozialen Engagements deutlich wird. Kollekten ohne Angaben zu ihrem Zweck sind hier ebenso wenig effektiv wie Altkleidersammlungen ohne Angaben zur weiteren Verwendung der Kleidung, zu der Art der Bedürftigkeit, auf die die Gaben zielen sollen, und damit die Möglichkeit, dieses Handeln insgesamt zu verstehen. Wo diakonische Projekte geplant werden, geht es nicht ohne eine gründliche Information des gesamten Umfelds (Gemeinde, Bevölkerung) über die Probleme, auf die das Projekt ausgerichtet ist. Die eigentliche Herausforderung besteht dann meist darin, eine solche Information nicht auf einer der Dimensionen milieuspezifisch zu gestalten, etwa zu ausführlich und mit mangelndem Unterhaltungswert (nur für Menschen, die anspruchsvolle Inhalte mögen) oder zu moralisch (nur für Menschen mit hoher Orientierung an Normen).

Eine weitere, vor allem unter sozialpolitisch Engagierten, beliebte Perspektive ist die der normativen Sicht auf Recht und Gerechtigkeit. Gewissermaßen quer zu allem, was die Welt an Tatsachen bietet, ist Gott auf der Seite der Armen und Benachteiligten. Diese Sicht birgt unter Milieugesichtspunkten bereits eine innere Spannung für Menschen, die stark an Autoritäten oder Gegebenheiten orientiert sind. Für sie ist eine solche Parteinahme schnell im Widerspruch zu staatlichem Handeln, zu Regelungen über rechtliche Ansprüche auf Hilfe und insbesondere das Recht auf den Bezug von Sozialleistungen. Wo eine sozialstaatliche Absicherung unter Bedarfsgesichtspunkten gedacht wird (auch wenn aktuell Sozialleistungen nicht mehr nach tatsächlichem Bedarf ausgestaltet sind), ist Benachteiligung jedenfalls im Prinzip überwunden und ein zusätzliches Engagement zwar als Teil des sozialen Gefälles zu denken (Weitergeben nicht mehr benötigter Kleidung), aber nicht in der Kategorie von Recht oder Parteilichkeit. Dieser Logik verdankt sich die Unterscheidung von „würdigen Armen", die unverschuldet in Not geraten sind und alles dafür tun, sie zu überwinden, und „unwürdigen Armen", die sich mit der sozialen Hilfeleistung „einrichten" und der Gesellschaft ohne echte Not zur Last fallen (vgl. Wegner 2009, S. 45).

Fasst man den Gedanken der Gerechtigkeit und Parteinahme Gottes weiter, lässt er sich etwa mit den biblischen Schutzrechten für Arme vereinbaren (z.B. Ex 22 oder Lev 25). Hier kann die Parteinahme Gottes als Forderung zur Teilhabegerechtigkeit verstanden werden, wie es der Rat der EKD in der Denkschrift „Gerechte Teilhabe" formuliert (EKD 2007, S. 43): „Niemand darf von den grundlegenden Möglichkeiten zum Leben, weder materiell noch im Blick auf die Chancen einer eigenständigen Lebensführung, ausgeschlossen werden." Diese Perspektive geht deutlich von einem Recht der Betroffenen auf Hilfe aus, und zwar im Prinzip von einer Hilfe zur Selbsthilfe, in der die Betroffenen ihr Leben – unter bestimmten Bedingungen – selbst in die Hand nehmen können (sollen).

Diese Perspektive trennt die Menschen unterschiedlicher Milieus zum einen dort, wo sie sozialpolitische Reflexion und sogar Kritik an den Gegebenheiten beinhaltet. Zum anderen erfordert sie, soll sie von den Menschen wirklich selbst vertreten werden, eine politisch-selbstbewusste Haltung, ein hohes Reflexionsvermögen einschließlich der Ansicht, derartige Dinge überhaupt beurteilen zu können. Eine solche Haltung ist im klassischen Sinn milieuspezifisch – auf der Dimension der Orientierung an eigenen bzw. fremden Normen sowie auf der Dimension der Vorliebe für komplexe Erlebnisse (oder Verhältnisse) deutlich exklusiv. Wo soziale Initiativen aus einer solchen Logik der Teilhabegerechtigkeit heraus etwa ein Sozialticket fordern, damit alle Menschen einen echten Zugang zu Kultur und Bildung haben, empfiehlt es sich, die Argumentation nicht (ausschließlich) auf die Folgen der Privatisierung des öffentlichen Nahverkehrs oder die Höhe der Regelsätze nach dem SGB auszurichten, sondern ganz elementar zu zeigen, was es heißt, wenn ein begabtes Kind aus finanziellen Gründen nur die nahe gelegene Hauptschule besuchen kann.

Im Konzept einer Hilfe zur Selbsthilfe – darin liegt eine weitere Perspektive – ist das von Armut und Ausgrenzung betroffene Gegenüber häufig auf Augenhöhe gedacht, etwa mit dem Motiv der Ebenbildlichkeit. Der Gedanke der Gerechtigkeit geht hier von einer grundlegenden Ebenbürtigkeit der Betroffenen aus und denkt soziales Hilfehandeln als Befähigung. Im professionellen Kontext, in dem die Kategorien der Hilfebedürftigkeit und damit häufig verbunden eine Problemzentrierung im Vordergrund stehen, findet sich diese Sicht manchmal vor allem in einer punktuellen „Quersicht" von Helfenden, die sich ganz unabhängig von Problemlagen und Prognosen eine solche Perspektive auf die Welt „gönnen", aus der man etwa ein benachteiligtes Kind schlicht so behandelt, als habe es alle Chancen dieser Welt, und ihm damit tatsächlich Chancen eröffnet.

Unter Gesichtspunkten der Milieuanalyse ist die hierin häufig enthaltene Vorstellung vom potenziellen Statuswechsel von Klientinnen und Klienten zu beachten – theologisch eine gewohnte Denkfigur und bekannt aus den Jesusgeschichten, in denen Ausgegrenzte zu Säulen der Gemeinde werden können, aber im Umgang mit anderen Menschen doch eher eine wenig vertraute und für viele bedrohliche Vorstellung. Sie widerspricht in mancher Hinsicht einer traditionellen Sicht auf die Gesellschaft mit ihren Kategorien „Status" und „Image" und erfordert in jedem Fall eine eigenständige, komplexe Deutung der Verhältnisse einschließlich einer gewissen visionären Ambition. Diese Perspektive ist darum die mit Abstand exklusivste der hier genannten. Sie hat wenig Chancen, von einer breiten Mehrheit geteilt zu werden – und funktioniert umso besser als Motor für eine kleinere Gruppe sozialpolitisch wie diakonisch stark engagierter Menschen mit einer vergleichsweise hohen formalen Bildung und einer auffallend starken Orientierung an der eigenen Person und Überzeugung.

Aus dieser Perspektive heraus mag die Leiterin der Seniorenwohnanlage in der Geschichte zu Anfang ihre Adventseinladung an die Tafelkundschaft geplant haben: Alle sind doch an den großen Tisch Gottes eingeladen! Gottes Tafelsilber gilt allen Menschen, zumindest symbolisch darf diese Überzeugung durchaus einmal zur Geltung kommen. Eine solche Planung braucht aber zum Gelingen die Mitarbeit der Betroffenen und auch deren Einwilligung in die Perspektive der Ebenbürtigkeit. Sie rechnet dabei mit der inneren Freiheit der Betroffenen von ihren momentanen Lebensumständen und ebenso mit dem Interesse der Betroffenen am Erleben wenig vertrauter Welten, und sie rechnet damit (wie in der Geschichte) nicht selten vergeblich.

Eine verwandte Perspektive mag mit der Figur des Barmherzigen Samariters beschrieben werden, wohl im Bewusstsein dessen, dass diese Geschichte komplexer ist als im hier genutzten Bild: Die Hilfe gilt dem Betroffenen ohne Ansehen der Person, des „Standes" und der Herkunft. In der sozialen Arbeit, wo Menschen außerhalb der bekannten Risikogruppen so viel seltener Hilfeleistung in Anspruch nehmen müssen als andere, ist Hilfe häufig tatsächlich eine Begegnung mit einem „fremden Stand", einer fremden Kultur – oder mit einem Milieu, zu dem man selbst nicht gehört. Dieser Effekt ist besonders interessant, weil das Interesse an fremden Welten (und an Milieus ganz allgemein!) ein milieuspezifisches Merkmal ist. Nur wer komplexe Erlebnisse mag, Überraschungen in der Begegnung mit dem Fremden, wer sich gern in andere hineindenkt, wer darin nicht nur Belastung, sondern auch Bereicherung und Anreiz sieht, kann sich von dieser Hilfelogik wirklich bewegen lassen.

Eine letzte Perspektive sei hier genannt, wieder in aller Vorsicht als die Perspektive der „Speisung der Fünftausend" beschrieben (z.B. Mk 6): Hilfeleistung für Benachteiligte ist in diesem Sinn nichts anderes als ein gemeinsames Leben vor Gott. Alle teilen – alle werden satt. Diese Hilfe lässt sich nur in Gemeinschaft leisten und verstehen – und zwar in Gemeinschaft der Helfenden und der Bedürftigen – mit dem Ziel der Gemeinschaft aller. Diese Vision bewegt beispielsweise den Diakon, der die Tafel aus der eingangs erzählten Geschichte leitet: Keinesfalls will er den Betroffenen nur verbilligtes Essen zukommen lassen oder gar an der Stabilisierung der gesellschaftlichen Verhältnisse mitwirken, in der sich unübersehbare Gruppen in der Bevölkerung gesellschaftliche Teilhabe nicht leisten können. Er möchte mit den Betroffenen das Leben teilen und auf Augenhöhe kommunizieren. Er sucht nach Wegen für gemeinsames Erleben – und ist entsetzt darüber, dass die Betroffenen eine solche Gelegenheit nicht wahrnehmen mögen oder können.

Ein möglicher Lerneffekt aus dieser Situation sei darum der: Nicht nur unter den diakonisch engagierten Menschen wird diese Vision vom gemeinsamen Leben als Hilfekontext nicht immer geteilt – sei es wegen der Differenz in der Dimension des starken oder geringen Interesses an Geselligkeit und Gemeinschaft, sei es wegen der Differenz in der Dimension der Bindung an Tradition und gesellschaftlichem Status. Auch unter den Betroffenen gibt es solche Differenzen. Sie sind häufig durch jahrelange, manchmal lebenslange Erfahrung geprägt, die mit oder ohne familiäre Disposition für traditionsorientiertes Denken gar nicht damit rechnet, in einer Hilfebedürftigkeit auf Augenhöhe eines Helfers zu sein oder dies in absehbarer Zeit erreichen zu können. Viele von Armut Betroffenen haben sich in einer Welt „eingerichtet", in der sie mit ihren Lebensumständen keineswegs zufrieden sind, aber auch nicht ständig mit (angeblichen oder realen) Chancen und Möglichkeiten und damit der Forderung nach einer Veränderung konfrontiert werden, zu der sie sich nicht in der Lage sehen.

In dieser Welt haben es sich zahlreiche Betroffene abgewöhnt, allzu viel über die Gründe für die eigene Not nachzudenken, denn das erhöht (zumindest aus ihrer Sicht) den inneren Druck, ohne im Gegenzug einen Ausweg zu ermöglichen. Als Beispiel sei nur ein Ergebnis meiner Studie zu „Innenansichten der Armut" genannt (vgl. Schulz 2007, S. 90–93), wo betroffene Frauen sich weigern, der Interviewerin ihren Traum eines besseren Lebens zu schildern, weil sie allein das Nachdenken über derartige Möglichkeiten schon als Bedrohung für ihre Fähigkeit, das tägliche Leben zu bewältigen, betrachten. Da setzt sich, bedingt durch die Erfahrung der Ausgrenzung, ein Glaube an die Macht der Verhältnisse durch, der der Orientierung an Autoritäten vergleichbar wird, wie sie sich auch bei Wohlhabenden findet, aber leider für die soziale Arbeit als Hilfe zur Selbsthilfe höchst hinderlich ist.

4 Bündelung: Mögliche Lerneffekte für eine milieusensible diakonische Arbeit

Daraus ergibt sich nun zweierlei: Erstens ist natürlich mit Blick auf Milieus keineswegs klar, wer – mit oder ohne Hilfebedürftigkeit – zu welchem Milieu zu rechnen ist. Es gibt keine „Armutsmilieus" im Sinn von Milieutypen, die aufgrund einer Armutssituation quasi automatisch bestimmte Denkweisen, Kommunikationsstile oder Vorlieben teilten. Das Interesse für – oder die Abneigung gegen – Komplexität und Reflexion, die Traditionsbindung und das Interesse an Geselligkeit sind zunächst von Einkommensverhältnissen unabhängig. Es sind aber manche Milieus stärker als andere von Armut betroffen, einfach weil bestimmte Armutsrisiken in bestimmten Milieus gehäuft zu finden sind, wo beispielsweise in einer Familie ein geringes Interesse an Komplexität und Reflexion oft mit einer tatsächlich formal geringen Bildung einhergeht. Ebenso verstärkt eine Armutssituation offenbar bei vielen Betroffenen bestimmte Sichtweisen auf das eigene Leben – die sich dann als Orientierungen im Sinn der Milieudimensionen niederschlagen und Menschen mit Hilfebedarf oft zusätzlich belasten.
Zweitens muss in der Anwendung einer Milieuperspektive auf das diakonische Handeln der Kirche unterschieden werden zwischen den unterschiedlichen Perspektiven auf das Geschehen: Die Milieuzugehörigkeit der professionell Helfenden wirkt sich anders aus und erfordert an anderen Stellen Berücksichtigung als das Milieu von (potenziell) freiwillig Engagierten oder der (kirchlichen) Öffentlichkeit. Da erweist sich die eine Milieudifferenz vor allem als Herausforderung an eine gelungene Öffentlichkeitsarbeit für eine diakonische Initiative.
Andere machen es gerade notwendig, sich kirchentheoretischen Fragen in Prozessen der Gemeindeentwicklung zu stellen, beispielsweise so: Wie soll eine Gemeinde mit Armut in den eigenen Reihen oder im Sozialraum umgehen? Was sind ihre Ziele dabei? Was sind theologische Leitlinien? Wer agiert für wen – oder mit wem – und in welchen Formen und Dimensionen? Wie geht eine Gemeinde mit den enormen (sozialen) Unterschieden zwischen ihren Mitgliedern konstruktiv um? Soll sie sich auf diejenigen konzentrieren, die Interesse oder Hilfebedarf anmelden? Oder soll sie sich denen „draußen" zuwenden, ihnen und sich fragen, was ihnen den Zugang schwer macht? Und was soll

sie tun, wenn die Menschen mit Bedarf an Hilfe und Begleitung einerseits und solche, die vor allem ihr Interesse an Gemeinschaft und gemeinsamer Freizeitgestaltung in die Gemeinde führt, nicht zusammenpassen und ganz unterschiedliche Formen des Miteinanders bevorzugen?

Nicht zuletzt muss die Perspektive der Betroffenen eine zentrale Rolle in diesen Überlegungen spielen: Was wünschen sie sich an Beistand, Solidarität, konkreter Unterstützung, Gemeinschaft und Teilhabemöglichkeiten? Welche Ziele haben sie wirklich – mit was geben sie sich zufrieden und was bedeutet dies wiederum für die Helfenden? Wo bedeutet in der Konsequenz eine Hilfe auch ein Infragestellen von Überzeugungen? Möglicherweise ist damit im sozialen Handeln der Kirche beides sinnvoll: eine Akzeptanz von Grenzen, Stilbarrieren und unterschiedlichen Bedürfnissen (bei Helfenden wie bei Bedürftigen) und zugleich ein Überschreiten und Infragestellen von Milieugrenzen und Perspektiven. Auch wenn ein solches Überschreiten nach allen Regeln der Sozialstrukturanalyse wenig Sinn hat und selten zu mehr Gemeinsamkeiten unter den Beteiligten führt: Es kann punktuell durchaus sinnvoll sein – gewissermaßen um des Evangeliums willen, als Zeichen des Glaubens an Gottes Wirklichkeit, die akute Problemlagen und die Perspektivlosigkeit der Betroffenen übersteigen kann – wie die heilsame, „verrückte" Aufforderung Jesu: „Nimm dein Bett und geh!"

Literatur

Bedford-Strohm, Heinrich (1983): Vorrang für die Armen. Auf dem Weg zu einer theologischen Theorie der Gerechtigkeit, Gütersloh: Gütersloher Verlagshaus.

Benthaus-Apel, Friederike (2006): Lebensstilspezifische Zugänge zur Kirchenmitgliedschaft. In: Huber, Wolfgang; Friedrich, Johannes; Steinacker, Peter [Hg.]: Kirche in der Vielfalt der Lebensbezüge. Die vierte EKD-Erhebung über Kirchenmitgliedschaft, Gütersloh: Gütersloher Verlagshaus, S. 205-236.

Bismarck, Klaus von (1957): Kirche und Gemeinde in soziologischer Sicht, in: ZEE Jg. 1/1957, S. 17-31.

Deutsche Bundesregierung (2008): Lebenslagen in Deutschland. Der dritte Armuts- und Reichtumsbericht der Bundesregierung, Berlin: Bundesdruckerei.

Evangelische Kirche in Deutschland. Kirchenamt der EKD [Hg.] (2007): Gerechte Teilhabe. Befähigung zu Eigenverantwortung und Solidarität. Eine Denkschrift des Rates der EKD zur Armut in Deutschland. Mit einer Kundgebung der Synode der EKD, Gütersloh: Gütersloher Verlagshaus.

Grosse, Heinrich (2007): „Wenn wir die Armen unser Herz finden lassen ...". Kirchengemeinden aktiv gegen Armut und Ausgrenzung. Ergebnisse einer empirischen Untersuchung des Sozialwissenschaftlichen Instituts (SI) der Evangelischen Kirche in Deutschland, epd-Dokumentation 34/2007.

Hauschildt, Eberhard (1998): Milieus in der Kirche. Erste Ansätze zu einer neuen Perspektive und ein Plädoyer für vertiefte Studien. In: Pastoraltheologie 87, S. 392-404.

Hradil, Stefan (2005): Soziale Ungleichheit in Deutschland, 8. Aufl., Opladen: VS Verlag.

Huber, Wolfgang; Friedrich, Johannes; Steinacker, Peter [Hg.] (2006): Kirche in der Vielfalt der Lebensbezüge. Die vierte EKD-Erhebung über Kirchenmitgliedschaft, Gütersloh: Gütersloher Verlagshaus.

Otte, Gunnar (2004): Sozialstrukturanalysen mit Lebensstilen. Eine Studie zur theoretischen und methodischen Neuorientierung der Lebensstilforschung, Wiesbaden: VS Verlag.

Schloz, Rüdiger (2006): Kontinuität und Krise – stabile Strukturen und gravierende Einschnitte nach 30 Jahren. In: Huber, Wolfgang , Friedrich, Johannes; Steinacker, Peter [Hg.]: Kirche in der Vielfalt der Lebensbezüge. Die vierte EKD-Erhebung über Kirchenmitgliedschaft, Gütersloh: Gütersloher Verlagshaus, S. 51-88.

Schulz, Claudia (2007): Ausgegrenzt und abgefunden? Innenansichten der Armut. Eine empirische Studie. Protestantische Impulse für Gesellschaft und Kirche, Band 6. Berlin: Lit-Verlag.

Schulz, Claudia; Hauschildt, Eberhard; Kohler, Eike (2009): Milieus praktisch. Analyse- und Planungshilfen für Kirche und Gemeinde, 2. Auflage, Göttingen: Vandenhoeck und Ruprecht.

Schulze, Gerhard (1997): Die Erlebnisgesellschaft. Kultursoziologie der Gegenwart, 7. Aufl., Frankfurt a.M.: Campus-Verlag.

Selke, Stefan (2008): Fast ganz unten. Wie man in Deutschland durch die Hilfe von Lebensmitteltafeln satt wird, Münster: Westfälisches Dampfboot.

Wegner, Gerhard (2009): Die Angst vor den Armen. In: Schulz, Claudia; Wegner, Gerhard [Hg.]: Wer hat, dem wird gegeben. Biblische Zumutungen über Armut und Reichtum. Neukirchen-Vluyn: Neukirchener Verlag, S. 41-47.

II.

Sozial- politikwissenschaftliche Theoriebildung und Reflexion

Alter(n) zwischen Partizipation und sozialer Ungleichheit

> *„Schon heute zeichnet*
> *sich eine Klassengesellschaft*
> *im Altenheimbereich ab."*
> *(Evangelische Arbeitsgemeinschaft für Altenarbeit 2002, S. 13)*

Gabriele Kleiner

1 Alter(n) als soziale Konstruktion

Im fünften Bericht der Bundesregierung zur Lage der älteren Generation unter dem Titel „Potenziale des Alters in Wirtschaft und Gesellschaft. Der Beitrag älterer Menschen zum Zusammenhalt der Generationen" ist die Erwartung unmissverständlich formuliert, *„dass in Zukunft die Einkommensverteilung im Alter deutlich ungleicher wird, d.h. dass sich die Einkommensunterschiede erheblich verstärken werden. Zudem ist damit zu rechnen, dass in Zukunft vermehrt bedürftigkeitsgeprüfte Leistungen – wie die bedarfsorientierte Grundsicherung bei Erwerbsminderung und im Alter – erforderlich werden, um Einkommensarmut im Alter zu vermeiden bzw. zu bekämpfen."* (BMFSFJ 2005, S. 220)
Auch im 3. Armuts- und Reichtumsbericht der Bundesregierung wird in diese Richtung argumentiert, wenn es dort heißt: *„Auch Altersarmut ist weiterhin ein gravierendes gesellschaftliches Problem – trotz der in den vergangenen Jahrzehnten rückläufigen Altersarmutsquote; denn gut ein Fünftel der Personen in finanzieller Armut gehören einem Rentnerhaushalt an bzw. ein Siebtel lebt mit einer Bezugsperson ab 65 Jahren. [...] Von Altersarmut sind Alleinstehende offenbar stärker betroffen als Paare, denn 2-Personen-Altenhaushalte (ohne Kinder) machen mit 7% der finanziell armen Bevölkerung nur etwa die Hälfte des Anteils der Personen ab 65 Jahren – und weniger als die jüngeren Paare ohne Kinder – aus."* (BMAS 2007a, S. 297f)
Wie passen diese beiden Grundorientierungen zusammen: Potenziale des Alters als Leitlinie für einen Bundesaltenbericht einerseits und ein konstatierter Anstieg von Altersarmut andererseits – betrachten wir zwei Kehrseiten einer Medaille oder anders formuliert: Wird damit die ungleiche Verteilung gesellschaftlicher Chancen und verfügbarer Ressourcen auch im Alter deutlich und wird soziale Ungleichheit vor allem die zukünftigen Generationen „der Alten" belasten und sich damit zu einer gesellschaftlichen Herausforderung der Zukunft entwickeln?
Um es vorweg zu nehmen: Konzepte des „erfolgreiches Alter(n)s", „des lebenslangen Lernens" – das Leitbild des „aktiven und produktiven Alter(n)s" stellen eine Gefahr des

sozialen Ausschlusses all derer da, die nicht über das gesellschaftlich geforderte Potenzial des erfolgreich alternden Menschen verfügen. In den aktuellen Diskursen – theoretisch und fachwissenschaftlich ebenso wie auf der handlungsorientierten und praxisrelevanten Ebene – läuft die Gerontologie und in der Folge auch die Altenhilfe Gefahr, sich mit der (bedingungslosen) Zustimmung zu diesen Konzepten mitverantwortlich zu machen für eine Förderung von Normierungen und zu einer Trennung in „gesundes-unabhängiges-aktives" und „krankes-abhängiges-inaktives Alter" (vgl. Kontratowitz 1998) beizutragen.

Insofern ist es erforderlich, das Konzept des „produktiven Alter(n)s", die immer wieder angezweifelte Generationensolidarität, das angeblich zurückgehende Engagement der Familie für „die Alten" auf der Folie gesellschaftlicher Entwicklungen kritisch zu betrachten. Es muss darum gehen, die Perspektiven auf solche Unterschiede zu lenken, *inwiefern ältere Menschen in einem bestimmten Kontext (...) sich in einer benachteiligten Lebenssituation befinden, keine ausreichende soziale Partizipation aufweisen bzw. an politischen Entscheidungsprozessen teilnehmen können. Es geht um eine Visibilisierung von sozialer Ungleichheit und Exklusion."* (Amann; Kolland 2008, S. 29)

Und es müssen Argumentationslinien gegen eine zu starke Demografisierung in den Diskursen entwickelt werden. Diese Argumentationen müssen auf der Grundlage basieren, dass nicht in erster Linie die Demografie, sondern dass Politik und Wirtschaft federführend den Status (nicht nur) der älteren Menschen bestimmen (a.a.O., S. 31).

In Zeiten unterbrochener Erwerbsverläufe, anhaltender Massen- und Langzeiterwerbslosigkeit, einem erhöhten Renteneintrittsalter und damit in der Konsequenz zunehmend unterschiedlicher - und perspektivisch unsicherer werdender Lebenslagen (nicht nur) im Alter, muss der Fokus sehr viel stärker auf eine *„Potenzialförderung im Sinne einer Förderung von Chancengleichheit (zwischen verschiedenen Altersgruppen, sozioökonomischen Lagen, Geschlechtern, Herkunftsländern)"* (Backes 2008, S. 65) gerichtet werden und die Potenziale des Alters müssen sehr viel stärker in den Kontext des Wissens um Lebenslagen im Alter gestellt werden. Nur so können die vor allem sozialstrukturell bedingten Grenzen der Potenzialentwicklung sichtbar gemacht und Möglichkeiten der Förderung entwickelt werden.

Im Folgenden soll eine theoretische Annäherung an das Alter als Kategorie sozialer Ungleichheit vorgenommen werden; dabei soll eine kurze Darstellung der Analyseinstrumente und Theorieentwicklung sozialer Ungleichheitsdimensionen vorgenommen werden, um darauf aufbauend mit dem Konzept der Lebenslage einzelne – für das Alter(n) wesentliche - Dimensionen detaillierter zu betrachten und in einem abschließenden Schritt mögliche Orientierungen für die Praxis Sozialer Arbeit zu formulieren.

2 Eine theoretische Annäherung an das Alter als Kategorie sozialer Ungleichheit

Die Erforschung sozialer Ungleichheit in der Bundesrepublik Deutschland kann zusammenfassend in folgende drei Phasen, orientiert an unterschiedlichen Ungleichheitskonzeptionen, eingeteilt werden (vgl. Geißler 1996, S. 320; Kohli u.a. 2005, S. 318f):

1. Klasse oder Schicht (Mitte der 60er bis Mitte der 70er Jahre)
   Schwerpunkt: die vertikale Gliederung der Gesellschaft.
2. Klasse, Schicht und andere Disparitäten (bis Anfang der 80er Jahre)
   Zuordnung neuer horizontaler Ungleichheitsdimensionen, z. B. Geschlecht zu den bisherigen vertikalen Ungleichheiten.
3. Ablösung der klassischen Ungleichheitskonzepte (seit Mitte der 80er Jahre): Ergänzung von Klasse und Schicht durch neue Disparitäten.

Mit den bisher angewandten Begrifflichkeiten der Sozialstrukturanalyse lässt sich die Lebenssituation der älteren und alten Menschen kaum ausreichend beschreiben. Die Auseinandersetzung mit der Kategorie „Alter" stellt insofern eine Besonderheit für die Theorie sozialer Ungleichheit(en) dar, da deren Konzepte konsequent in Bezug auf die Arbeitsgesellschaft entstanden sind. Das Alter definiert sich in geradezu zentraler Weise – durch den sozial konstruierten Übergang in die nachberufliche Phase und die wohlfahrtsstaatliche Strukturierung des Lebenslaufs - über die Nachberuflichkeit (vgl. Schulz-Nieswandt 2006, S. 133f).

Die bisherigen Theorien sozialer Ungleichheit sind damit vor neue Herausforderungen gestellt, sie haben einerseits die bekannten Entwicklungen - die demografischen Veränderungen, die daraus resultierenden veränderten Altersgruppenzusammensetzung der Gesellschaft zu berücksichtigen und sie haben andererseits Veränderungen von Alter(n)sbildern, Altersrollen, Lebensstilen und Lebensführung auf der Folie der Zeit und mit Blick auf die Historisierung von Lebensverhältnissen, also das Lebensalter im Verständnis von historischem Lebensalter zu thematisieren (a.a.O., S. 33). Insofern müssen – in Anlehnung an Kohli (1990), Mayer; Wagner (1996) und Motel-Klingelbiel (2001) - drei Perspektiven unterschieden werden:

- die Ungleichheit des Alters meint soziale Unterschiede zwischen Altersgruppen,
- die Ungleichheit im Alter bezieht sich auf Unterschiede in der Altersbevölkerung und
- die Ungleichheit im Lebenslauf meint auf diesen bezogene Veränderungen von Ungleichheitsausprägungen.

Als Instrumente der Analyse sozialer Ungleichheit wurden in den vergangenen Jahren verschiedene Ansätze entwickelt, die dazu beitragen können, soziale Disparitäten jenseits des Erwerbssystems zu erfassen. Ebenso wurden - im Hinblick auf „neue" soziale

Ungleichheiten - weitere Klassifizierungen, wie Geschlecht, Ethnie und Alter als Ansatzpunkte gewählt, um die Entstehungszusammenhänge dieser neuen Disparitäten zu untersuchen.

„*Alter in der Form als chronologisches Alter oder als Bezeichnung der Zugehörigkeit einer Altersgruppe spielte hier als weiteres, askriptives Merkmal nur eine untergeordnete Rolle. Dabei ist die Auseinandersetzung mit der Kategorie Alter ... heute mehr als aktuell.*" (Kottmann 2008, S. 31f)

Die Theorie sozialer Ungleichheit nimmt - angelehnt an Kohli (1990) - zwei Orientierungen ein:
- Die Verortung von Individuen und Gruppen in der sozialen Hierarchie und deren Zugang zu gesellschaftlichen Ressourcen und Chancen und
- die Ausprägung von sozialen Beziehungen, Interessen und Konfliktpotentialen, von denen die Gesellschaft geprägt ist und die ihr Dynamik geben.

Einerseits bildet die gesellschaftliche Altersgliederung - also auch die Ausgliederung aus dem Erwerbsleben – eine wichtige neue Disparitätslinie. Andererseits ist der Eintritt in den Ruhestand auch als Chance für die Auflösung bisheriger struktureller Ungleichheiten zu analysieren.

Nach Kohli (vgl. Kohli u.a. 2005, S. 319) stehen also drei Positionen im Mittelpunkt:
- Individualisierung und Entstrukturierung tragen zur Reduzierung von stabilen Ungleichheiten bei.
- Horizontale Ungleichheiten überlagern den Lebenslauf und sind in ihrer Ausprägung dominanter gegenüber den vertikalen Dimensionen.
- Struktur und Wirksamkeit sozialer Ungleichheiten sind Veränderungsprozessen im Verlauf des Alternsprozesses unterworfen.

Das bedeutet in der Konsequenz:
a. „*der Einfluss der Schichtzugehörigkeit ist altersunabhängig;*
b. *die Wirksamkeit der Schichtzugehörigkeit erhöht sich mit dem Alter;*
c. *die Wirksamkeit der Schichtzugehörigkeit geht mit dem Alter zurück;*
d. *die Altersgrenzen selbst bilden die wesentliche Ungleichheitsdimension.*"
(a.a.O., S. 319)

Diese Positionen können auf die Folie folgender Thesen gelegt werden:
Die Kontinuitätsthese (vgl. Atchley 1989) geht davon aus, dass soziale Ungleichheit im Ruhestand und im höheren Lebensalter auf vorherige soziale Ungleichheit in der Erwerbsphase zurückzuführen ist und diese reproduziert. Die Schichtzugehörigkeit bleibt demnach erhalten, Rentenansprüche orientieren sich an der Einkommenssituation im aktiven Erwerbsleben.
Die Kumulationsthese (vgl. Rosenmayr; Majce 1978) konstatiert eine Zunahme der vertikalen Ungleichheit im Alter und begründet diese insbesondere mit der Bedeutung des

Zusammenhangs von materiellen Ressourcen und Gesundheit sowie mit der Abhängigkeit von Ressourcen in Bezug auf Aktivitätspotenziale.
Mit der Destrukturierungsthese (vgl. Dowd; Bengston 1978) wird gegenteilig argumentiert und eine Bedeutungsreduktion der Schichtzugehörigkeit proklamiert, gesundheitliche Einschränkungen also die der Schichtzugehörigkeit überlagern.
Die These der Altersbedingtheit macht das Alter selbst zum Konstrukteur der sozialen Lage. Sie geht ebenfalls von einem Rückgang der erwerbsbedingten Schichtunterschiede aus und ordnet dem kalendarischen Alter eine zentrale Bedeutung bei.

3 Aktuelle Diskurse im Kontext ungleicher Lebenslagen im Alter

Vielfältige Untersuchungen zur Lebenssituation älterer und alter Menschen - sowohl aus subjektiver wie objektiver Perspektive - sind in den vergangen Jahren durchgeführt worden, z.b. die Berliner Altersstudie (Mayer; Baltes 1996) und der Alterssurvey (Kohli; Künemund 2005; Tesch-Römer u.a. 2006). Im Folgenden soll das Konzept der Lebenslage als theoretisch deskriptives und in der Theorie sozialer Ungleichheit verankertes Grundkonzept dargestellt und anschließend der Blick auf einzelne Dimensionen der Lebenslage im Alter gerichtet wird.

3.1 Das Konzept der Lebenslage

Das Konzept der Lebenslage zur Analyse sozialer Ungleichheit, dessen Ursprung auf Arbeiten von *Friedrich Engels* und *Max Weber* zurückzuführen ist, wurde von Neurath (1937) zu Beginn des 20. Jahrhunderts weiterentwickelt. Er wies bereits damals darauf hin, dass eine Lebenslage nicht ohne Einbeziehung der subjektiven Wahrnehmung des Menschen verstanden und erklärt werden kann. Seit den 1950er Jahren wurde das Konzept von Weisser (1966) zur wissenschaftlichen Fundierung der Sozialpolitik genutzt und danach im Rahmen der Sozialstrukturanalyse zur Beschreibung von sozialen Ungleichheiten angewandt.
Die Analyse der Lebenslage basiert nicht auf individuellen Handlungsmustern, sondern ist vielmehr aus der Perspektive gesellschaftlichen Handelns entwickelt, folglich definiert Amann Lebenslage als *„die je historisch konkreten Konstellationen von äußeren Lebensbedingungen, die Menschen im Ablauf ihres Lebens vorfinden sowie die mit diesen äußeren Bedingungen in wechselseitiger Abhängigkeit sich entwickelnden kognitiven und emotionalen Deutungs- und Verarbeitungsmuster, die diese Menschen hervorbringen. Lebenslage ist ein dynamischer Begriff, der die historische, soziale und kulturellen Wandel erzeugende Entwicklung dieser äußeren Bedingungen einerseits umfasst und andererseits die spezifischen Interaktionsformen zwischen dem sozialen Handeln der Menschen und diesen äußeren Bedingungen"* (Amann 1983, S. 147)
Alter(n) ist folglich nicht als eindimensionaler Entwicklungsprozess zu verstehen, *„sondern als ein Komplex von Elementen verschiedener zeitlicher Erstreckung, mit un-*

terschiedlichen Effekten auf die Persönlichkeitsentwicklung." (Amann 1983, S. 149) Naegele definiert *„die Anliegen und Interessen älterer Menschen als Reaktion auf objektive Bedingungen der Lebensverhältnisse."* (Naegele 1978, S. 26) Er geht dabei von alterstypischen Problemsituationen aus, aus denen heraus sich soziale Ungleichheiten und soziale Gefährdungen entwickeln können.

Das Konzept der Lebenslage dient zur Beschreibung der materiellen und immateriellen Lebensverhältnissen und versucht objektive und subjektive Determinanten in Verbindung zu bringen, wobei diese objektiven, äußeren Bedingungen und die subjektiven Wahrnehmungen, Deutungen und Handlungen des Menschen in wechselseitiger Abhängigkeit stehen (vgl. Clemens; Naegele 2004, S. 388). *„Da Lebenslagen gesellschaftlich produzierte Ungleichheit ausdrücken, sind damit auch – kohortenspezifisch differierende – Start- und Entwicklungschancen festgelegt, die im soziohistorischen wie individuell-biografischen Verlauf strukturell und handlungsgenerierend wirksam werden und die Lebenslage im Alter als Produkt lebenszeitlicher Entwicklung prägen."*(Clemens 2008, S. 47)

Im Folgenden sollen die für das Alter besonders bedeutsamen Lebenslagendimensionen mit den wichtigsten Befunden dargestellt werden.

Lebenslagendimension: Einkommen und Vermögen
Einkommen und Vermögen haben Wirkungen auf weitere Lebenslagendimensionen, z.B. die Wohnsituation und die Gesundheit.
Für die Gruppe der 65-Jährigen und Älteren können folgende Differenzen und Entwicklungen festgehalten werden:
- Frauen verfügen über weniger materielle Ressourcen als Männer.
- Ostdeutsche verfügen über ein um ein Drittel niedrigeres Einkommen als Westdeutsche.
- Männer aus unteren sozialen Schichten haben eine niedrigere Lebenserwartung.
- Die materielle Ausstattung hat Wirkungen auf Pflegehaushalte, indem dort weniger professionelle Pflegedienste eingesetzt werden.
- Ein geringeres Einkommen führt zu weniger sozialen Kontakten, womit wiederum das Risiko von Vereinsamung verbunden ist (vgl. Clemens; Naegele 2004).

Weiterhin ist erkennbar, dass
- eine *„hohe Heterogenität in der Höhe wie auch der Struktur von Einkommen und Vermögen im Alter"* existiert (BMFSFJ 2005, S. 187),
- im Jahr 2002 *„erhielten 50 Prozent der west- wie ostdeutschen Männer eine Rente von weniger als etwa 1.000 Euro monatlich – also auch weniger als die Eckrente. Bei den Frauen waren es sogar etwa 95 Prozent, die eine Rente bezogen, die niedriger als die Eckrente war"* (a.a.O., S. 194),
- *„der Anteil von Altenhaushalten, die in Einkommensarmut leben, deutlich gesunken ist"* (a.a.O., S. 198) und

- das Armutsrisiko überdurchschnittlich in Einpersonenhaushalten von alten Menschen zu finden ist (a.a.O., S. 201).

Perspektivisch ist davon auszugehen, dass sich aufgrund ökonomischer Entwicklungen die künftige Einkommenslage älterer Menschen verschlechtern wird. *„Die Schere zwischen reichen oder zumindest wohlhabenden Menschen auf der einen Seite und armen auf der anderen wird sich auch für das Alter – als Folge insbesondere der unregelmäßigen Erwerbs- und Sicherungsverläufe, der hohen Erwerbslosigkeit, aber auch Neuausrichtungen der Alterssicherungspolitik – wieder weiter öffnen."* (Backes 2008, S. 76)

Lebenslagendimension: Gesundheit
Die Lebenslage älterer Menschen wird entscheidend von ihrem Gesundheitszustand geprägt, ist Gesundheit doch eine bedeutende, wenn nicht die wichtigste Handlungsressource (nicht nur) alter Menschen (vgl. Backes; Clemens 1998, S. 187). *„Gesundheit und Krankheit im Alter oder auch der Grad an Behinderung stellen zentrale Dimensionen der Lebenslage dar, sind doch damit unterschiedliche Möglichkeiten für Handlungs- und Dispositionsspielräume verbunden und werden dadurch in unterschiedlichem Maße Selbständigkeit oder Abhängigkeit sowie Entwicklung von Kompetenz alter Menschen bestimmt."* (a.a.O., S. 183)
Bei der Betrachtung von Gesundheit und Krankheit ist es von wesentlicher Bedeutung, zwischen subjektivem Gesundheits- bzw. Krankheitsempfinden und objektiven Gesundheits- und Krankheitssituationen zu unterscheiden. Objektive Gesundheit bezeichnet meist somatische und psychische Merkmale, die einen Kriterienrahmen angeben, aus dem nach medizinisch orientierten Parametern Diagnosen erstellt werden. Demgegenüber steht der Begriff der subjektiven Gesundheit dafür, dass diese Merkmale durch das betroffene Individuum erlebt und interpretiert werden. Die Einschätzung des subjektiven Gesundheitszustandes ist im Zusammenhang mit Bewältigungs- und Deutungsstrategien wiederum nur einschätzbar im Kontext gegebener Lebenslagendimensionen wie sozialer Isolation/Integration, positiver oder negativer Grundeinstellungen, wirtschaftlichen, infrastrukturellen u. a. Bedingungen. Dennoch ist der Einfluss der subjektiven Gesundheitswahrnehmung nicht endgültig geklärt. Einige Untersuchungsergebnisse sprechen für eine negative Alterskorrelation, während andere eher positive oder keine wesentliche Alterskorrelation dokumentieren (vgl. Steinhagen-Thiessen u.a. 1996, Studienbrief 3: 7/12). *„Wahrscheinlicher ist, [...], dass mit zunehmendem Alter Anpassungen an veränderte Gegebenheiten, an Veränderungen der körperlichen Leistungsfähigkeit und Gesundheit stattfinden. "Gute Gesundheit" bedeutet im Alter vielleicht nicht (mehr) Abwesenheit von Krankheit oder Behinderung, sondern Abwesenheit von quälenden Beschwerden, oder auch, dass die eigene Gesundheit "besser als die von Gleichaltrigen" ist."* (Steinhagen-Thiessen u.a. 1996, Abs. 7/13)
Alter kann und soll nicht mit Krankheit, Unterstützungs- und Pflegebedürftigkeit gleichgesetzt werden, dennoch stellen diese zentralen Dimensionen der Lebenslage im Alter dar.

Einige Daten (vgl. Deutscher Bundestag 2002):
- 70 % der über 65-Jährigen leben ohne jegliche fremde Hilfe,
- gesundheitliche Einschränkungen nehmen mit dem Alter deutlich zu, bei den 70 bis 85-Jährigen benötigt mehr als jede/r zweite Unterstützung bei den alltäglichen Aufgaben,
- nach neueren Prognosen wird zukünftig jede/r zweite über 80-Jährige/r auf Unterstützung und Pflege durch Dritte angewiesen sein,
- bis zum Jahr 2040 wird - bei unveränderten gesundheits- und sozialpolitischen Bedingungen - mit einer Zunahme der zu Hause versorgten pflegebedürftigen Menschen um ca. 45 % und der in stationären Einrichtungen lebenden Menschen um 80 % prognostiziert,
- nur ein Viertel der über 70-Jährigen zeigt psychiatrische Beschwerdebilder und nur 10 % haben deswegen einen Unterstützungsbedarf (Baltes 1997, S. 157),
- fast die Hälfte der 70 bis 85-Jährigen Unterschichtangehörigen ist gesundheitlich eingeschränkt, in der Oberschicht ist es nur ein knappes Viertel.

Die Zunahme der Menschen, die die Jahre der Hochaltrigkeit in relativer Gesundheit verbringen (vgl. Kompressionsthese von Fries 1984) *„scheint eher für Angehörige höherer Sozialschichten zuzutreffen. Für Angehörige unterer Sozialschichten hingegen gilt eher die so genannte Medikalisierungsthese, wonach die letzten Lebensjahre vermehrt von Multimorbidität, funktionalen Einschränkungen und mehr Pflegebedürftigkeit gekennzeichnet sind."* (Backes 2008, S. 69)

Lebenslagendimension: Wohnen
Die Wirkung der Wohnverhältnisse auf das körperliche und psychische Wohlbefinden ist nicht zu unterschätzen. Mit zunehmendem Alter stellt sich der Alltag vornehmlich als Wohnalltag dar und insbesondere bei bestehender Unterstützungs- und Pflegebedürftigkeit verbringen Menschen einen immer höheren Anteil ihres Zeitbudgets in der Wohnung.

Dabei gewinnt
- die bauliche Gestaltung der Wohnung
- die materielle Wohnumwelt sowie
- die Infrastruktur des Wohnquartiers

an zunehmender Bedeutung (vgl. Backes; Clemens 1998).

Das Leben in der eigenen Wohnung und die Führung eines eigenen Haushaltes ist für alte Menschen der Ausdruck vorhandener Kompetenz, Selbständigkeit, Selbstverantwortung und Eigenbestimmung Die Wohnung wird somit im Alter immer stärker zum Lebensmittelpunkt, zum zentralen Ort für soziale Kontakte.

Als wichtigste Ergebnisse können folgende genannt werden:
- 45% der über 65-jährigen Westdeutschen leben in Wohneigentum, in Ostdeutschland sind es ca. 30%,
- der Trend der Singularisierung ist insbesondere in Großstädten mit einem Anteil von 40% Einpersonen-Haushalten bei den über 65-Jährigen zu verzeichnen, davon macht der Frauenanteil 80 % aus (vgl. Tesch-Römer u.a. 2006),
- 84% bezeichnen ihre Wohnsituation als „gut" oder „sehr gut", nur
- 16% als „mittel", „schlecht" oder „sehr schlecht" (vgl. Kohli; Künemund 2005, S. 326).

„Das Risiko in einer mangelhaft ausgestatteten Wohnung leben zu müssen, ist in der Unterschicht mehr als viermal höher als in der Oberschicht." (a.a.O., 327)

Lebenslagendimension: Beziehungen - soziales Netzwerk - Tätigkeiten
Die Bedeutsamkeit sozialer Kontakte im Alter wird verstärkt durch die Tatsache, dass in diesem Lebensabschnitt viele Freunde/innen, Bekannte, aber auch Familienangehörige durch Wegzug, durch eigene Krankheit und Einschränkung des Aktionsradius oder durch Tod als Kontaktpersonen wegfallen.
Neue Lebenssituationen, mit denen ältere Menschen häufig konfrontiert sind, haben Veränderungen in den sozialen Kontakten zur Folge. Bei berufstätigen Menschen ist insbesondere die Pensionierung als Lebenssituation zu sehen, durch die eine Kompensation mittels der Intensivierung anderer Kontakte familiärer Art oder zu Freunden und Bekannten vorgenommen wird. Außerfamiliäre Kontakte spielen ganz besonders in dieser nachberuflichen Phase oder auch bei Verlust des Partners/der Partnerin eine bedeutende Rolle. Der Kontakt zu anderen Menschen trägt ohne Zweifel zum psycho-physischen Wohlbefinden - nicht nur des alten Menschen - bei, er erweitert den Erlebnishorizont und hat Einfluss auf die Aktivität.
Die Annahme, dass alte Menschen ihre Beziehungen familienzentrierter ausrichten und das Interesse an außerfamiliären Kontakten nur sekundär ist, scheint durch verschiedene Untersuchungen widerlegt und auch die vielseitig konstatierte Entfremdung der (jungen) Familie von "ihren Alten" wurde bereits in den siebziger Jahren als "sozialer Mythos" angesehen und auch heute kann von einer Erosion der Familie nicht die Rede sein (vgl. Clemens; Naegele 2004, S. 398).

Zahlenmäßig stellt sich die beschriebene Situation wie folgt dar (vgl. Kohli; Künemund 2005):
- der Großteil älterer und alter Mensch ist in tragfähige familiäre Netzwerke eingebunden,
- vom Rückgang sozialer Kontakte ist insbesondere die Gruppe der Hochaltrigen betroffen,
- 78% der 40 bis 85-Jährigen bewerten die Beziehung zu ihrer Familie als „gut" oder „sehr gut",
- 72% können im Notfall auf eine Person aus ihrem sozialen Umfeld zurückgreifen,

- Männer können seltener auf Unterstützung zurückgreifen,
- in den niedrigen sozialen Schichten ist ein deutlich größeres Risiko fehlender Unterstützung vorhanden,
- über 50% gehen mindestens einer Tätigkeit (Ehrenamt, Pflege, Enkelkinderbetreuung und ähnlichen Tätigkeiten) nach und
- 65% bewerten ihre Freizeitgestaltung als „sehr gut" oder „gut".

„Die größten Unterschiede treten wiederum bei den sozialen Schichten auf. 18 Prozent der Unterschichtangehörigen leisten pro Jahr Transfers an Ihre Familie, ein Drittel erbt etwas. In der Oberschicht liegen die entsprechenden Quoten hingegen bei 37 und 75 Prozent. ... Höhere Schichten beteiligen sich wesentlich häufiger an Ehrenämtern, und sie bewerten ihre Freizeitgestaltung klar besser." (a.a.O., S. 328f)

4 Zwischen Potenzialen, Gefährdungen und neuen sozialen Ungleichheiten

Die beschriebenen Daten und Entwicklungen zu den einzelnen Lebenslagendimensionen bestätigen die Existenz sozialer Ungleichheit im Alter.
„Die Schichtzugehörigkeit hat starke Auswirkungen auf alle der hier untersuchten Lebensbereiche. Höhere Sozialschichten sind in vielerlei Hinsicht bevorzugt. Dies gilt nicht nur für die materiellen Ressourcen und die Wohnsituation, wo sich ein solches Muster unmittelbar reproduziert, sondern auch für Gesundheit, Familie- und Generationenbeziehungen, soziale Netzwerke sowie produktives Engagement." (a.a.O., S. 332)

In Rückkopplung auf die unter 2.0 beschriebenen Thesen muss festgestellt werden, dass zwar alle drei bestätigt, aber gleichzeitig auch widerlegt werden.
„Insgesamt dominiert aber doch ein Bild der Kontinuität. ... Soziale Ungleichheit besteht auch im Alter weiter fort." (a.a.O., S. 333)

Clemens kritisiert an den genannten Thesen eine fehlende Differenzierung bzgl. der Dynamik von Lebenslagen in einer z. T. sehr langen Altersphase sowie die unterbliebene Analyse von Auswirkungen weiterer horizontaler Dimensionen der Ungleichheit im Alter. *„Aus meiner Sicht muss von einer generellen Verflechtung der Merkmale Klasse, Alter, Geschlecht und Ethnizität ... ausgegangen werden, die sich in ihrer jeweiligen Konstellation hinsichtlich von Macht und Einfluss, aber auch von Ressourcen und Handlungsspielräumen unterscheiden. ... Damit sind wesentlich differenziertere Unterscheidungen von Entwicklung und Formen sozialer Ungleichheit als in den genannten Thesen möglich."* (Clemens 2008a, S. 21)

Festzuhalten bleibt: In der Theorieentwicklung wie auf Handlungsebene haben sich mit dem „erfolgreichen-unabhängigen Alter" und dem „belasteten-abhängigen Alter" zwei Perspektiven herausgebildet, die in höchstem Maße normierend sind und sozialen

Ausschluss implizieren. Hinweise auf eine Ausweitung und Verfestigung der negativen Ausprägung verstärken sich insbesondere im Hinblick auf
- die Zunahme von unsicheren Arbeitsverhältnissen der mittleren Generation, wovon mehrheitlich Frauen betroffen sind,
- die Veränderungen in den Alterssicherungssystemen mit einer Absenkung des Rentenniveaus, wovon mehrheitlich einkommensschwächere Menschen betroffen sind sowie
- die Zunahme von Trennungen und Scheidungen, die in der Regel negative Auswirkungen auf die soziale Sicherung im Alter haben (vgl. Clemens; Naegele 2004).

Für die Praxis Sozialer Arbeit in dem Handlungsfeld „Altenhilfe" können in Bezug auf soziale Ungleichheit(en) folgende Handlungsorientierungen formuliert werden:
- Förderung der Integration alter Menschen in die Gesellschaft
- Stärkung ihrer Interessensvertretung
- Schaffung von Partizipationsstrukturen
- Verhinderung/Reduzierung von Benachteiligungen
- Differenzierung der Altersgruppen
- Nutzung der Potentiale des Alters
- Stärkung der Solidarität zwischen den Generationen

Dabei sind die alten Prämissen:
- ambulant vor stationär
- Rehabilitation vor Pflege und
- von der Defizit- zur Ressourcenorientierung

hochaktuell, denn es gilt nach wie vor:

„Im Blickwinkel der Partizipationsförderung müssen ... neben den biografisch begünstigten „Pionieren", die selbständig in selbstbestimmten Projekten aktiv sind, auch die eher zurückgezogenen Älteren, die mit gesundheitlichen Einschränkungen zu kämpfen haben und für die das „eingeschränkte" Wohnumfeld eine wachsende Bedeutung bekommt, stehen. Mithin dürfen jene Maßnahmen nicht zurückgefahren werden, die sich an bildungsungewohnte und sozial schwächere Schichten richten." (Aner u. a. 2007, S. 23)

Neben Engagement und Partizipation muss das Recht auf Rückzug, das Recht auf Langsamkeit und somit auf individuelle Selbstbestimmung ein gesellschaftlich garantiertes und geschütztes Recht für alle Lebensalter sein.

Literatur

Amann, Anton; Kolland, Franz (2008): Das erzwungene Paradies des Alters. Wiesbaden: VS-Verlag.

Amann, Anton (1983): Lebenslage und Sozialarbeit. Berlin: Duncker; Humblot.

Aner, Kirsten; Karl, Fred; Rosenmayr, Leopold. (2007): Die neuen Alten. Retter des Soziales? Wiesbaden: VS-Verlag,

Atchley, Robert C. (1989): A continuity theory of normal aging. In: The Gerontologist, 29, S. 183–190.

Backes, Gertrud M. (2008): Potenziale des Alter(n)s – Perspektiven des homo vitae longae. In: Amann, Anton; Kolland, Franz: Das erzwungene Paradies des Alters. Wiesbaden: VS-Verlag, S. 63–100.

Backes, Gertrud M.; Clemens, Wolfgang (1998): Lebensphase Alter. Eine Einführung in die sozialwissenschaftliche Alternsforschung. Weinheim: Juventa.

Baltes, Paul B. (1997): Gegen Vorurteile und Klischees über das Alter: Neue Erkenntnisse aus der Berliner Altersstudie. In: Lepenies, Annette: Alt; Jung. Das Abenteuer der Generationen. Frankfurt a.M.: Stroemfeld/Roter Stern, S. 156–161.

Bundesministerium für Arbeit und Soziales (2007a): Integrierte Analyse der Einkommens – und Vermögensverteilung. Abschlussbericht zur Studie im Auftrag des Bundesministeriums für Arbeit und Soziales. Bonn: Bundesdruckerei.

Bundesministerium für Arbeit und Soziales (2007b): Lebenslagen in Deutschland. Der 3. Armutsund Reichtumsbericht der Bundesregierung. Bonn: Bundesdruckerei.

Bundesministerium für Familie, Senioren, Frauen und Jugend (2005): Fünfter Bericht der Bundesregierung zur Lage der älteren Generation in Deutschland. Berlin: Bundesdruckerei.

Clemens, Wolfgang; Naegele, Gerhard (2004): Lebenslagen im Alter. In: Kruse, Andreas; Martin, Mike: Enzyklopädie der Gerontologie. Bern: Huber Verlag, S. 387–404.

Clemens, Wolfgang (2008a): Zur „ungleichheitsempirischen Selbstvergessenheit" der Alter(n)ssoziologie. In: Künemund, Harald; Schroeter, Klaus R.: Soziale Ungleichheiten und kulturelle Unterschiede in Lebenslauf und Alter. Wiesbaden: VS-Verlag, S. 17–31.

Clemens, Wolfgang (2008b): Lebenslage und Lebensführung im Alter – zwei Seiten einer Medaille. In: Backes, Gertrud M. u.a.: Lebensformen und Lebensführung im Alter. Wiesbaden: VS-Verlag, S. 43–58.

Deutscher Bundestag (2002): Abschlussbericht der Enquetekommission Demografischer Wandel – Herausforderungen unserer älter werdenden Gesellschaft an den Einzelnen und die Politik. Berlin: Bundestags-Druckerei.

Dowd, James J.; Bengston, Vern L. (1978): Aging in minority populations: An examination of the double jeopardy hypothesis. In: Journal of Gerontology, 33, S. 427–436.

Evangelische Arbeitsgemeinschaft für Altenarbeit in der EKD (EAfA) (2002): Alter und ältere Menschen in Kirche und Gesellschaft – Positionen der EFfA. Kirchenamt der EKD, Hannover: EKD.

Fries, James F. (1984): The compression of morbidity. The Gerontologist (24), S. 354–359.

Geißler, Rainer (1996): Kein Abschied von Klasse und Schicht. Ideologische Gefahren der deutschen Sozialstrukturanalyse. In: Kölner Zeitschrift für Soziologie und Sozialpsychologie, 48, S. 319–338.

Kohli, Manfred (1990): Das Alter als Herausforderung für die Theorie sozialer Ungleichheit. In: Berger, Peter; Hradil, Stefan: Lebenslagen, Lebensläufe, Lebensstile. Göttingen: Verlag Otto Schwartz; Co, S. 387–406.

Kohli, Manfred; Künemund, Harald (2005): Die zweite Lebenshälfte. Gesellschaftliche Lage und Partizipation im Spiegel des Altes-Survey. Wiesbaden: VS-Verlag.

Kohli, Manfred u.a. (2005): Soziale Ungleichheit. In: Kohli, Manfred; Künemund, Harald: Die zweite Lebenshälfte. Gesellschaftliche Lage und Partizipation im Spiegel des Altes-Survey. Wiesbaden: VS-Verlag, S. 318–336.

Kontratowitz von, Hans-Joachim (1998): Vom gesellschaftlich „regulierten" über das „unbestimmte" zum „disponiblen" Alter. In: Backes, Gertrud M..; Clemens, Wolfgang: Altern und Gesellschaft. Opladen: Leske + Budrich.

Kottmann, Andrea. (2008): Alter als Kategorie sozialer Ungleichheit. In: Künemund, Harald.; Schroeter, Klaus R.: Soziale Ungleichheiten und kulturelle Unterschiede in Lebenslauf und Alter. Wiesbaden: VS-Verlag, S. 31–71.

Künemund, Harald; Schroeter, Klaus R.: Soziale Ungleichheiten und kulturelle Unterschiede in Lebenslauf und Alter. Wiesbaden: VS-Verlag.

Mayer, Karl U.; Wagner, Michael (1996): Lebenslagen und soziale Ungleichheit im Alter. In: Mayer, Karl U.; Baltes, Paul B.: Die Berliner Altersstudie. Berlin Akademie: Akademieverlag, S. 251–275.

Mayer, Karl U.; Baltes, P. B. (1996): Die Berliner Altersstudie, Berlin: Akademie-Verlag.

Motel-Klingebiel, Andreas (2001): Lebensqualität und Ungleichheit im Alter. In: Backes, Gertrud M.; Clemens, Wolfgang; Schroeter, Klaus R.: Zur Konstruktion sozialer Ordnungen des Alter(n)s. Opladen: Leske + Budrich, S. 187–221.

Naegele, Gerhard (1978): Soziale Ungleichheit im Alter. Köln: Hanstein.

Naegele, Gerhard (1998): Lebenslagen älterer Menschen. In: Kruse, Andreas: Psychosoziale Gerontologie. Band 1, Grundlagen, Jahrbuch der Med. Psychologie 15. Göttingen: Hogrefe, S. 106–128.

Neurath, Otto (1937): Inventory of the standard of living. In: Zeitschrift für Sozialforschung, 6, S. 140–151.

Richter, Antje u.a.: (2008): Dünne Rente – Dicke Probleme. Frankfurt a.M.: Mabuse-Verlag.

Rosenmayr, Leopold; Majce, Gerhard (1978): Die soziale Benachteiligung. In: Rosenmayr, Leopold; Rosenmayr, Hilde.: Der alte Mensch in der Gesellschaft. Reinbek bei Hamburg: Rowohlt, S. 231–260.

Schulz-Nieswandt, Frank (2006): Sozialpolitik im Alter. Stuttgart: Kohlhammer Verlag.

Steinhagen-Thiessen, Elisabeth u.a. (1996): Der Zahn der Zeit. Körperliche Veränderungen im Alter. In: DIFF: Funkkolleg Altern, Studienbrief 3, Tübingen, 7/2 – 7/43.

Tesch-Römer, Clemens u. a. (2006): Alt werden in Deutschland: Sozialer Wandel und individuelle Entwicklung in der zweiten Lebenshälfte. Wiesbaden: VS-Verlag.

Weisser, Gerhard (1966): Bemerkungen zur anthropologischen Grundlegung der für die Sozialpolitiklehre erforderlichen Lebenslage-Analysen. Köln: Müller.

Armut und Ungerechtigkeit

Der Sozialstaat als Verstärker der Ungleichheit

Gisela Kubon-Gilke

1 Einleitung

Bei der Beurteilung der Leistungsfähigkeit des deutschen Sozialstaats gehen die Einschätzungen weit auseinander. In nationalen Beurteilungen wird von eher liberalen Kreisen darauf hingewiesen, dass durch sozialstaatliche Transfers und durch das deutsche Steuersystem der Gini-Koeffizient[1] von brutto ca. 0,5 auf netto ca. 0,32 sinkt (vgl. Sachverständigenrat zur Begutachtung der gesamtwirtschaftlichen Entwicklung 2006/2007).[2] Der gesunkene Gini-Koeffizient der verfügbaren Einkommen gegenüber den Brutto-Markteinkommen zeigt die deutliche Einkommensangleichung durch sozialstaatliche Regeln in Deutschland. Der Netto-Ginikoeffizient ist im Zeitverlauf zwar gestiegen, ist aber im internationalen Vergleich immer noch besser als im Durchschnitt aller Nationen. Gewerkschaftsnahe Forschungsinstitute bemängeln demgegenüber u.a. die steigende Armutsquote in Deutschland und die Höhe der Arbeitslosigkeit. In internationalen Vergleichen von Teilsystemen wird auch eher Kritik an sozialpolitischen Ausrichtungen geäußert, so etwa von der OECD hinsichtlich der Bildungs-, Arbeitsmarkt- und Gesundheitspolitik. Trotz hoher Ausgaben seien die Ergebnisse z.T. unbefriedigend (vgl. z.B. OECD 2007, 2008a und 2008b). Das deute Fehlsteuerungen und Verschwendungen innerhalb der deutschen Sozialstrukturen an.

In diesem Beitrag soll gezeigt werden, dass diese unterschiedlichen Einschätzungen zur Leistungsfähigkeit des deutschen Sozialstaats nicht im Widerspruch stehen müssen, dass letztlich jedoch weder die reine Betrachtung von Brutto- und Netto-Gini-Koeffizient noch die gängige Berechnung von Armutsquoten die Schwachstellen des deutschen Sozialstaatssystems erkennen lässt. Im zweiten Abschnitt wird argumentiert, dass das in Europa akzeptierte wissenschaftliche Konzept der Armut eng mit einem speziellen Ge-

---

1 Der Gini-Koeffizient ist ein statistisches Maß zur Messung von Ungleichverteilungen z.B. des Einkommens oder des Vermögens. Es ist benannt nach dem italienischen Statistiker Corrado Gini und stellt das weltweit gebräuchlichste Ungleichheitsmaß dar. Der Koeffizient nimmt Werte zwischen 0 und 1 an. Je kleiner der Wert ist, desto gleichmäßiger ist die Verteilung.
2 Genauere und aktuellere Ergebnisse mit gleicher Tendenz liefern Horschel; Pimpertz 2008.

rechtigkeitsverständnis verwoben ist. Armut wird verstanden als Mangel an Partizipationsmöglichkeiten. Sowohl konzeptionell als auch hinsichtlich der Armuts*messung* wird es mit diesem Maß dennoch schwierig, Aussagen über das Ausmaß an Befähigungen, Chancen und Freiheiten von Individuen und Gruppen zu treffen, was man – folgt man den UN-Messungen des Human Development Index oder des Human Poverty Index – erkennen können müsste, um Teilhabe zu ermitteln (vgl. dazu Durth, Körner; Michaelowa 2002, Kap. 1). Der Hauptgrund liegt darin, dass die reine Einkommensbetrachtung des europäischen Armutskonzepts die Rolle staatlicher Koordination und Bereitstellung von Gütern und Dienstleistungen etwa im Bildungs- und Gesundheitswesen vernachlässigt, auch immaterielle Werte nicht erfasst werden. Zudem erkennt dieses Maß nicht, dass die Sozialpolitik bereits zur Spreizung der Bruttoeinkommen beitragen kann, was dann wieder durch Steuern und Transfers – vermeintlich vorteilhaft – verändert wird. Die teilweise dysfunktionale Wirkung der Sozialpolitik zur Erhöhung der Ungleichheit in den Bruttolöhnen und zum systematischen Ausschluss einkommensärmerer Personen aus Märkten, speziell aus dem Arbeitsmarkt, wird im dritten Abschnitt gezeigt. Dabei werden auch Ursachen für die partielle Dysfunktionalität benannt. Ein grundsätzliches Problem ist die Ausrichtung des deutschen Sozialsystems am Ziel der Sicherung eines einmal erreichten Lebensstandards, zumindest für bestimmte gesellschaftliche Gruppen. Im vierten Teil des Beitrages werden alternative Sozialstaatsmodelle skizziert, denen international eine bessere Leistungsfähigkeit attestiert wird. Genannt werden auch politisch utopisch anmutende Vorstellungen, die einer Sozialen Marktwirtschaft eher adäquat wären. Zum Abschluss darf der Hinweis nicht fehlen, dass bei politischen Änderungen nicht allein die engere Funktionalität eines Systems im Fokus steht. Die Institutionen selbst werden mit normativen Standards und Gerechtigkeitsurteilen belegt, was wiederum Systemvertrauen in gegebene Strukturen generieren kann. Dies wiederum induziert Verhaltensweisen (Ehrlichkeit, Rücksichtnahme, Einhalten von Verträgen, politische Wahlentscheidungen mit Passung zum System), die das System zur Funktionsfähigkeit benötigt. Schnelle und radikale Änderungen selbst eines hochgradig dysfunktionalen Systems i.e.S. können somit problematisch sein und sich letztlich vielleicht sogar als politisch undurchführbar erweisen.

2 Armut und Ungerechtigkeit

In den EU-Armutsberichten wird Armut in Relation zum durchschnittlichen nationalen Einkommen gemessen. Als „arm" wird eine Person klassifiziert, die weniger als 60% des Netto-Medianeinkommens eines Landes zur Verfügung hat (vgl. Statistisches Bundesamt 2006). Die Logik dieser Definition beruht auf Kritik am Maß der absoluten Armut, wie sie z. B. von Sen (1973) formuliert wurde. Danach wechseln Güter und Dienstleistungen mit der wirtschaftlichen Entwicklung ihre gesellschaftliche Funktionalität. Teilhabe an der Gesellschaft könne deshalb nur mit einem Maß der relativen Armut wie oben beschrieben adäquat erfasst werden. Damit rückt die Armutsdebatte nahe an die Diskussion um Verteilungsgerechtigkeit. Wesentlich für die Armut wird nicht das Ausmaß der Bedürfnisbefriedigung in absoluten Größen angesehen, sondern die relative Einkommensposition in der Gesellschaft. Die Klassifizierung an Hand der einfachen 60%-Grenze des Medianeinkommens ist konzeptionell nicht unumstritten. Sen selbst verwendet in seinem Armutsindex ein komplexeres Maß, indem er zusätzlich die Einkommensverteilung innerhalb der Gruppe der Armen sowie den Abstand des durchschnittlichen Einkommens der Armen zur 60%-Grenze integriert (vgl. Shorrock 1997).

Auch wenn eine spezifische Sicht zur Verteilungsgerechtigkeit dem Armutsbegriff zur Seite steht, ist er zu vielen Gerechtigkeitstheorien dennoch nicht kompatibel, etwa zu Rawls´ Differenzprinzip, wonach Ungleichheiten akzeptabel sind, sofern sie zu überproportionaler Mehrproduktion und somit zum absoluten Wohlergehen der Ärmsten beitragen (vgl. Kubon-Gilke 2009). Zur Chancengerechtigkeit eines Systems lassen sich mit dem momentan in der EU genutzten Armutsmaß nur sehr grobe Anhaltspunkte gewinnen, zumal die zeitpunktbezogene Messung keine Aussagen zur sozialen Durchlässigkeit erlaubt. Zu Fragen der Regelgerechtigkeit oder zu ähnlich verteilten Wahlmöglichkeiten innerhalb einer Gesellschaft sind ebenfalls nur unzureichend Aussagen mit einer solchen Armutsquote möglich. Das liegt in erster Linie daran, dass man keinen Anhaltspunkt dafür hat, ob auf Märkten andere Rationierungsmechanismen als die über die Zahlungsfähigkeit und –bereitschaft greifen, also z.B. in der Weise diskriminiert wird, dass bestimmte Personen trotz Zahlungsbereitschaft für die Marktpreise von den Märkten und ihren Leistungen ausgeschlossen werden (wie z.B. systematisch bei Versicherungen, Krediten, Wohnungen oder im Erwerbsleben wegen spezifischer Marktallokationsprobleme).

Das Ziel der Armutsmessung wird heutzutage überwiegend darin gesehen, nicht den Mangel an lebensnotwendigen Gütern ins Zentrum zu stellen, sondern in Anlehnung an Sen u.a. zu messen, ob Menschen am gesellschaftlich üblichen Leben teilhaben können. Dies wird als Kern des Armutsbegriffs angesehen. Das misst die EU-Armutsquote allerdings nur für verfügbare Einkommen und entsprechend de facto für den Erwerb marktkoordinierter Produkte, die diskriminierungsfrei erworben werden können, also für typische Konsumgüter und private Dienstleistungen. Die UNO verwendet für weltweite Vergleiche hingegen multidimensionale Konzepte. Der Mangel an Teilhabemöglichkeiten lässt sich danach nicht allein am Einkommen festmachen. Neben der Frage zu nichtpreislicher Diskriminierung wird das abweichende Maß damit begründet, dass viele Leistungen, die für gesellschaftliche Partizipation essentiell sind, nicht durch Märkte, sondern zentral über den Staat zur Verfügung gestellt werden. Das betrifft insbesondere Gesundheits- und Bildungsdienstleistungen, die in dem UN-Maß berücksichtigt werden, indem der Gesundheitszustand oder der Bildungsstand der Individuen als Dimensionen in das Maß eingehen. Die UN-Berechnungen kommen zwar dem Partizipationsgedanken näher, haben aber spezifische Probleme z.B. bei der Gewichtung der einzelnen Komponenten. Die Verteidiger[3] der EU-Armutsberichte verweisen darauf, dass in entwickelten Industrieländern das Einkommen von Personen und Gruppen einen hinreichend guten Anhaltspunkt für deren Partizipationsmöglichkeiten bietet.

3 Sozialpolitische Wirkungsanalyse

In Marktsystemen haben Preise und damit auch Löhne eine Steuerungsfunktion. Knappheiten bestimmen via Angebot und Nachfrage die Preise. Das soll wiederum Anreize für Anbieter und Nachfrager bieten, aus dem Markt aus- oder einzutreten, je nachdem, wie sich Präferenzen, Zahlungsbereitschaften und Kosten verändern. Damit soll eine effiziente Lösung des Problems jeder Gesellschaft gelingen, wie eine arbeitsteilige Gesellschaft eine solche materielle Versorgung angesichts knapper Ressourcen erreicht, die den Wünschen der Gesellschaftsmitglieder möglichst weitgehend entspricht und den Individuen dennoch weitgehende Freiheitsspielräume hinsichtlich ihrer Berufs- bzw. Tätigkeitswahl einräumt (vgl. Kubon-Gilke 2006, Kap. 2). Selbst wenn alle Märkte diese Funktion perfekt erfüllen könnten, ergäben sich in dem System Verteilungsprobleme durch systematische Einkommensungleichheiten, da sich die Knappheit einzelner Berufe i.d.R. unterscheiden wird.[4] Werden die Einkommen nun sozialpolitisch sehr stark angeglichen, kann die dezentrale Steuerung über Märkte u.U. nicht mehr in dem gewünschten Ausmaß funktionieren, d.h. die Gesamtproduktion und damit auch die Summe aller Einkommen sinken. Dies ist auch eine Begründung für Rawls´ Differenzprinzip, nur soweit umzuverteilen, bis die Gesamteinkommen nicht derart schrumpfen, dass zum Schluss trotz Umverteilung die Ärmsten verlieren.[5] Systemwidrig muss neben der völligen Einkommensangleichung der sozialpolitische Versuch sein, einmal erreichte Einkommensniveaus zu stabilisieren und dem Sozialstaat die vordringliche Aufgabe einer Lebensstandardsicherung zu geben, da die Einkommen auf veränderte Knappheiten reagieren können müssen. Vanberg (2008, S. 165) bemerkt mit dem Hinweis auf Einkommensveränderungen als nicht versicherungsfähige Risiken einer Marktwirtschaft

---

3   In meinen Aufsätzen verwende ich abwechselnd entweder eine rein weibliche oder eine ausschließlich männliche Schreibweise. In diesem Beitrag ist es die männliche Form, die Männer und Frauen ohne Diskriminierungsintention umfasst.

4   Marktlöhne werden insbesondere von einigen politisch liberalen Kreisen mit Leistungsgerechtigkeit in Verbindung gebracht. Das ist zumindest umstritten. Knappheit deutet einerseits zwar an, dass es um Leistungen für die Gesellschaft geht. Via Zahlungsbereitschaft für Güter offenbaren sich - wenn auch durch Einkommenseffekte verzerrt - die Präferenzen, aber entlohnt wird andererseits tatsächlich in allokativ funktionierenden Arbeitsmärkten nur die bewertete *Grenzleistung des zuletzt eingestellten Arbeitnehmers*. Wenn also bei gleicher Nachfrage nach den Produkten allein die Anzahl von Interessierten an dem Beruf zunimmt, sinkt der Lohn, auch wenn die individuelle Leistung konstant geblieben ist.

5   Bei systematischen Steuerungsproblemen des Arbeitsmarktes kann eine Nettolohnangleichung bis zu einem bestimmten Maß durchaus funktional sein, das gilt aber nicht für eine völlige Egalisierung aller Löhne.

dazu: „Der Schutz vor solchen Risiken kann zwar bestimmten Personen oder Gruppen als Privileg eingeräumt werden, man kann ihn aber unmöglich allen gleichermaßen gewähren und gleichzeitig das „Spiel des Marktwettbewerbs" aufrechterhalten." Nun wird das kontinentaleuropäische Sozialstaatsmodell, dem das deutsche System zugeordnet wird, als eines charakterisiert, welches sich gerade diesem Ziel der Lebensstandardsicherung verschrieben hat (vgl. Bizer; Sesselmeier 2004, S. 76). Wenn das ein konstituierendes Merkmal ist, deuten sich zwei grundsätzliche Probleme an: Da Einkommenssicherung höchstens selektiv für einzelne Gruppen durchgeführt werden kann, werden die nicht begünstigten Gruppen doppelt geschädigt, zum einen durch die Unsicherheiten und vor allem durch die Schwankungen, denen ihre eigenen Einkommen unterliegen, zum anderen durch die gesunkene Leistungsfähigkeit des gesamten Marktsystems, die ihre Einkommenschancen beschränkt. In diesem Sinne allein wirkt das Sozialsystem diskriminierend und ungleichheitsverstärkend.

Schaut man sich einzelne sozialpolitische Bereiche an, dann können spezifische Mechanismen diese Tendenz weiter verstärken. In diesem Fall sind die Ergebnisse jedoch stark davon abhängig, wie nahe die Märkte einer effizienten Allokation[6] kommen. Bei Phänomenen des „Marktversagens", z.B. bei Gleichgewichten abseits des Schnittpunktes von Angebot und Nachfrage, können sich die Ergebnisse im Vergleich zu einer perfekten Marktallokation deutlich unterscheiden. Natürlich muss ganz grundsätzlich auch nicht *jede* sozialpolitische Maßnahme dysfunktional sein. Nachfolgend sollen einige ausgewählte Beispiele genannt werden, bei denen die Sozialpolitik die Ungleichheit verstärken, damit auch die ausgewiesene Armut vergrößern kann:

a. Mietbeihilfen. Wenn an ärmere Mieter Wohngeld gezahlt wird und dies auch nicht für beliebige Wohnungen, sondern nur für „adäquate", und wenn der Wohnungsmarkt ein nicht untypisches unelastisches Angebot aufweist (fast senkrechter Verlauf des Angebots), dann ergeben sich folgende Wirkungen: Durch das Wohngeld steigt die Zahlungsbereitschaft für die Wohnungen um genau den Wohngeldbetrag, da die Zahlungen an das Wohnen gebunden sind. Das führt wegen des senkrechten Angebots über die erhöhte Nachfrage zu einer Mieterhöhung um den kompletten Wohngeldbetrag. Das Wohngeld kommt bei senkrechtem Angebot letztlich allein den Vermietern über die um das Wohngeld höhere Miete zu Gute, für die Mieter ändert sich nichts. Sofern die Armen Steuern zahlen und damit ihre eigene Unterstützung mitfinanzieren müssen, können sie sogar netto durch das Wohngeld verlieren. Wenn Vermieter tendenziell zu den Wohlhabenderen gehören, hat Wohngeld zu einer Umverteilung von arm zu reich geführt (vgl. Kubon-Gilke 2001).

b. Mindestlöhne über dem markträumenden Niveau (bei Angebot = Nachfrage) hätten bei allokativ funktionierendem Arbeitsmarkt zur Konsequenz, dass zum Mindestlohn die Arbeitsnachfrage von Unternehmungen kleiner ist als das Arbeitsangebot. Die

---

6   Allokation kennzeichnet die Verteilung (endlicher, knapper) Ressourcen wie Arbeit, Kapital und Boden auf einzelne Produktionsbereiche. Effizient ist eine Allokation dann, wenn die Verteilung der Ressourcen dazu führt, dass diejenigen Güter und Dienstleistungen verschwendungsfrei und besonders zahlreich hergestellt werden, die die Gesellschaftsmitglieder auch besonders präferieren.

Folge ist Arbeitslosigkeit. Es gibt Gewinner der Maßnahme – die Beschäftigten zum Mindestlohn. Verlierer sind die Arbeitslosen, die nun nicht einmal die zuvor niedrigen Löhne des Marktes erzielen. Die Ungleichheit kann dadurch insgesamt zunehmen. Mindestlöhne sind dennoch nicht so einfach und eindeutig zu beurteilen, da Arbeitsmärkte vor systematischen Koordinierungsschwierigkeiten stehen. So ist es auch nicht verwunderlich, dass empirische Ergebnisse nach Mindestlohnsetzungen ambivalent sind. Es gibt Beispiele, bei denen tatsächlich die Arbeitslosenquoten gestiegen sind, in anderen Ländern zeigte sich das Gegenteil. Das Ergebnis hängt vom gesamten arbeitsmarktpolitischen Programm der Länder und ihrem Sozialsystem ab. In Ländern mit sehr schwacher sozialer Sicherung sind die Ergebnisse tendenziell positiv, was evtl. daran liegen kann, dass der Druck zum Zweit- und Drittjob schwindet, damit Fehlzeiten sich verringern und auch die Motivation positiv beeinflusst wird. Die erhöhte Leistungsfähigkeit kann den Kosteneffekt des Mindestlohns unter solchen Umständen überkompensieren. Arbeitsmarktzusammenhänge sind insgesamt sehr komplex, da auch die Märkte für besonders qualifizierte Personen systematische Fehlsteuerungen aufweisen, was letztlich über Wanderungsbewegungen bei den am schlechtesten Qualifizierten zu besonders niedrigen Löhnen oder besonders hoher Arbeitslosigkeit führt. Um diese Probleme zu lösen, benötigte man eine sehr spezifisch andere Arbeitsmarktpolitik als die jetzige, die sich überwiegend am einfachsten Modell im Prinzip funktionsfähiger Märkte orientiert (vgl. Kubon-Gilke 2004 zu allgemeinen Zusammenhängen von Sozialpolitik und dem Arbeitsmarkt).

c. *Elterngeld und Diskriminierung von Frauen am Arbeitsmarkt.* Frauen verdienen in Deutschland deutlich weniger als Männer. Die Einkommensdifferenz ist auch höher als in anderen OECD-Staaten (vgl. OECD 2008b). Die OECD sieht einerseits den Grund darin, dass in Deutschland eher fehlendes Einkommen ersetzt wird als über staatlich finanzierte Dienstleistungen den schnellen Einstieg gerade der Mütter wieder zurück ins Erwerbsleben zu ermöglichen. Die Wirkung speziell des Elterngeldes kann auch über eine Nebenwirkung zur Erklärung der relativ großen geschlechterspezifischen Lohndifferenzen beitragen.[7] Elterngeld wird für 12 Monate (ein Elternteil) oder für 14 Monate (Teilung der Zeit von beiden Elternteilen) gezahlt, jeweils 2/3 des letzten Nettolohnes – mindestens 300€, maximal 1800€. Wenn Frauen weniger verdienen als Männer, lohnt es sich unter dieser Regel bei dem Ziel eines möglichst nicht zu stark sinkenden Gesamteinkommens der Familie, wenn die Mütter 12 Monate Elternzeit nehmen, Väter höchstens die zwei zusätzlichen Monate. Ein entscheidender Grund für Lohn- und Aufstiegsungleichheiten von Männern und Frauen liegt nun in Informationsproblemen. Firmen können die Produktivität der Mitarbeiter nicht perfekt zu Beginn vorhersehen. Eine entscheidende Einflussgröße auf die langfristige Produktivität ist die Kontinuität des Erwerbslebens. Unterbrechungen entwerten Fähigkeiten und Qualifikationen. Wenn Frauen mit höherer Wahrscheinlichkeit

---

[7] Vgl. Schlicht (2009) zu alternativen Erklärungen der Diskriminierung und einem neuen Ansatz auf der Basis neuerer Arbeitsmarkttheorien.

die Erwerbstätigkeit unterbrechen als Männer, ist das rein statistisch ein Grund für Arbeitgeber, Frauen wegen ungenauerer individueller Produktivitätsprognosen geringere Löhne zu zahlen. Der Teufelskreis schließt sich, da durch die niedrigen Löhne die Frauen wiederum eher als die Männer die Elternzeit in Anspruch nehmen. Die spezielle sozialpolitische Regel verfestigt und stärkt geschlechterspezifische Lohnungleichheiten. In Kombination mit anderen gesellschaftlichen selbsterhaltenden Mechanismen können sich Rollenverfestigungen etablieren. In der Alterssicherung speziell im deutschen Sozialversicherungssystem setzen sich diese Ungleichheiten dann fort (vgl. z.B. Kubon-Gilke; Seelisch 2002).

d. *Bildungspolitik und Duales System der Berufsausbildung.* Eine der wichtigsten Zusammenhänge der Bildungsökonomik betrifft die Frage, wer für welche Bildungsinhalte die Kosten übernehmen sollte. Bei einkommenswirksamer Berufsqualifikation, die allgemein ist, d.h. bei der die Ausgebildeten in vielen Betrieben über ihre Qualifikation ein entsprechendes Einkommen erzielen können, lautet die Antwort, dass – abgesehen von den staatlich zu finanzierenden Anteilen der gesellschaftlichen Vorteile der Ausbildung – die Auszubildenden die Kosten tragen müssen, da sie über höhere Einkommen auch die Vorteile der Berufsausbildung erzielen. Im deutschen Berufsbildungsgesetz ist nun festgelegt, dass Auszubildende „eine angemessene Vergütung" erhalten müssen und dass das Vertragsverhältnis immer mit dem Ende der Ausbildung endet. Damit haben die Firmen auch keine Möglichkeit, über eine Bindung der Ausgebildeten an das Unternehmen von den Produktivitätsvorteilen sicher zu profitieren. Die Folge der Regeln kann sein, dass Ausbildungen wegen zu hoher Kosten und zu geringer Erträge unterbleiben. Nicht alle, die unter diesen Umständen eine Lehrstelle suchen, werden auch eine finden. Typischerweise sind die Kinder der sozialen Gruppen, die aus anderen Gründen benachteiligt sind, besonders betroffen, erstens weil der Überschuss an Lehrstellensuchenden generell Diskriminierungsmöglichkeiten eröffnet und zweitens, weil bei den Kindern benachteiligter Gruppen durch inadäquate Schulstrukturen häufig Abschlüsse und Kenntnisse fehlen, die Eingangsvoraussetzung für eine berufliche Qualifikation sind. Diskriminierungsmöglichkeiten eröffnen immer auch die Option, besonders hohe Anforderungen an schulischen Kenntnissen für Einstellungen festzulegen. Die Jugendarbeitslosigkeit ist dadurch letztlich bei benachteiligten gesellschaftlichen Gruppen besonders hoch. Die spezifische Diskriminierung ist unmittelbar Folge vermeintlich sozialer Regeln für Ausbildungen. Änderungen sind nicht ganz trivial, da es Kreditmöglichkeiten geben müsste, auch eine Versicherung gegen ein Scheitern der Ausbildung. Wenn das nicht gelingt, würde zwar der Ausbildungsbereich vielleicht etwas besser funktionieren, aber die Chancengerechtigkeit wäre nicht gewahrt. Letztlich kann nur eine Gesamtneukonzeption der Bildungspolitik im Bereich der Schulen und der beruflichen Qualifikation zielführend sein, um Diskriminierungen einzudämmen und gleichzeitig Chancengerechtigkeit zu gewähren, ohne die Ausbildung letztlich rein staatlich durchzuführen, was angesichts internationaler Erfahrungen nicht zielführend ist (vgl. Kubon-Gilke 2006, Kap. 2, 3 und 6.2.5).

4 Alternative Sozialstaatskonzepte

Vanberg (2008, S. 164) weist darauf hin, dass ein Marktsystem zwar nicht den Schutz vor sozialem Abstieg über eine Sicherung des einmal erreichten Lebensstandards erlaubt, was aber nicht bedeute, es könne keinerlei Form der sozialen Sicherheit geben: „Die Sicherung gegen Armut kann in einem staatlichen Gemeinwesen durch die Garantie eines Mindesteinkommens erreicht werden, also dadurch, daß (!) allen Bürgern der Anspruch auf ein bestimmtes, durch Transfers zu gewährleistendes Einkommensniveau für den Fall zugesichert wird, daß (!) sie nicht in der Lage sind, dieses durch eigene Erwerbstätigkeit im Markt selbst zu erwirtschaften." Es gehe nach einer solchen Grundsatzentscheidung nur noch darum, das Transfersystem so zu konzipieren, dass Fehlsteuerungen und Dysfunktionalitäten weitgehend vermieden werden. Diese Einschätzung mag auch erklären, warum politisch fast einvernehmlich ein solches Mindesteinkommen gefordert wird – mit unterschiedlichen Begrifflichkeiten wie Bürgergeld, Grundsicherung oder negative Einkommensteuer. Über Höhe und konkrete Gestaltung gibt es zwar differierende Einschätzungen, aber die grundsätzliche Forderung findet sich erstaunlich breit gefächert bei allen politischen Gruppierungen. Ein solches System ist auch mit verschiedenen Gerechtigkeitsvorstellungen kompatibel – von Rawls bis zur christlichen Sozialethik und darauf fußender Konzepte einer Sozialen Marktwirtschaft (vgl. Kubon-Gilke 2009). Es kommt zudem nahe an die Grundidee des skandinavischen Sozialstaatsmodells zumindest der jetzigen Prägung, in dem es um das Ziel der sozialen Sicherheit geht (vgl. Bizer; Sesselmeier 2004, S. 76), dabei auch um die Stärkung der Selbstverantwortungsfähigkeit einzelner Menschen z.B. über ergänzende bildungs-, gesundheits- und arbeitsmarktpolitische Gestaltungen.

Mit einigen Reformen wurden in Deutschland erste Schritte in diese Richtung bereits unternommen. Jedoch haben diese Reformen mindestens so viele neue Schwierigkeiten verursacht wie Dysfunktionalitäten beseitigt. Prominentes Beispiel ist die Streichung der Arbeitslosenhilfe (die der Logik der Einkommenssicherung gehorchte, obwohl sie steuerfinanziert war und nichts mit der Arbeitslosenversicherung zu tun hatte) und Einführung der Hartz-IV-Grundsicherung, kombiniert mit der Idee der Stärkung der Selbstverantwortungsfähigkeit via „Fördern und Fordern". Vorteile werden darin gesehen, dass diese Änderung über eine Absenkung impliziter Mindestlöhne zu einem Abbau der Arbeitslosigkeit in erheblichem Umfang beigetragen habe, allerdings auf Kosten gesunkener Marktlöhne insbesondere für schlecht qualifizierte Personen. Manche mögen das als „Wahl zwischen Pest und Cholera" charakterisieren. Die noch deutlicheren Nachteile liegen in Konstruktions- und Ausführungsproblemen – darunter hinsichtlich der Höhe der Mindestsicherung, des starken Drucks, der ausgeübt wird in Kombination mit intensiver Kontrolle, mangelnder individueller Förderung, unangepasster arbeitsmarktpolitische Begleitung u.v.a.m. Viele dieser Kritikpunkte sind berechtigt, aber die Kritik deutet noch eine andere Schwierigkeit der Umgestaltung an. Selbst wenn das skandinavische Sozialstaatsmodell in vielerlei Hinsicht erfolgreicher zu sein scheint (geringere geschlechtsspezifische Lohndifferenzen, geringere Arbeitslosigkeit – vor allem kaum

Langzeitarbeitslosigkeit, geringere Armutsquoten, bessere Leistungen im Gesundheits- und Bildungssystem), so kann nicht allein über „benchmarking" wie in der EU mit der Methode der offenen Koordinierung der Umgestaltungsweg der leistungsschwächeren Systeme beschritten werden: „What tends to get forgotten, however, within this learning approach to policy-making is the fact that policies and political institutions are not just valued for what they accomplish in terms of outcomes, but also in terms of the normative standards of justice and appropriateness that they represent, and the trust they generate." (Offe 2006, S. 56). Sesselmeier (2008, Kap. 5) spricht in diesem Zusammenhang von Pfadabhängigkeiten der Sozialsysteme. Die Einkommenssicherungslogik der deutschen Sozialversicherungssysteme und einiger anderer sozialstaatlicher Programme Deutschlands beeinflusst u.a. Gerechtigkeitsurteile der Menschen. Die Kritik an den Hartz-Regeln muss nicht allein mit der Ausgestaltungsproblematik zu tun haben, sondern mit dem Bruch der Logik der Einkommenssicherung. Das mag mit ein Baustein dafür sein, dass das System der sozialen Marktwirtschaft in ihrer konkreten Ausgestaltung heute deutlich weniger als „gerecht" und „gut" gesehen wird als noch vor etwa 15 Jahren (vgl. Vanberg 2008, S. 155). Will man gleichzeitig Systemvertrauen und –akzeptanz erhalten und das Sozialsystem leistungsfähiger machen, können partielle, unkoordinierte und unbegleitete Maßnahmen mehr Schaden anrichten als über längerfristig vermiedene Verstärkungseffekte der Ungleichheit wieder mehr Gleichheit und Akzeptanz zu schaffen.

Eine spezielle Kritik am Konzept des Forderns und Förderns richtet sich darauf, dass es zu stark individualisiere und auch zu spezifischen Schuldzuschreibungen verleite. Arbeitslose und Benachteiligte würden zu sehr in die individuelle Verantwortung genommen, was verkenne, dass es auch viele strukturelle und gesellschaftliche Ursachen der Ausschließung gäbe. Auch wenn es de facto solche Zuschreibungen gibt und sie sogar politisch forciert werden, ist das Konzept der Selbstverantwortungsförderung doch anders angelegt. In der Grundidee der sozialen Marktwirtschaft geht es z.B. nicht allein um individuelle Förderung etwa über das Bildungssystem. Eine wesentliche politische Aufgabe wird darin gesehen, einen solchen Ordnungsrahmen für politische und ökonomische Abläufe zu schaffen, der Machtbalancen auf allen Ebenen schafft und ein möglichst funktionsfähiges Gesamtsystem erlaubt, das trotz durchaus zugelassener Einkommensungleichheiten spezifische Formen des Ausschlusses wie Arbeitslosigkeit vermeidet. Angesichts neuerer Entwicklungen, auch theoretischer Erkenntnisse zur Funktionsweise des Arbeitsmarktes, wirken die ordoliberalen Vorstellungen der Nachkriegszeit möglicherweise etwas naiv, d.h. ein komplexerer Mix aus Ordnungsrahmen und Markteingriffen erweist sich heute angesichts neuerer globaler Bedingungen und theoretischer Erkenntnisse sicher als eher zielführend. Das ändert aber nichts daran, dass die Stärkung der Selbstverantwortungsfähigkeit immer auch strukturell gedacht worden ist, indem es darum ging, selbstverantwortungsfähigen Individuen über funktionsfähige ökonomische und politische Teilsysteme überhaupt die Chancen zu eröffnen, ihre Fähigkeiten zu nutzen.[8] All das benötigte jedoch eine neue und abgestimmte Politik auf *allen* Ebenen, was angesichts der üblichen Zeithorizonte politischer Entscheidungen und der benannten Pfadabhängigkeiten eine mehr als herausfordernde Aufgabe zu sein scheint. Weitere Überlegungen sind unumgänglich, ob und welche Partialreformen einen Pfadbruch hin zu einem leistungsfähigeren und stärker egalisierenden Sozialsystem einleiten können.

---

8 Vgl. Körner (2007) zu Wurzeln und Weiterentwicklungen des Konzepts der Sozialen Marktwirtschaft.

Literatur

Bizer, Kilian; Sesselmeier, Werner (2004): Reformprojekt D. Wie wir die Zukunft gestalten können, Darmstadt: Primus.

Durth, Rainer, Körner, Heiko; Michaelowa, Katharina (2002): Neue Entwicklungsökonomik, Stuttgart: Lucius und Lucius.

Horschel, Nicole; Pimpertz, Jochen (2008): Der Einfluss des Sozialstaates auf die Einkommensverteilung, IW-Trends 2/2008.

Körner, Heiko (2007): Soziale Marktwirtschaft. Versuch einer pragmatischen Begründung, Freiburger Diskussionspapiere 07/7, Freiburg i.Brsg.: Universität Freiburg, Institut für Wirtschaftsforschung, Abteilung für Wirtschaftspolitik.

Kubon-Gilke, Gisela (2001): Ökonomische Analyse sozialer Brennpunkte: Anmerkungen zur Tragödie der guten Absicht in der Wohnungspolitik, in: Meyer, Bernhard [Hg.]: Zum Beispiel Michael M. und Dagmar S. – Multiperspektivität in der sozialen Arbeit, Darmstadt: Books on Demand, S. 105–120.

Kubon-Gilke, Gisela (2004): Arbeitslosigkeit und Sozialpolitik, in: Seelisch; Winfried [Hg.]: Soziale Verantwortung in Europa. Darmstadt: Bogen Verlag, S. 207–224.

Kubon-Gilke, Gisela (2006): Wi(e)der Elitebildung. Bildung aus ökonomischer Perspektive, Marburg: Metropolis.

Kubon-Gilke, Gisela (2009): Soziale Nachhaltigkeit. Inhaltsleerer Begriff oder umsetzungsfähiges politisches Zielsystem, Diskussionsbeiträge aus der Evangelischen Fachhochschule Darmstadt Nr. 6, Darmstadt: Evangelische Fachhochschule.

Kubon-Gilke, Gisela; Seelisch, Winfried (2002): Äquilibristik der Familienpolitik: Finanzielle Unterstützung von Familien und Rekombination von Erwerbs- und Familienarbeit, in: Sozialer Fortschritt 51 (11), S. 288–292.

OECD (2007): Gesundheit auf einen Blick. OECD-Indikatoren, Paris: OECD publishing.

OECD (2008a): Bildung auf einen Blick. Paris: OECD publishing.

OECD (2008b): Employment Outlook, Paris: OECD publishing.

Offe, Claus (2006): Social Protection in a Supranational Context. European Integration and the Fates of the "European Social Model", in: Bardhan, Pranab, Samuel Bowles, Michael Wallerstein (eds.): Globalization and Egalitarian Redistribution, New York – Princeton – Oxford: Russell Sage Foundation und Princeton University Press.

Sachverständigenrat zur Begutachtung der gesamtwirtschaftlichen Entwicklung (2006/2007): Entwicklung der personellen Einkommensverteilung in Deutschland, Auszug aus dem Jahresgutachten zur gesamtwirtschaftlichen Entwicklung, S. 444, www.sachverstaendigenrat-wirtschaft.de/download/ziffer/z580_601j06.pdf

Schlicht, Ekkehart (2009): Selection Wages and Discrimination, Economics, The Open-Access, Open-Assessment E-Journal, Discussion Paper Nr. 2009-35, www.economics-ejournal.org/economics/discussionpapers/2009-35

Sen, Amartya (1973): On Economic Inequality, Oxford: Clarendon Press.

Sesselmeier, Werner (2008): Soziale Inklusion in Europa: Gemeinsamkeiten, Unterschiede, Schlussfolgerungen, Düsseldorf: Hans-Böckler-Stiftung.

Shorrocks, Anthony F. (1997): Revisiting the Sen poverty index, in: Econometrica 63, S. 1225–1230.

Statistisches Bundesamt (2006): Erstmals EU-weit vergleichbare Daten zu Armut, Pressemitteilung Nr. 505 vom 5. 12. 2006, einsehbar unter: www.destatis.de/jetspeed/portal/cms/Sites/destatis/Internet/DE/Presse/pm/2006/12/PD06_505_634,templateId=renderPrint.psml

Vanberg, Viktor J. (2008): Das Paradoxon der Marktwirtschaft, in: Vanberg, Viktor J.: Wettbewerb und Regelordnung, herausgegeben von Nils Goldschmidt und Michael Wohlgemuth, Untersuchungen zur Ordnungstheorie und Ordnungspolitik, Tübingen: Mohr Siebeck, S. 155–172.

Sozialpolitische Interessen, Werte und Entscheidungsprozesse an einem Beispiel aus der Wohnungslosenhilfe

Orientierungs- und Handlungswissen für eine politisch engagierte Soziale Arbeit[1]

Benjamin Benz

Armut wird in der Sozialen Arbeit und Politik gleichermaßen als eines der gravierendsten sozialen Probleme wahrgenommen. In fachwissenschaftlichen wie politischen Diskussionen wird dabei soziale Gerechtigkeit als Wert bemüht, dessen Verletzung Armut anzeigt und der zum Handeln aufruft (zur armutspolitischen Bedeutung unterschiedlicher Lesarten sozialer Gerechtigkeit siehe etwa Benz 2009b). Welche Rolle spielen dabei sozialpolitische Interessen, Werte und Entscheidungsprozesse, warum sind sie für die Soziale Arbeit so wichtig und welche Hilfen zur Orientierung und Handlungsfähigkeit können Fachkräfte Sozialer Arbeit hier von Seiten der Politikwissenschaft für Ihre Berufspraxis erwarten?

1 Das Fallbeispiel

Der Studie eines großen Sanitärarmaturen-Herstellers zufolge duschen 36 Prozent der Deutschen regelmäßig warm, weitere 44 Prozent tun dies sogar immer (vgl. Grohe AG 2008). Was fangen Fachkräfte der Sozialen Arbeit mit diesen empirischen Anhaltspunkten in einer Stadt an, in der sie mit ähnlichen sozialpolitischen Interessen und Entscheidungen konfrontiert werden, wie im folgenden Fallbeispiel?
Es geht um ca. 80 Männer, Frauen und Kinder, einen Gemeinderat und den Neubau eines Teils des Wohnheims für Obdachlose. Nachdem es in der Einrichtung bislang nie warmes Wasser gab, sollte dies auch im Neubau so bleiben. Per Kampfabstimmung im Gemeinderat musste die Planung jedoch aufgegeben werden: zugunsten eines 175 Liter-Boilers für zumindest drei Warmwasser-Duschen. Einem sozial sehr engagierten Unternehmer war dies nicht genug für 80 Personen. Er bot an, auf eigene Kosten einen 500-Liter-Tank einbauen zu lassen. Doch wer solle dann die zusätzlichen Stromkosten zahlen, wurde im Gemeinderat gefragt? Die werde er dann eben auch übernehmen, bot der Unternehmer an (vgl. Bässler 2007). Was kann uns das Beispiel lehren?

---

[1] Der Beitrag basiert auf der Probelehrveranstaltung des Autors an der EH Freiburg am 23. April 2007.

2 Grundlagen: Soziale Arbeit, Interessen und Werte

Soziale Arbeit und Sozialpolitik sind als Antwort auf soziale Missstände auf Initiative (man kann auch sagen: aufgrund einer Mischung von Interessen, Werten und Zielen) insbesondere der Kirchen, von Unternehmensseite, der Arbeiterbewegung und der (zunächst lokalen) Politik entstanden (vgl. Boeckh, Huster; Benz 2006). Sie stehen also in Verbindung mit Interessen und Wertvorstellungen unterschiedlicher gesellschaftlicher Akteure. Die Antwort auf die Frage, ob und wie Mangellagen und Leiden dies- oder jenseits von Sozialer Arbeit durch die Gesellschaft und aufgegriffen werden können und sollen, unterliegt historischem Wandel, politischer Bewertung, ökonomischer Potenz; also den gesellschaftlichen Verhältnissen begrenzter Räume zu einer bestimmten Zeit. Konkret: Die Obrigkeit im feudalen Zeitalter hätte sich vermutlich mit der Warmwasserproblematik gar nicht herumschlagen müssen. Es wurde vom Fürsten nicht erwartet, dass er in den Armenhäusern für eine Ausstattung nach Normalstandard sorgte, diesen gab es überhaupt nicht. Heute erwarten Bürger, ihre gewählten VertreterInnen und auch Unternehmen hingegen, die Lebensbedingungen aller Wohnbürger in der öffentlichen Sphäre mitzugestalten und zu verantworten (eine zentrale Vorbedingung für die große Expansion der Sozialen Arbeit, die – schaut man nach den Beschäftigungszahlen im Sozialwesen – bislang mitnichten bereits in eine Phase allgemeinen Rückbaus übergegangen ist (vgl. Maier; Spatscheck 2006)).

So wie bereits die gesellschaftlichen Grundlagen sozialpolitischer Interessen und Entscheidungen nur gebunden in Raum und Zeit zu verstehen sind, sind es auch einzelne sozialpolitische Maßnahmen. Dabei differieren auch zu einer bestimmten Zeit an einem bestimmten Ort die Auffassungen über zu befriedigende soziale Bedürfnisse erheblich – wie das Warmwasser-Beispiel im Gemeinderat zeigt. Richard Hauser weist daher darauf hin, dass beim Konstatieren sozialpolitischer Bedarfe und bei der Bestimmung der Pflicht oder Grenze des Staates, für die für ihre Befriedigung notwendigen Ressourcen Sorge zu tragen, stets Werturteile nötig sind. *„Diese Werturteile sind in sozialpolitischen Werthaltungen begründet, die nur offengelegt, aber nicht bewiesen werden können."* (Hauser 1994, S. 24) Wir haben es also nicht nur mit Interessen zu tun (etwa an niedrigen Betriebskosten von Obdachlosenheimen), sondern entscheidend auch mit Werten: Wird die Würde eines obdachlosen Menschen gewahrt? Wird umgekehrt seine Eigeninitiative untergraben, wenn es sich auch in der Notunterkunft ganz gut leben lässt (so die Begründung für kaltes Wasser im Fallbeispiel)?

Die für Soziale Arbeit wohl wertvollste Werthaltung hat bereits Alice Salomon benannt: In einer Zeit denkend und handelnd, für die der Sozialdarwinismus prägend war, lehnte sie diesen scharf ab und bestand darauf, dass der Schutz von schwachen Menschen zu den elementaren Aufgaben einer Gesellschaft gehört. Dieser Schutz sei Wohlfahrtspflege, die nur *„auf einer Weltanschauung ruhen [könne], die alle Menschen als gleichwertig ansieht und behandelt. Ethik und Religion gehören daher für sie unbedingt zu einer wissenschaftlichen Wohlfahrtspflege hinzu."* (Engelke ³2002, S. 189; siehe auch Salomon 1921, S. 6 f).

Sozialpolitische Interessen, Werte und Entscheidungen sind also wichtig – ja sogar konstitutiv – und auch in Einzelfragen sehr relevant für die Soziale Arbeit. Welche Hilfen zur Handlungsfähigkeit aber kann Soziale Arbeit von Seiten der Politikwissenschaft für Ihre Berufspraxis erwarten?

3 Theoretische Koordinaten

„Die Aufgabe von Theorieangeboten ist eine Bereitstellung theoretischer Optionen, um Routinisierungen im sozialpädagogischen Praxisvollzug thematisierbar und Reduktionen vermeidbar bzw. überwindbar zu machen (vgl. Adorno 1969, S. 190). Nicht das ‚>Anschmiegen< an die unübersichtlich gewordene Praxis, sondern das Eröffnen theoretischer Optionen und Aufbrechen eingeschlichener Reduktionen' ist die Aufgabe von Angeboten einer Theorie Sozialer Arbeit (Lüders 1987 [1989], S. 4)." (Kessl; Otto 2007, S. [12]) Auch wenn widerstreitende wissenschaftstheoretische Grundpositionen (vgl. Alemann 1995, S. 123ff; Engelke 2004, S. 200ff) einem bloßen Eklektizismus von Theorieelementen entgegenstehen, so stellen doch unterschiedliche theoretische Zugangsweisen nicht notwendigerweise unvereinbar widersprüchliche Alternativen dar. So wie etwa in der politikwissenschaftlichen Forschung verschiedene Ansätze jeweils partiell für unterschiedliche Phänomene der des europäischen Integrationsprozesses *„relative Vorteile bei der Erklärungskraft bieten"* (Wessels 2001, S. 28; siehe auch Busch 2001; Schmidt;Ostheim 2007, S. 116 f), so besteht ein wesentlicher Wert des Theoriediskurses und einzelner Theorien auch in der Sozialer Arbeit gerade darin, alternative Handlungsmöglichkeiten im Sozialsystem sowie unterschiedliche Sichtweisen auf soziale Probleme und mögliche Wege zu ihrer Lösung aufzuzeigen.

Anhand einer Systematik vier verschiedener Arten sozialpolitischer Interventionen von Franz-Xaver Kaufmann (1982, S. 85) lässt sich exemplarisch aufzeigen, welche Orientierungshilfen Soziologie und Politikwissenschaft der Sozialen Arbeit bieten können, um die ganze Palette an hilfreichen Problemsichten und Handlungsoptionen wahrzunehmen. In der Sozialpolitik haben wir es immer wieder mit Reduktionismen zu tun. So werden wahlweise Bildung und/oder Arbeit als die Königswege aus der Armut benannt, obschon empirisch auch nachweisbar ist, dass weder Bildung noch Arbeit tatsächlich per se hinreichend vor Armut schützen (siehe Working poor und obdachlose Akademiker). Mit Kaufmanns Tableau lässt sich der sozialpolitische Blick vor diesen Reduktionen schützen. Er identifiziert:

- rechtliche Interventionen, die auf die Rechtsstellung von Menschen wirken,
- ökonomische, die ihr Einkommen sichern,
- ökologische Interventionen, die sich auf Teilhabemöglichkeiten über Infrastruktur (etwa soziale Einrichtungen) beziehen und schließlich
- pädagogische, die auf sozial-kulturelle Kompetenzen (Lernprozesse) zielen.

Worum geht es beim dargestellten Fallbeispiel; tatsächlich nur um die Bereitstellung heißen Wassers (ökologische Intervention)? Lassen sich Vorschriften oder einschlägige Urteile bemühen, die auch in solchen Einrichtungen für ‚warme Standards' sprechen (Rechtsstellung)? Welche Beträge für Körperhygiene sieht der Regelsatz vor, wenn (wie von der Verwaltung zwischenzeitlich vorgesehen) ein warmer Duschgang mit 2 € berechnet werden soll (ökonomische Intervention)?

Ziehen wir ein zweites Koordinatensystem hinzu, das Kausalitäts- und Finalitätsprinzip in der Sozialpolitik. Im deutschen Sozialrecht dominiert in fast allen Leistungsbereichen das Kausalitätsprinzip. Bei ihm wird gefragt: Was war die Ursache für den Eintritt eines Problems? Das Gegenprinzip, die Finalität, fragt hingegen danach, was eine soziale Intervention bewirken soll. Klassisch sind hier die für Wohnungsnotfälle besonders bedeutsamen §§ 67 und 68 Zwölftes Buch Sozialgesetzbuch (Sozialhilfe, ehemals § 72 BSHG): *„Bei Personen ‚in besonderen Schwierigkeiten' wird nicht gefragt, wie diese Person in diese Lage kam (Nichtsesshaftigkeit, Alkoholprobleme etc.), sondern es wird nur gefragt, wie dieser Person über die aktuellen Probleme hinweg geholfen werden kann. Fürsorgeleistungen sind der Sache nach final ausgerichtet. (...) Finalität wird meist von den politischen Interessenträgern eingeklagt, die die ausgrenzende Wirkung des Kausalitätsprinzips begrenzen und die solidarischen Elemente stärken wollen, während umgekehrt jene sich gegen eine Verstärkung finaler Elemente wehren, die stärker die Eigenverantwortlichkeit betonen (...)."* (Boeckh, Huster; Benz 2006, S. 180 f)

Genau hierum scheint der Streit zwischen GegnerInnen und BefürworterInnen der Duschlösung beim Nuißlheim zu gehen. Es geht um die Rechtsstellung obdachloser Menschen und ihren so eklatanten Mangel im Feld ökonomischer Interventionen (Einkommen und/oder Verschuldungsfreiheit, um am freien Wohnungsmarkt erfolgreich zu sein) und bisweilen auch Mangel im Feld pädagogischer Interventionen (psycho-soziale Probleme und Kompetenzen zur erfolgreichen Wohnungssuche), dass dieser Mangel in die Bedarfsfrage ökologischer Natur denaturiert: ‚Hat die Infrastruktur Obdachlosenheim eine warme Dusche?' Den BefürworterInnen kalten Wassers geht es um Kausalität: Weil die Ursache des Verbleibs im Obdachlosenheim in mangelndem Ansporn vermutet wird, aus dieser Lage durch eigenverantwortliches Handeln wieder herauszukommen, muss dieser Ansporn nötigenfalls mit einer kalten Dusche geweckt werden. Allein (final) die warme Dusche zu fordern, wäre aber wohl zu kurz gesprungen. Wenn sich Soziale Arbeit in die ‚Dusch-Debatte' einmischt, so sollte sie dies auch für den Hinweis nutzen, dass die Lösung des Problems der Bewohnerinnen und Bewohner letztlich nicht in der Qualität von Sanitäranlagen zu suchen ist, sondern vor allem in Anstrengungen am kommunalen Wohnungsmarkt sowie gegen Armut, soziale Ausgrenzung und soziale

Polarisierung. Wie dominant aber stehen die kausal motivierte Argumentation im Fallbeispiel und die hinter ihr stehende Werthaltung dagegen?

4 Interessen im Entscheidungsprozess

Fragt man nach sozialpolitischen Interessen, erscheinen deren Lage und Verteilung in einem Vorverständnis einigermaßen wohlgeordnet, dichotom.

- Wer in seinem Leben von Erfolg verwöhnt ist, hat ein Interesse daran, dass Leistungsgerechtigkeit und Eigenverantwortung im Sozialsystem einen hohen Stellenwert einnehmen. Wer hingegen auf die Hilfe Anderer angewiesen ist, dem wird Solidarität ein Anliegen sein.
- UnternehmerInnen sind keine Freunde von Kündigungsschutz und Lohnerhöhungen, ArbeitnehmerInnen dagegen sehr wohl.

Das mit diesen und ähnlichen Polarisierungen gezeichnete Bild bietet hilfreiche Orientierungen im Raum ökonomischer, politischer und sozialer Interessen, die in jeder Tageszeitung Bestätigung finden. Das dichotome Bild ist aber auch unterkomplex – sich mit ihm zu begnügen, hieße Handlungsspielräume und Handlungsrestriktionen nicht zu erkennen und den Trägern vermeintlich stets eindeutiger und einheitlich gerichteter Interessen nicht gerecht zu werden. So verweist etwa Thomas von Winter darauf, dass, solange die Sozialhilfe überwiegend die Funktion erfülle, vorübergehende Armutsepisoden sozialpolitisch aufzufangen, sich „*zwischen Sozialhilfe und Klientel nur punktuelle und sporadische Interessenbezüge*" ergeben (Winter 1997, S. 102). Auch blendet ein Blick allein auf die Akteure den gesellschaftlichen Raum der Interessenvermittlung aus.
So findet das Ziel der Verteilungs- (oder weitergehend Teilhabe-)gerechtigkeit in der Sozialpolitik seine Begründung nicht nur in individuellen Profiten etwa von Markteinkommen schützenden oder umverteilenden Regelungen. Verteilungsgerechtigkeit ist auch ein zutiefst demokratisches Ziel (Interesse), da letztlich die Möglichkeit demokratischer Umgangsformen daran gebunden ist, dass beim Souverän zumindest eine relative soziale Angeglichenheit besteht: „*Ein bestimmtes Maß sozialer Homogenität muß gegeben sein, damit politische Einheitsbildung überhaupt möglich sein soll. Solange an die Existenz solcher Homogenität geglaubt und angenommen wird, es gäbe eine Möglichkeit, durch Diskussion mit dem Gegner zur politischen Einigung zu gelangen, solange kann auf die Unterdrückung durch physische Gewalt verzichtet, solange kann mit dem Gegner parliert werden."* (Heller 1928, S. 197)
Mir scheinen die Gewaltausbrüche in den französischen Banlieus ebenso etwas mit diesen nur begrenzt beugbaren sozialen Voraussetzungen demokratischen Parlierens zu tun zu haben, wie das Erstarken rechtsextremer Milieus etwa in ländlichen Regionen Mecklenburg-Vorpommerns. Hier hat sich ein inklusives Gesellschaftsbild (das Teilhabe ver-

spricht) durch reale Lebenswirklichkeiten von gesellschaftlichen Gruppen zersetzt, die durch Erfahrungen sozialer Ausgrenzung und Perspektivlosigkeit geprägt sind. Soziale Lagen und Erfahrungen, die wenig Handlungsfreiheiten und viel Fremdbestimmung bedeuten, fördern bekanntlich dichotome Denkmuster.

Nicht nur die demokratische Staatsform kommt nicht ohne sozialpolitische Fundierung aus, auch christlich und humanistisch fundierte Werte sowie liberal geprägte Grundrechte haben ein soziales Substrat (vgl. Habermas 1998, S. 117 f). Spätestens wenn Armut Menschen zum Verkauf ihres Leibes oder Eides nötigt und damit zum bloßen Objekt Anderer macht, wird die Menschenwürde verletzt. Der britische Soziologe Thomas H. Marshall hat treffend festgehalten, dass *„auch das Recht auf Redefreiheit nur wenig wirkliche Substanz [hat], wenn Sie aufgrund fehlender Erziehung nichts zu sagen haben, was der Rede Wert ist, und Sie nicht die Mittel haben, sich Gehör zu verschaffen."* (Marshall 1949, S. 57 f)

Kommen wir zurück zu den handelnden Subjekten und Interessenträgern und entwerfen von ihnen ein etwas facettenreicheres Bild, als es die dichotomen Vorannahmen vermochten. Volker Eichener (2000) hat sich in seiner Untersuchung des Entscheidungssystems der Europäischen Union den Motiven einzelner Akteure gewidmet und dabei herausgestellt, dass bei ihnen jeweils eine Vielzahl von Interessen eine Rolle spielen, die je für sich genommen durchaus gegensätzliche Entscheidungen nahe legen können. Diese Interessen beziehen sich nicht nur auf die Sachfrage (Ist dieser Vorschlag problemlösend?), sondern auch auf das Entscheidungssystem, die eigene Person und Funktion (Wem fühle ich mich verpflichtet? Was entspricht oder dient meinen politischen Zielen? Bedroht, wahrt oder stärkt dieser Vorschlag meinen Einfluss?). Auch mit Norbert Elias' Bild der Handlung in Figurationen (vgl. Elias 2000; siehe hierzu auch Heiner 2007, S. 33ff, S. 414ff; Benz 2009a) und Max Webers Differenzierung von Verantwortungs- und Gesinnungsethik (vgl. Weber 1919) lässt sich festhalten, dass Akteure weder völlig frei in ihren Entscheidungen agieren, noch dass sie allein Büttel ihrer strukturellen Eingebundenheit sind.

Übertragen auf Alltagssituationen Sozialer Arbeit ergibt sich daraus: Wir haben es mit in Strukturen gebunden handelnden Akteuren zu tun, mit konkreten Menschen mit Macht, deren Freiheitsgrade in der Sicht von Handlungsdruck, der Analyse von Problemen und der Einschätzung von Handlungsmöglichkeiten begrenzt sind, denen aber innerhalb ihrer begrenzten Möglichkeiten eben diese (begrenzte Möglichkeiten) verbleiben. Die Sicht auf die graduelle statt absolute Freiheit und Bindung politischer Akteure ist wesentlich für die Möglichkeiten von Demokratie allgemein, aber auch für die Frage nach Interventionschancen der Sozialen Arbeit in politische Entscheidungsprozesse. Wir haben es eben nicht mit Akteuren stets eindeutigen Interesses, sondern mit facettenreichen Interessenbalancen bei ihnen zu tun und dürfen davon ausgehen, dass das auch beim Oberbürgermeister der Stadt des Nuißlheims der Fall ist.

Das Beispiel des Nuißlheims verweist auch auf den Prozesscharakter von Entscheidungen. In ihm positionieren sich Akteure peu à peu – mitunter auch nach Brücken suchend, um ohne Gesichtsverlust noch einmal umschwenken zu können. Im Entscheidungsprozess haben verschiedene Akteure zu unterschiedlichen Stadien (Agenda setting, Verwaltungsvorlage, Anhörung, Gemeinderatsbeschluss etc.) mehr oder weniger Gewicht. Wann ziehen fachliche Argumente? Wo haben sich Akteure festgelegt? Wann gewinnt das Motiv an Gewicht, dass – fast egal wie – nun eine Entscheidung her muss (etwa beim Beschluss des IV. Hartz-Gesetzes zum 1. Januar 2005 am 18. Dezember 2004)?

5 Voraussetzungen und Möglichkeiten politisch engagierter Sozialer Arbeit

Um sich auf die Suche zu begeben, wo politische Handlungsmöglichkeiten und -grenzen bestehen, sollte man sowohl etwas über den Entscheidungsprozess und seine Akteure – darunter auch Fachkräfte und Träger der Sozialen Arbeit – wissen (vgl. Dietz , Eißel; Maumann 1999; Bogumil; Schmid 2001; Lallinger; Rieger 2007; Schubert;Bandelow 2009), als auch über den Gegenstand Sozialpolitik in der Sozialen Arbeit selbst (siehe hierzu etwa Böhnisch, Arnold; Schröer 1999; Popple; Leighninger 2001; Boeckh, Huster; Benz 2006; Bellermann 2008). Denn bei alternativen Vorschlägen für sozialpolitische Neuregelungen schwingen immer Vorannahmen mit: Gehe ich von der Prämisse aus, Missbrauch müsse künftig besser verhindert werden, oder davon, das Leistungssystem decke den Bedarf nicht ab? Hier hilft empirisches Wissen. Es gibt zahlreiche Untersuchungen zum Ausmaß von Missbrauch in der Sozialhilfe oder der Angemessenheit ihrer Leistungshöhe. Kennt man sie, kann man sie nutzen, kennt man sie nicht, bleibt gegen Behauptungen nur Unwohlsein und Gegenbehauptung. Kenntnisse des Systems, seiner Instrumente, Grenzen und Wirkungen helfen, die Optionen, aber auch Voraussetzungen und Grenzen Sozialer Arbeit zu erkennen, sie können damit auch vor ungerechtfertigten Erwartungen an die Profession Sozialer Arbeit schützen.

Widmen wir uns noch einmal dem Nuißlheim. Der Oberbürgermeister argumentiert, niemand solle schließlich lange im Obdachlosenheim bleiben, Reintegration in normalen Wohnraum sei das Ziel. Wir pflichten ihm bei. Wie Presseberichten zu entnehmen ist, leben jedoch etliche Bewohner schon seit Jahren dort – kaltes Wasser hin oder her (vgl. Ruschitzka 2005; Ruschitzka 2009). Kann man dies (ergänzt um günstigere Verbleibszahlen in Notunterkünften mit warmem Wasser anderer Gemeinden) belegen, wird die Gemeinderatsmehrheit vielleicht das Aktivierungsmotiv im Kalt-Wasser-Argument als nicht stichhaltig zurückzuweisen.

Mit dem Hinweis auf die Medien ist eine der schärfsten Waffen in der politischen Auseinandersetzung (Öffentlichkeit) angesprochen. Zwischenzeitlich berichteten überregionale Tages- und Wochenzeitungen über den Fall (vgl. Feucht 2007; Bässler 2007). Sozialer Arbeit bieten sich für die Erzielung von Öffentlichkeit für ihre Anliegen zahlreiche Möglichkeiten (vgl. Puhl 2004). Auch in politische Entscheidungsprozesse sind Fachkräfte der Sozialen Arbeit und deren Anstellungsträger zum Teil regelhaft eingebunden (siehe etwa die Verfahren zur Anhörung und Stellungnahme bei Gesetzgebungsprozessen auf Bundes- und Landesebene sowie § 80 Achtes Buch Sozialgesetzbuch – Kinder-

und Jugendhilfe). Spätestens nach dem Widerstreit, der Koalition und dem Kompromiss zwischen Trägern politischer Interessen bei der Meinungsbildung und Entscheidungsfindung erlangen Politik umsetzende (und dabei ggf. umformende) Akteure (unter ihnen auch Fachkräfte der Sozialen Arbeit und ihre KlientInnen) in jedem Falle eine entscheidende Bedeutung (vgl. Schubert; Bandelow 2009). Was FallmanagerInnen mit KlientInnen besprechen und vereinbaren, ist nur bedingt legislativen Regelungen und administrativen Vorgaben unterworfen. Niemand hindert einen Freien Träger daran, als Hilfe unter Protest die Duschen seines Ferienheims zweimal wöchentlich zur Verfügung zu stellen. Eine politisch engagierte Soziale Arbeit braucht und sollte sich jedoch mit Einfluss in dieser späten Phase nicht zufrieden geben.

Gehen wir noch einmal zum Anfang des Fallbeispiels. Nach der Feststellung, dass 80 Prozent der Bundesbürger lieber warm als kalt duscht, wurde angenommen, es sei eine große Härte, diese Möglichkeit als Standard obdachlosen Menschen zu versagen. Der schwedische Soziologe Björn Halleröd hat in einer Studie zum minimalen Einkommensbedarf von Personen jedoch auf einen Bruch hingewiesen: *„the Gap between the Minimum Income Needed for Oneself and the View of an Adequate Norm for Social Assistance."* (Halleröd 2004, S. 38) Mit steigendem Einkommen der in der Untersuchung Befragten stieg zwar im Durchschnitt beides: das für minimal notwendig erachtete eigene Einkommen und das für angemessen erachtete Niveau der Sozialhilfe, letzteres aber viel langsamer. Einzelne Befragte (etwa wohl situierte Menschen) erachten also für sich und andere Mitbürger (etwa wohnungslose Menschen) durchaus unterschiedliche Minima als unbedingt notwendig. Dabei spielen für die Lücke zwischen diesen Minima Einstellungen zum Nutzen von Umverteilung und zum angenommenen Ausmaß an Sozialleistungsmissbrauch offensichtlich eine wichtige Rolle.

Eine demoskopische Untersuchung könnte also durchaus ergeben: Die Mehrheit der Gemeindebevölkerung würde es – käme sie selbst in Not – ablehnen, kalt duschen zu müssen, für Obdachlose sei dies aber durchaus zumutbar. Das soziale Interesse nach Distinktion (vgl. Bourdieu 1982) scheint hier auf und ruft dabei nun zugleich Alice Salomon, Hermann Heller und Thomas H. Marshall wieder auf den Plan:

- dass es zu den elementaren Aufgaben einer demokratischen Gesellschaft gehört, benachteiligte – dabei aber weiter gleichwertige – Menschen zu schützen,
- dass Soziale Arbeit zur Aufgabe hat, denjenigen Gehör zu verschaffen, die auf sich allein gestellt hierzu nicht die nötigen Mittel haben (siehe auch IFSW / IASSW 2004).

Für eine politisch erfolgreiche Gegenrede zu differenten Minima reichen diese Argumente noch nicht, aber als Motivation, zu ihr anzuheben.

Literatur

Adorno, Theodor W. (1969): Marginalien zu Theorie und Praxis, in: ders.: Stichworte. Kritische Modelle 2, Frankfurt a.M.: Suhrkamp, S. 169–191.

Alemann, Ulrich von (1995): Grundlagen der Politikwissenschaft, 2. Aufl., Opladen: Leske + Budrich.

Bässler, Rüdiger (2007): Nur kalte Dusche für Obdachlose, in: Die Tageszeitung vom 3. Februar 2007.

Bellermann, Martin (2008): Sozialpolitik. Eine Einführung für soziale Berufe, 5. Aufl., Freiburg im Breisgau: Lambertus.

Benz, Benjamin (2009a): „Wir brauchen eine Politik, die alle Kinder fördert" – Familienpolitischer Appell von 16 Verbänden als Fallbeispiel politischer Sozialer Arbeit, Vortrag, Jahrestagung „Soziale Arbeit als Akteur der Sozialpolitik" der Deutschen Gesellschaft für Soziale Arbeit, Jena, 28./29. November 2008, www.dgsinfo.de/pdf/Benz_Familienpolitik.pdf [10.08.2009].

Benz, Benjamin (2009b): Perspektiven der Mindestsicherung, in: Maier, Konrad [Hg.] (2009): Armut als Thema in der Sozialen Arbeit. Freiburg im Breisgau: FEL, S. 209–230.

Boeckh, Jürgen; Huster, Ernst-Ulrich; Benz, Benjamin (2006): Sozialpolitik in Deutschland. Eine systematische Einführung, 2. Aufl., Wiesbaden: VS Verlag.

Bogumil, Jörg; Schmid, Josef (2001): Politik in Organisationen. Organisationstheoretische Ansätze und praxisbezogene Anwendungsbeispiele, Opladen: Leske + Budrich.

Böhnisch, Lothar; Arnold, Helmut; Schröer, Wolfgang (1999): Sozialpolitik. Eine sozialwissenschaftliche Einführung, Weinheim/München: Juventa.

Bourdieu, Pierre (1982): Die feinen Unterschiede, Frankfurt a.M.: Suhrkamp.

Busch, Klaus (2001): Politikwissenschaftliche Integrationstheorien in Interaktion – Der synoptische Ansatz II, in: Loth, Wilfried; Wessels, Wolfgang [Hg.] (2001): Theorien europäischer Integration, Opladen: Leske + Budrich, S. 247–292.

Dietz, Berthold; Eißel, Dieter; Naumann, Dirk [Hg.] (1999): Handbuch der kommunalen Sozialpolitik, Opladen: Leske + Budrich.

Eichener, Volker (2000): Das Entscheidungssystem der Europäischen Union, Opladen: Leske + Budrich.

Elias, Norbert (2000): Was ist Soziologie? 9. Aufl., Weinheim/München: Juventa.

Engelke, Ernst (2004): Die Wissenschaft Soziale Arbeit. Werdegang und Grundlagen, 2. Aufl., Freiburg im Breisgau: Lambertus.

Engelke, Ernst (2002): Theorien der Sozialen Arbeit. Eine Einführung, 3. Aufl., Freiburg im Breisgau: Lambertus.

Feucht, Walter (2007): Ein Unternehmer kümmert sich um obdachlose Warmduscher, in: Die Zeit vom 1. Februar 2007.

Grohe AG (2008): Europäer mögen´s heiß. Grohe: Europäische Studie der Duschgewohnheiten, www.grohe.de/p/22_20277.html?item=143&id_cat=78 [10.08.2009].

Habermas, Jürgen (1998): Die postnationale Konstellation und die Zukunft der Demokratie, in: ders.: Die postnationale Konstellation, Frankfurt a.m.: Suhrkamp, S. 91–169.

Halleröd, Björn (2004): What I Need and What the Poor Deserve, in: Social Forces, 83 Jg., September 2004, S. 35–60.

Hauser, Richard (1994): Perspektiven und Zukunftsaufgaben des Sozialstaates, in: MAGS – Ministerium für Arbeit, Gesundheit und Soziales des Landes Nordrhein-Westfalen [Hg.] (1994): Zukunft des Sozialstaates, Band I, Düsseldorf: MAGS, S. 23–64.

Heiner, Maja (2007): Soziale Arbeit als Beruf. Fälle – Felder – Fähigkeiten, München: Reinhardt.

Heller, Hermann (1928): Politische Demokratie und soziale Homogenität, auszugsweise wiedergegeben, in: Münkler, Herfried (1997): Politisches Denken im 20. Jahrhundert. Ein Lesebuch, 2. Aufl., München; Zürich: Piper, S. 196–201.

IFSW / IASSW – International Federation of Social Workers / International Association of Schools of Social Work (2004): Ethics in Social Work. Satement of Principals, Adelaide.

Kaufmann, Franz-Xaver (1982): Elemente einer soziologischen Theorie sozialpolitischer Intervention, in: ders. [Hg.]: Staatliche Sozialpolitik und Familie, München/Wien: Oldenbourg, S. 49–86.

Kessl, Fabian; Otto, Hans-Uwe (2007): Soziale Arbeit, in: Albrecht, Günter; Groenemeyer, Axel [Hg.] (im Erscheinen): Handbuch Soziale Probleme, Wiesbaden: VS Verlag. www.uni-bielefeld.de/paedagogik/agn/ag8/soziale_arbeit_(groenemeyer-albrecht_2007).pdf [10.08.09].

Lallinger, Manfred; Rieger, Günter [Hg.] (2007): Repolitisierung Sozialer Arbeit. Engagiert und professionell, Stuttgart: Akademie der Diözese Rottenburg-Stuttgart.

Lüders, Christian (1989): Der wissenschaftlich ausgebildete Praktiker. Entstehung und Auswirkung des Theorie-Praxis-Konzeptes des Diplomstudiengangs der Sozialpädagogik, Weinheim: Deutscher Studien-Verlag.

Maier, Konrad; Spatscheck, Christian (2006): Wider das ritualisierte Klagelied über die schlechten Arbeitsmarktchancen für SozialarbeiterInnen, in: Sozial Extra, 30. Jg., Heft 11/2006, S. 26–33.

Marshall, Thomas H. (1949): Staatsbürgerrechte und soziale Klassen, in: ders. (1992): Bürgerrechte und soziale Klassen, hrsg., übersetzt und mit einem Vorwort versehen von Elmar Rieger, Frankfurt a.m.; New York: Campus, S. 33–94.

Popple, Philip R.; Leighninger, Leslie (2001): The Policy-Based Profession. An Introduction to Social Welfare Policy Analysis for Social Workers, 2. Aufl., Needham Heights/MA: Allyn and Bacon.

Puhl, Ria (2004): Klappern gehört zum Handwerk. Funktion und Perspektive von Öffentlichkeitsarbeit in der Sozialen Arbeit, Weinheim/München: Juventa.

Ruschitzka, Edwin (2009): Brandopfer warten weiter im Nuißl-Heim, in: Südwest Presse vom 19.03.2009.

Ruschitzka, Edwin (2005): Gegen den Willen der Neu-Ulmer Stadtverwaltung warme Duschen fürs Obdachlosenheim. Leben am Rande der Gesellschaft, in: Südwest Presse vom 16. Juni 2005.

Salomon, Alice (1928): Leitfaden der Wohlfahrtspflege, 3. Aufl., Leipzig; Berlin: B. G. Teubner.

Schmidt, Manfred G.; Ostheim, Tobias (2007): Die sechs Theorein im Überblick und im Vergleich, in: Schmidt, Manfred G. u.a. [Hg.] (2007): Der Wohlfahrtsstaat. Eine Einführung in den historischen und internationalen Vergleich. Wiesbaden: VS Verlag, S. 115–118.

Schubert, Klaus; Bandelow, Nils C. [Hg.] (2009): Lehrbuch Politikfeldanalyse 2.0, 2. Aufl., München: Oldenbourg.

Weber, Max (1919): Politik als Beruf, in: ders. (1988): Gesammelte Politische Schriften, hrsg. von Johannes Winckelmann, 5. Aufl., Tübingen: J. C. B. Mohr (Paul Siebeck), S. 505–560.

Wessels, Wolfgang (2001): Politikwissenschaftliche Beiträge zur Integrationswissenschaft: Vielfalt und Vielklang, in: Loth, Wilfried; Wessels, Wolfgang [Hg.] (2001): Theorien europäischer Integration, Opladen: Leske + Budrich, S. 19–34.

Winter, Thomas von (1997): Sozialpolitische Interessen, Baden-Baden: Nomos.

Ethik brauchen doch nicht nur die anderen

Berufsethische Reflexionen zu einem Werte-Kodex für Mitarbeitende (nicht nur) in kirchlich-diakonischen Handlungsfeldern

Traugott Schächtele

1 Drei Zugänge zum Thema

Zugang 1
Während meiner Zeit als Dekan nahm mich der Manager eines großen Industrieunternehmens nach der gottesdienstlichen Einführung eines diakonischen Mitarbeiters zur Seite: „Weiß die Kirche eigentlich, über welchen Schatz sie mit diesen Einführungsritualen verfügt?", fragte er mich. „Ich bin in keine meiner Stellen nur annähernd vergleichbar orientierend und wertschätzend eingeführt worden."
Eine solche Einführung findet in der Regel in einem gottesdienstlich-liturgischen Rahmen statt. Beteiligt sind neben der einzuführenden Person in verschiedenen Rollen weitere Mitarbeitende. Sie übernehmen Lesungen, sind in den Segenszuspruch einbezogen und sagen ihre Bereitschaft zur konstruktiven Mitarbeit zu. Die einzuführenden Personen selber antworten auf eine Frage nach der Bereitschaft, die neue Aufgabe nach bestem Vermögen und in Übereinstimmung mit „den Ordnungen der Kirche" zu erfüllen, mit einem deutlich hörbaren „Ja". Im Anschluss wird eine Urkunde übergeben. Dies alles geschieht in einem öffentlichen gottesdienstlich-liturgischen Akt, der weit mehr widerspiegelt, als es ein bloßer Verwaltungsvorgang vermöchte.

Zugang 2
Anfang Juni 2009 wurden Absolventen der Ausbildung an der Harvard Business School verabschiedet. Mehr als die Hälfte der 900 Absolventen verpflichtete sich dabei in einem eigenen Ritual durch einen Eid, „der Gesellschaft zu dienen" und ihrer künftigen Arbeit „in einer ethischen Weise" nachzugehen.[1] Eine Art hippokratischen Eid für Manager hatte bereits im Januar 2003 Angel Cabrera, ein führender Wirtschaftsprofessor aus Spanien, beim Weltwirtschaftsforum in Davos gefordert und zugleich einen ent-

---
1 Frankfurter Allgemeine Sonntagszeitung, 8./9. August 2009, C 6.

sprechenden, aus zwölf Punkten bestehenden Textvorschlag vorgelegt (Cabrera 2005, S. 533). Interessant sind die Reaktionen aus Deutschland im Blick auf beide Initiativen. Beklagt Christoph Mohr vom Handelsblatt im Blick auf den Kodex von Cabrera, „dass sich kein Vertreter der universitären Philosophie auf diese Diskussion eingelassen hat" (Mohr 2005, S. 50), so verweisen im Jahre 2009 Business-Schulen in Deutschland darauf, dass Ethik in ihrer Ausbildung genügend berücksichtigt werde. Im Blick auf die Vermittelbarkeit entsprechender Grundsätze merkt ein Vertreter einer solchen Hochschule erläuternd an: „Letztlich geht es bei Ethik um Einsicht, und die kann man nicht wirklich vermitteln."[2]

Zugang 3
Hatte insbesondere die lateinamerikanische Theologie der Befreiung in den 70er und 80er Jahren von einer „Option für die Armen" (vgl. Gutiérrez 2009) gesprochen, die der Theologie durch das Evangelium eingestiftet sei und an der sich die Kirche in ihrem Handeln zu orientieren habe, kann Jürgen Fliege im Jahre 2009 in einem Interview mit der Frankfurter Rundschau formulieren: „Religion hat nichts mit Gerechtigkeit zu tun!"[3]

Drei unterschiedliche Zugänge zu einem Thema, die beim ersten Hinschauen wenig miteinander zu tun haben. Gleichwohl soll im Nachfolgenden eben genau der Zusammenhang zwischen diesen drei Hin-Sichten hergestellt und insbesondere die Frage gestellt werden, inwieweit eine klare ethische Verpflichtung für berufliche Felder im Bereich der Kirchen, insbesondere wenn damit auch Leitungsverantwortung verbunden ist, eine sinnvolle moralische Bindewirkung zu generieren vermag, deren Wirkungen sogar noch über den Bereich der sozialen Kluft zwischen Arm und Reich weit hinausgehen könnten. So soll nicht zuletzt auch die Frage gestellt werden, ob das Plädoyer für eine Art von Hippokratischem Eid sich auch über den Bereich der Absolvierenden von Business-Studiengängen hinaus als sinnvoll erweisen könne. Dies wäre dann als ein ergänzendes Implantat bei der Ausbildung einer Berufsethik für weitere Berufsgruppen zu verstehen.

2 Das Vorbild des Hippokratisches Eides

2.1 Der Hippokratische Eid in der Medizin

Der Hippokratische Eid ist das Master-Modell einer ethischen Selbstverpflichtung, das auf die längste Geschichte und die größte Plausibilität zurückblicken kann. Er wird auch

---

2 Frankfurter Allgemeine Sonntagszeitung a.a.O.
3 Frankfurter Rundschau, 30. Juli 2009, S. 10.

heute noch mit dem Arztberuf in eine so enge Verbindung gebracht, für die es keine andere Parallele gibt – und das, obwohl es diesen Eid in der überkommenen Form gar nicht mehr gibt.[4] Kernaussage ist die unbedingte Verpflichtung, der Gesundheit und dem Wohl der Patienten in ganz vorrangiger und unbedingter Weise dienen zu wollen. Eine derartige Verpflichtung wurzelt in der Tatsache, dass sich die Tätigkeit der betroffenen Gruppe an einer entscheidenden Grenze, nämlich der zwischen Leben und Tod vollzieht. Solche apodiktischen Texte werden genau dann neu problematisiert, wenn der scheinbar klare Grenzverlauf mit einem Mal unsicher und diffus wird, d.h. wenn sich, wie in der medizinethischen Diskussion der Gegenwart, die Frage nach den Grenzen von Leben und Tod ganz neu stellt.

Eine ethische Grenzlinie, deren Überschreitung als in höchstem Maße problematisch angesehen wird, liegt auch dem Handeln der Manager zugrunde. Datiert der Vorschlag von Angel Cabrera noch aus der Zeit, in der der große Crash der Jahre 2008/09 noch nicht vorausgeahnt werden konnte und somit keinen kurzfristig beruhigend wirkenden Beitrag im Blick auf die Öffentlichkeit intendierte, erfolgte der Eid der Harvard-Absolventen auf dem Hintergrund des Ansehensverfalls der Wirtschaftsverantwortlichen durch die Krise der letzten Monate. Als unangemessen empfundene Gehälter, großzügige Boni-Zahlungen angesichts offenkundigen Versagens und eine ungeniert zur Schau getragene Unempfindsamkeit angesichts öffentlicher Kritik waren dazu angetan, das Vertrauen der Menschen in die Manager zu unterminieren.

2.2 Varianten des Hippokratischen Eids in anderen Berufen

Die Frage nach dem Anteil oder gar dem schuldhaften Verhalten der Manager an der Wirtschaftskrise ist aber im vorliegenden Zusammenhang gar nicht entscheidend. Ich möchte vielmehr folgende Frage stellen: Wenn die Tatsache einer Handlungsverortung an einer ethisch sensiblen Schnittstelle bei Ärzten und Managern zu der Frage führt, ob nicht eine Kodifizierung ethischer Verhaltensweisen angebracht wäre, müsste dann diese Frage nicht auch bei anderen Berufsbildern im Zusammenhang ethisch relevanter Handlungsfeldern in vergleichbarer Weise gestellt werden? Anders gefragt: In welcher Weise sind, insbesondere leitende Mitarbeitende, in sozialen und pastoralen Berufen verbindlich und für andere nachvollziehbar ethisch gebunden? Könnte sich eine berufsbezogene Variante einer Art Hippokratischen Eides hier auch als hilfreich erweisen? Der Weg der vorschnellen Ablehnung einer solchen Idee ist leicht eingeschlagen. Er geht meist über die Position, dass die eigene Ausbildung, die eigene Berufsbildtradition und die eigene Praxis ethische Grundannahmen schon genügend berücksichtigen. Ein Ethik-Kodex sei bestenfalls eine Möglichkeit für andere Gruppen, nicht jedoch für die

---

4 An die Stelle des Hippokratischen Eides, der in seinen wesentlichen Bestandteilen ante Christum natum formuliert wurde, ist darüber hinaus vielfach die die Grundintention des Eides aufnehmende, mittlerweile mehrfach überarbeitete Genfer Deklaration des Weltärztebundes aus dem Jahre 1948 getreten (vgl. www.bundesaerztekammer.de/downloads/Genf.pdf; abgerufen am 17. August 2009).

eigene. Eine Vergleichbarkeit der Ansätze in Kombination mit einer ausdrücklich gegebenen oder gar erwünschten Verbindlichkeit ist in derartigen subjektiven und von sich selber absehenden Ansätzen allerdings nicht gegeben.

2.3 Quellen für Elemente einer ethischen Verpflichtungserklärung

2.3.1 Der Bezug auf vorhandene Vorbilder

Um zu einem Weg zu finden, der sich nicht darauf beschränkt, hier von vornherein abzuwiegeln, weil die Tradition des Berufsbildes einen solchen Kodex nicht kenne, müsste zumindest in Ansätzen skizziert werden, um welche ethische Kriterien es sich handeln müsste. Dabei will ich zunächst auf konkrete Formulierungen verzichten. Stattdessen möchte ich drei Quellen benennen, auf die sich eine konkrete Ausformulierung stützen könnte. Eine erste Quelle sind die konkreten Formulierungen aus dem Codex von Cabrera, von denen ich nachfolgend einige in unserem Zusammenhang bedeutsame wiedergeben möchte.

1. Ich verpflichte mich zu einem fairen Umgang mit den legitimen Anspruchsgruppen
2. Ich verpflichte mich zur Offenheit und Wahrhaftigkeit in Wort und Schrift gegenüber den legitimen Anspruchsgruppen
3. Ich verpflichte mich, mich an meine Versprechen zu halten und Voraussetzungen zu schaffen, die einen vertrauensvollen und integren Umgang mit den legitimen Anspruchsgruppen ermöglichen.
4. Ich verpflichte mich zur sozialen Verantwortung für die legitimen Anspruchsgruppen und dazu, die Folgen meiner Handlungen zu berücksichtigen.
5. Ich verpflichte mich zur Verträglichkeit meiner Handlungen durch Nachhaltigkeit in ökonomischer, sozialer und ökologischer Perspektive,
6. Ich verpflichte mich zu tugendhaftem Verhalten und dazu, ein Vorbild für meine Mitmenschen zu sein (der komplette Kodex findet sich bei Cabrera 2005, S. 533).

Eine zweite Quelle bilden die zahlreichen Leitbildformulierungen der unterschiedlichsten Institutionen, auf die ich hier der Vielzahl vorliegender einschlägiger Texte wegen nicht weiter eingehen will. Sie spiegeln aber zunächst einmal den Anspruch der Institution und noch nicht den eigenen ethischen Kodex wider. Beide wären also in Zusammenhang zu bringen.

2.3.2 Die Entwicklung aufgrund berufsethischer Reflexion

Als dritte Quelle wäre an die Eckpunkte der Berufsethiken der hier verhandelten Berufsbilder im sozialen und pastoralen Umfeld zu denken.

Der Terminus Berufsethik soll dabei folgendermaßen verstanden werden: Berufsethik ist die an ethischen Grundsätzen ausgerichtete Reflexion der Grundlagen, der Bedingungen und der Auswirkungen eines berufsspezifischen professionellen Handelns.[5] Erste weiterführende Beiträge zur Berufsethik im Bereich Soziale Arbeit sind veröffentlicht (vgl. Lob-Hüdepohl; Lesch 2007; Hoburg 2008). Bei der Frage nach der Berufsethik kirchlicher Berufe kann man in Ansätzen im Blick auf Veröffentlichungen zur Profession des Pfarrberufs fündig werden (vgl. Karle 2001). Mit der Debatte um eine Berufsethik etwa für den Bereich Religionspädagogik/Gemeindediakonie betreten wir noch weitgehend Neuland.

Die Ausformulierung berufsethischer Grundsätze muss die eben vorgestellte Definition, in Aufnahme vorhandener berufsethischer Modelle in vier Richtungen hin entfalten:

a. *im Blick auf die Rahmenbedingungen der Institution* – Hier sind zumindest zum Teil die bereits angesprochenen Ergebnisse von Leitbildprozessen zu verorten; ebenso aber die in den Einführungsliturgien benannten „kirchlichen Ordnungen".

b. *im Blick auf die biographischen, sich in Verhaltensmustern und Werteprofilen dokumentierenden Voraussetzungen und Prägungen der einzelnen im Rahmen ihrer Profession handelnden Personen* – Hier geht es um die eigenen Werteentwürfe und die Quellen des ethischen Handelns, die mit einem allgemeinen ethischen Kodex teilweise auch in Konflikt geraten können.

c. *im Blick auf professionelle Standards und vorgegebene Werte- und Handlungsmuster.*

d. – Hier wäre etwa an die teilweise sehr unterschiedlichen Traditionsmuster der einzelnen Berufsbilder zu denken.

e. *im Blick auf Auswirkungen auf die Zielgruppe des professionellen Handelns;* Cabrera spricht hier von den „legitimen Anspruchsgruppen" – Hier ist neben anderen Punkten auch an die Problematik des sozialen Ausgleichs zu denken, konkret an die Überwindung relativer und absoluter Armut. Im Blick auf das Interesse des vorliegenden Bandes wäre ausdrücklich darauf zu verweisen, dass auf Elemente einer Gerechtigkeitsethik auf jeden Fall nicht verzichtet werden kann. Diese wären gewissermaßen eine Strukturkonstante im Rahmen eines solchen Ethik-Kodexes.

3 Auf dem Weg zu einer Verpflichtungserklärung

3.1 Möglichkeiten und Schwierigkeiten einer Verpflichtungserklärung

Die Grundintention des Originals des Hippokratischen Eides bezieht sich auf die Verbindlichkeit eines unbedingten Eintretens für das Leben. Im Blick auf die Varianten im

---

5 Der Blick in einschlägige Literatur protestantischer Ethik ergibt bei der Suche unter dem Stichwort Berufsethik meist weiße Flecken. Berufsethik scheint eine Sonderethik weniger Professionen. Wikipedia etwa verlinkt bei Berufsethik auf das Stichwort Arbeitsethik, wo dann unter Verweis auf Max Weber das protestantische Arbeitsethos verhandelt wird.

Bereich der Ausbildung der Business Manager geht es um die Etablierung von Strukturen, die die Rahmenbedingungen eines erträglichen Ungleichgewichts hinsichtlich der materiellen und der Teilhabegerechtigkeit ermöglichen sollen. Kurz gesagt: Auch Strukturen, die einer fairen Verteilung der Ressourcen im Wege stehen und auf illegitimen Gerechtigkeitsmustern basieren, sind lebensfeindlich. Wer die Frage nach Leben und Tod nicht auf die Grenzen des biologischen und materiell ausreichend gesicherten Lebens beschränkt sehen möchte, kommt nicht umhin, auch andere Spielarten der Lebensfeindlichkeit und der Lebensfeinschränkung in den Blick zu nehmen. Die unterschiedlichen Ausprägungen von Armut und nicht realisierter Gerechtigkeit können in keinem berufsethischen Diskurs außen vor gelassen werden. Sie tragen nicht zuletzt entscheidend zur Plausibilität eines berufsethisch verankerten Kodexes bei.

Ein Teil der in einem Kodex aufzugreifenden ethisch relevanten Punkte, wie die professionsspezifischen Zumutungen (Amtsverschwiegenheit, Beichtgeheimnis, Erreichbarkeit etc.), die Loyalität in der Kooperation, der Appell an die Fortbildungswilligkeit, der Verweis auf die Eingebundenheit in die Dienstgemeinschaft, aber auch das Versprechen, die „kirchlichen Ordnungen" zu wahren und das Bekenntnis zu achten, sind in erster Linie im Blick auf die Institution und deren Interessen formuliert. Die Zielgruppen, der kritische Blick auf hinderliche Rahmenbedingungen oder der Mut sich nicht vereinnahmen zu lassen, werden zwar häufig implizit vorausgesetzt, nicht zuletzt unter Verweis auf die kritische Funktion des Evangeliums, aber längst nicht immer explizit benannt.[6]

Was spricht nun für, was gegen einen solchen Kodex? An Pro-Argumenten möchte ich nennen:
- Die Hebung der ethischen Grundsätze aus dem Impliziten ins Explizite – sie sind somit transparent, diskussionsoffen, anfrag- und veränderbar.
- Die im öffentlichen Akt verbürgte Verbindlichkeit, die einen offenkundigen Verstoß auch benennbar macht.
- Die Einschätzbarkeit der ethischen Grundhaltung, vor allem dann, wenn es konkurrierende Kodizes gibt.
- Die grundsätzliche Stärkung ethischer Aspekte, die in der schriftlichen Verfasstheit gründet und eine Stärkung der entsprechenden Sensibilitäten nach sich zieht.

Gegen eine solche Form der Sicherung ethischer Grundpositionen spricht:
- Das Nichtvorhandensein von Sanktionsmöglichkeiten, sofern keine strafrechtlich relevanten Tatbestände vorliegen.
- Die Interpretationsoffenheit solcher Entwürfe.
- Die Verallgemeinerbarkeit solcher Kodexformulierungen, die zu profillosen Sprachhülsen neigen können.

---

6 Im Blick auf Pfarrerinnen und Pfarrern begründet die Ordination eine entsprechende grundsätzliche Unabhängigkeit. Wo die einschlägigen liturgischen Ordnungen aber Konkretes benennen, sind in der Regel Institutionsinteressen benannt. Auch hier wäre ein ethischer Kodex durchaus hilfreich, wobei man allerdings darauf verweisen müsste, dass eine solide theologische oder philosophische Grundverortung die beste Gewähr für ein gleichermaßen unabhängiges und ethisch verantwortliches Handeln bietet, einen ethischen Kodex aber nicht von vornherein überflüssig macht.

- Die Unmöglichkeit einer letzten Überprüfbarkeit von Einstellungen.
- Andere bereits vorhandene „Sicherungen" ethischer Grundhaltungen, etwa in der Tradition der Kirchen.
- Die bleibende Konkurrenz unterschiedlicher ethischer Systeme.

Eine Entscheidung kann hier nicht fundamental und für alle denkbaren berufsethisch relevanten Situationen in gleicher Weise erfolgen. Hier sollten verschiedene Versuche gewissermaßen unter Praxisbedingungen parallel erfolgen und ausgewertet werden. Verhaltensweisen, die den Verdacht nicht leicht von sich weisen können, eher strategischer, weil beschwichtigender Natur zu sein (wie der Harvard-Eid, der mitten in der Krise erfolgt), haben es dabei schwerer, als glaubwürdig empfunden zu werden. Dabei sollten Verpflichtungssätze, die sich auf die Überwindung der Spielarten von Armut beziehen, den Stand der diesbezüglichen Diskussion widerspiegeln, der ohne ein sozialpolitisches Bekenntnis kaum auskommt.

3.2 Beispiele und Orte für Verpflichtungssätze

Beispielhaft möchte ich an dieser Stelle einige mögliche Verpflichtungssätze[7] nennen. Diese wären nicht nur zu diskutieren, sondern im konkreten Einzelfall auch auf die jeweilige Situation hin zu präzisieren und zu ergänzen. Mögliche Verpflichtungssätze könnten also sein:

Ich verpflichte mich, meine berufliche Position nicht in der Weise zu missbrauchen, dass ich die mir anvertrauten Positionen ungebührlich durch Machtmissbrauch oder unangemessene Verhaltensweisen in Abhängigkeit bringe oder die Kooperation verunmögliche.

Ich verpflichte mich, die von mir verantworteten Organisationsstrukturen so zu gestalten, dass sie die Botschaft von der Menschenfreundlichkeit und Weltzugewandtheit Gottes nicht verdunkeln.

Ich verpflichte mich, meine professionellen Aktionen so zu gestalten, dass sie ungerechte und Menschen in ihren Handlungsmöglichkeiten einschränkende Strukturen und offenkundige oder verborgene Ungerechtigkeit nicht zementieren, insbesondere dadurch, dass meinem Handeln eine theologisch wie sozialpolitisch zu begründende „Option für die Armen" zugrunde liegt.

Ich verpflichte mich, mich fachlich (theologisch und pädagogisch) fortzubilden, eine auf Akzeptanz aufbauende Feedback-Kultur zu etablieren, meine eigenen Posi-

---

7 Die Form des Eides, die sowohl dem Hippokratischen Eid als auch dem Beispiel der Harvard Business School zugrunde liegt, würde ich ausdrücklich nicht wählen. Daher spreche ich stattdessen von Verpflichtungssätzen.

tionen, Handlungen und die Balance zwischen persönlichem Anspruch und professioneller Anforderung zu reflektieren und mich dabei auch immer wieder professionell begleiten zu lassen.

Ich verpflichte mich, um meine spirituelle Kompetenz besorgt zu sein und in meinen Arbeitsalltag Orte und Phasen der Ruhe und des Auftankens zu integrieren.

Ich verpflichte mich zur Selbstsorge, indem ich die eigene Überforderung und die Überforderung anderer zu vermeiden suche und meine Ziele und meine Kräfte realistisch einzuschätzen versuche. Dabei suche ich auch den Rat anderer Menschen.

Der Ort der Umsetzung der Erklärung eines solchen professionsbezogenen, persönlichen Kodex könnte in allgemeiner Form – dem Harvard-Eid vergleichbar – die Abschlussfeier des Studiums sein. Es handelt sich dann um einen „persönlichen Werte- und Ethik-Kodex" (PEWK). Denkbar wäre aber auch ein vielfach noch zu entwickelndes Einführungsritual. Der konkrete Verpflichtungsinhalt wäre dann im Vorfeld der Einführung zwischen dem Träger der Einrichtung und der einzuführenden Person zu entwickeln. Der spätere Rückbezug auf die Verpflichtung hätte dann Züge eines individuellen Qualitätsmanagements. Die Verpflichtung ließe sich dann als ein „persönlich-institutionell vermittelten Werte- und Ethik-Kodex (PIWEK) beschreiben.

Gottesdienstliche Einführungen genügen dieser Idee in Teilen vielfach auch heute schon, vor allem dann, wenn die Einführungsfrage an die einzuführende Person über den Agendenvorschlag hinaus noch auf die jeweilige Stelle hin präzisiert und ausgestaltet wird.[8] Hier steht die Tradition der Kirche tatsächlich für einen Umsetzungsvorteil.

4 Ausblick

Ein ethischer Wertekodex allein ist für eine erfolgreiche und glaubwürdige berufliche Praxis sicher nicht ausreichend. Aber er könnte sich womöglich als hilfreich für eine Kultur der Etablierung ethischer Standards erweisen. Insofern möchte ich mit diesem Beitrag nur eine Diskussion in Gang bringen, deren Ergebnis offen bleiben muss, solange wir uns noch nicht auf den Weg der einschlägigen Erfahrung gemacht haben.

---

[8] Die Formulierung, die etwa die Einführungsagende der Evangelischen Landeskirche in Baden, bei der Einführung in übergemeindliche Dienste vorschlägt, ist hier eher vom „Prinzip der Minimalisierung" geprägt: „N.N., bist du bereit, den Dienst als ... nach der Ordnung unserer Kirche treu und gewissenhaft zu tun zur Ehre Gottes und zum Besten der Gemeinde, so antwort: Ja, Gott helfe mir" (Evangelischer Oberkirchenrat Karlsruhe 1987, S. 108). Aber Agenden sind hier durchaus gestaltungsoffen.

Literatur:

Cabrera, Angel (2005): Der wert(e) orientierte Führungskräfte-Kodex, in: Alexander Brink, Victor A. Tiberius [Hg.], Ethisches Management. Grundlagen eines wert(e) orientierten Führungskräfte-Kodex. Bern; Stuttgart; Wien: Haupt-Verlag, S. 533–538.

Evangelischer Oberkirchenrat Karlsruhe (1987): Agende für die Evangelische Landeskirche in Baden, Band V, Ordination, Einführungen, Einweihungshandlungen, Karlsruhe: Ev. Landeskirche.

Gutiérrez, Gustavo (2009): Nachfolge Jesu und Option für die Armen: Beiträge zur Theologie der Befreiung im Zeitalter der Globalisierung, Stuttgart: Kohlhammer-Verlag.

Hoburg, Ralf [Hg.] (2008): Theologie der helfenden Berufe, Stuttgart: Kohlhammer.

Karle, Isolde (2001): Der Pfarrberuf als Profession. Eine Berufstheorie im Kontext der modernen Gesellschaft, Gütersloh: Gütersloher Verlagshaus.

Lob-Hüdepohl, Andreas; Lesch, Walter [Hg.] (2008): Ethik sozialer Arbeit. Ein Handbuch, Paderborn: Schöningh.

Mohr, Christoph (2005): Sollen (angehende) Manager heilige Eide schwören, in: Alexander Brink, Victor A. Tiberius [Hg.], Ethisches Management. Grundlagen eines wert(e) orientierten Führungskräfte-Kodex, Bern; Stuttgart; Wien: Haupt-Verlag, S. 43–51.

III.

Juristische Fokussierungen

„Unterstützt beschäftigt" trotz Behinderung – ein neuer Weg aus der Armutsfalle?

Christine Haberstumpf und Jürgen Kruse[1]

1 Einführung in die Problematik

In Deutschland wie auch in anderen Ländern stellt Arbeitslosigkeit die bedeutsamste Ursache für Armut dar. Armut erhält hier eine doppelte Bedeutung: Sie meint das Fehlen finanzieller Mittel zur eigenständigen Bestreitung des Lebensunterhaltes wie auch das Fehlen der Teilhabe am gesellschaftlichen Leben, das unverändert an Erfolg und wirtschaftlicher Autonomie (wirtschaftlicher Leistungsfähigkeit?) orientiert ist. Menschen mit einer Behinderung gehören neben älteren Beschäftigten, Langzeitarbeitslosen und immer wieder auch beschäftigungslosen Jugendlichen zu den sog. Schwervermittelbaren am Arbeitsmarkt. Die Ursachen für ein derartiges Vermittlungshemmnis sind vielfältig. Eine davon besteht sicher in einer Art von Schwellen- oder Berührungsangst bei potenziellen Arbeitgebern, die mangelnde Leistung (besser wäre: Minderleistung) und erschwerte Kündbarkeit von Menschen mit einer Behinderung fürchten. Dem Recht der Arbeitsförderung nach dem SGB III ist diese Problematik sehr bewusst. So gibt es eine Vielzahl von Anreizen für Arbeitgeber, aber auch Maßnahmeträger, um eine Beschäftigung von behinderten Menschen zu fördern. Hierzu zählen Eingliederungszuschüsse (§§ 217ff SGB III), Förderung der beruflichen Ausbildung und Weiterbildung (§§ 235ff SGB III), zu denen auch Arbeitshilfen oder Probebeschäftigung gehören (§§ 237 und 238 SGB III) (vgl. Kruse 2009, §§217ff und 235ff). Aber die Förderung von Arbeitgebern ist nur der eine Ansatz, der im Recht der Arbeitsförderung vorgesehen ist. Ein anderer Ansatz gewährt den Betroffenen selbst Unterstützung in Form der Unterstützten Beschäftigung: Sie soll jungen Menschen mit Behinderung Anschluss an den ersten Arbeitsmarkt bieten und ihnen eine realistische Chance zur Eingliederung in den allgemeinen Arbeitsmarkt geben.

---

1 *Christine Haberstumpf*, Juristin (Ass. iur.), bearbeitet zur Zeit ihre Bachelorarbeit im Studiengang der Sozialwirtschaft, den sie im Rahmen eines Zweitstudiums an der Evangelischen Fachhochschule Nürnberg absolviert; *Prof. Dr. Jürgen Kruse* ist Professor an der Evangelischen Fachhochschule Nürnberg für die Fächer Sozialrecht, Arbeitsrecht und Zivilrecht und als selbständiger Rechtsanwalt (Fachanwalt für Sozialrecht) in München niedergelassen. Der vorliegende Beitrag geht auf einen Vortrag der Verfasserin Haberstumpf an der EFH Nürnberg zurück und wurde erweitert und redaktionell angepasst.

Denn die herkömmlichen Teilhabeleistungen bieten Menschen, die wegen Art und Schwere ihrer Behinderung nicht in der Lage sind, ohne Unterstützung Beschäftigung anzunehmen, kaum Alternativen für eine berufliche Rehabilitationsmaßnahme auf dem ersten Arbeitsmarkt. Von der Förderschule in die Werkstatt – dieser Automatismus hat sich seit Jahren verfestigt. Der Übergang von der Beschäftigung in einer Werkstatt für behinderte Menschen auf den allgemeinen Arbeitsmarkt gelang dabei in der Praxis selten und wurde durch das Stigma „Werkstatt" zusätzlich erschwert (vgl. Feldes 2008, S. 30).

2 Die „Unterstützte Beschäftigung" nach § 38a SGB IX[2]

2.1 Zielsetzung und rechtspolitischer Hintergrund

2.1.1 Zielsetzung

Mit der am 29.12.2008 verkündeten[3] und am 30.12.2008 in Kraft getretenen Rechtsnorm wird die *Unterstützte Beschäftigung* als eine weitere Leistung zur Teilhabe am Arbeitsleben für behinderte Menschen – **mit einem besonderen Unterstützungsbedarf** – gemäß § 33 SGB IX in den Leistungskatalog einbezogen und in § 38 a gesetzlich verankert.

Die *Unterstützte Beschäftigung* umfasst entsprechend der zeitlichen Abfolge im Leistungsgeschehen die individuelle betriebliche Qualifizierung (§ 38a Abs. 2) und die Berufsbegleitung (§ 38a Abs. 3).

Durch individuelle berufliche Qualifizierung und gegebenenfalls Berufsbegleitung sollen möglichst viele Menschen mit Behinderung in ihrer Leistungsfähigkeit gefördert werden mit dem **Ziel**, dass sie ihren Lebensunterhalt außerhalb von Werkstätten für behinderte Menschen in sozialversicherungspflichtiger Beschäftigung auf dem allgemeinen Arbeitsmarkt verdienen können (Vgl. BR-Drs. 543/08, S. 2).

2.1.2 Rechtspolitischer Hintergrund

Das bisherige Teilhaberecht sieht ausbildungs- und berufsvorbereitende Maßnahmen (§§ 100 Nr. 5, 102 Abs. 1 Nr. 1 SGB III i.V.m. § 61 SGB III) zur Herstellung der Ausbildungsreife bzw. Arbeitsmarktfähigkeit vor. Für Menschen, die wegen ihrer Behinderung dazu nicht geeignet sind, blieb jedoch lediglich die Beschäftigung in Werkstätten für behinderte Menschen.

Mit den **Integrationsprojekten,** sog. Integrationsunternehmen, -betriebe oder -abteilungen gemäß § 132ff, existierte zwar schon vor Einführung der neuen Leistung eine

---

2 Im Folgenden sind §§ ohne Gesetzesangabe solche des SGB IX.
3 Gesetz zur Einführung Unterstützter Beschäftigung vom 22.12.2008 (BGBl. I S. 2959).

betriebliche Förderung für schwerbehinderte Menschen mit einer Leistungsfähigkeit an der Grenze zur Werkstattbedürftigkeit. Sie ist allerdings eine Beschäftigungsform **zwischen** dem allgemeinen Arbeitsmarkt und den Werkstätten für behinderte Menschen (Vgl. BT-Drs. 16/6044, S. 17). Auch ungelernte Tätigkeiten in Unternehmen waren kaum möglich, da das einer intensiven Einarbeitung bedurft hätte, die der Arbeitgeber aber kaum leisten konnte (vgl. Rombach 2009, S. 62).

Im neuen Leistungstatbestand verwirklicht sich der bereits in den 1980er Jahren eingeleitete **Paradigmenwechsel** vom Versorgungs- und Fürsorgegedanken hin zu einer modernen von Integration in das Arbeits- und Gesellschaftsleben geprägten Behindertenpolitik. Verfassungsrechtlich wird dem Wandel im ergänzten **Art. 3 Abs. 2 S. 2GG** Ausdruck verliehen: „Niemand darf wegen seiner Behinderung benachteiligt werden." (Moritz 2002, S. 204)

Im **Koalitionsvertrag** von CDU, CSU und SPD vom 11. November 2005 heißt es dann auch unter Punkt 5 zur gesellschaftlichen Teilhabe von Menschen mit Behinderung: „Die berufliche Integration von Menschen mit Behinderungen werden wir intensivieren. Wir wollen, dass mehr von ihnen die Möglichkeit haben, außerhalb von Werkstätten für behinderte Menschen ihren Lebensunterhalt im allgemeinen Arbeitsmarkt erarbeiten zu können." (CDU 2005, S. 99)

Schließlich ist in diesem Zusammenhang erwähnenswert, dass die Europäische Gemeinschaft am 30. März 2007 erstmals eine **Menschenrechtscharta**, die UN-Konvention über Rechte für Menschen mit Behinderung, insbesondere Art. 27, unterzeichnet hat.

2.2 Adressatenkreis

Der Gesetzgeber hat auf eine klare Definition der AdressatInnen verzichtet und die Konkretisierung den Rehabilitationsträgern überlassen. Die *Unterstützte Beschäftigung* ist entsprechend der unter I.1. beschriebenen Zielsetzung auf solche behinderten Personen beschränkt, die grundsätzlich - nach erfolgter Unterstützung - das Potenzial für eine Beschäftigung auf dem allgemeinen Arbeitsmarkt haben (positive Prognose) und deren Leistungsniveau die Anforderungen einer Werkstatt für behinderte Menschen im Sinne von § 136 übersteigt (sog. Arbeitsmarktfähigkeit). Zudem werden Menschen erfasst, für die wegen ihrer Einschränkung berufsvorbereitende Bildungsmaßnahmen nicht geeignet sind. Die unterstützte Beschäftigung ist daher nachrangig gegenüber Berufsausbildung und berufsvorbereitenden Bildungsmaßnahmen (Vgl. BT-Drs. 16/10487, S. 9). Die Bundesagentur für Arbeit (BA) als Leistungsträgerin konkretisiert den Personenkreis insbesondere zugunsten lernbehinderter Menschen im Grenzbereich zur geistigen Behinderung, geistig behinderter Menschen im Grenzbereich zur Lernbehinderung und Menschen mit nachhaltigen psychischen Störungen bzw. Verhaltensauffälligkeiten (vgl. Bundesagentur 2008, S. 2).

2.3 Individuelle betriebliche Qualifizierung

2.3.1 Konzept

Mit der individuellen betrieblichen Qualifizierung wird ein neuer, ursprünglich aus den USA stammender methodischer Ansatz zur beruflichen Integration verwirklicht: „**erst platzieren, dann qualifizieren**"[4].
Behinderte Menschen, die zur Stabilisierung und Sicherung ihrer beruflichen Teilhabe auf Unterstützung durch geeignete Fachdienste angewiesen sind, sollen auf Arbeitsplätzen in Betrieben des allgemeinen Arbeitsmarktes platziert und dann direkt vor Ort qualifiziert werden. Der wesentliche Unterschied zu anderen Qualifizierungsansätzen liegt darin, dass Unterstützte Beschäftigung von Beginn an **im** Betrieb unter den realen Arbeitsbedingungen stattfindet, an dem Ort, an dem später eine sozialversicherungsrechtliche Beschäftigung aufgenommen werden soll (vgl. Thielicke 2008, S. 1). Denn die Anwendung der außerbetrieblich erworbenen Qualifikationen in der Praxis verlangt eine Transferleistung, zu der die Menschen mit Behinderung oft nicht fähig sind. Ein formaler Bildungsabschluss im Sinne des Berufsbildungsgesetzes wird durch diese Leistung nicht erreicht.

2.3.2 Zuständigkeit

Die Maßnahme der individuellen betrieblichen Qualifizierung wird von allen Rehabilitationsträgern im Sinne von Abs. 2 S. 3 i.V.m. § 6 Abs. 1 Nr. 2 bis 5 erbracht, deren Leistungsgesetze auf die Vorschrift des § 38 a verweisen (§ 7 S. 2). Die BA fördert die Leistung als Maßnahme der Ersteingliederung von Schulabgängern gemäß §§ 100 Nr. 5 i.V.m. 102 Abs. 1 Nr. 1 b SGB III und §§ 103ff SGB III und ist angesichts der Hauptzielgruppe der Schulabgänger (vgl. Rombach 2009, S. 63) typischerweise **zuständige Trägerin**.

2.3.3 Leistungsdauer

Die **zeitliche Dauer** der Qualifizierung beträgt nach § 38a Abs. 2 S. 3 bis zu zwei Jahre und entspricht gemäß § 40 Abs. 3 der beruflichen Qualifizierung im Berufsbildungsbereich von Werkstätten für behinderte Menschen. Die Bewilligung soll nach dem Gesetzeswortlaut zunächst für ein Jahr mit der Möglichkeit zur Verlängerung erfolgen. Eine (weitere) Verlängerung über die zwei Jahre hinaus ist nach § 38a Abs. 2 S. 4 von bis zu zwölf Monaten ausnahmsweise vorgesehen.

---

4 So *Düwell* in LPK-SGB IX § 38 a Rn 2.

2.3.4 Rechtliche Beziehungen und Absicherung der Rehabilitanden

Der Betriebsinhaber stellt dem Rehabilitationsträger bzw. Auftragnehmer (Abs. 5) einen Arbeitsplatz in seinem Betrieb zur Durchführung der Maßnahme zur Verfügung. Der Arbeitgeber entrichtet dafür kein Entgelt, ihm entstehen aber auch keinerlei Aufwendungen. Er kann durch das soziale Engagement vielmehr sein Image verbessern und seine Mitarbeiter von einfachen Tätigkeiten entlasten (vgl. Rombach 2009, S. 63). Die Rechtsbeziehungen zwischen Rehabilitand und Arbeitgeber des Betriebs des allgemeinen Arbeitsmarktes sind **nicht arbeitsvertraglicher Natur**. Die Tätigkeit erfüllt in der Regel nicht die bezüglich Leistung und Stundenzahl üblichen Anforderungen des Arbeitsplatzes eines qualifizierten, voll einsatzfähigen Arbeitnehmers. Zwischen Rehabilitationsträger und Rehabilitand besteht ein **sozialrechtliches Rechtsverhältnis** (Vgl. Düwell in LPK-SGB IX § 38 a Rn 8) ausgestaltet mit einem Rechtsanspruch auf die Leistung. Die Teilnehmer haben Anspruch auf ein **Ausbildungsgeld** nach dem SGB III entsprechend den berufsvorbereitenden Bildungsmaßnahmen nach § 103 S. 1 Nr. 2 i.V.m. § 104 Abs. 1 Nr. 2 und § 106 SGB III. Das von der BA zu entrichtende Ausbildungsgeld beträgt im Falle von Schulabgängern derzeit monatlich 212 €. Außerhalb dieser ergänzenden Teilhabeleistungen kommen weitere SGB III-Leistungen nicht in Betracht (vgl. Rombach 2009, S. 65).
Damit stellt sich die Frage, ob die Betroffenen ergänzend/aufstockend Leistungen nach SGB II oder SGB XII zur Sicherung ihres Lebensunterhaltes beantragen können. Angesichts der Tatsache, dass sie in einem Betrieb des ersten Arbeitsmarktes eingesetzt werden, spricht auf den ersten Blick vieles dafür, sie für „erwerbsfähig" im Sinne des § 8 Abs. 1 SGB II zu halten. Dies würde bedeuten, dass das Arbeitslosengeld II die „richtige" Leistung wäre, was wiederum im Einzelfall unter dem Aspekt eines „großzügigeren" Vermögensschutzes nach SGB II (im Vergleich zum SGB XII) von Bedeutung sein könnte.
Gegen diese Annahme der Einschlägigkeit des SGB II spricht jedoch, dass der Einsatz nicht „unter den üblichen Bedingungen des allgemeinen Arbeitsmarktes" erfolgt, wie es von § 8 Abs. 1 SGB II gefordert wird. Daher würde eine aufstockende Sicherung des Lebensunterhaltes über die Hilfe zum Lebensunterhalt nach dem SGB XII erfolgen. Im Rahmen des Vermögensschutzes würden damit nur 2.600 Euro als sog. Kleinerer Barbetrag nach § 90 Abs. 2 Nr. 9 SGB XII in Verbindung mit § 1 Abs. 1 S. 1 DVO zu § 90 Abs. 2 Nr. 9 geschont bleiben.

2.4 Berufsbegleitung

2.4.1 Leistung

Nach Abschluss der individuellen betrieblichen Qualifizierung kann die Unterstützte Beschäftigung auf eine **Berufsbegleitung** gemäß Abs. 3 und 4 ausgedehnt werden. **Voraussetzung** ist jedoch zum einen die Aufnahme eines regulären Beschäftigungsverhältnisses auf der Grundlage eines Arbeitsvertrags zwischen der behinderten Person und dem Arbeitgeber.
Zum anderen wird Berufsbegleitung nur erbracht, wenn das neue Arbeitsverhältnis der Stabilisierung und langfristigen Absicherung bedarf.

2.4.2 Zuständigkeit

In der Regel leisten die **Integrationsämter**, früher die sog. Hauptfürsorgestellen, die Berufsbegleitung - im Rahmen ihrer Zuständigkeit - für schwerbehinderte und ihnen gleichgestellte behinderte Menschen gemäß §§ 38a Abs. 2, 102 Abs. 3a.
Unklar ist die Zuständigkeitsfrage für nicht schwerbehinderte Personen. Als zuständige Träger kommen alle in § 6 Abs. 1 Nr. 1 bis 5 SGB IX aufgeführten Rehabilitationsträger in Betracht, die gemäß § 14 (sog. Zuständigkeitserklärungsverfahren) verpflichtet sind, innerhalb einer Frist von zwei Wochen nach Antragseingang ihre Zuständigkeit zu prüfen und den Antrag gegebenenfalls an die aus ihrer Sicht zuständige Stelle weiterzuleiten. Letztere hat dann die Leistung zu erbringen (vgl. Niemann 2001, S. 584f.). *Rombach* geht allerdings davon aus, dass es sich bei den in Frage kommenden Teilnehmern der Unterstützten Beschäftigten ohnehin überwiegend um behinderte Menschen handele, die den Schwerbehinderten gleichgestellt seien, und Zuständigkeitsfragen faktisch keine Rolle spielen würden (vgl. Rombach 2009, S. 63).

2.5 Beauftragte zur Durchführung der Leistung

§ 38a Abs. 5 sieht vor, dass die neue Leistung von Integrationsfachdiensten (vgl. Schartmann 2005, S. 258)[5] oder anderen Trägern **im Auftrag** der Rehabilitationsträger durchgeführt werden kann. Nach dem Willen des Gesetzgebers soll eine **Marktöffnung** zugunsten neuer leistungsfähiger Anbieter stattfinden.
Um den Erfolg der Leistung zu garantieren, müssen die Anbieter bestimmte gesetzliche oder in einer Gemeinsamen Empfehlung nach § 38a Abs. 6 enthaltene Qualitätsanforderungen hinsichtlich Ausstattung, Personal und Konzeption erfüllen (vgl. Düwell in LPK-SGB IX § 38 a Rn 13.).

---

5   Integrationsfachdienste sind ambulante Dienstleister, die behinderte Menschen beim Erst- bzw. Wiedereinstieg in das Erwerbsleben beraten und unterstützen, bzw. den Erhalt des vorhandenen Arbeitsplatzes fördern.

3 Ausblick

Die neue Leistung schließt eine Lücke für Schulabgänger und Absolventen von Förderschulen ohne Werkstattbedürftigkeit und stellt insofern eine sinnvolle Ergänzung der Fördermöglichkeiten dar. Gleichwohl sehen Fachleute weiteren, über den neuen Leistungstatbestand hinausreichenden Reformbedarf bezüglich der Beschäftigungsmöglichkeiten für die werkstattbedürftigen Menschen. Es bedürfe neben den Integrationsprojekten zusätzlicher Alternativen, etwa ausgelagerter Werkstattplätze (vgl. Feldes 2008, S. 30). Zudem muss die Motivation potentieller Arbeitgeber zur Einstellung behinderter Personen durch Ausgleichszahlungen (Lohnsubventionierung) für den Einzelfall gegenüber dem derzeitig Möglichen wohl noch gesteigert werden.

Der Kampf gegen die Armut und für deren Verhinderung hat viele Gesichter. Menschen mit Behinderungen sollten so früh und so individuell zugeschnitten wie möglich Angebote unterbreitet werden, damit sie einen möglichst großen Teil ihres Lebensunterhaltes durch Erwerbsarbeit am ersten Arbeitsmarkt bestreiten und dadurch zugleich an diesem wichtigen Bereich des gesellschaftlichen Lebens teilhaben können.

Die Verfasser verkennen nicht, dass auch die Unterstützte Beschäftigung nicht dazu führen wird, dass die von ihr Begünstigten ganz ohne ergänzende staatliche Hilfe auskommen werden. Es macht aber für jeden Menschen einen Unterschied, ob er oder sie den individuell möglichen Beitrag leisten darf oder nicht. Sozialhilfe, die diesen Beitrag nur ergänzt, ist dann nicht das „Gnadenbrot" oder Almosen für Menschen am Rand oder schlimmstenfalls außerhalb der Gesellschaft.

Literatur

Bieker, Rudolf (2005): *Werkstätten für behinderte Menschen, Berufliche Teilhabe zwischen Marktanpassung und individueller Förderung.* In: ders. [Hg.]: Teilhabe am Arbeitsleben, Wege der beruflichen Integration von Menschen mit Behinderung. Stuttgart: Kohlhammer. S. 313ff.

Blesinger, Berit (2005): *Persönliche Assistenz am Arbeitsplatz.* In: Bieker, Rudolf [Hg.]: Teilhabe am Arbeitsleben, Wege der beruflichen Integration von Menschen mit Behinderung. Stuttgart: Kohlhammer. S. 282ff.

Bundesagentur für Arbeit (2008): *DIA-AM Vordrucke 2008 vom 13.08.2008.* Internet:www.arbeitsagentur.de/nn_27098/SiteGlobals/Forms/Suche/serviceSuche_Form,templateId=processForm.html?allOfTheseWords=DIA-AM.

Bundesagentur für Arbeit (2008): *Produktinformation der Zentrale (SP III 23) und der Einkaufsorganisation vom 16.12.2008.* Internet: www.bag-integrationsfirmen.de/html/archiv/archiv-09/archiv09-02/archiv09-02%20-%20pdf/HEGA-01-2009-Unterstuetzte-Besch-Anlage2.pdf.

Bundesagentur für Arbeit (2009): *Handlungsempfehlung/Geschäftsanweisung 01/2009 (SP III 23 – 5390/6530). HEGA 01/09 – 04 – Gesetz zur Einführung Unterstützter Beschäftigung vom 20.01.2009.* Internet: www.bag-ub.de/ub/download/ub_BA_HEGA_01-2009_UB.pdf.

Bundesagentur für Arbeit (2009): *Regionaldirektion Hessen. Regionales Einkaufszentrum Südwest. Verdingungsunterlagen zur Öffentlichen Ausschreibung von Maßnahmen zur individuellen betrieblichen Qualifizierung im Rahmen Unterstützter Beschäftigung (UB) nach § 38a SGB IX (2009) vom 03.02.2009.* Internet: www.arbeitsagentur.de/zentraler-Content/Ausschreibungen/REZ-Suedwest/Unterstuetzte-Beschaeftigung/401-09-38051-SGBIX-Frankfurt-VU.pdf.

Bundesrat (2008): *Stellungnahme des Bundesrates. Entwurf eines Gesetzes zur Einführung Unterstützter Beschäftigung. BR-Drs. 543/08 vom 19.09.2008.* Internet: www.umwelt-online.de/cgi-bin/parser/Drucksachen/drucknews.cgi?texte=0543_2D08B.

Bundesregierung (2007): Unterrichtung durch die Bundesregierung. Bericht über die Wirkung der Instrumente zur Sicherung von Beschäftigung und zur betrieblichen Prävention. BT-Drs. 16/6044 vom 02.07.2007. Internet: www.eibe-projekt.de/eibe/seiten/intern/downloads/ber_bureg_020707.pdf.

Bundesregierung (2008): *Gesetzentwurf der Bundesregierung. Entwurf eines Gesetzes zur Einführung Unterstützter Beschäftigung. BT-Drs. 16/10487 vom 07.10.2008.* Internet: http://dip21.bundestag.de/dip21/btd/16/104/1610487.pdf.

CDU Deutschlands/CSU Landesleitung/SPD Deutschlands (2005): *Gemeinsam für Deutschland. Mit Mut und Menschlichkeit. Koalitionsvertrag von CDU, CSU und SPD vom 11.112005.* Internet: www.bundesregierung.de/nsc_true/Content/DE/_Anlagen/koalitionsvertrag,templateId=raw,property=publicationFile.pdf/koalitionsvertrag.

Dau, Dirk H.; Düwell, Franz Josef; Haines, Hartmut [Hg.] (2009²): *Sozialgesetzbuch IX, Rehabilitation und Teilhabe behinderter Menschen, Lehr- und Praxiskommentar.* Baden-Baden: Nomos Verlagsgesellschaft.

Düwell, Franz Josef (2009): Das Gesetz zur Einführung Unterstützter Beschäftigung vom 04.02.2009. In: juris rechtsportal. Internet: www.legios.de/jportal/portal/page/home.psml/js_peid/012122?id=jpr-NLARADG000109&action=controls.maximize&sayit_cmd=autoplay&id=home.link.dokument.vorlesen.

Feldes, Werner (2008): *Gesetz zur Unterstützten Beschäftigung: Bessere Teilhabechancen für junge Menschen.* In: Reusch, Jürgen; Eberhardt, Beate: Gute Arbeit. Zeitschrift für Gesundheitsschutz und Arbeitsgestaltung 12/2008. Frankfurt a.m.: AiB. S. 30–32 20. Jahrgang.

Moritz, Heinz-Peter (2002): *Die rechtliche Integration behinderter Menschen nach SGB IX, BGG und Antidiskriminierungsgesetz.* In: Schelter, Kurt [Hg.]: ZFSH/SGB 4/2002. Starnberg: R. S. Schulz. S. 204–214 41. Jahrgang.

Niemann, Frank (2001): *Die Kodifizierung des Behinderten- und Rehabilitationsrechts im SGB IX – Recht der Rehabilitation und Teilhabe behinderter Menschen.* In: Knorr, Gerhard: Neue Zeitschrift für Sozialrecht. Monatsschrift für die anwaltliche, betriebliche, behördliche und gerichtliche Praxis. München und Frankfurt a.m.: C. H. Beck. S. 583ff 10. Jahrgang.

Rombach, Wolfgang (2009): *Unterstützte Beschäftigung – ein neuer Leistungstatbestand des Rechts der Teilhabe am Arbeitsleben (§ 38a SGB IX).* In: Becker, Peter [Hg.] et al.: Die Sozialgerichtsbarkeit SGb 02/09. Berlin: Erich Schmidt. S. 61ff.

Schartmann, Dieter (2005): *Betriebliche Integration durch Integrationsfachdienste.* In: Bieker, Rudolf [Hg.]: Teilhabe am Arbeitsleben, Wege der beruflichen Integration von Menschen mit Behinderung. Stuttgart: Kohlhammer. S. 258ff.

Thielicke, Andrea (2008): „Arbeiten, wo andere auch arbeiten!" – Werkstätten auf dem Weg zur Inklusion *Tagung am 20.–21. Oktober 2008 in Bamberg, Konzert- und Kongresshalle.* Internet: www.lebenshilfe-bayern.de/uploads/media/lhbv_Handout_Thielicke_PDF.pdf.

United Nations (2006): *Convention on the Rights of Persons with disabilities.* Internet: www.un.org/disabilities/convention/conventionfull.shtml.

Teilhabe und Selbstbestimmung im Sozialrecht –
Garantien und Gefährdungen sozialer Gerechtigkeit

Hans-Ulrich Weth

In ihrem 1997 veröffentlichten gemeinsamen Sozialwort „Für eine Zukunft in Solidarität und Gerechtigkeit" formulieren die beiden großen Kirchen in prägnanter Weise Anforderungen an einen demokratischen Rechts- und Sozialstaat, der sich die Realisierung sozialer Gerechtigkeit zum Ziel setzt: „Nur was die Lage der Schwächeren bessert, hat Bestand. Bei allen grundlegenden Entscheidungen müssen die Folgen für die Lebenssituation der Armen, Schwachen und Benachteiligten bedacht werden. Diese haben ein Anrecht auf ein selbstbestimmtes Leben, auf Teilhabe am gesellschaftlichen Leben und an den gesellschaftlichen Chancen sowie auf Lebensbedingungen, die ihre Würde achten und schützen" (Ziff. 41).

Im Folgenden wird am Beispiel einiger zentraler Sozialleistungsgesetze die praktische Umsetzung dieses Postulats untersucht und kritisch zu rechts- und sozialpolitischen Entwicklungen Stellung bezogen, die der Verwirklichung sozialer Gerechtigkeit zuwiderlaufen. Abschließend werden Folgerungen für notwendige Verbesserungen der Rechtsposition von Sozialleistungsberechtigten aufgezeigt.

1

Teilhabe und Selbstbestimmung – das sind die anspruchsvollen Herausforderungen einer modernen Sozialpolitik und das sind auch die übergeordneten Leitlinien, die in einigen der für die Soziale Arbeit relevanten Sozialleistungsgesetze die Zielrichtung angeben. Der Gesetzgeber macht damit programmatische Vorgaben für die Umsetzung der Gesetze in die Lebenswirklichkeit der Leistungsberechtigten.

Besonders deutlich kommt der Inklusionsgedanke im SGB IX zum Ausdruck, so schon im Gesetzesnamen *„Rehabilitation und Teilhabe behinderter Menschen"* und in § 1 „Selbstbestimmung und Teilhabe am Leben in der Gesellschaft". Beispielhaft sei auch die Verpflichtung in § 9 Abs. 3 SGB IX genannt, wonach Leistungen, Dienste und Einrichtungen den Leistungsberechtigten möglichst viel Raum zu eigenverantwortlicher Gestaltung ihrer Lebensumstände lassen und ihre Selbstbestimmung fördern. Der Anspruch auf ein persönliches Budget (§ 17 Abs. 2 SGB IX), in dem die Leistungen zur Teilhabe als Komplexleistung gebündelt werden, will den Leistungsberechtigten einen möglichst großen Handlungsspielraum bei der Deckung ihres Hilfebedarfs eröffnen.

Auch die Leistungen der *sozialen Pflegeversicherung* haben nach der Vorgabe in § 2 SGB XI das Ziel, den Pflegebedürftigen zu helfen, ein möglichst selbständiges und selbstbestimmtes Leben zu führen, das der Würde des Menschen entspricht. Das *Kinder- und Jugendhilferecht* deklariert für jeden jungen Menschen das Recht auf Erziehung zu einer eigenverantwortlichen und gemeinschaftsfähigen Persönlichkeit (§ 1 SGB VIII) und legt in § 8 Abs. 1 SGB VIII fest, dass Kinder und Jugendliche an allen sie betreffenden Entscheidungen der öffentlichen Jugendhilfe zu beteiligen sind. Die Angebote der Jugendarbeit sollen die jungen Menschen zur Selbstbestimmung befähigen und von ihnen mitbestimmt und mitgestaltet werden (§ 11 SGB VIII). Die Jugendsozialarbeit soll mit sozialpädagogisch begleiteten Ausbildungs- und Qualifizierungsmaßnahmen die berufliche und soziale Integration fördern (§ 13 SGB VIII).
Im *SGB II (Grundsicherung für Arbeitsuchende)* tauchen die Ziele Selbstbestimmung und Teilhabe in etwas schmuckloserem Gewande auf. Im Hartz IV-Jargon heißen sie: Eigenverantwortung für den Lebensunterhalt (§ 1 SGB II) und Eingliederung in Arbeit (§ 2 SGB II). Hier verkehrt sich das Recht auf Teilhabe und Selbstbestimmung unter Einsatz einer pseudopädagogisch unterfütterten Methode des Forderns und Förderns in die Pflicht zur eigenverantwortlichen Lebensunterhaltssicherung und in den Zwang zur Arbeit (gleichgültig welcher Qualität). Im Vergleich zu den sozialpolitischen Konzeptionen des SGB IX, SGB XI und SGB VIII liegt dem SGB II eine deutlich repressivere Philosophie zu Grunde.

2

Betrachtet man nun die Umsetzung der gesetzlichen Zielvorstellungen in die *Praxis,* so ist als bedenkliche Tendenz festzustellen: Unter dem Diktat der alles beherrschenden Ökonomisierung und des Sparzwangs in den öffentlichen Sozialhaushalten werden die sozialen Rechte von den Sozialleistungsträgern zunehmend auf Minimal-Leistungen reduziert bzw. in manchen Bereichen ganz verweigert. Unbestritten gibt es hier durchaus auch positive Beispiele, bei denen im Zusammenwirken aller Beteiligten eine bestmögliche Rechtsverwirklichung gelingt.
Richtig ist aber auch: Es gibt vielfältige Beobachtungen und Erfahrungen, dass Bürgerinnen und Bürger die gesetzlich vorgesehenen Leistungen nicht realisieren können bzw. erst vor Gericht zu ihrem Recht kommen. Exemplarisch sei die These der restriktiven Rechtsumsetzung bzw. der Rechtsverweigerung an einigen Problemanzeigen aus der Praxis erläutert, die durchaus als typisch und nicht nur als Einzelfälle bezeichnet werden können.
- So stellt sich im Bereich des *Rehabilitationsrechts* die Frage, warum Leistungsberechtigte auch 8 Jahre nach Inkrafttreten des SGB IX trotz aller gesetzgeberischen Klärungsbemühungen (vgl. §§ 10 – 16 SGB IX) nach wie vor die Erfahrung von „Zuständigkeitsdschungel" und „Verschiebebahnhof" machen müssen. Auch die Umsetzung des Rechtsanspruchs auf ein Persönliches Budget geschieht bisher nur

sehr zaghaft und bleibt in der Praxis weit hinter den gesetzlichen Vorstellungen zurück. Ohne Bewusstseinswandel bei allen Beteiligten (vgl. dazu auch Art. 8 UN-Behindertenrechtskonvention), ohne Einbettung in eine entsprechende Infrastruktur und ein Beratungsnetz läuft der Anspruch auf das Persönliche Budget ins Leere. Selbstbestimmung heißt ja nicht: Jemanden sich selbst überlassen.
- In der Praxis der *Kinder- und Jugendhilfe* ist der Rückzug aus den Leistungsbereichen, in denen kein zwingender Rechtsanspruch oder keine Pflicht zum Handeln aus Kinderschutzgründen besteht, besonders spürbar. So werden die sozialpädagogisch ausgerichteten Angebote der Jugendsozialarbeit zum Ausgleich sozialer Benachteiligungen und individueller Beeinträchtigungen mit dem – unzutreffenden – Verweis auf die vorrangige Zuständigkeit des SGB II (vgl. § 10 Abs. 3 Satz 2 SGB VIII) eingestellt (dazu Spindler 2008). Die Zielsetzungen der Jugendhilfe – Entwicklungsförderung – und die des SGB II – möglichst schnelle Arbeitseinmündung und Reduzierung der Geldleistungen – sind nicht deckungsgleich. Für die betroffenen jungen Menschen hat die Leistungsverweigerung der Jugendhilfe unter Umständen wegen der drastischen SGB II-Sanktionen bei Pflichtverletzungen fatale, ja existenzbedrohende Konsequenzen. Im Bereich der Hilfen zur Erziehung ist eine zunehmende Zahl von Fällen zu beobachten, in denen Kindern und Jugendlichen wegen Verletzung ihrer (angeblichen) „Mitwirkungspflicht" (z.B. bei „völliger Verweigerungshaltung") die weitere Erziehungshilfe verweigert wird und sie trotz weiter bestehenden Hilfebedarfs in die „Selbstverantwortung" entlassen werden – eine Selbstverantwortung, zu der sie ja gerade durch die Jugendhilfe erst befähigt werden sollen (dazu Häbel 2008).
- Die repressive Gesetzeskonzeption des *SGB II* wurde bereits erwähnt. In keinem anderen Sozialleistungsbereich sind gesetzliche Grundlage und Gesetzesvollzug in vergleichbarem Maße von einer Strategie des Zwangs und der Bevormundung gegenüber den Leistungsberechtigten geprägt – trotz aller Eigenverantwortungs- und Eingliederungsrhetorik (dazu Diakonisches Werk der EKD 2009). Von Zielen wie Teilhabe und Selbstbestimmung kann nicht mehr ernsthaft gesprochen werden, wenn in derart rigider Weise z.B. in die Rechte der freien Wahl von Arbeit oder Wohnung eingegriffen wird, wie das mit dem Steuerungsinstrumentarium der Job-Center praktiziert wird. Die Leistungsberechtigten und die Behörde beggenen sich hier nicht auf Augenhöhe, sondern in einem Über-/Unterordnungsverhältnis, das die Leistungsberechtigten zu Objekten staatlichen Handelns macht. Dies widerspricht nach ständiger Rechtsprechung des Bundesverfassungsgerichts dem Gebot der Achtung der Menschenwürde (etwa BVerfGE 87, 209 [228]). Auf die Vielzahl von Rechtsverstößen in der SGB II-Praxis kann hier im Einzelnen nicht näher eingegangen werden. Es muss der Hinweis auf Erhebungen der Bundesagentur für Arbeit genügen, denen zufolge im SGB II-Bereich Widersprüchen „zu rd. 60 % ganz oder teilweise deshalb stattgegeben (wird), weil eine unzureichende Sachverhaltsaufklärung erfolgte oder das Recht nicht richtig angewandt wurde. Die Erfolgsquote bei Klagen beträgt trotz einer hohen Stattgabequote in den Widerspruchsverfahren nahezu 50 %" (Bundesa-

gentur für Arbeit 2008).

3

Je problematischer sich für die Leistungsberechtigten die Realisierung ihrer Rechte gegenüber den Leistungsträgern gestaltet, desto wichtiger werden für sie Rechtsberatung und Rechtsschutz, ggfs. auch durch die Gerichte. Hier ist festzustellen: Die sozialen Bürgerrechte werden zunehmend auch durch *Einschränkungen beim Rechtsschutz* gefährdet. Die z.T. heute bereits bestehenden, z.T. durch Bundesrats-Initiativen der Bundesländer zukünftig geplanten Restriktionen bei den Möglichkeiten der Rechtswahrnehmung und der Rechtsdurchsetzung wirken zwar auf unterschiedlichen Ebenen, greifen aber doch ineinander und ergänzen sich. Die Analyse zeigt *fünf Hürden*, die den Rechtsschutz für GeringverdienerInnen und SozialleistungsempfängerInnen erschweren und die hier exemplarisch für den SGB II-Bereich benannt werden sollen (näher dazu Weth 2009).

1. Der *Rechtsanspruch auf Beratung* in sozialrechtlichen Angelegenheiten durch die zuständigen Leistungsträger gem. § 14 SGB I läuft in der Praxis der SGB II-Träger weitgehend ins Leere. Die Gründe hierfür liegen nach verbreiteter Einschätzung und Erfahrung in Defiziten beim Zugang wie auch in deutlichen Qualitätsmängeln der Beratung(dazu Herbe 2008,Ames 2008).
2. Auf der Ebene von *Widerspruch und Klage* schließt *§ 39 SGB II* seit 1.1.2009 – anders als in anderen Rechtsbereichen üblich - deren aufschiebende Wirkung für nahezu alle Entscheidungen der SGB II-Träger aus. Mit der sofortigen Vollziehbarkeit ihrer Entscheidungen verschiebt sich die verfahrensrechtliche Interessenverteilung einseitig zu Gunsten der Grundsicherungsträger, die damit einen Freibrief für den ersten Anschein der Rechtmäßigkeit ihrer Bescheide erhalten.
3. Auf der Ebene des *sozialgerichtlichen Verfahrens* wurden 2008 die Mindeststreitwerte für Berufung und Beschwerde im einstweiligen Rechtsschutz erhöht (§§ 144 Abs. 1, 172 Abs. 3 SGG). Faktisch wirkt sich diese gesetzgeberische Maßnahme vor allem zu Lasten ärmerer Rechtsuchender aus, die ggfs. auch wegen geringer Summen um ihre existenzsichernden Rechte streiten müssen. Für sie gibt es jetzt im Regelfall nur noch eine gerichtliche Instanz. Der Bundesrat hat darüber hinaus die Einführung einer *allgemeinen Verfahrensgebühr* im bislang für Leistungsberechtigte gerichtskostenfreien Sozialgerichtsverfahren vorgeschlagen, um „die Eingangs- und Kostenflut der sozialgerichtlichen Verfahren zu bewältigen". Dieser Vorschlag ist bis jetzt vom Bundestag nicht aufgegriffen worden, es ist aber anzunehmen, dass er nach der Bundestagswahl wieder auf die Tagesordnung gesetzt wird. Nach einer rechtssoziologischen Studie würde die Selektionswirkung einer solchen Gebühr gerade diejenigen Klägerschichten von Klagen abhalten, bei denen am wenigsten

gewiss ist, dass ihre Klagen von Anfang an aussichtslos sind (Welti et al. 2008).
4. Des Weiteren will der Bundesrat mit einer *Änderung des Beratungshilfegesetzes* den Zugang zur Beratungshilfe erschweren. Dies trifft in massiver Weise Rechtsuchende mit geringen Einkünften. Geplant ist u.a. eine schärfere Prüfung der „Mutwilligkeit" der Inspruchnahme von Beratungshilfe, die Durchsetzung des Nachrangs der Beratungshilfe durch Verweis auf andere Beratungsmöglichkeiten (die aber keineswegs flächendeckend existieren), die Abschaffung des direkten Wegs zu anwaltlicher Beratungshilfe sowie die Erhöhung der Gebühr auf 30 €.
5. Auch die Inanspruchnahme der *Prozesskostenhilfe* soll nach den Plänen des Bundesrates u.a. durch eine schärfere Prüfung der Wirtschaftlichkeit der Rechtsverfolgung und die Einführung einer nicht erstattungsfähigen Gebühr von 50 € eingeschränkt werden.

Fazit: Bei einer ganzheitlichen Zusammenschau der geschilderten Restriktionen muss man zu dem Ergebnis kommen, dass sie sich in ihren tatsächlichen Auswirkungen als systematische Entrechtung von unterstützungsbedürftigen Bürgerinnen und Bürgern darstellen.

4

Nach der kritischen Bestandsaufnahme stellt sich die Frage, was zu einer *Stärkung teilhabe- und selbstbestimmungsorientierter sozialer Bürgerrechte* getan werden kann. Die folgenden Vorschläge orientieren sich an drei zentralen Leitlinien/Leitsätzen, die das Bundesverfassungsgericht für den hier diskutierten Problemzusammenhang aufgestellt hat:

1. Der aus der Menschenwürde herzuleitende soziale Wert- und Achtungsanspruch des Menschen verbietet es, „den Menschen zum bloßen Objekt des Staates zu machen oder ihn einer Behandlung auszusetzen, die seine Subjektqualität prinzipiell in Frage stellt" (etwa BVerfGE 87, 209 [228]).
2. „Der Staat hat nicht die Aufgabe, seine Bürger zu bessern ..." (BVerfGE 22, 180 [219]).
3. Der verfassungsrechtliche Anspruch auf Rechtsschutzgleichheit bedeutet, dass der gleiche Rechtszugang im prozessualen Bereich wie in der außergerichtlichen Beratung jedermann unabhängig von seinen Einkunfts- und Vermögensverhältnissen möglich sein muss (vgl. BVerfG, Beschluss vom 14.10.2008 – 1 BvR 2310/06, NJW 2009, S. 209 – 214; BVerfG, Beschluss vom 11.5.2009 – 1 BvR 1517/08).

Unter diesen Leitlinien sind folgende *Forderungen an Politik und Gesetzgeber* zu richten:

Rechtsansprüche ausbauen
Ein durchgängiges Dilemma quer durch die Sozialleistungsbereiche ist, dass die wenigsten der im 1. Teil beschriebenen gesetzlichen Zielvorgaben und Aufträge den Leistungsberechtigten ein einklagbares subjektives Recht vermitteln. Eine Stärkung der sozialen Bürgerrechte könnte beispielsweise durch Rechtsansprüche in folgenden Bereichen erreicht werden:

- *§ 17 Abs. 1 SGB I* wird als einklagbarer Rechtsanspruch ausgestaltet (statt der jetzigen bloßen Gewährleistungsverpflichtung). Das bedeutet u.a.: Jeder Berechtigte hat Anspruch darauf, dass er die ihm zustehenden Sozialleistungen in zeitgemäßer Weise, umfassend und zügig erhält und dass die zur Ausführung von Sozialleistungen erforderlichen sozialen Dienste und Einrichtungen rechtzeitig und ausreichend zur Verfügung stehen.
- Im *SGB VIII* erhalten Kinder und Jugendliche einen eigenen Rechtsanspruch auf Hilfen zur Erziehung und andere Jugendhilfeleistungen.
- Die *Jugendberufshilfe gem. § 13 SGB VIII* wird als einklagbarer Rechtsanspruch der Jugendlichen und jungen Volljährigen ausgestaltet und erhält Vorrang vor Maßnahmen nach dem SGB II. Entsprechend ist § 10 Abs. 3 Satz 2 SGB VIII zu streichen.

Umbau des SGB II
Das SGB II wird zu einem an Menschenwürde, Teilhabe und Selbstbestimmung orientierten Grundsicherungsgesetz umgebaut. Dazu werden u.a. folgende Änderungen vorgeschlagen (vgl. auch Diakonisches Werk der EKD 2009):

- Die Leistungsberechtigten erhalten einen *Rechtsanspruch auf Eingliederungsleistungen*.
- Die Leistungsberechtigten erhalten – entsprechend den Regelungen in anderen Sozialleistungsgesetzen – ein *Wunsch- und Wahlrecht* bei der Ausgestaltung der Leistungen.
- Die *Eingliederungsvereinbarung (§ 15 SGB II)* kann nicht durch einen Verwaltungsakt ersetzt werden.
- Die starren, überzogenen und gegen die Menschenwürde verstoßenden *Sanktionsregelungen (§ 31 SGB II)* werden unter dem Grundsatz der Verhältnismäßigkeit abgemildert. Das gilt insbesondere für den Sanktionskatalog gegenüber unter 25jährigen Leistungsberechtigten.

Kein Abbau, sondern Ausbau beim Rechtsschutz
Dazu u.a. folgende Forderungen:

- Im SGB I wird die Etablierung und finanzielle Förderung einer *unabhängigen und niedrigschwelligen Sozial- und Rechtsberatung* verankert und der Anspruch auf Beratung in § 14 SGB I entsprechend ausgeweitet.

Teilhabe und Selbstbestimmung im Sozialrecht

- Entsprechend § 63 SGB IX wird in allen Sozialleistungsbereichen ein *Verbandsklagerecht* eingeführt.
- *§ 39 SGB II (sofortige Vollziehbarkeit)* wird gestrichen.
- Die *Sozialgerichtsbarkeit* ist als eigenständiger Gerichtszweig zu erhalten. Die Sozialgerichte werden personell besser ausgestattet. Die Gerichtskostenfreiheit in Sozialgerichtsverfahren wird beibehalten.
- Bei der *Beratungshilfe* und der *Prozesskostenhilfe* bleibt es – zumindest in sozialrechtlichen Angelegenheiten – bei den gegenwärtigen Regelungen. Es werden hier keine weiteren Gebühren eingeführt.

Die *Sozialleistungsträger* sind aufgefordert, ein niedrigschwelliges qualifiziertes Beratungsangebot aufzubauen sowie die Personalausstattung und Mitarbeiterqualifizierung in den Leistungsbereichen zu verbessern und ein unabhängiges Beschwerdemanagement einzurichten.

Literatur

Ames, Anne (2008): Hartz IV in Baden-Württemberg. Erfahrungen der Betroffenen mit der Umsetzung und den Auswirkungen des SGB II. Bad Boll: Ev. Akademie.

Bundesagentur für Arbeit (2008): E-Mail-Info SGB II vom 29.09.2008 (Az: II – 7002/7003). Nürnberg: Bundesagentur.

Diakonisches Werk der Evangelischen Kirche in Deutschland (2009): Zur Rechtsstellung einkommensarmer Menschen und den notwendigen Änderungen im SGB II. Diakonische Texte, Positionspapier 07.2009. Stuttgart: Zentraler Vertrieb des Diakonischen Werkes der Evangelischen Kirche in Deutschland e.V.

Häbel, Hannelore (2008): Mitwirkungspflichten von Kindern und Jugendlichen – rechtliche Voraussetzung für Hilfeangebote der Jugendhilfe? In: Forum Erziehungshilfen, 14. Jg. H. 4, S. 214–218.

Herbe, Daniel (2008): Subsidiarität der Beratungshilfe im Sozialrecht? In: Informationen zum Arbeitslosenrecht und Sozialhilferecht, 26. Jg., S. 204–206.

Kirchenamt der Evangelischen Kirche in Deutschland/Sekretariat der Deutschen Bischofskonferenz [Hg.](1997): Für eine Zukunft in Solidarität und Gerechtigkeit. Hannover/Bonn: EKD.

Spindler, Helga (2008): Verdrängt, erstickt die Arbeitsmarktpolitik die Jugendhilfe? In: Forum sozial H. 3, S. 9–13.

Welti, Felix; Höland, Armin; Braun, Bernhard; Buhr, Petra (2008): Folgen einer allgemeinen Verfahrensgebühr in sozialgerichtlichen Verfahren. In: Soziale Sicherheit, 57. Jg. H. 9, S. 308–316.

Weth, Hans-Ulrich (2009): Effektiver Rechtsschutz im Bereich existenzsichernder Sozialleistungen noch gewährleistet? In: Sartorius, Wolfgang [Hg.]: Wer wenig im Leben hat, braucht viel im Recht. Beiträge zur Rechtsberatung und Rechtsverwirklichung im SGB II. Reutlingen: Diakonie-Verlag, S. 35–50.

IV.

Empirie und Handlungsfelder Sozialer Arbeit

Armut und Pflegebedürftigkeit:
Chancen und Grenzen professioneller Betreuung aus Sicht der Pflege

Margret Flieder

Einleitung

Armut, soziale Benachteiligung und Pflegebedürftigkeit sind aktuelle Themen, aus Sicht der professionellen Pflege lagen hierzu bisher nur wenig Erkenntnisse vor. Der folgende Beitrag gibt Einblicke in Ergebnisse des Pflege-Forschungsprojektes „Armut und Pflegebedürftigkeit"[1] (2007–2008), bei dem ambulant Pflegende befragt wurden zu ihren Einschätzungen und Erfahrungen im Umgang mit sozial benachteiligten Menschen. Hierbei handelt es sich um ein noch wenig bekanntes Terrain, das zu sondieren ist. Es mehren sich Zeichen, dass Pflege, Versorgung und soziale Benachteiligung ungünstig miteinander verknüpft sind. Insofern besteht hier weiterer Forschungsbedarf.

1 Ausgangslage, Daten und Fakten:

Laut Pflegestatistik (vgl. Pflegestatistik Deutschlandergebnisse 2007, S. 4)[2] waren „... im Dezember 2007... 2,2 Millionen Menschen in Deutschland pflegebedürftig im Sinne des Pflegeversicherungsgesetzes; die Mehrheit (68%) waren Frauen. 83% der Pflegebedürftigen waren 65 Jahre und älter; 35% 85 Jahre und älter. Mehr als zwei Drittel (68% bzw. 1,54 Millionen) der Pflegebedürftigen wurden zu Hause versorgt. Davon wurden 1.033.000 Pflegebedürftige in der Regel zu Hause allein durch Angehörige gepflegt. Weitere 504.000 Pflegebedürftige lebten ebenfalls in Privathaushalten. Bei ihnen erfolgte die Pflege jedoch zum Teil oder vollständig durch ambulante Pflegedienste" (vgl. Pflegestatistik Deutschlandergebnisse 2007, 2. Bericht, S. 4).
Die ambulant tätigen Pflegenden erhalten Einblicke in das Leben breiter Bevölkerungsschichten. Sie versorgen sowohl wirtschaftlich gut abgesicherte Menschen als auch Menschen in Armut. Oftmals sind Pflegende die einzigen Kontaktpersonen, die regelmäßig ins Haus kommen. In der klinisch-stationären Pflege ist diese Problemlage nur partiell sichtbar, die kurzen Verweilzeiten verhindern Einblicke in die Lebenslagen der PatientInnen.

---

1 Ausgewählte Daten des Forschungsprojektes wurden auf dem CarefairGermany-Kongress 2/2009 vorgestellt sowie in der Zeitschrift „Pflegen" des Evangelischen Fachverbandes, Heft 1/2009.
2 www.ec.destatis.de,

Derzeit (ebda) werden ca. 1,5 Millionen der pflegebedürftigen Menschen zu Hause versorgt. Davon erhalten ca. 1 Million ausschließlich Pflegegeld, werden somit primär durch Angehörige gepflegt. Etwa 500.000 pflegebedürftige Menschen werden vorwiegend durch Pflegedienste betreut (vgl. Pflegestatistik Deutschlandergebnisse 2007, 2. Bericht, S. 22). In der ambulanten Pflege arbeiten derzeit ca. 230.000 Beschäftigte in 11.500 Pflegediensten (vgl. Pflegestatistik Deutschlandergebnisse 2007, 1. Bericht, S. 4). Im Unterschied zum stationären Setting arbeiten Pflegende im ambulanten Setting meist allein und sind bei Entscheidungen auf sich gestellt, können sich nur telefonisch oder bei der Übergabe kurz miteinander beraten.

2 Pflegeverständnis und grundlegende Begriffe

Die Grundsätze christlich-humanitärer Pflege richten sich auf die fachgerechte Betreuung und Versorgung pflegebedürftiger Menschen. Pflegebedürftige Menschen haben einen im SGB XI gesetzlich geregelten Anspruch auf Hilfeleistungen. Auch bei sozial benachteiligten Menschen gelingt in vielen Fällen die gewünschte häusliche Pflege über lange Zeit. Für diese Arbeit unter erschwerten Bedingungen benötigen Pflegende allerdings spezifische Kompetenzen (vgl. Heusinger; Klünder 2005). Eine zentrale Fragestellung im Rahmen des Forschungsprojektes lautete daher: Können pflegebedürftige Menschen in armutsgeprägten Lebensverhältnissen auf spezialisierte fachkundige Unterstützung durch die Pflegenden hoffen? Und welche Faktoren sind dafür entscheidend? Die Antworten geben Einblicke in ein Handlungsfeld, das aus pflegewissenschaftlicher und pflegepraktischer Sicht noch wenig exploriert ist.

Soziale Ungleichheit (health inequality)
Unter sozialer Ungleichheit wird die ungleiche Verteilung gesundheitlicher Lebenschancen und Güter verstanden. Aktuelle Forschungsergebnisse zeigen, dass die Nutzung des Versorgungssystems weit weniger „neutral" ist, als gemeinhin angenommen wurde (vgl. Behrens 2008, S. 180–211). Ungleiche Verhältnisse in den Lebenslagen, in Bildung und beruflichem Status spiegeln sich in der gesundheitlichen Versorgung wider. Formal betrachtet haben alle Menschen in Deutschland gleichen Zugang zu den Gesundheitsleistungen, aber die Realität sieht oft genug anders aus. Dieses Phänomen wirft bis heute Fragen auf. Eine zentrale Frage lautet: Leisten Gesundheitsberufe, und insbesondere die Pflege, einen – wenn auch nicht beabsichtigen - Beitrag dazu, dass soziale Ungleichheit fortbesteht? Neueste Forschungsergebnisse zeigen eine prekäre Antwort auf: Sie tun es, auch wenn sie es nicht beabsichtigen (vgl. Bauer; Büscher 2007, S. 309ff). Wie kommt es dazu und wie kann gegengesteuert werden?
Dazu lässt sich grundsätzlich sagen, das das Nutzungs- und Inanspruchnahmeverhalten von Dienstleistungen im Krankheits- oder Pflegefall unterschiedlich ist. Es variiert je nach Verfügbarkeit über ökonomisches, kulturelles und soziales Kapital (vgl. Heusinger; Klünder 2005). Und gerade die an Ressourcen schwachen Gruppen haben beson-

dere Mühe, sich die komplizierten Abläufe bei Krankheit oder Pflegebedürftigkeit zu erschließen. Hinzu kommen oftmals verstärkende Faktoren, wie Armut und chronische Krankheit(n).

Armutsgeprägte Lebensverhältnisse
Nach dem Armuts- und Reichtumsbericht (2008) ist „die Armutsrisikoquote [...] von 12,1% im Jahr 1998 auf 13,5% in 2003 gestiegen. Das Risiko für Einkommensarmut bei Älteren (65 Jahre und älter) ist von 13,3% auf 11,4% zurückgegangen. Die Armutsrisikoquote ist zwar gestiegen, jedoch gehört Deutschland im Vergleich zu den europäischen Ländern nach Dänemark und Schweden zu den Ländern mit der geringsten Armutsrisikoquote" (Arbeitshilfe Armutsbericht 2008, S. 4).
Das Armutsrisiko beträgt demnach 13 Prozent, somit ist jeder achte Mensch in Deutschland arm. Das Risiko, in Armut zu geraten, steigt mit der Summe an Problemlagen wie z.B. Langzeitarbeitslosigkeit, Einkommensarmut, Suchtproblematik und gesundheitliche Einschränkungen (vgl. Arbeitshilfe Armutsbericht 2008, S. 4).

Pflegebedürftigkeit
Warum macht arm sein krank und führt zu Pflegebedürftigkeit?
„Von Armut betroffene Menschen werden signifikant häufiger krank und sterben früher. So ist die vorzeitige Sterberate bei den Einkommensschwächsten gegenüber den Einkommensstärksten doppelt so hoch" (Arbeitshilfe Armutsbericht 2008, S. 4).
Arme neigen zu Verhaltensweisen, die die Gesundheit schädigen: sie rauchen mehr als andere, essen ungesünder und bewegen sich weniger (vgl. Robert-Koch-Institut 2005, S. 40ff). Ungleiche Versorgung und ungleiche Gesundheit bedingen einander. Armut ist ein Gesundheitsrisiko, Krankheit, insbesondere chronische Krankheit, ist ein Armutsrisiko. Pflegebedürftigkeit und Armutsrisiko bedingen und verstärken sich gegenseitig und sind eine Kombination von besonderen Erschwernislagen (vgl. Richter; Bunzendahl 2008, S. 96ff). Der Zusammenhang von Armut und Gesundheit wird zwar zugestanden, zur Ausleuchtung des erweiterten Zusammenhangs mit Pflegebedürftigkeit fehlt es jedoch noch an handlungsleitenden Erkenntnissen.
Pflegebedürftigkeit ist ein komplexer Begriff. Er steht sowohl für ein „allgemeines Lebensrisiko, das mit steigendem Alter größer wird und grundsätzlich für jeden besteht" (vgl. Röttger-Liepmann 2007, S. 151), als auch für eine normative Kategorie des SGB XI, §15, der das von Krankenversicherungen finanzierte Leistungsspektrum anhand von Stufen der Pflegebedürftigkeit beschreibt. Die aktuelle Praxis geht noch aus vom Modell der drei Pflegestufen. Diese Stufung war und ist oftmals Gegenstand der Kritik. Bereits seit Einführung der Pflegeversicherung wurde u.a. das Begutachtungsverfahren kritisch und kontrovers diskutiert. Es sei zu eng definiert, zu sehr auf Verrichtungen bezogen und würde primär krankheitsbezogene somatische Problemlagen berücksichtigen. Zum anderen fänden weitere Problemlagen wie Einschränkungen in alltagsbezogenen Arbeiten keine Entsprechung. Die Ergebnisse der Studie der Universitäten Bielefeld und Bremen im Auftrag des Bundesgesundheitsministeriums lassen auf baldige Veränderung der bis-

herigen Einstufung hoffen. Die neue Version sieht insgesamt 5 Stufen vor und befindet sich in der modellhaften Erprobung.

3 Forschungsprojekt

Die erste Denkschrift der Evangelischen Kirche in Deutschland (EKD) zum Thema Armut beinhaltet eine Fülle von Anstößen zur engeren Verzahnung von Sozial-, Bildungs- und Arbeitsmarktpolitik, aber auch zur Umgestaltung des Verhältnisses von Sozial- und Wirtschaftspolitik. Ebenso werden die Handlungsmöglichkeiten von Kirchengemeinden und diakonischen Einrichtungen beschrieben (vgl. EKD 2006).
Als eine konkrete Folge dieser Denkschrift entstand das Praxisprojekt „Stärkung der Beratungskompetenz in den Diakoniestationen mit dem Fokus Angehörige". Es handelt sich um ein Kooperationsprojekt des Diakonischen Werkes der EKD und der Bundesakademie für Kirche und Diakonie, Berlin. Im Rahmen dieses Praxisprojektes werden Pflegefachkräfte aus ambulanten Diakoniestationen gezielt berufsbegleitend qualifiziert für Beratungsaufgaben in pflegebezogenen Handlungsfeldern. Die Diakonie weist in ihrem Positionspapier zur Weiterentwicklung der Pflegeversicherung ausdrücklich darauf hin, dass die Beratung und Begleitung von Menschen mit Pflege- und Betreuungsbedarf und deren Angehörigen bzw. ihrer Helfersysteme intensiviert werden muss[3].
Für das Forschungsprojekt wurden Pflegende in ambulanten Handlungsfeldern befragt nach ihren Einschätzungen zur Versorgungslage von Menschen in armutsgeprägten Lebensverhältnissen und zwar wurden Teilnehmende an der o.g. Qualifizierungsmaßnahme in sechs Modellregionen schriftlich befragt. Es handelte sich um Mitarbeitende aus Mitgliedseinrichtungen der Diakonischen Werke Hannover-Braunschweig-Oldenburg, Kurhessen-Waldeck, Mecklenburg, Schleswig-Holstein, Württemberg sowie der Diakonie Rheinland-Westfalen-Lippe. Über das Qualifizierungsprojekt hinaus beteiligten sich auch Pflegende der Caritas-Sozialstation Bad Soden-Salmünster an der Befragung. Insgesamt wurden 114 Fragebögen versendet (n1 = 114), der Rücklauf betrug 78 (n2 = 68%).
Weiterhin wurden Interviews (n3 = 6) geführt

- mit Pflegenden, die einschlägige Erfahrungen aus ihrer Berufspraxis haben
- mit einer Pflegefachkraft der Elisabeth-Straßenambulanz in Frankfurt
- mit der Leiterin eines Projektes[4] „Patientenberatung für sozial Benachteiligte" der Unabhängigen Patientenberatung Deutschland (UPD)
- mit einer Berufsbetreuerin.

---

3 Vgl. Presseinformation DW EKD zum Praxisprojekt.
4 www.unabhaengige-patientenberatung.de/teilprojekte.html, Abruf 06.06.2008.

Auswertung der Daten:
Größenordnung sozialer Benachteiligung
Auf die Frage, wie viele der von ihnen betreuten PatientInnen sie in etwa als sozial benachteiligt einschätzen, gaben mehr als 50% der Befragten an, dass es sich um weniger als 25% ihrer PatientInnen handelt. Diese Angaben decken sich mit den Aussagen im Armuts- und Reichtumsbericht, nach dem die deutschen RentnerInnen derzeit finanziell recht gut gestellt sind. Das wird sich in absehbarer Zeit jedoch ändern.

Finanzielle Problemlage rangiert vor pflegerischer Versorgungsproblematik
Als vordringliche Problemlage (siehe Abbildung 1) steht die finanzielle Notlage klar im Vordergrund, es folgen Elemente wie soziale Isolation und Bildungsdefizite. Aspekte einer medizinisch-pflegerischen Versorgungsproblematik z.B. bei PatientInnen mit Depression, Adipositas oder Suchtproblematik rangieren gleichauf mit schlechten Wohn- und Hygieneverhältnissen.

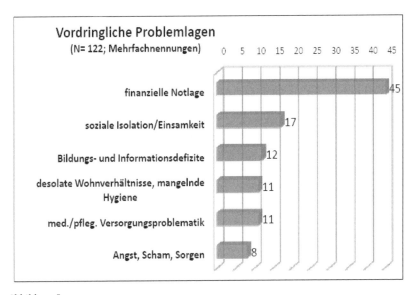

Abbildung 8

Die hier genannten Akzente weisen hin auf ein zwar bekanntes, aber gleichwohl zu wenig thematisiertes Phänomen: Das Gesundheitssystem hat sich immer mehr zu einem Zuzahlungsmarkt entwickelt, von dessen Leistungen eben nur die profitieren, die eine Zuzahlung leisten können (vgl. Heusinger 2007, S. 4). Möglichkeiten zur zumindest teilweisen Kostenbefreiung oder Ausnahmeregelungen kennen häufig diejenigen nicht, die Anspruch darauf hätten. Der Grad an Informiertheit ist bei ihnen gering, sie erfüllen die Voraussetzungen für die vielgepriesene Kundenrolle nicht.

Auch wenn medizinisch-pflegerische Probleme für die Pflegenden Anlass sind, diese Menschen aufzusuchen, steht die finanzielle Problemlage eindeutig im Vordergrund. Diese überschattet die gesamte Pflegesituation.

Unterstützung durch Angehörige fraglich
In der häuslichen Pflege sind Angehörige **die** tragende Säule (vgl. Lebenslagen in Deutschland 2008, S. 4). Aber gilt dies auch bei sozial benachteiligten Menschen und in armutsgeprägten Lebensverhältnissen? Bei den Antworten fiel auf, dass das Vorhandensein von Familie allein keine Unterstützung garantiert. Die Angehörigen der Betroffenen leben u.U. in ähnlichem Milieu, sind nach Konflikten oder aufgrund eigener Erkrankungen keine adäquaten Ansprechpartner oder ziehen sich zurück. Diese Tatsache wirkt verschärfend auf die gesamte Lebenslage der Betroffenen und fordert von den Pflegenden eine weitaus intensivere Balance- und Beziehungsarbeit als in anderen Fällen.

Um diese komplexen Problemlagen kompetent steuern und bewältigen zu können, müssen Pflegende erheblich mehr Zeit und Energie aufbringen als in anderen Fällen – und erreichen dabei nicht nur ihre zeitbezogenen Grenzen. Es fehlt ihnen nicht nur an Zeit, sondern auch an Raum, dies aufzuarbeiten.

Ressourcenorientierung
Ressourcen sind immer vorhanden, aber nicht immer sichtbar. Auch bei sozialer Benachteiligung und ungünstiger Wohnsituation gibt es Ressourcen, die ein förderungswürdiges Potenzial darstellen, so die These.

Nur von etwa der Hälfte der Befragten wird ein Ressourcenpotenzial erkannt. Das in Beispielen genannte Ressourcenverständnis ist stark an institutionellen Hilfen orientiert. Ressourcen wie Ausdauer, Beharrlichkeit, Interesse oder Wille zur Veränderung werden weniger wahrgenommen und erscheinen nachrangig. Die Pflegenden erkennen Potenziale, die bei institutioneller Unterstützung sicher zur Verbesserung der Lebenslage dienen würden. Diese Potenziale stellen förderungswürdige Ressourcen dar, die z.B. durch Vernetzung der Betroffenen mit Nachbarn erschlossen werden könnten, eine aussichtsreiche innovative Aufgabe gerade in dicht besiedelten Stadtvierteln. Ein an Ressourcen unmittelbar anknüpfendes Handlungsfeld setzt weiterhin an beim gezielten Unterweisen von Angehörigen vor Ort (Patienten- bzw. Angehörigenschulung), denn diese Zielgruppe nimmt i.d.R. nicht an Pflegekursen teil. Scham und Angst, sich zu blamieren sind die Hinderungsgründe. Ein weiteres Beispiel sind die ebenfalls genannten regionalen niedrigschwelligen Betreuungsangebote, deren Existenz zunächst einmal bekannt sein muss, bevor darauf aufmerksam gemacht werden kann.

In diesem Bereich der Ressourcen „schlummert" ein großes Potenzial sowohl auf Seiten der Betroffenen als auch auf Seiten der Pflegenden:

„Der Alltag besteht oftmals aus Arbeit zur Reduzierung von Blockaden, die Ressourcen sind oft schwach. Feste Ansprechpartner und vor allem Kontinuität sind wichtig. Zettel einwerfen lockt niemanden aus seiner Wohnung."

so eine der Befragten im Interview.
Ressourcen können nur dann wirksam werden, wenn man sie als solche erkennt und konkret mit ihnen arbeitet. Das muss nicht zwingend durch Pflegende geschehen, hier sind auch kooperierende Berufsgruppen wie SozialarbeiterInnen angesprochen. Dies könnte z.b. im Rahmen regelmäßiger Sozial- und Gesundheitskonferenzen geschehen bei Fallbesprechungen anhand einer „Ressourcen-Karte" zu den verschiedenen Bereichen (gesundheitsbezogen, sozial/familiär, aktivitätenorientiert, umgebungsbezogen o.Ä.).

Viele der Pflegenden engagieren sich intensiv und dauerhaft für die Anliegen der pflegebedürftigen Menschen. Sie sind betroffen von Not und Elend, manche haben Mühe, sich abzugrenzen, verlassen ihre professionelle Rolle, werden zu Freunden oder zu Dienstboten (vgl. Heusinger 2007, S. 318ff).

Bezüglich des mit guter Arbeit verbundenen Images profitieren die Pflegedienste nicht von diesem Klientel. Wenn sich herumspricht, dass ein bestimmter Pflegedienst seine Arbeit bei der Zielgruppe sozial benachteiligter PatientInnen besonders kompetent durchführt, wird sich vermutlich die Nachfrage nach diesem Pflegedienst erhöhen. Dieser kann aber nur eine begrenzte Anzahl dieses Klientels verkraften.
So äußert eine Pflegekraft im Interview:
„Darüber lässt sich kein gutes Image für den Pflegedienst erreichen, ganz im Gegenteil. Allzu viele dieser Patienten können wir uns als ambulanter Pflegedienst nicht leisten".
Hinzu kommen Anforderungen, die sich von den hygienebewussten Arbeitsbedingungen in stationären Einrichtungen deutlich unterscheiden und die hohe situative Bewältigungskompetenzen voraus setzen: *„Man darf keine Angst vor Dreck haben"*, so eine Pflegekraft.

Eingeschätzter Informationsstand zu Unterstützungsmöglichkeiten

Mehr als die Hälfte der Befragten schätzt den Grad an Informiertheit bei den pflegebedürftigen Menschen als weniger gut ein (Abbildung 2).

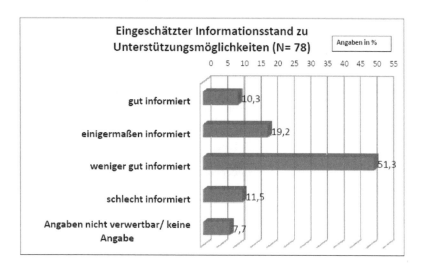

Abbildung 9

Dieses Ergebnis korrespondiert erneut mit sozialer Ungleichheit: Wer weniger gut informiert ist, kann seine Ansprüche gegenüber dem Gesundheitswesen und auch gegenüber den Pflegenden kaum formulieren, geschweige denn durchsetzen. Hier muss Pflege stärker als bisher ansetzen, indem sie umfassend informiert und bei ungleicher Behandlung z.B. durch Krankenversicherung oder Hausarzt gegensteuert. Nun lässt sich berechtigt einwenden, dass die Zeit hierfür in den knappen Minutenwerten der ambulanten Pflege nicht vorgesehen ist. Das ist richtig und es gibt keine einfache Lösung für diese Misere. Wenn Pflege jedoch beitragen will zur Reduzierung sozialer Ungleichheit, so ist hier eine der entscheidenden Schnittstellen.

Bewältigung von Armut und Not

Viele der Betroffenen bewältigen ihr Schicksal in einer für Profis oftmals erstaunlichen Weise (siehe Abbildung 3). Der größte Teil des Klientels arrangiert sich offensichtlich mit der Situation und nimmt die angebotenen Hilfen an. Auch hierin liegt eine Chance für sensitive aufsuchende Hilfe durch Pflegende. Und wie in vielen schwierigen Lebenssituationen zeigt sich der Halt im Glauben als eine wichtige Bewältigungskompetenz.

Chancen und Grenzen professioneller Betreuung aus Sicht der Pflege

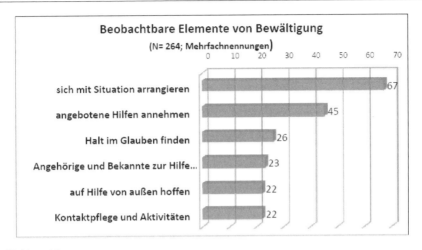

Abbildung 10

Dass das Hoffen auf Hilfe von außen und situative Kompetenz der Pflegenden in einem engen Zusammenhang steht, zeigt der folgende Interviewausschnitt:
„Ja, was auf einem zukommen kann. So z.b. dass es bei manchen Leuten das Problem sein kann, dass am Ende des Monats ... kein Brot mehr da ist und ich soll abends hinkommen, soll ein Brot machen und es gibt einfach keins .... Und ich der Situation ausgesetzt bin, den Mensch quasi davor, ja, damit zu konfrontieren, dass er so arm ist, dass er kein Abendbrot hat und ich dann in meinem Gewissenskonflikt dann plötzlich nicht mehr nur als Krankenschwester von dem Pflegedienst da stehe, sondern als Mitmensch in der Situation. Soll ich jetzt von meinem Geld etwas kaufen, dann hat er wenigstens etwas zu essen. Also das ist ein Wertekonflikt ständig. ... Das war eine große Problemlage, auf die ich nicht eingestellt war."

Wer übernimmt Steuerungsaufgaben?
Hier zeigen die Ergebnisse, dass Angehörige auch hier **die** Instanz für Steuerungsaufgaben sind und somit unmittelbare Ansprechpartner für Pflegende. Pflegende müssen wissen, dass sie u.U. mit mehr Barrieren oder Widerstand bei notwendigen Interventionen rechnen müssen. Erklärbar ist dies zum einen durch den Bildungsunterschied und sich daraus ergebende Folgen z.B. zum Verständnis von amtlichen Briefen (Krankenversicherung o.ä.). Zum anderen haben die Betroffenen erschwerte Möglichkeiten, eine fachlich begründete Intervention (z.B. häufigeren Lagewechsel) umzusetzen, da die Voraussetzungen oftmals nicht gegeben sind. Dadurch verlängern sich Gespräche – und sie sind schwieriger!
In der vorliegenden Studie sind nach den gesetzlichen BetreuerInnen professionell Pflegende die drittgrößte Gruppe, die Steuerungsarbeiten übernimmt.

„*... Das sind so Zusatzleistungen wie, dass ich zu vielen Menschen komme und die dann erst mal ihre Post gesammelt haben über die ganze Woche und sagen, ich habe hier Briefe bekommen von der Krankenkasse oder von irgendeiner Verwaltung oder sonstiges, könnten sie sich das mal durchlesen, ich verstehe das überhaupt nicht...*" (Int4Pfl, Z. 259–263).

Die Befragten lösen dieses Dilemma eher individuell denn systematisch. Sie geben an, dass sie pflege- und krankheitsbezogene Anliegen nach Sichtung der Briefe oftmals schnell telefonisch regeln, bei nicht leicht durchschaubaren Fragen verweisen sie auf die Angehörigen oder Betreuer, falls vorhanden. Mitunter bleiben Probleme „auf der Strecke".

Auch hier zeigt sich ein Ansatzpunkt zur Gegensteuerung von sozialer Ungleichheit, der sich insbesondere an die Leitungen der Pflegedienste richtet.

Konsequenzen für professionelles Handeln

In der Pflege sozial benachteiligter Menschen hat man es vielfach zu tun mit Situationen, die sich einer Planung entziehen – und die gleichwohl in der Situation bewältigt werden müssen. Darin besteht eine der großen Herausforderungen dieser Arbeit, die auch auf der Ebene der Hochschulen zu vermitteln ist.

Welche Aufgaben hat Pflege in der Arbeit mit dieser Zielgruppe? Auf der strukturellen Ebene geht es um die Schaffung einer neuen sensitiven Zugehstruktur und um die Entwicklung niedrigschwelliger Beratungs- und Informationsangebote für Menschen mit sozialen Benachteiligungen. Eine solche neuartige Zugehstruktur benötigt Anknüpfungspunkte z.B. im Stadtviertel, über die Kirchengemeinde oder über Vertrauenspersonen, die „auf Augenhöhe" mit den Betroffenen sprechen können.

Auf der inhaltlichen Ebene geht es um das Erlernen von Pflegepraxis unter erschwerten Bedingungen, in Wohnungen, wo es keine frische Bettwäsche gibt und u.U. kein Brot da ist. Hier ist Organisationsarbeit gefragt, aber auch Kreativität und emotionale Arbeit.

Fazit

Pflege in armutsgeprägten Lebensverhältnissen steht für eine große und oftmals kaum bekannte Herausforderung und sie unterliegt einem Tabu. Mit diesem Thema lässt sich nicht offensiv werben, Hochglanzbroschüren und kundenorientiertes Marketing passen nicht. Gleichwohl ist der professionelle Umgang mit Armut und Pflegebedürftigkeit eine für Gesundheits- und Sozialberufe zentrale Aufgabe der Zukunft. Hier sind die Hochschulen gefragt, das Thema weiter zu sondieren, Kooperationen bereits im Studium anzubahnen und Studierende mit neuen Erkenntnissen vertraut zu machen.

Literatur

Bauer, Ullrich; Büscher, Andreas (2007): Soziale Ungleichheit und Pflege: Konzeptionelle Zugänge. In: Pflege; Gesellschaft, 12. Jg., (4), S. 304–317.

Behrens, Johann (2008): Ökonomisches, soziales und kulturelles „Kapital" und die soziale Ungleichheit in der Pflege. In: Bauer, Ullrich; Büscher, Andreas [Hg.]: Soziale Ungleichheit und Pflege. Beiträge sozialwissenschaftlich orientierter Pflegeforschung. Wiesbaden: VS Verlag, S. 180–211.

EKD [Hg.](2006): Gerechte Teilhabe – Befähigung zu Eigenverantwortung und Solidarität. Eine Denkschrift des Rates der EKD zur Armut in Deutschland. Im Auftrag des Rates der Evangelischen Kirche (EKD), Herausgegeben vom Kirchenamt der EKD. Gütersloh: Gütersloher Verlagshaus.

Flieder, Margret (2009): Lebenslagen und Pflegesituationen von Menschen am Rande der Gesellschaft. In: Pflegen, (1), S. 14–22.

Heusinger, Josefine (2007): Freundin, Expertin oder Dienstmädchen – zu den Auswirkungen sozialer Ungleichheit auf die Funktion professioneller Pflegekräfte in häuslichen Pflegearrangements. In: Pflege; Gesellschaft, (04), S. 318–330.

Heusinger, Josefine; Klünder, Monika (2005): „Ich lass mir nicht die Butter vom Brot nehmen". Aushandlungsprozesse in häuslichen Pflegearrangements, Frankfurt a.M.: Mabuse Verlag.

Knesebeck, Olaf von dem; Mielck, Andreas (2008): Soziale Ungleichheit und gesundheitliche Versorgung im höheren Lebensalter. In: Zs f. Geriatrie, (10), S. 212–220.

Lebenslagen in Deutschland (2008): Der 3. Armuts- und Reichtumsbericht der Bundesregierung. Berlin: Bundesdruckerei.

Richter, Antje; Bunzendahl, Iris (2008): Armut, Alter und Gesundheit – Herausforderungen für heute und morgen. In: Richter, Antje; Bunzendahl, Iris, Altgeld, Thomas [Hg.]: Dünne Rente – Dicke Probleme, Frankfurt a.m.: Mabuse Verlag, S. 91–105.

Richter, Antje; Bunzendahl, Iris; Altgeld, Thomas [Hg.](2008): Dünne Rente – Dicke Probleme, Frankfurt a.M.: Mabuse Verlag.

Robert-Koch-Institut [Hg.](2005): Armut, soziale Ungleichheit und Gesundheit. Beiträge zur Gesundheitsberichterstattung des Bundes. Berlin: Robert-Koch-Institut.

Röttger-Lippmann, Beate (2007): Pflegebedürftigkeit im Alter. Aktuelle Befunde und Konsequenzen für künftige Versorgungsstrukturen, Weinheim; München: Juventa Verlag.

Universität Bielefeld (2007): Recherche und Analysen zum Pflegebedürftigkeitsbegriff. Unter: www.bmg.bund.de/cln_110/SharedDocs/Downloads/DE/Pflege/Anhang_zum_Pflegebed_C3_BCrftigkeitsbegriffs_Recherche,templateId=raw,property=publicationFile.pdf/Anhang_zum_Pflegebedürftigkeitsbegriffs_Recherche.pdf, Abruf am 10.01.2009

Internetquellen

www.ec.destatis.de, Pflegestatistik 2007.

www.sozialgesetzbuch-bundessozialhilfegesetz.de/buch/sgbxi/15.html.

www.svr-gesundheit.de/Gutachten/Gutacht05/Kurzfassung.pdf, Abruf 10.07.2008.

www.gesundheitberlin.de/download/i_05_05_24_Arbeitshilfe_Armutsbericht.pdf, Abruf 12.07.2008.

Gesellschaft, sozialer Status und seelische Erkrankungen

Holger Kirsch

1 Einführung

Seelische Erkrankungen stehen in einem bedeutsamen Zusammenhang mit gesellschaftlichen, wirtschaftlichen und sozialen Verhältnissen. Dies gilt sowohl im historischen Verlauf, in dem ökonomische und kulturelle Veränderungen zu einem Wandel seelischer Krankheiten selbst führen. Es gilt aber auch in Bezug auf die Häufigkeit und die gesundheitliche Versorgung.

2 Zum Wandel seelischer Erkrankungen

In fast jeder Generation seit den 1940er Jahren wurde auf diesen Zusammenhang hingewiesen (vgl. Fromm 1947; Kohut 1977; von Essen; Habermas 1989; Tenbrink 2000). Die Autoren stimmen darin überein, dass ausdrucksvolle, extrovertierte oder hysterische, die Umgebung mit einbeziehende Störungsbilder ab- und narzisstische, schizoide und depressive, also mehr nach Innen gerichtete Störungsbilder zunehmen. Tenbrink (2000) plädiert deshalb dafür, nicht allein den Wandel oder die Zunahme seelischer Erkrankungen zu betrachten, sondern die Veränderungen kompensatorischer gesellschaftlicher Strukturen einzubeziehen. Die erste Hälfte des letzten Jahrhunderts war - zumindest in Deutschland - geprägt durch autoritäre Charaktere, eine hierarchische Gesellschaft mit archaischer Idealisierung (Kaiser, Führer), massiven Spaltungen (Freund-Feind), Projektionen und Verleugnungen sowie Durchbrüchen von Rohheit und bestialischer Grausamkeit. Diese gesellschaftlichen Strukturen, die erzwungene Anpassung und soziale Kontrolle dienten als kompensatorische Strukturen und ermöglichten Gefühle von Unsicherheit, innerer Leere und Ohnmacht abzuwehren. Inzwischen haben sich die gesellschaftlichen Strukturen deutlich verändert. Alte Abwehrformationen und Kompensationsstrukturen treten in den Hintergrund und werden durch neue ersetzt, die zugleich die seelischen Störungen weniger verdecken, so dass diese unverstellter zum Ausdruck kommen. Heute soll die Nutzung aller gebotenen technischen Mittel zur Selbststimulation und zum Konsum die innere Leere abwehren (neue Abwehrformation). Die Forderung nach größtmöglicher Flexibilität, die Ausbeutung und Selbstausbeutung und die Abkehr von solidarischen Bedürfnissen, führen vermehrt zu egozentrischen (narzisstischen), misstrauischen (schizoiden) und enttäuschten, resignierten Positionen (z.B.

Depression). „Die Depression kann als etwas gesehen werden, das die psychische Dimension der Probleme benennt, die durch die Gesellschaft hervorgebracht werden, die eine Person an ihrer persönlichen Initiative misst und die die Frage der persönlichen Entfaltung über die Frage von Verboten stellt, oder anders ausgedrückt, eine Gesellschaft in der jeder sein eigener Herrscher ist und sich dadurch mit der Frage der unbegrenzten Möglichkeiten konfrontiert sieht" (Ehrenberg 2006, S.125). Die Chancen, sein „eigener Herrscher" zu sein, Ressourcen und Gesundheitsrisiken sind jedoch in der Gesellschaft ungleich verteilt, der soziale Status und das Geschlecht spielen dabei eine bedeutsame Rolle. Auch wenn seit langem bekannt ist, dass Frauen häufiger seelisch erkranken als Männer, wird die sozialpsychologische und psychotherapeutische Forschung zu diesem Thema erst in den letzten Jahren intensiviert (vgl. Haubl 2005; Neises 2007; Brüggemann 2007).

3 Die Häufigkeit und Verteilung seelischer Erkrankungen in der Bevölkerung

Zusammenhänge zwischen sozialer Ungleichheit und Krankheitsrisiken gelten als gesichert. Zahlreiche Studien haben gezeigt, dass ein niedriger Sozialstatus mit einer erhöhten Mortalität und Morbidität einhergeht (vgl. Deck 2008; Richter; Hurrelmann 2006). Um den sozialen Status näher zu beschreiben, wird in der folgenden Darstellung von einem Drei-Schicht Modell ausgegangen (Ober-, Mittel- und Unterschicht), wie es im Bundesgesundheitssurvey (1998/1999) zugrunde gelegt wurde. In diesem Modell werden Einkommen, Bildung und berufliche Stellung als Indikatoren für das Sozialprestige zusammengefasst (vgl. Winkler; Stolzenberg 1999)[1]. Als seelische Erkrankungen werden lebensgeschichtlich erworbene, psycho-sozial beeinflusste Erkrankungen verstanden, dazu zählen neurotische Erkrankungen, Persönlichkeitsstörungen, Suchterkrankungen, Belastungsreaktionen und somatoforme Erkrankungen.
Die erste größere epidemiologische Studie zur Häufigkeit seelischer Erkrankungen in Deutschland war die Mannheimer Kohortenstudie zwischen 1979 und 1996 (vgl. Schepank 1987, Franz, Kuns; Schmitz 2000). Diese wies eine Ein-Jahres Prävalenz seelischer Erkrankungen von 26% bei einer repräsentativen Stichprobe (N=600) der erwachsenen Mannheimer Stadtbevölkerung nach. Laut Gesundheitsberichterstattung des Bundes (vgl. Bundesministerium für Gesundheit, 2006) beträgt die Ein-Jahres Prävalenz für psychische Erkrankungen 27-32%, davon leidet die Hälfte unter mehr als einer Störung. Angsterkrankungen und depressive Erkrankungen sind die häufigsten psychischen Störungen und ihre Prävalenz nimmt zu. Insgesamt zeigt sich in diesen Untersuchungen, dass seelische Erkrankungen bei Erwachsenen in der Unterschicht wesentlich häufiger

---

1 Dieses häufig verwendete Schichtmodell hat einige Nachteile, so werden Statusinkongruenzen nicht erfasst, andere wesentliche Unterschiede im sozialen Status bleiben unberücksichtigt, z.B. Menschen mit Migrationshintergrund, Unterschiede zwischen Männern und Frauen, sowie Unterschiede zwischen den neuen und alten Bundesländern.

anzutreffen sind als in den anderen sozialen Schichten. In einer bundesweiten Datenerhebung an 17.000 Kindern und Jugendlichen zwischen 3 und 17 Jahren (KIGGS-Studie) lag die 6 Monats-Prävalenz seelischer Erkrankungen zwischen 11,5% bei Mädchen und 17,5% bei Jungen (im Schnitt 14,7%), insbesondere Angststörungen, aggressiv-dissoziale, depressive und hyperkinetische Störungen wurden gefunden. Als bedeutsame psychosoziale Risikofaktoren gelten niedriger sozioökonomischer Status (die untere soziale Schicht hat ein 3,5fach erhöhtes Risiko), der Status als alleinerziehendes Elternteil (23,9% Auffälligkeiten versus 13,3% bei vollständigen Familien) und Arbeitslosigkeit der Mutter (vgl. Hölling; Schlack, 2008).

Arbeitslose, insbesondere Langzeitarbeitslose und alleinerziehende Mütter haben das höchste Armutsrisiko und ein deutlich erhöhtes Erkrankungsrisiko. Alleinerziehende Frauen leiden doppelt so häufig unter seelischen Erkrankungen und sind signifikant unzufriedener mit ihrer Lebenssituation. Aktuelle Gesundheitsberichte der Krankenkassen bestätigen die hohen Prävalenzraten und die ungleiche Verteilung von Risiken. Arbeitslose sind häufiger von Depressionen, Anpassungsstörungen und somatoformen Störungen betroffen (Frauen 38 %, Männer 21%) als Erwerbstätige. Depression wurde bei Arbeitslosengeld II Empfängern (mit 15%) deutlich häufiger als bei Berufstätigen (7%) angegeben (vgl. Albani et al. 2008). Arbeitslose sind einem erhöhten Krankheits- und Sterberisiko ausgesetzt. Bei den 20-59-Jährigen leiden 48% unter Krankheitssymptomen. Arbeitslose suchen öfter einen Arzt auf, haben längere Arbeitsunfähigkeitszeiten (22 Tage versus 13 Tage im Jahr) und verbringen mehr Tage im Krankenhaus, insbesondere wegen psychischer Erkrankungen (vgl. Bundesministerium für Gesundheit 2006). Auch Arbeitsplatzunsicherheit gilt als Risiko und als Prädiktor für psychische Erkrankungen (vgl. Bethge et al. 2008; Berth et al. 2008). Weber et al. (2007) gehen davon aus, dass sowohl Krankheit zu Arbeitslosigkeit führt (Drift-Hypothese, dies betrifft ca. 25% der Fälle) als auch Arbeitslosigkeit selbst zu Erkrankungen führen kann (Theorie der sozialen Verursachung).

4 Auswirkungen seelischer Erkrankungen

Die Folgen psychischer Erkrankungen sind gravierend. Die Mehrzahl der psychischen Störungen beginnt in Kindheit und Adoleszenz und hat damit negative Auswirkung auf die Berufsentwicklung, den Familienstand, die Schichtzugehörigkeit und soziale Teilhabe. Eine Teilgruppe erwachsener Probanden der Mannheimer Kohortenstudie wurde über 11 Jahre weiter untersucht. Die Ergebnisse weisen darauf hin, dass seelische Erkrankungen häufig chronisch verlaufen (vgl. Franz et al. 2000) und dass Probanden die einen sozialen Abstieg durchmachten, bereits vor dem Abstieg stärker psychisch beeinträchtigt waren als diejenigen, die konstant in ihrer Schicht blieben (vgl. Franz, Kuns; Schmitz 2000). Die Autoren verstehen dies als Unterstützung der sog. „Drift-Hypothese". Diese postuliert, dass nach Beginn oder Chronifizierung einer psychischen Erkrankung, in Abhängigkeit von Moderatorvariablen (z.B. Schwere der Störung, soziale Unterstützung), ein sozialer Abstieg erfolgt, da das schichtspezifische Leistungsniveau nicht mehr aufrechterhalten werden kann. Wie lassen sich diese Zusammenhänge verstehen, wie macht Arbeitslosigkeit krank? Im *Stressmodell* wird Arbeitslosigkeit als sozialer Stressor verstanden. Depression, Angststörungen oder Herzkreislauferkrankungen werden als „Endstrecke" chronischer, psychosozialer Stresseinwirkung gesehen. Als Moderatorvariablen gelten u.a. Dauer der Arbeitslosigkeit, Alter, Geschlecht, finanzielle Ressourcen Bildung und berufliche Qualifikation, Persönlichkeitsstruktur, Kausalattributionsstil, Soziale Unterstützung sowie vorbestehende gesundheitliche Beeinträchtigungen (vgl. Weber et al. 2007). Das *Deprivationsmodell* bezieht sich stärker auf Aspekte sozialer Teilhabe: Verlust von Zeitstruktur, des Rollenprestiges, Stigmatisierung, der Verlust von Sozialkontakten, Status und Identität erhöhen das Risiko seelisch zu erkranken. Die individuellen Copingmechanismen sind jedoch wenig von der jeweiligen Situation (z.B. Arbeitslosigkeit, Trennung oder Scheidung) abhängig, sondern sind lebensgeschichtlich erworben. Copingmechanismen sind stärker von Persönlichkeitsfaktoren abhängig als von der auslösenden Situation (vgl. Herrschbach 2002). Eine Querschnittsbetrachtung der sozialen Stressoren und individuellen Bewertungs- und Copingmechanismen muss also ergänzt werden um eine lebensgeschichtliche Betrachtung der sozialen Entwicklungsfaktoren und eine entwicklungspsychologische Perspektive.

5   Soziale Entwicklungsfaktoren und seelische Erkrankungen

Am Beispiel einer groß angelegten Studie von Felitti (2002) werden Langzeitfolgen kindlicher Belastungssituationen dargestellt. Erwachsene der amerikanischen Mittelschicht wurden zu Kindheitsbelastungsfaktoren befragt und ihr Gesundheitszustand prospektiv über 5 Jahre verfolgt. Letzterer wurde definiert über die Häufigkeit von Notfallaufnahmen, die Inanspruchnahme ärztlicher Leistungen, Medikamentenkosten, Krankenhausaufnahmen und Sterblichkeit. Kindheitsbelastungen lagen bei mehr als 50% der Probanden vor (definiert als körperlicher, emotionaler und sexueller Missbrauch, ein Haushaltsmitglied war im Gefängnis, die Mutter erfuhr körperliche Gewalt, ein Familienmitglied war alkohol- oder drogenkrank, seelisch krank oder suizidal, mindestens ein biologisches Elternteil wurde in der Kindheit verloren). Diese Belastungsfaktoren waren wesentliche Determinanten für psychische und körperliche Erkrankungen im Erwachsenenalter. Für Depression, Suizidversuche, chronisch obstruktive Lungenerkrankungen, Herzerkrankungen, Adipositas per magna, u.a.m. war die Prävalenz bei vorliegen eines oder mehrerer der Belastungsfaktoren signifikant erhöht. Die Langzeitfolgen 50 Jahre später (das Durchschnittsalter der Untersuchten war 57 Jahre) werden bei den körperlichen Erkrankungen im Wesentlichen vermittelt über Rauchen, Ernährung, Alkohol, gesundheitliches Risikoverhalten und Drogenkonsum. Diese gesundheitsschädigenden Verhaltensweisen sind oft verzweifelte Versuche der Selbstheilung, Stressbewältigung oder Selbstberuhigung (vgl. Felitti 2002). Eine weitere Schlussfolgerung dieser Untersuchung ist, dass unser Gesundheitswesen ungenügend die soziale und biografische Verursachung häufiger Erkrankungen einbezieht und adäquate Therapiekonzepte entwickelt hat. Die Gesundheit der Bevölkerung, insbesondere die Verteilung von Gesundheits- und Lebenschancen, wird primär von Faktoren bestimmt, die nicht im Gestaltungsbereich der Medizin und Gesundheitspolitik liegen (vgl. Rosenbrock; Kümpers 2006). Soziale Benachteiligung in der frühen Kindheit bestimmt die psychische Gesundheit und Verhaltensanpassung späterer Lebensphasen. Sozialwissenschaftlich spricht man von einer Akkumulation von benachteiligenden Lebensbedingungen. Eine chronisch stressvolle Umgebung stört die Entwicklung von erfolgreicher Anpassung nachhaltig (vgl. Schoon 2002). Die Ergebnisse der Risikofaktorenforschung (vgl. Egle et al. 1997) zeigen deutlich, dass gesellschaftliche und soziale Faktoren wesentlicher die Entstehung und den Verlauf psychischer Erkrankungen beeinflussen, als Medizin und Psychologie, psychodynamische oder kognitiv-verhaltenstherapeutische Therapieansätze dies konzeptualisierten. Wichtige empirisch nachgewiesene Risiken für die seelische Gesundheit eines Kindes stellen z.B. die folgenden Umweltfaktoren dar: niedrige soziale Schicht, große Familien mit wenig Wohnraum, Kriminalität eines Elternteils, Kontakte mit Einrichtungen der sozialen Kontrolle, alleinerziehende Mütter, Arbeitslosigkeit eines Elternteiles, schwere Erkrankung oder psychische Störungen eines Elternteiles, Verlust der Mutter, schwere körperliche Erkrankung der Mutter oder des Vaters, sexuelle und gewaltsame Übergriffe, häufige Gewalt in der Familie (vgl. Werner; Smith 1992; Hoffmann; Egle 1996, Sturzbecher; Dietrich 2007). Insbesondere die Kumulation mehrerer Risikofaktoren und das Fehlen von protektiven Faktoren führen gehäuft zu psychischen Erkrankungen.

6 Die entwicklungspsychologische Perspektive

Neuere Erkenntnisse zu Bindungsmustern, zur kognitiven Entwicklung und zur Reife von Konfliktbewältigungsmechanismen können Auskunft geben darüber, wie Langzeitfolgen frühkindlicher Belastungen vermittelt werden. Im ersten Lebensjahr entstehen Bindungsmuster, die aktiviert werden bei innerer oder äußerer Gefahr. Diese Bindungsmuster entstehen aus Interaktionen die der Säugling mit seinen Pflegepersonen hat (vgl. Bowlby 1982) und sind abhängig von der Feinfühligkeit der Bezugsperson und ihrer Zuverlässigkeit. Sie finden ihren Niederschlag in Gedächtnisspuren (innere Arbeitsmodelle, Repräsentanzen). Anhand des „Fremde Situation Experiments" (vgl. Ainsworth et al. 1978) können Kinder bereits mit 12- 18 Monaten als sicher oder unsicher gebunden klassifiziert werden. Unsichere Bindungsmuster werden als eine Form früher emotionaler Vernachlässigung verstanden, während ein sicheres Bindungsmuster als protektiver Faktor gilt. Die Aktivierung des Bindungssystems läuft bei unsicherer Bindung ins Leere und nach einer Stresssituation gelingt die Beruhigung wesentlich schwieriger. Dies führt zu vermehrter Ausschüttung von Stresshormonen (Cortison und Adrenalin) und evtl. zu stressinduziertem Zelluntergang im Hippocampus mit Störungen im Kurzzeitgedächtnis, der kognitiven Stressbewältigung und Handlungsplanung. Als Folge werden kognitive Funktionsstörungen und unreife Konfliktbewältigungsmechanismen angesehen (vgl. Egle et al 2002). Die Arbeitsgruppe um Fonagy entwickelte aufbauend auf der Bindungsforschung das Mentalisierungskonzept, ein entwicklungspsychologisches Modell, wie Beziehungserfahrungen der ersten vier bis fünf Lebensjahre Teil unserer inneren Repräsentanzen werden und kognitive Fähigkeiten, soziale Beziehungen, die Selbststeuerung und Affektmodulation beeinflussen. Mentalisierung ist eine Fähigkeit das Verhalten anderer Menschen vorauszusehen und zu erklären und zwar in Begriffen ihrer inneren Befindlichkeiten, also dessen was sie annehmen, wünschen, hoffen oder beabsichtigen. Diese Fähigkeit ermöglicht Denken als Probehandeln, Reflexion als Instrument der Impulskontrolle und Affektregulation. Störungen der frühen Interaktion mit den wichtigen Bezugspersonen führen zu mangelnder Mentalisierungsfähigkeit, ebenso behindern Stress und intensive Emotionen die Mentalisierung (vgl. Fonagy; Target 2002; Fonagy et al. 2004; Köhler 2004; Dornes 2004). Als Indikatoren für Störungen der Mentalisierungsfähigkeit gelten impulsives Handeln ohne nachzudenken, konkretistisches Denken und die Fixierung auf äußere Regeln und Details, sowie fehlende Wahrnehmung von innerem Erleben. Der Unterschied zwischen Meinungen, Wünschen, Gedanken, Gefühlen und der (äußeren) Realität wird nicht wahrgenommen. Verhalten wird durch äußere Kausalität anstatt durch innere Motive erklärt. Dies führt zu mangelndem Verständnis für die Wirkung eigener Handlungen auf andere und einer Unfähigkeit, mit verschiedenen Sichtweisen zu „spielen". Nicht-mentalisieren triggert intensive, schwer auszuhaltende Gefühle im Anderen und führt zu dem Versuch, Verhalten anderer zu kontrollieren, anstatt es zu verstehen. Die Konfliktbewältigung bleibt unreif (insbesondere Projektion und projektive Identifikation, Spaltung) und die Wahrnehmung äußerer und sozialer Realität wird verzerrt. Insbesondere Schwierigkeiten in sozialen Interaktionen und bei der Stressverarbeitung sind die Folge (vgl. Fearon et al 2006). Berücksichtigt man die oben erwähnte Kumulation sozialer Stressoren bei Angehörigen der unteren sozialen Schicht und bezieht die lebensgeschichtlichen Entwicklungsfaktoren mit ein, z. B. frühe stressvolle Interaktionen und eingeschränkte psychologische Bewältigungsfähigkeiten, so wird deutlich, wie frühe Benachteiligung sich in jedem weiteren Lebensabschnitt verstärkt und früher oder später zu seelischen Erkrankungen führen kann (vgl. Schoon 2002).

7 Mittelschichtorientierung der Versorgungsstrukturen im Gesundheitssystem

Als gesellschaftliche Antwort auf die Prävalenz seelischer Erkrankungen hat das Gesundheitswesen das Versorgungsangebot differenziert und seit Ende der 1960-iger Jahre Psychotherapie als Kassenleistung integriert und ausgebaut. Das deutsche Gesundheitswesen hält einerseits ein breites Spektrum von niedergelassenen Ärztinnen und Ärzten und Fach-Kliniken mit verschiedenen psychiatrischen und psychotherapeutischen Qualifikationen vor, andererseits gilt die psychotherapeutische Versorgung als ungenügend.

Im Vergleich mit 5 anderen europäischen Ländern ist das Risiko einer Unterversorgung in Deutschland besonders hoch, trotz Behandlungsbedarf bleibe fast die Hälfte unbehandelt (vgl. Kordy 2008). Mindestens 5 Millionen Menschen leiden in Deutschland jährlich an einer schweren psychischen Krankheit und sind psychotherapeutisch behandlungsbedürftig. Diesem Versorgungsbedarf stünden jedoch nur insgesamt 1,5 Millionen Behandlungsplatze gegenüber (vgl. Gerst; Gieseke 2009). Das Bundesgesundheitsministerium (2006) stellte eine gravierende Unterversorgung wie in keinem anderen Bereich der Medizin fest. Die soziale Ungleichheit wird über die selektive Nutzung therapeutischer Ressourcen noch verschärft, mit höherem Sozialstatus steigt die Wahrscheinlichkeit, das Angebot einer ambulanten Psychotherapie zu erhalten. Angesichts der Unterversorgung werden leichter zu behandelnde Krankheitsbilder bevorzugt, sogenannte „Multiproblempatienten", somatoforme Erkrankungen, Suchterkrankungen, Menschen mit schweren Persönlichkeitsstörungen u.a.m. finden schwerer einen Behandlungsplatz. Dies gilt ebenso für den Bereich der medizinischen Rehabilitation. Auch hier spielt soziale Ungleichheit eine Rolle. Patienten der unteren Schicht nehmen medizinische Rehabilitation erst in Anspruch, wenn bereits größere Beeinträchtigungen der Teilhabe vorliegen. „Patienten der Unterschicht kommen mit schlechterem Gesundheitszustand in die Rehabilitation und verlassen diese auch mit ungünstigeren Befunden als Patienten höherer Sozialschichten." (Deck 2008, S. 282). Niederschwellige Unterstützungsangebote und auf die Konfliktlagen der besonderen Risikogruppen abgestimmte Behandlungsmodelle fehlen. Gezielte Patientenvorbereitungen und auf spezifische Lebenslagen ausgerichtete Nachsorgemaßnahmen könnten vermutlich die Nachteile, die aufgrund der Zugehörigkeit zu einer bestimmten Sozialschicht entstehen, ausgleichen (vgl. Deck 2008). Eine Verbesserung der psychotherapeutischen Versorgung kann jedoch nicht alleine zur Verringerung der schichtabhängigen Morbiditätscharakteristika führen. Wesentliche Kritik am Versorgungssystem bezieht sich auf die geringe Problematisierung von seelischer Krankheit als gesellschaftspolitisches Thema, sowie den wenig systematischen Ausbau von Prävention und Maßnahmen, die den Sozialraum einbeziehen. Psychotherapie folge zu sehr dem kurativen Modell ohne Einbeziehung des sozialen Umfeldes. Keupp (2005) sieht die Gefahr durch Psychologisierung, Individualisierung und Entpolitisierung eigentlich inhumaner Verhältnisse den gesellschaftlichen Ursachenzusammenhang auszublenden und die Probleme zu individualisieren. Ethnopsychoanalytiker wie Paul Parin und Mario Erdheim sprechen hier von gesellschaftlicher Produktion von Unbewusstheit (vgl. Erdheim 1984). Der enge Zusammenhang von gesellschaftlichen, sozialen und psychologischen Bedingungen in der Entstehung seelischer Erkrankungen wird in den bisherigen Versorgungsstrukturen zu wenig berücksichtigt. Die potenzielle Gleichrangigkeit der drei Systemebenen bio-psycho-sozial findet im Umgang mit (seelischen) Erkrankungen keine Entsprechung in der Prävention und Versorgung (vgl. Ortmann; Kleve 1992). Die Förderung von Präventionsmaßnahmen, Resilienz, Patient Empowerment und niederschwelligen Unterstützungsangeboten sind originäre Felder Sozialer Arbeit in der Gesundheitsförderung und psychosozialen Beratung. Der Ausbau und die Integration Sozialer Arbeit in das Versorgungssystem als gleichberechtigte, den ärztlichen und psychologischen Aufgaben entsprechende, Partner in der Vorbeugung und Versorgung von Menschen mit seelischen Erkrankungen ist und bleibt daher gut begründbares und notwendiges Ziel.

Literatur

Albani, Cornelia; Blaser, Gerd; Brähler Elmar (2008): Gesundheitsberichterstattung der Krankenkassen. Psychotherapeut 53:456–460.

Ainsworth, Mary D. Salter; Blehar, Mary C.; Waters, Everett; Wall, Sally (1978): Patterns of attachment: A psychological study of the strange situation. New York: Hillsdale.

Berth, Hendrik; Förster, Peter; Balck, Friedrich; Brähler, Elmar; Stöbel-Richter, Yve (2008): Arbeitslosigkeitserfahrungen, Arbeitsplatzunsicherheit und der Bedarf an psychosozialer Versorgung. Gesundheitswesen 70: 289–294.

Bethge, Matthias; Radoschewski, Michael; Müller-Fahrnow, Werner (2008): Arbeitsplatzunsicherheit als Risiko für gesundheitliche Beeinträchtigungen bei deutschen Erwerbstätigen: Eine Kohortenstudie; Gesundheitswesen 70, S. 381–386.

Bowlby, John (1982): Attachment and Loss .Vol. I: Attachment, 2nd. Edition. New York: Basic Books.

Brüggemann, Bernd Rüdiger (2007): Frauen- das depressive Geschlecht? Die Bedeutung soziokultureller Faktoren in der Genese depressiver Störungen, in: Neises, Mechthild; Schmidt-Ott, Gerhard [Hg.]: Gender, kulturelle Identität und Psychotherapie, S. 208–225.

Bundesministerium für Gesundheit (2006): Gesundheitsberichterstattung des Bundes: Gesundheit in Deutschland. Berlin. Robert-Koch Institut, siehe auch www.rki.de

Deck, Ruth (2008): Soziale Ungleichheit in der medizinischen Rehabilitation. Gesundheitswesen 70, S.582–589.

Dornes, Martin (2004): Über Mentalisierung, Affektregulierung und die Entwicklung des Selbst. Forum der Psychoanalyse 20, S. 175–199.

Egle, Ulrich Tiber; Hoffmann, Sven Olaf; Steffens, Markus (1997): Pathogene und protektive Entwicklungsfaktoren in Kindheit und Jugend. In: Egle, Ulrich Tiber; Hoffmann, Sven Olaf; Joraschky, Peter [Hg.] Sexueller Mißbrauch, Mißhandlung, Vernachlässigung. Stuttgart: Schattauer, S. 3–20.

Egle, Ulrich Tiber; Hardt, Jochen; Nickel, Ralf; Kappis, Bernd; Hoffmann, Sven Olaf (2002): Früher Stress und Langzeitfolgen für die Gesundheit- Wissenschaftlicher Erkenntnisstand und Forschungsdesiderate, Z Psychosom Med. Psychother 48, S. 411–434.

Ehrenberg, Alain (2006): Die Depression, Schattenseite der Autonomie? In: Stoppe, Gabriela; Bramesfeld, Anke; Schweritz, Friedrich-Wilhelm [Hg.]: Volkskrankeit Depression, Berlin: Springer. S.123–137.

Erdheim, Mario (1984): Die gesellschaftliche Produktion von Unbewusstheit. Frankfurt a.M.: Suhrkamp.

Essen von, Cornelia; Habermas Tilmann (1989): Hysterie und Bulimie. Ein Vergleich zweier ethnisch – historischer Störungen. In: Kämmerer, Anette; Klingenspor, Barbara [Hg.] Bulimie: Zum Verständnis einer geschlechtsspezifischen Krankheit. Stuttgart: Kohlhammer. S. 104–123.

Fearon, Pasco; Target, Mary (2006): Short Time Mentalization and Relational Therapy: SMART. In: Fonagy, Peter; Allen, John [Hg.]: Handbook of Menatization-based Therapy. London: Wiley Press.

Felitti, Vincent J. (2002): Belastungen in der Kindheit und Gesundheit im Erwachsenenalter: die Verwandlung von Gold in Blei. Z Psychosom Med. Psychother 48, S. 359–369.

Fonagy, Peter; Target, Mary (2002): Neubewertung der Entwicklung der Affektregulation vor dem Hintergrund von Winnicotts Konzept des „falschen Selbst". Psyche 56, S. 839–862.

Fonagy, Peter; Gergely, György; Jurist Elliot L.; Target, Mary (2004): Affektregulierung, Mentalisierung und die Entwicklung des Selbst, Stuttgart: Klett Cotta.

Franz, Matthias; Häffner, Stefan; Lieberz, Klaus; Reister, Gerhard; Tress, Wolfgang (2000): Der Spontanverlauf psychogener Beeinträchtigung in eiern Bevölkerungsstichprobe über 11 Jahre. Psychotherapeut. 45, S. 99–107.

Franz, Matthias; Kuns, Melanie; Schmitz, Norbert (2000): Der Zusammenhang von sozialer Schicht und psychogener Erkrankung im Langzeitverlauf. Zsch. Psychosom. Med. 46, S. 140–163.

Fromm, Erich (1947): Die Furcht vor der Freiheit. Frankfurt a.M.: Suhrkamp 1973.

Gerst, Thomas; Gieseke, Sunna (2009): Die Zukunft der Ausbildung. Deutsches Ärzteblatt –PP-6/247–250.

Haubl, Rolf (2005): Sozialpsychologie der Depression In: Leuzinger-Bohleber, Marianne; Hau, Stefan; Deserno, Heinrich [Hg.] Depression- Pluralismus in Praxis und Forschung. Göttingen: Vandenhoek; Ruprecht, S. 309–321.

Herschbach, Peter (2002): Das „Zufriedenheitsparadoxon" in der Lebensqualitätsforschung. Psychother Psychosom med Psychol 52, S. 141–150.

Hölling, Heike; Schlack, Robert (2008): Psychosoziale Risiko- und Schutzfaktoren für die psychische Gesundheit im Kindes- und Jugendalter KIGGS. Gesundheitswesen 70, S. 154–163.

Hoffmann, Sven Olaf; Egle, Ulrich Tiber (1996): Risikofaktoren und protektive Faktoren für die Neurosenentstehung. Psychotherapeut 44, S. 13–16.

Keupp, Heiner (2005): Die ambivalente gesellschaftliche Funktion von Psychotherapie. Psychotherapie im Dialog 2, S. 141–144.

Köhler, Lotte (2004): Früher Störungen aus der Sicht zunehmender Mentalisierung. Forum der Psychoanalyse 20, S. 158–174.

Kohut, Heinz (1977): Die Heilung des Selbst. Frankfurt a.M.: Suhrkamp.

Kordy, Hans (2008): Psychosoziale Versorgungsforschung. Psychotherapeut 53, S. 245–253.

Neises, Mechthild (2007): Genderaspekte in der psychosomatischen Medizin und Psychotherapie. In: Neises, Mechthild; Schmidt-Ott, Gerhard [Hg.] Gender, kulturelle Identität und Psychotherapie, Bremen: Pabst, S. 226–243.

Ortmann, Klaus; Kleve, Heiko (1992): Sozialmedizin in der Sozialarbeit-ein Schlüssel für die Weiterentwicklung gesundheitsbezogener Sozialarbeit. Gesundheitswesen 62, S. 361–364.

Richter, Matthias; Hurrelmann, Klaus [Hg.] (2006): Gesundheitliche Ungleichheit. Grundlagen, Probleme, Perspektiven. Wiesbaden: VS Verlag.

Rosenbrock, Rolf; Kümpers, Susanne (2006): Primärprävention als Beitrag zur Verminderung sozial bedingter Ungleichheit von Gesundheitschancen. In: Richter, Matthias; Hurrelmann, Klaus [Hg.]: Gesundheitliche Ungleichheit, S. 371–388.

Schepank, Heinz (1987): Psychogene Erkrankungen der Stadtbevölkerung. Heidelberg: Springer.

Schoon, Ingrid (2002): Langzeitwirkungen sozial-ökonomischer Benachteiligung auf die psychosoziale Anpassung von Frauen. Z Psychosom Med. Psychother 48, S. 381–395.

Sturzbecher, Dietmar; Dietrich, Peter S. (2007): Risiko- und schutzfaktoren in der Entwicklung von Kindern und Jugendlichen. Kindesmisshandlung und Vernachlässigung. Interdisziplinäre Fachzeitschrift der DGgKV 10, S. 3–30.

Tenbrink, Dieter (2000): Seelische Erkrankungen im Wandel der Gesellschaft als Herausforderung für die psychoanalytische Therapie. Z.f. Individualpsychologie 25, S. 20–35.

Werner, Emmy E.; Smith, Ruth S. (1992): Overcoming the odds. High risk children from birth to adulthood. Cornell Univ. New York: Mc Graw–Hill.

Winkler, Joachim; Stolzenberg, Heinz (1999): Sozialschichtindex im Bundesgesundheitssurvey Gesundheitswesen 61, S. 178–183

Weber, Andreas; Hörmann, Georg; Heipertz, Walther (2007): Arbeitslosigkeit und Gesundheit aus sozialmedizinischer Sicht. Deutsches Ärzteblatt; 43:A 2957-A 2962.

Kinderarmut in Indien

Karl-Peter Hubbertz

1 Landesspezifische Armutsindikatoren

Indien, der erwachende Elefant – mit diesem Sinnbild wurde in den letzten Jahren das rasante Wirtschaftswachstum des indischen Staates in zahlreichen Presseverlautbarungen und Fernsehsendungen kommentiert. Doch vereinzelt gab es auch kritische Stimmen. So titelte eine überregionale deutsche Wochenzeitung: „Indiens Wirtschaftsboom geht an 300 Millionen Armen vorbei" (DIE ZEIT 27.4.2006, S. 24). Diese Zahl entspricht der offiziellen Schätzung, welche die „Planning Commission" der Indischen Regierung für den Zeitraum 2004 - 2005 angibt. Zu dieser Zeit lebten 301 Millionen Inder oder 27,5 Prozent der Bevölkerung unterhalb der absoluten Armutsgrenze (Government of India 2007, S. 4). Andere Armutsschätzungen fallen noch höher aus. So hat die Weltbank im Jahr 2008 die Armutsgrenze aufgrund revidierter Schätzungen zur weltweiten Kaufkraftparität neu festgelegt. Hiernach gilt als arm, wer von weniger als 1,25 US-Dollar pro Tag lebt, basierend auf Preisen von 2005 für einen minimalen Warenkorb in den zehn bis zwanzig ärmsten Ländern der Welt. Die aus Konsumindizes von 1993 errechnete, „alte" Armutsgrenze von 1 Dollar pro Tag gilt nicht mehr – die Lebenshaltungskosten in Schwellen- und Entwicklungsländern sind höher als bisher angenommen. Für Indien schnellt im Jahr 2005 nach dieser Berechnung die Armutsrate auf 455 Millionen bzw. 41,6 Prozent der Bevölkerung hoch (vgl. Chen; Ravallion 2008, S. 32).

Deutlich wird hier, wie durch eine Anhebung der Armutsgrenze um wenige Cent pro Tag mehr als 150 Millionen Inder zusätzlich als arm definiert werden. Solche Hochrechnungen sind mit Vorsicht zu betrachten. Dennoch deuten sie im Falle Indiens in die richtige Richtung. So dynamisch Indiens Wirtschaft wächst, so krass machen die benannten Schätzwerte das andere Gesicht des Subkontinents deutlich. Denn obwohl das Bruttonationaleinkommen von 530 US-Dollar pro Kopf im Jahre 2003 auf 950 Dollar in 2007 angestiegen ist, haben sich im gleichen Zeitraum die Armutsquoten nicht verringert (vgl. UNICEF 2005, S. 224; 2009, S. 176).

Wie sind die alltäglichen Verhältnisse beschaffen, in denen zum unteren Einkommensdrittel zählende Inder leben? Eine in ihrem Umfang bisher einmalige Haushaltsbefragung, die Census India im Jahre 2000 durchführen ließ, führte zu folgenden Ergebnissen: 39 Prozent aller indischen Familien leben in Ein-Raum-Häusern oder -Wohnungen ohne separate Küche, Badezimmer oder Toilette. Über 60 Prozent aller Familien haben kein Wasser zu Hause. Sie müssen es von nahe (oder ferner) gelegenen öffentlichen Wasserstellen oder Handpumpen holen. 44 Prozent aller indischen Haushalte haben keine Stromversorgung; über 50 Prozent von ihnen sind auf Feuerholz als Brennstoff angewiesen (vgl. Saran 2003, S. 34ff). Bemerkenswert ist in diesem Zusammenhang, dass ein überproportional hoher Anteil von Kindern unter 15 Jahren in Armutshaushalten lebt – der indische Social Development Report beziffert bereits für das Jahr 1999 - 2000 diese Zahl mit mehr als 40 Prozent (vgl. Radhakrishna; Rao 2006, S. 6).

In weiten Teilen Indiens ist die Ernährungslage beunruhigend schlecht. Das International Food Policy Research Institute (IFPRI) hat einen Welthunger-Index (WHI) entwickelt, mit dem Schwellen- und Entwicklungsländer verglichen werden können. WHI-Werte über 10 sind als ernst, Werte über 20 als sehr ernst und Werte über 30 als gravierend einzustufen. Mit einem WHI-Wert von 23,7 rangiert Indien an 66. Stelle von 88 untersuchten Entwicklungsländern, was seiner wirtschaftlichen Entwicklung bei weitem nicht entspricht (vgl. Deutsche Welthungerhilfe 2008, S. 36; Menon u.a. 2009, S. 19). Ein von IFPRI und der Deutschen Welthungerhilfe herausgegebener Sonderbericht betont, dass Indien als Nation die größte Zahl hungernder Menschen auf der Welt beherbergt. Diese wird mit mehr als 200 Millionen beziffert. Siebzehn Bundesstaaten liegen mit ihrem Hungerindex im Bereich „alarming"; die Lage in Madhya Pradesh ist „extremly alarming" (vgl. Menon 2009, S. 9, 16 u. 25).

Für Kinder in Armutsverhältnissen gilt grundsätzlich: Aufgrund ihres unfertigen Entwicklungsstandes sind sie besonders verletzlich und deshalb von Beeinträchtigungen und Mangelzuständen am stärksten betroffen. Bereits die ersten Lebensjahre entscheiden über ihre weitere körperliche, intellektuelle und emotionale Entwicklung. Materielle Armut, unzureichende Wohnbedingungen und Unterernährung haben dann massive Auswirkungen. Kinder sind deshalb besonders stark auf Schutz und kontinuierliche Unterstützung angewiesen.

Auch hierzu einige Zahlen: 43 Prozent aller indischen Kinder unter 5 Jahren leiden an leichtem und schwerem Untergewicht, 38 Prozent weisen eine leichte und schwere Entwicklungsverzögerung auf – beides Faktoren, die auf Hunger, Fehlernährung und mangelnde Förderung zurückzuführen sind (vgl. UNICEF 2009, S. 126/127). Der Anteil der Kinder, welche die erste Klasse besuchen und wahrscheinlich die letzte Grundschulklasse erreichen werden, ist zwar in den letzten Jahren kontinuierlich angestiegen (vgl. ebd., S. 156/157). Jedoch bleibt die Dropout-Quote nach wie vor hoch – der tatsächliche Schulbesuch aller Kinder von 6 - 14 Jahren wird auf nur 40 - 60 Prozent geschätzt (vgl. Thukral u.a. 2008, S. 5).

Ein besonders interessanter Indikator für kindliches Wohlergehen ist die von UNICEF errechnete Sterblichkeitsrate bei Kindern unter fünf Jahren (SRUJ5). In die SRUJ5 fließen verschiedene Faktoren ein: Ernährung, Gesundheitszustand von Kindern oder Impfraten sind hier genauso wichtig wie mütterliches Wissen um Kinderpflege, Zugang zu Gesundheitseinrichtungen oder das Einkommensniveau einer Familie. Betrachtet man die Höhe der geschätzten Sterblichkeitsrate von Kindern nach absteigender Reihenfolge, so liegt Indien im Vergleich von 189 Ländern auf Rang 49. Es befindet sich knapp

oberhalb von Eritrea, Laos oder Namibia und hat sich in den letzten Jahren in seinem Rangplatz verschlechtert (UNICEF 2009, S. 110, 204/205).
Mit den letzten Ausführungen sind wir nicht nur bei einem internationalen Vergleich angelangt, sondern es wird auch immer deutlicher, wie sehr Kennziffern und Maßstäbe für (Kinder-) Armut Gegenstand politischer Auseinandersetzungen und Bewertungen sind. Die angeführten Zahlenwerte zu Einkommen, Wohnbedingungen, Gesundheit oder Bildung vermitteln jedoch auch eine zweite Einsicht: Armut über eindimensionale Indikatoren zu erfassen, besonders wenn hiermit Armutsschwellen via Einkommen/ Konsum oder über sog. „Warenkörbe" definiert werden sollen, greift viel zu kurz.

2 Kinderarmut als mehrdimensionaler Mangel – Eine vergleichende Studie

Armut, insbesondere Kinderarmut, ist als mehrdimensionales Phänomen anzusehen. Eine diesbezüglich wegweisende empirische Untersuchung zur Kinderarmut in Ländern der südlichen Hemisphäre wurde von einer Forschergruppe der Universität Bristol und der London School of Economics vorgelegt (vgl. Gordon u.a. 2003). Diese Gruppe um David Gordon und Peter Townsend hatte das Ziel, absolute Armut von Kindern in Entwicklungsländern zu erheben und entwickelte – in Absetzung zum Begriff der Einkommensarmut – das Konzept der Deprivation. Deprivation (deutsch: massive Entbehrung) bezieht sich auf verschiedene Lebensbedingungen, die Kinder für ihre Entwicklung dringend benötigen und von deren Mangel oder gänzlichem Fehlen sie besonders empfindlich betroffen sind. Einkommensarmut führt dazu, dass die Erfahrung solcher massiven Mangelzustände unausweichlich oder zumindest höchst wahrscheinlich ist. Auf diesem bedürfnisorientierten Ansatz basierend, entwickelte die Gruppe operationalisierte Schwellenwerte von Mangelzuständen für acht Bereiche: Ernährung, sauberes Trinkwasser, angemessene Sanitäreinrichtungen, Gesundheit, Unterkunft, Bildung, Zugang zu Informationen und zu sozialen Diensten bzw. Gesundheitsdiensten. Bemerkenswert ist, dass diese Schwellenwerte besonders streng gefasst wurden und die üblichen Indizes internationaler Organisationen für einschränkende Lebensbedingungen von Kindern weit übertrafen. So stellte die Gruppe sicher, dass wirklich massive Mangelzustände und so auch absolute Armut erfasst wurden. Die folgende Tabelle gibt eine Übersicht zu „massivem Mangel" und „extremem Mangel" in den benannten Bereichen.

Deprivationsgrad	Massiver Mangel	Extremer Mangel
Ernährung	Fehlernährung	Hunger
Trinkwasser	Mehr als 15 Minuten Weg zur Wasserquelle; unsicheres Trinkwasser	Kein Zugang zu Wasser
Sanitäreinrichtungen	Keine Latrine oder Toilette in der Nähe der Wohnung	Überhaupt kein Zugang zu Latrinen oder Toiletten
Gesundheit	Gänzlich fehlende Impfungen; begrenzter Zugang zu nicht-professioneller medizinischer Versorgung	Keine medizinische Versorgung
Unterkunft	Einfache Hütte mit 1-2 Räumen; mehr als 5 Personen in einem Raum; keine Küche, Bad etc.	Keine Unterkunft - obdachlos
Bildung	Kinder zwischen 7 und 18 Jahren, die nie die Schule besucht haben	Behinderung von Schulbesuch wegen Verfolgung und Vorurteilen
Information	Kein Zugang zu Radio, Fernsehen, Büchern oder Zeitungen	Behinderung des Zugangs zu Informationsquellen
Soziale Dienste	Begrenzter Zugang zu Gesundheits- und Bildungseinrichtungen (eine Tagesreise entfernt)	Kein Zugang zu Gesundheits- oder Bildungseinrichtungen

Tabelle 1: Operationalisierte Definitionen massiven und extremen Mangels für Kinder in acht Bereichen (vgl. Gordon 2003, S. 8)

In sieben dieser acht Bereiche führte die Gruppe eine Sekundäranalyse der Datensätze von Sozialforschungsberichten verschiedener Länder durch. Insgesamt betrug die erfasste Stichprobe ca. 1,2 Millionen Kinder – von jeweils 1500 Kindern, die in Entwicklungsländern leben, wurde der Datensatz eines Kindes erfasst.

Für die Auswertung ihrer empirischen Erhebung haben Gordon u.a. definiert: Kinder mit mindestens einer Nennung in den benannten sieben Bereichen leiden unter einem massiven Mangel, Kinder mit zwei oder mehr Nennungen leben in absoluter Armut. Hiervon ausgehend lassen sich für Indien folgende Hauptergebnisse nennen: 79 Prozent aller Kinder leiden unter mindestens einem massiven Mangel; 57 Prozent leben in absoluter Armut. In ländlichen Gebieten ist absolute Kinderarmut weitaus häufiger verbreitet als in städtischen Ballungsräumen. Indien weist die schwersten Mängel im Bereich Sanitäranlagen, Unterkunft, Information und Ernährung auf. Im Vergleich zu den bevölkerungsreichen Staaten China und Brasilien zeigen sich für Indien in allen sieben Bereichen extrem negative Abweichungen (vgl. Gordon u.a. 2003, S. 35).

In ihrer Ergebnisdiskussion betonen die Autoren, dass die stärksten Entbehrungen für Kinder in Entwicklungsländern nicht in den Bereichen Gesundheit, Bildung und Ernährung liegen, sondern Unterkunft, Sanitäranlagen, Wasserversorgung und Information betreffen. In den erstgenannten Bereichen hätten internationale Organisationen der Entwicklungshilfe wohl signifikante Erfolge mit der Bereitstellung sozialer Dienste erzielt[1], dabei sei hingegen die „harte Infrastruktur" vernachlässigt worden. „Wenn Kinder als Resultat von unsauberem Wasser, unzureichenden Sanitäranlagen oder überfüllten Wohnräumen chronisch krank werden, können sie nicht zur Schule gehen – auch wenn ein qualifiziertes Bildungsangebot besteht. (…) Ernährungshilfe und -beratung werden nicht erfolgreich Fehlernährung bekämpfen, wenn Kinder wegen unzureichender Sanitäranlagen oder unsauberem Wasser unter chronischem Durchfall leiden" (Gordon u.a. 2003, S. 26).

Dieses Ergebnis der Studie „Child poverty in the developing world" macht nachdenklich. Es weist nachdrücklich darauf hin, dass Kinderarmut viele Gesichter hat. Massive Mangelzustände überlagern und verstärken sich wechselseitig in einzelnen Bereichen. Arme Kinder werden in vielen der ihnen zustehenden Rechte beschnitten: Dem Recht auf Gesundheit und Leben, auf Bildung und auch auf informationelle Beteiligung. Um ihrer Benachteiligung wirksam zu begegnen, bedarf es deshalb eines integrativen und ganzheitlichen Ansatzes, welcher Investitionen in Infrastruktur, finanzielle Unterstützungsprogramme und gemeinwesenbezogene soziale Dienste miteinander verbindet.

Noch eine weitere Fragestellung lässt sich aus der kritischen Reflexion dieser Studie ableiten: Wenn Kinderarmut sich als „Mangel an materiellen, geistigen und emotionalen Ressourcen" fassen lässt (vgl. UNICEF 2005, S. 28), dann ist eine solche Mehrdimensionalität auch hier nicht genügend abgebildet. Es werden Lebensbedingungen definiert, die Armut kennzeichnen; nicht beschrieben ist jedoch, wie Kinder und ihre Familien solche Armutsbedingungen erleben und mit ihr umgehen. Emotionale Betroffenheit, Bewältigungsversuche in einem von Armut geprägten Alltag – dies sind Ebenen, die ausgespart bleiben.

3 Bewältigungsformen bei Eltern und Kindern

In einer explorativen Studie, die der Verfasser in Nordindien durchführte (vgl. Hubbertz 2009), beschrieben nahezu alle Interviewpartner den täglichen Existenzkampf, welcher für Eltern in Armutslagen zu einer permanenten Anspannung und oftmaligen Überlastung führt. Die Sicherung von Arbeit und Einkommen ist das primäre Familienthema überhaupt, und alle anderen Belange wie etwa Freizeit oder die Pflege von Beziehungen haben hinter dieser Existenzsicherung zurückzustehen. Praktisch äußert sich dies für Eltern in einem dicht gedrängten, mit Erwerbs- und Hausarbeit angefüllten Tagesablauf, in den auch Kinder einbezogen sind.

---
[1] Für Indien trifft dies im Bereich Ernährung und Gesundheitsvorsorge nicht zu.

Oft kommt hierdurch die Versorgung und Aufsicht besonders kleiner Kinder zu kurz; Vernachlässigungssituationen sind häufig anzutreffen. Sechsjährige müssen auf zweijährige Kinder aufpassen. Es kann geschehen, dass eine Mutter ihr Einzelkind am Stuhl festbindet und für mehrere Stunden alleine lässt, um zur Arbeit zu gehen. In städtischen Elendsvierteln sind kleine Kinder bisweilen den ganzen Tag sich selbst überlassen. Sie haben wenig zu essen und treffen abends auf übermüdete Eltern, welche gerade noch ein Mahl bereiten, um dann mit der 7 – 8köpfigen Familie im einzigen Raum schlafen zu gehen (vgl. Singh; Pothen 1982, S. 102 f; Young Lives 2003, S. 32).

Selbst wenn Armut nicht direkt zu Vernachlässigung führt – Eltern sind gefährdet, ihr Kind weniger in seinem eigenen Entwicklungs- und Lebensraum wahrzunehmen, sondern es in den eigenen Tagesablauf einzugliedern und ihm Aufgaben zu überantworten. Das beginnt für Mädchen schon sehr früh mit sog. „daily chores" (Haushaltsarbeiten), für Jungen mit kleinen Handlangerdiensten oder Botengängen. Nicht selten begleiten Kinder ihre Eltern zur Arbeit, jedoch nicht als teilnehmende Beobachter, sondern als Zulieferer und Handlanger, welche auf diese Weise in Kinderarbeit hineinwachsen. Dies ist in der Landwirtschaft üblich, aber auch z.B. in Ziegelbrennereien oder bei Bauarbeiten. Mehr als 50 Prozent aller Kinder aus armen Familien arbeiten regelmäßig und schwer (vgl. Jha; Jhingran 2005, S. 63). Familiäre Krisen wie etwa Krankheit oder Verschuldung wirken dann schließlich als Auslöser, um ein Kind dauerhaft in Lohnerwerb zu schicken. Hierdurch erlebt die Familie eine Entlastung, welche jedoch die Arbeitstätigkeit und eine fehlende Schulbildung des Kindes auf Dauer festschreibt!

Kindheit unter Armutsbedingungen verliert schon im frühen Alter jenen Schutz, den sie aus unserer westlichen Sicht als besonderen Raum für Spiel und Persönlichkeitsentwicklung benötigt. Kindheit im Kontext von Armut bedeutet praktisch, Kinder unter dem Aspekt ihres wirtschaftlichen Nutzens zu sehen – so, wie es in vergangenen Jahrhunderten auch bei uns der Fall war (vgl. Qvortrup 2002, bes. S. 74).

Wie ist es nun um die Betroffenheit von Kindern bestellt? Wie erleben und verarbeiten sie Armut? Anders als es viele Berichte tun, die nahezu ausschließlich Belastungen und leidvolle Erfahrungen hervorheben, sei hier zunächst die Kehrseite betont: Wer in Indien Kindern aus sozial benachteiligten Bevölkerungsgruppen begegnet, trifft sehr häufig auf fröhliche Gesichter. Es wird viel gelacht, gespielt und getobt. Kinder sind erfinderisch, auch unter erschwerten Alltagsbedingungen kleine Fluchten für ihre altersgemäßen Bedürfnisse offen zu halten. Neben dem Verkauf von Zeitungen wird noch schnell ein Spielchen gemacht; beim Weiden von Vieh oder Sammeln von Holz gibt es kleine Abenteuer zu erleben. Teilnehmende Beobachtung offenbart jedoch auch nach kurzer Zeit ein differenzierteres Bild: Kinder sind nicht immer nur fröhlich. Sie streiten auch, sind in Gedanken versunken, schauen sehr ernst oder auch traurig. Ein Kind, das viele Stunden am Straßenrand hockt und auf einem Amboss Metallteile bearbeitet, lacht selten. Ebenso wenig tut dies ein Junge, der auf Knien durch einen Zug rutscht und mit einem kleinen Strohbesen jedes Abteil säubert, um nachher von den Passagieren ein paar Rupees einzusammeln.

Kinder in Armutsverhältnissen, so wird hier deutlich, haben einen normalen Alltag mit Bedürfnissen, Tätigkeiten und Stimmungen, die situationsadäquat sind und gleichwohl ein Stück „Kind sein" ausdrücken. Dort, wo es möglich ist, zeigen sie altersgemäße Züge von Spiellust, Freude und Ausgelassenheit, von sozialem Wettbewerb oder Austausch.
Auch wenn Armut und Fröhlichkeit oft miteinander angetroffen werden – es wäre irreführend, hieraus ein Kausalverhältnis zu konstruieren. Armut bewirkt nicht Fröhlichkeit, sondern letztere hilft eher, Armut zu ertragen und positiv zu bewältigen. Kinder sind „dennoch" positiv gestimmt. Und sie verfügen in diesem Zusammenhang über ein immenses Reservoir an Lebensfreude und Zuversicht, um mit den massiven Entbehrungen und Belastungen in ihrem Alltag fertig zu werden.
Kinderarbeit, so wurde bereits beschrieben, ist eine der wichtigsten Folgewirkungen von Armut in Indien (vgl. Bhargava 2003; Kak 2004; Voll 2002). Nachgewiesen ist, dass Klagen über zu hohen „workload" erst dort zunehmen, wo Kinder lange Stunden Lohnarbeit verrichten und jene Freiräume für Spiel und Kontakte verlieren, die sie auf dem elterlichen Feld oder zu Hause genießen (vgl. Jha; Jhingran 2005, S. 105). Im Normalfall versuchen Kinder ihre Familie zu unterstützen. Sie nehmen große Arbeitsbelastungen auf sich, um oft nur wenige Rupees zum Haushaltseinkommen beizusteuern. Wie hart der Arbeitsalltag tatsächlich sein kann, schildert der 13jährige Gangadri, welcher als „contract labourer" arbeitete und erst durch hartnäckige sozialarbeiterische Intervention von seinem Landlord freigegeben wurde: „Ich war hingerissen! Ich hatte tagaus tagein so hart auf dem Feld gearbeitet, das Vieh in der heißen Sonne gehütet, später im Haushalt helfen müssen und erst spät in der Nacht geschlafen. Es gab nie eine Pause zum Spielen oder Ausruhen. Wenn die Kinder meines Landlords in ihren Schuluniformen und blank geputzten Schuhen zur Schule gingen, war ich niedergeschlagen. Jetzt bin ich auf einmal im ‚Back-to-school-Programm'. Ich bin sehr froh, weil die Sonne mich nicht mehr quält und das Lernen, Spielen und Singen ist wunderbar" (zit. nach Bhargava 2003, S. 73).
Fehlende Klagen, starke Unterstützung der eigenen Familie und schließlich eine hohe Bildungsaspiration sind wichtige Merkmale, wie Kinderarbeiter ihren Alltag erleben und bewältigen. Hinsichtlich ihrer fehlenden Schulbildung sind viele motiviert, nach ihrer Arbeit noch ein paar Stunden zu lernen, wenn dies möglich ist. Die zu diesem Zweck von freien Trägern angebotenen „non-formal education centres" werden gerne besucht. Kinder begreifen sie als Chance, ohne Schulgeld zumindest einige Grundfertigkeiten zu erwerben – entsprechend sind Fleiß und Engagement groß.
Im Kontext von „child labour" wie auch in anderen Fällen (vgl. Young Lives 2003, S. 45) kann kindliche Anpassung als Bewältigungsform von Armut begriffen werden. Kinder stellen sich auf Lebensbedingungen ein, in die sie hineinwachsen. Ihr Normalitätserleben schützt sie davor, Beeinträchtigungen, Entbehrungen oder Verletzungen bewusst wahrzunehmen und dauerhaft präsent zu halten. Ein solches Normalitätserleben darf als kulturübergreifendes Phänomen betrachtet werden. Es wirkt wie eine „Schutzhaut", die Entwicklung und Wachstum ermöglicht. Kinder spielen und lachen „trotz-

dem", sie kennen meist keine andere, mögliche bessere Welt, und das gibt ihnen Kraft, in ihrer eigenen Welt lebendig zu sein und sich diese anzueignen. Als Leitkategorie für eine solche Widerstandsfähigkeit ist der Begriff „Resilienz" fachlich anerkannt und hat eine breite Diskussion ausgelöst (vgl. Wustmann 2004; Weiß 2007, S. 161).

Eine gering ausgeprägte Resilienz, aber vor allem auch massive Belastungen im unmittelbaren Lebensumfeld sind schließlich jene Faktoren, welche vielen Kindern die Bewältigung von Armut erschweren. Sie misslingt dort, wo Familien aufgrund äußerer Belastungen ein besonders hohes Maß an Spannung aufbauen, das sich im Regelfall in partnerschaftlichen Konflikten und Gewalt, aber auch Vernachlässigung und Ausstoßung entlädt.

Von mir befragte Eltern betonten die Angst, ihre Familie nicht über Wasser halten zu können, hungern zu müssen oder die nächsten Monate nicht zu überstehen. Häufig sind es besondere Krisenfaktoren, die zu einer Eskalation führen: Krankheit oder Tod in der Familie, eine plötzliche Naturkatastrophe, fehlende Arbeit oder eine Verschuldungsspirale bringen das Fass zum Überlaufen. Männer trinken dann Alkohol, häufig selbst gebrannten „country liqueur", und es wird geschlagen. Frauen werden von Männern geschlagen, weil sie sich wechselseitig für die familiäre Not verantwortlich machen. Kinder werden von Eltern geschlagen, wenn sie nicht fleißig genug bei der Erntearbeit mithelfen und nicht genügend Anpassung zeigen.

Eine in Umfang und Forschungsvorgehen einzigartige Untersuchung zum Thema „child abuse" hat das Indische Familienministerium in Auftrag gegeben (vgl. Ministry of Women and Child Development 2007). Hier wurde in 13 indischen Bundesstaaten bei einer sorgfältig ausgewählten Stichprobe von 12.447 Kindern die wahre Prävalenzrate verschiedener Misshandlungsformen erhoben. Über alle Altersgruppen gibt die Studie für Indien insgesamt 68.99 Prozent körperliche Misshandlungen an. In einzelnen Staaten Nordindiens wie Delhi, Uttar Pradesh oder Assam sind es sogar über 80 Prozent (vgl. ebd., S. 45ff). Die Ergebnisse lassen vermuten, dass Misshandlungen innerhalb einer Familie zunehmen, wenn diese in Not gerät und Spannungen an Kinder weitergegeben werden. Nicht erfasst wurden in dieser Befragung gravierende Vernachlässigung oder Ausstoßung von Kindern.

Engagierte Sozialforscher und Entwicklungsorganisationen betonen an dieser Stelle häufig einen bestimmten Zusammenhang: Armut macht schutzlos! (vgl. UNICEF 2005, S. 38ff; Kronenberg 1999, S. 39) Arme Familien leiden nicht nur selbst unter häufigen Konflikten und Gewalteinbrüchen. Sie sind aufgrund ihres Überlebenskampfes auch viel weniger in der Lage, ihre Kinder vor Ausbeutung, Gewalt oder Missbrauch von außen zu schützen. Kindern in Armutslagen fehlen auf der anderen Seite Wissen und soziale Kompetenzen, um sich wirksam gegen Übergriffe und Rechtsverletzungen zu wehren.

Die Indische Regierung hat in diesem Kontext die Kategorie von „children under special or difficult circumstances" gebildet, welche wegen ihrer sozialen, ökonomischen, physischen oder geistigen Voraussetzungen besonders benachteiligt und ohne rechtlichen Schutz sind (vgl. Bajpai 2003, S. 27ff; Thukral 2008, S. 5). Besondere Beachtung finden hier Kinderarbeiter, Straßenkinder, misshandelte und vernachlässigte Kinder oder Kinder, die Opfer von sexueller Ausbeutung („child-trafficking") werden. Zahlreiche Hilfsorganisationen in Indien[2], Fachveröffentlichungen sowie Medienberichte leisten hier wirksame Aufklärung und Unterstützung (vgl. Ahuja 2003; Bajpai 2003; Holm; Schulz 2002). Solche Kinderschutzarbeit ist sinnvoll und dringend notwendig. Sie versucht mühsam jene Folgewirkungen zu mildern, die Armut, Schutz- und Bindungslosigkeit einer immens wachsenden Zahl von Betroffenen aufbürden.

Empirisch erhärtete Modelle aus der psychologischen Stress- und Belastungsbewältigungsforschung machen darauf aufmerksam, dass die innerfamiliäre Verarbeitung von Armutserfahrungen eine entscheidende Rolle für das Gelingen kindlicher Armutsbewältigung einnimmt. Die Qualität des familiären Zusammenlebens ist jener kritische Faktor, welcher über das Ausmaß von Schutz oder Gefährdung entscheidet (vgl. Walper 1997, S. 273; 1999, S. 321). Eine ausführliche Monographie des Verfassers zum Thema „Kinderarmut in Indien" enthält weiterführende Überlegungen zu der Frage, wie hier sichtbar werdende Spielräume durch eine Bildungsarbeit mit Eltern genutzt werden können. Eine solche Elternbildung ist als Teil einer gemeinwesenorientierten Sozialarbeit in Armutsgebieten zu begreifen, die sich von der Vision einer „Entwicklungspartnerschaft für Resilienz" leiten lässt (vgl. Hubbertz 2009).

---

2 Vgl. etwa für Kalkutta die Organisation „Hope Kolkata Foundation" oder für ganz Indien die Kinderschutzorganisationen „Cry" oder „butterflies".

Literatur

Ahuja, Ram (2003): Social problems in India. Jaipur: Rawat Publications.

Bajpai, Asha (2003): Child rights in India. Law, policy and practice. Oxford: New Delhi.

Bhargava, Pramila H. (2003): The elimination of child labour. Whose responsibility? A practical workbook. New Delhi: Sage Publications.

Butterwegge, Christoph u.a. (2004): Armut und Kindheit. Ein regionaler, nationaler und internationaler Vergleich. Wiesbaden: VS Verlag für Sozialwissenschaften.

Chen, Shaohua; Ravallion, Martin (2008): The developing world is poorer than we thought, but no less successful in the fight against poverty. The World Bank. Policy Research Working Paper 4703. In: www-wds.worldbank.org/servlet/WDSContentServer/WPS4703.pdf (16.5.2008).

Deutsche Welthungerhilfe (2008): Welthungerindex. Herausforderung Hunger 2008. Bonn. In: www.welthungerhilfe.de/whi2008-uebersicht.html (17.5.2009).

Gordon, David; Nandy, Shailen; Pantazis, Chirstina; Pemberton, Simon; Townsend, Peter (2003): Child poverty in the developing world. The policy Press: Bristol. In: www.nscb.gov.ph/poverty/TCPovStat/reading_materials/rioXG/Social%20Exclusion/ChildPov_PP.pdf (26.5.2009).

Government of India (2007): Poverty estimates for 2004–5. In: http://planningcommission.nic.in/news/prmar07.pdf (16.5.2009).

Holm, Karin; Schulz, Uwe [Hg.] (2002): Kindheit in Armut weltweit. Opladen: Leske; Budrich.

Hubbertz, Karl-Peter (2009): Kinderarmut in Indien. Chancen durch Elternbildung und Soziale Arbeit. Oldenburg: Paulo Freire (in Vorbereitung).

Jha, Jyotsna; Jhingran, Dhir (2005): Elementary education for the poorest and other deprived groups. The real challenge of universalization. New Delhi: Manohar.

Kak, Shakti (2004): Magnitude and profile of child labour in the 1990s – evidence from the NSS-Data. In: Social Scientist. Vol 32/ Nos. 1–2, 43–73.

Kronenberg, Clemens (1999): Für die Zukunft der Kinder weltweit. Erfahrungen und Strategien, Partner und Projekte. In: Misereor [Hg.]: Kinder: Unsere Zukunft in der einen Welt. Bad Honnef: Horlemann, S. 37–58.

Menon, Purnima; Deolalikar, Anil; Bhaskar, Anjor (2009): India state hunger index. Comparisons of hunger across states. Washington, D.C., Bonn, and Riverside. In: www.welthungerhilfe.de/whi2008-uebersicht.html (21.05.2009).

Ministry of Women and Child Development (2007): Study on Child Abuse: India 2007. In: http://wcd.nic.in/childabuse.pdf (26.05.2009).

Qvortrup, Jens (2002): Was verspricht die neue Kindheitsforschung den Kindern in Armut? In: Holm Karin; Schulz, Uwe [Hg.]: Kindheit in Armut weltweit. Opladen: Leske; Budrich, S. 63–80.

Radhakrishna, R.; Rao, K. Hanumantha K. (2006): Poverty, Unemployment and Public Intervention. In: Council for Social Development [Hg.]: India – Social Development Report. New Delhi: Oxford University Press, 1–17.

Saran, Rohit (2003): Census India Household Survey. How we live. In: India today. 28.07.2003, S. 34–40.

Singh, S.D.; Pothen, K.P. (1982): Slum children of India. New Delhi: Deep Publications.

Thukral, Enakshi Ganguly; Bharti, Ali; Saloni, Mathur (2008): Children. Background; Perspektive. In: infochangeindia.org/200210045933/Children/Backgrounder/Children-Background-Perspective.html (17.05.2009).

UNICEF (2005): Zur Situation der Kinder in der Welt 2005. Bedrohte Kindheit. Frankfurt a.M.: Fischer.

UNICEF (2009): UNICEF-Report 2009. Stoppt sexuelle Ausbeutung. Frankfurt a.M.: Fischer.

Voll, Klaus (2002): Kinderarbeit in Indien – Kritische Bilanz und konstruktive Perspektiven. In: Holm Karin; Schulz, Uwe [Hg.]: Kindheit in Armut weltweit. Opladen: Leske, S. 171–184.

Walper, Sabine (1997): Wenn Kinder arm sind – Familienarmut und ihre Betroffenen. In: Böhnisch, Lothar; Lenz, Karl [Hg.]: Familien. Eine interdisziplinäre Einführung. Weinheim: Juventa, 265–281.

Walper, Sabine (1999): Auswirkungen von Armut auf die Entwicklung von Kindern. In: Lepenies, A.; Nummer-Winkler, G.; Schäfer, G.; Walper, S. [Hg.]: Kindliche Entwicklungspotentiale. Normalität, Abweichung und ihre Ursachen. Materialien zum 10. Kinder- und Jugendbericht. Opladen: Verlag Deutsches Jugendinstitut, S. 294–360.

Weiß, Hans (2007): Frühförderung als protektive Maßnahme – Resilienz im Kleinkindalter. In: Opp, Günther; Fingerle, Michael [Hg.]: Was Kinder stärkt. München: Reinhardt, S. 158–174.

Wustmann, Corina (2004): Resilienz. Widerstandsfähigkeit von Kindern in Tageseinrichtungen fördern. Weinheim: Beltz.

Young Lives (2003): Preliminary country report: Andhra Pradesh, India. London. In: www.younglives.org.uk/pdf/publication-section-pdfs/country-reports/IndiaPreliminaryreport.pdf (26.05.2009).

Psychische und alkoholbezogene Probleme Wohnungsloser: Prävalenz und innovative Interventionen

Joachim Körkel

1 Einleitung

Vorliegende Schätzungen der Bundesarbeitsgemeinschaft Wohnungslosenhilfe (BAG) gehen für das Jahr 2006 von rund 254.000 Wohnungslosen (Obdachlosen, Nichtsesshaften) in Deutschland aus (www.bag-wohnungslosenhilfe.de). Darunter befinden sich ca. 64% meist alleinstehende Männer, 25% Frauen und 11% Kinder/Jugendliche. Etwa 18.000 Wohnungslose leben nach BAG-Schätzungen ohne jede Unterkunft „auf der Straße".
Neben den unter Wohnungslosen feststellbaren somatischen Schädigungen und sozialen Ausgrenzungen ist das Ausmaß psychischer – speziell alkoholbezogener – Probleme enorm. Darauf sowie die sich daraus ergebenden Behandlungsnotwendigkeiten und die Ergebnisse eines innovativen Projektes wird im folgenden Beitrag eingegangen.

2 Psychische Erkrankungen Wohnungsloser

2.1 Prävalenz psychischer Erkrankungen

Fichter und KollegInnen haben in mehreren, methodisch sorgfältig durchgeführten, zum Teil repräsentativen und längsschnittlich angelegten Studien aussagefähige Daten zu Sucht- und anderen psychischen Erkrankungen in München lebender wohnungsloser Männer zusammengetragen (Fichter; Quadflieg 1999; Fichter; Quadflieg 2001; Fichter; Quadflieg 2003; Fichter; Quadflieg; Cuntz 2000).
Das zentrale Prävalenzergebnis dieser Studien lässt sich wie folgt zusammenfassen: 73,4% einer Repräsentativauswahl wohnungsloser Männer wiesen mindestens eine akute, das heißt in den zurückliegenden 30 Tagen vorhandene psychische Erkrankung auf (93,2% irgendwann im Laufe des Lebens [„lifetime"]; Fichter et al. 2000). Nach Krankheitsbildern aufgeschlüsselt, war bei 61% der Münchner Wohnungslosen eine manifeste Alkoholismusdiagnose (Alkoholabhängigkeit oder Alkoholmissbrauch) festzustellen. Mit weitem Abstand folgten affektive Störungen (16,3%), Angststörungen (11,6%) und psychotische Erkrankungen (6,6%). 96,1% der Befragten waren Raucher.

22,6% der Wohnungslosen mit Alkoholismusdiagnose wiesen eine oder mehrere weitere psychische Erkrankungen auf („Komorbidität").
Vergleicht man die dargestellten Prävalenzen mit denen einer repräsentativen Stichprobe Nichtwohnungsloser des Münchner Stadtteils Laim (Fichter; Quadflieg 2001), so wird das überproportional hohe Ausmaß psychischer Erkrankungen unter Wohnungslosen deutlich – egal, ob es sich um Alkoholismus, affektive Störungen, Angststörungen, psychotische Störungen oder Drogenabhängigkeit handelt (vgl. Abbildung 1).

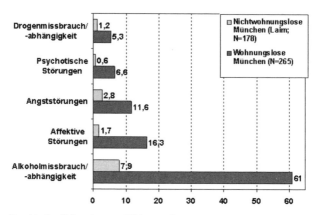

Abbildung 1 Psychische Erkrankungen Wohnungsloser
(30-Tages-Prävalenzen; Fichter; Quadflieg 2001, S. 99)

2.2 Resümee

- Psychische Erkrankungen wie Angststörungen, Depressionen oder Psychosen sind unter Wohnungslosen um ein Vielfaches häufiger vertreten als unter Nichtwohnungslosen.
- Das mit Abstand häufigste Krankheitsbild unter Wohnungslosen stellt (nach Nikotinabhängigkeit) Alkoholismus dar.
- Nicht selten treten mehrere Krankheitsbilder – etwa Alkoholismus und Depressionen – gleichzeitig („Komorbidität") und lange anhaltend auf, weshalb viele Wohnungslose als „chronisch mehrfach geschädigte Abhängigkeitskranke" eingestuft werden (vgl. Hilge; Schulz 1999).

MitarbeiterInnen der Wohnungslosenhilfe treffen somit auf ein Sammelbecken multipler Notlagen und Behandlungserfordernisse: Sie müssen „die schwierigsten und kränksten Patienten unter schlechten Bedingungen und mit den geringsten Ressourcen betreuen" (Reker; Eikelmann 1997, S. 1440).
Im Folgenden erfolgt eine eingehendere Betrachtung der Alkoholprobleme Wohnungsloser und deren Behandlung.

3 Alkoholkonsum und Alkoholprobleme Wohnungsloser

3.1 Alkoholismusprävalenz

58,4% der Wohnungslosen weisen eine manifeste Alkoholabhängigkeit (lifetime: 72,7%), 2,6% Alkoholmissbrauch auf (Fichter; Quadflieg 2001; vgl. Abbildung 2).

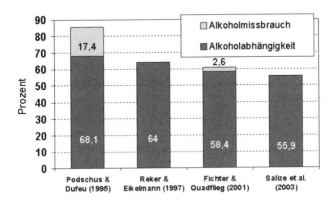

Abbildung 2 *Alkoholismus unter deutschen Wohnungslosen (30-Tages-Prävalenzen; Fichter; Quadflieg 2001)*

Diese Quote kommt dem aus anderen deutschen Städten berichteten Anteil nahe (in diesen Studien wurden „anfallende Stichproben" untersucht, z.b. alle zum Untersuchungszeitpunkt in einer Einrichtung befindlichen Wohnungslosen; vgl. Abbildung 2): Podschus und Dufeu (1995) ermittelten bei 68,1% der von ihnen befragten Berliner Wohnungslosen eine bestehende Alkoholabhängigkeit und bei zusätzlich 17,4% „schädlichen Gebrauch" (Alkoholmissbrauch). Der von Reker und Eikelmann (1997) für Münster erhobene Wert von 64% Alkoholabhängigen bewegt sich etwa in gleicher Größenordnung, der von Salize et al. (2003) für Mannheim angegebene Wert von 55,9% liegt etwas darunter. Summa summarum liegt die Alkoholismusrate unter deutschen Wohnungslosen somit deutlich über 50% und erheblich höher als etwa unter Wohnungslosen in den USA (vgl. Fichter; Quadflieg 2001).

Wenn man Prävalenzzahlen als Planungsgrundlage für alkoholbezogene Interventionen versteht, ist die Konzentration auf Alkoholismusdiagnosen allerdings zu kurz gegriffen und trügerisch. Denn auch der Alkoholkonsum vieler Wohnungsloser *ohne Alkoholismusdiagnose* ist sehr hoch und aus medizinischer Sicht veränderungsbedürftig. So berichten Fichter und Quadflieg (2003, S. 406), dass 31% der Wohnungslosen *ohne Alkoholismusdiagnose* einen täglichen Alkoholkonsum von 120 bis 240 Gramm aufweisen, was umgerechnet sechs bis zwölf Flaschen Bier zu je 0,5 Liter (oder sechs bis zwölf Gläsern Wein zu je 0,2 Liter bzw. 18 bis 36 einfachen Schnäpsen) entspricht (vgl. Abbildung 3).

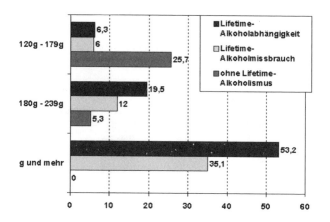

*Abbildung 3   Tägliche Alkoholkonsummengen Münchner Wohnungsloser
(Fichter; Quadflieg 2003, S. 406)*

Das Ausmaß des Alkoholkonsums unter Wohnungslosen und die dadurch bereits eingetretenen oder absehbaren Schädigungen sind also weitaus höher, als es die Alkoholismusrate von 61% erkennen lässt. Bei mindestens weiteren 13% der Wohnungslosen ergibt sich bei Zugrundelegung der zuvor genannten Konsummengen (60-120 Gramm/ Tag) ein alkoholbezogener Interventionsbedarf, um Alkoholfolgeschäden abzuwenden oder zu minimieren. *Die Daten der Münchner „Fichter-Studien" legen somit bei mindestens drei von vier Wohnungslosen alkoholbezogene Interventionen nahe.*

3.2   Alkoholfolgeschäden

Es verwundert nicht, dass der hohe Alkoholkonsum Wohnungsloser mit schwerwiegenden *somatischen Erkrankungen* einhergeht. Dazu gehören vor allem toxische Polyneuropathien, toxische Lebererkrankungen und zerebrale Degenerationen (Salize et al. 2003), aber auch Ösophagitis, Hauterkrankungen, obstruktive Lungenerkrankungen und zerebrale Anfallsleiden (Fichter et al. 2000). Gemäß den Berechnungen von Salize et al. (2003) „erhöht eine aktuelle oder zurückliegende Alkoholabhängigkeit oder -missbrauch das somatische Erkrankungsrisiko um mehr als das Vierfache" (ebda, S. 56). Neben somatischen Schädigungen finden sich bei alkoholabhängigen Wohnungslosen sehr häufig *soziale und psychische Auffälligkeiten*, wie etwa Straffälligkeit (bei 81,6% der Berliner Stichprobe von Podschus und Dufeu, 1995), Schlägereien (61,2%), Führerscheinentzug (40,8%) und kognitive Beeinträchtigungen (a.a.O.). Schließlich hat Alkoholabhängigkeit auch negative Auswirkungen auf die *Wohnsituation:*

Alkoholabhängige Wohnungslose nächtigen häufiger „auf der Straße" als nicht-alkoholabhängige Wohnungslose (Fichter; Quadflieg 2003, S. 403; vgl. Abbildung 4).

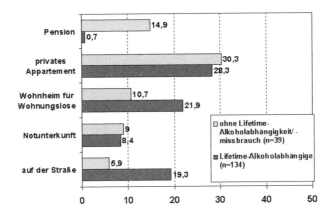

Abbildung 4   Wohnsituation drei Jahre nach der Ersterhebung (Fichter; Quadflieg 2003, S. 403)

Einige Belege sprechen zudem dafür, dass Wohnungslosigkeit häufiger Folge als Ursache des Alkoholabusus ist (Fichter; Quadflieg 2003).

3.3   Resümee

- Etwa 60% der Münchner – und vermutlich auch der anderen deutschen – Wohnungslosen sind als alkoholabhängig einzustufen.
- Bei mindestens einem Drittel der Wohnungslosen *ohne Alkoholismusdiagnose* ist die täglich konsumierte Alkoholmenge extrem hoch und aus medizinischen wie sozialen Gründen dringend veränderungsbedürftig. Diesen Personenkreis mitgerechnet, weisen drei von vier Wohnungslosen einen behandlungsbedürftigen Alkoholkonsum auf.
- Es gibt Anhaltspunkte dafür, dass der überhöhte Alkoholkonsum in der Regel der Wohnungslosigkeit vorausgeht. Dies lässt erwarten, dass mit der Verbesserung der Wohnsituation das Alkoholproblem nicht „automatisch" verschwindet, sondern gesonderter Bearbeitung bedarf.

4 Behandlung der Alkoholprobleme Wohnungsloser: Versorgungsrealität

4.1 Behandelte Prävalenz

Nicht zuletzt in Sachen Sucht kontrastiert der Behandlungsbedarf eklatant mit der Versorgungsrealität, denn nur ein geringer Teil der Wohnungslosen findet Zugang zu den *klassischen Suchthilfeangeboten* (Selbsthilfegruppen, ambulante Beratungs- und Behandlungsstellen, Fachkliniken). Die Münchner Repräsentativstudie von Fichter und Quadflieg (1999) liefert zu dieser Thematik ernüchternde Daten (vgl. Abbildung 5).

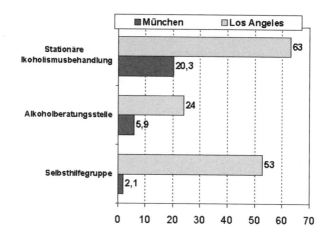

Abbildung 5 Alkoholbezogene Behandlungen (lifetime) Wohnungsloser in München und Los Angeles (Fichter; Quadflieg 1999, S. 40)

Von den Wohnungslosen mit einer Lifetime-Alkoholismusdiagnose (Abhängigkeit oder Missbrauch) waren im Laufe ihres Lebens nur 2,1% jemals in einer Selbsthilfegruppe, 5,9% in einer Suchtberatungsstelle und 20,3% in einer stationären Alkoholentwöhnungsbehandlung. Bedenkt man die Schwere der Alkoholabhängigkeit Wohnungsloser, sind die aufgeführten behandelten Prävalenzen als erschreckend niedrig zu bezeichnen – nicht zuletzt im Vergleich zu einer Repräsentativstichprobe Wohnungsloser aus Los Angeles, bei der die Frequentierung von Selbsthilfegruppen 25-mal, von Alkoholberatungsstellen 4-mal und von Alkoholentwöhnungsbehandlungen 3-mal so hoch ausfällt wie unter deutschen Wohnungslosen (vgl. Abbildung 5).
Zudem ist zu beachten, dass ein erheblicher Teil der in Abbildung 5 aufgeführten Behandlungen vermutlich in der Zeit *vor Eintritt der Wohnungslosigkeit* stattfand. Die Daten der Münchner Längsschnittstudie (Fichter; Quadflieg 2003) geben hierzu interessante Zusatzinformationen (vgl. Abbildung 6).

Psychische und alkoholbezogene Probleme Wohnungsloser 237

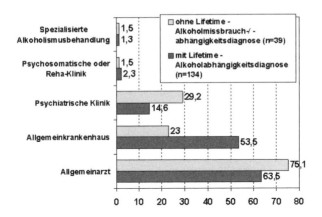

Abbildung 6   Behandlungen Münchner Wohnungsloser zwischen 1997 und 1999 (3-Jahres-Längsschnitt; Fichter; Quadflieg 2003, S. 412)

In Abbildung 6 ist die Inanspruchnahme medizinischer und suchtbezogener Hilfemaßnahmen durch alkoholabhängige und nicht-alkoholabhängige Wohnungslose (jeweils Lifetime-Diagnosen) über den Zeitraum von drei Jahren vor der Befragung dargestellt (über die *aktuelle* Alkoholabhängigkeit der Befragten gibt die Studie keine Auskunft). Nur sehr wenige der Lifetime-Alkoholabhängigen befanden sich im 3-Jahres-Zeitraum vor der Befragung in einer spezialisierten Alkoholismusbehandlung (1,3%) oder psychosomatischen Behandlung (2,3%), 14,6% erhielten eine Behandlung in einer psychiatrischen Klinik. In der ärztlichen Grundversorgung tauchten wesentlich mehr der Wohnungslosen auf (Allgemeinkrankenhaus: 53,5%; Allgemeinarzt: 63,5%). Unklar ist bei diesen Behandlungsdaten, inwieweit sie alkoholbezogen sind. Unabhängig davon kann mit den Autoren dieser Studie (Fichter; Quadflieg 2003) gemutmaßt werden, dass alkoholabhängige Wohnungslose meistens nicht auf ihre Suchtmittelabhängigkeit hin, sondern nur in Bezug auf die Folgeerscheinungen der Sucht (Entzugssymptomatik, Unfälle, somatische Folgeerkrankungen) behandelt worden sind – also die Sucht als solche gar nicht ins Blickfeld der Behandlung geraten ist und stattdessen kostspielige Suchtfolgebehandlungen erforderlich wurden und zukünftig vermutlich wieder werden.
Auf der Grundlage dieser Daten kann mehrerlei gefolgert werden:

- Eine Anbindung Wohnungsloser an die traditionelle, auf der Basis einer „Komm-Struktur" arbeitenden und dem Abstinenzziel verpflichteten Suchthilfe ist nur rudimentär gegeben. Demgegenüber gehören Wohnungslose zur „Stammklientel psychiatrischer Versorgungskliniken" (Reker; Wehn 2002), in der Regel bedingt durch Alkoholintoxikationen.

- Die traditionelle Suchthilfe hat es bislang versäumt, auf die Klientel der alkoholabhängigen Wohnungslosen zugeschnittene niedrigschwellige Hilfeangebote zu entwickeln. Anders gesagt: Die traditionelle Suchthilfe hat diesen für sie eventuell wenig attraktiven Personenkreis weitgehend „aufgegeben" – oder noch nicht entdeckt.
- Umgekehrt haben sich die meisten Wohnungslosen vom Suchthilfesystem abgewandt bzw. scheitern an für sie zu großen Eintrittsschwellen:
  - Die „Komm-Struktur" (mit festen Anmeldeterminen, Pünktlichkeitsanforderungen etc.) und Abstinenzzielverpflichtung stellt für viele Wohnungslose eine Überforderung dar.
- Aufgrund negativer Vorerfahrungen ist Suchtbehandlung für viele Wohnungslose vielfach aversiv besetzt: Sie wird als überfordernd, konfrontierend und rigide erlebt.
- Zudem ist die Zuversicht, am eigenen Suchtverhalten etwas ändern und von Hilfe profitieren zu können, vielfach nur noch gering ausgeprägt.
- Schließlich existieren so gut wie keine verbindlichen, wirksamen und nachhaltigen Kooperationen zwischen Suchtkrankenhilfe und Wohnungslosenhilfe (wie etwa eine gemeinsame kommunale Versorgungsplanung oder Kooperationsverträge etc.). Ausnahmen bestätigen die Regel (vgl. Gosdschan et al. 2002; Nouverné; Wessel; Zechert 2002; Reker; Wehn 2001). So haben Gosdschan et al. (2002) in einem 1997 begonnenen Modellprojekt eine Suchtberatungsstelle und einen Tagestreff für Wohnungslose inhaltlich, räumlich und personell vernetzt. Im Katholischen Männerfürsorgeverein München e.V. (KMFV) bietet das Hans-Scherer-Haus ein für die Klientel der Wohnungslosen zugeschnittenes Abstinenzprogramm an.

Die Situation sieht für die Wohnungslosen nicht weniger düster aus, wenn man sich die *Behandlung ihrer somatischen, psychischen und sozialen Folgeschäden des Alkoholkonsums* ansieht. Beispielsweise waren in der Erhebung von Salize et al. (2003) 69,8% der Mannheimer Wohnungslosen ohne jegliche medizinische Behandlung. Die suchtbezogenen somatischen Erkrankungen bleiben somit oftmals unerkannt und chronifizieren. Zur Behebung dieses Missstands wird von in diesem Bereich erfahrenen Medizinern eine niedrigschwellige, aufsuchende ärztliche Grundversorgung für Wohnungslose gefordert, zum Beispiel „Obdachlosenmobile", ärztliche Sprechstunden in den Einrichtungen der Wohnungslosenhilfe und kontinuierliche pflegerische Betreuung (Fichter et al. 2000; Reker; Eikelmann 1997; Salize et al. 2003; Trabert 2000).
Auf der Basis der zuvor beschriebenen Fakten wird von der Wohnungslosenhilfe oft moniert, in Bezug auf die körpermedizinischen, psychiatrischen und eben auch suchtspezifischen Versorgungsnotwendigkeiten ihrer Klientel weitgehend allein gelassen zu werden. Das ist einerseits richtig – und verweist andererseits auf ein *Manko der Wohnungslosenhilfe*: Der massive Alkoholkonsum der Klientel „bleibt […] in der konkreten, alltäglichen Arbeit von Wohnungsloseneinrichtungen zumeist unberücksichtigt" (Gosdschan et al. 2002, S. 5). Gosdschan und KollegInnen – erfahrene Mitarbeiter der Berliner Wohnungslosenhilfe – sehen darin „ein teilweises Scheitern der Wohnungslosenhilfe in einem Kerngebiet ihrer Leistungserbringung" (S. 11). „Die Wohnungslosenhilfe über-

nimmt [...] aufgrund ihrer eigenen Überforderung die Sichtweise des Süchtigen, indem sie eine vom alkoholabhängigen Wohnungslosen gewünschte Vermittlung in Wohnraum als zentrale Aufgabe ansieht" ...[eine] „fundamentale Fehleinschätzung" ... [und ein] „Fokussieren auf die falsche Priorität" (S. 14): „Denn im Zentrum der Hilfe für diese Klientel muss die Bearbeitung der Suchtmittelabhängigkeit und nicht die Frage der Wohnraumbeschaffung stehen" (S. 14), weil ein entgleister Alkoholkonsum sehr oft die „Wohnfähigkeit" (Wahrung von Ordnung, Sauberkeit und Hausordnung; allein sein können; regelmäßige Zahlung von Miete und Nebenabgaben etc.; vgl. a.a.O., S. 18-20) erheblich beeinträchtigt (vgl. ähnlich Reker; Wehn 2001, S. 195).

Woran liegt das, oder anders gesagt: Was führt zur weitgehenden Behandlungsabstinenz der Wohnungslosenhilfe in Bezug auf die Alkoholprobleme ihrer Klientel? Mehrere Mutmaßungen lassen sich hier nach Erfahrungen aus der Praxis der Wohnungslosenhilfe anstellen:

- Die MitarbeiterInnen der Wohnungslosenarbeit sehen die Zuständigkeit für Suchtprobleme in der Suchthilfe – und nicht bei sich.
- Die MitarbeiterInnen sind unzureichend für die Bearbeitung von Suchtproblemen qualifiziert.
- Sie erleben sich, was die Bearbeitung der Suchtproblematik angeht, vielfach überfordert.
- Sie sind zuweilen der Überzeugung, das Suchtproblem sei nicht lösbar.

4.2 Resümee

- Weder die klassische Suchtkrankenhilfe noch die Wohnungslosenhilfe noch das medizinische Hilfesystem sehen sich als primär zuständig für die Bearbeitung der Suchtprobleme Wohnungsloser – und alle drei Sektoren der Versorgung arbeiten in der Regel in Suchtfragen auch nicht zusammen (vgl. Wessel 1996). Der suchtbezogene Behandlungsbedarf Wohnungsloser wird von keinem der drei Hilfesysteme durch adressatenorientierte, niedrigschwellige Motivations- und Behandlungsmaßnahmen abgedeckt.
- Die Konsequenz aus diesem wenig zufriedenstellenden Zustand ist, dass Wohnungslose vielfach erst gar nicht auf eines ihrer zentralen Probleme – den Suchtmittelkonsum – angesprochen werden und nicht die notwendige und ihnen zustehende Hilfe erhalten.
- Suchtprobleme sollten zuallererst dort thematisiert und, soweit möglich, bearbeitet werden, wo sie auftreten und wo die Schwellen zur Hilfeinanspruchnahme am geringsten sind – sprich in der Wohnungslosenhilfe. Dies erfordert eine suchtbezogene Qualifizierung der MitarbeiterInnen der Wohnungslosenhilfe, damit die entsprechenden Problemlagen angemessen thematisiert und bearbeitet werden können.
- Die Qualifizierung der MitarbeiterInnen der Wohnungslosenhilfe in Sachen Sucht stellt Bewährtes nicht in Frage: Selbstverständlich sollte, in enger Kooperation der

Hilfesysteme, auch zukünftig die Inanspruchnahme der gut ausgearbeiteten, spezialisierten Suchthilfemaßnahmen (z.B. Entgiftungs- oder Entwöhnungsbehandlungen) bei Vorliegen von Abstinenzbereitschaft und -fähigkeit gefördert werden. Sinnvoll erscheint es somit, dass zukünftig alle drei Hilfesysteme (Wohnungslosenhilfe, Suchthilfe und medizinisches Hilfsystem) ihren Beitrag zur Behandlung von Suchtproblemen Wohnungsloser definieren und verbindlich, durch Kooperationsvereinbarungen geregelt, für Wohnungslose attraktive Suchthilfeangebote entwickeln bzw. vorhalten. Wichtig ist dabei „die strukturelle Integration der Wohnungslosenhilfe in die kommunalen Gremien und die Kooperationsstrukturen der Suchtkrankenhilfe" (Reker; Wehn 2001, S. 195).

5 Desiderata und innovative Ansätze zur Behandlung der Alkoholprobleme Wohnungsloser

5.1 Desiderata

In den vorausgegangenen Abschnitten sind – neben strukturellen Problemen (keiner der Behandlungssektoren „fühlt sich zuständig" bzw. nimmt seine Zuständigkeitsverantwortung wahr) – zwei Aspekte deutlich geworden, die sich negativ auf die alkoholbezogene Suchthilfeinanspruchnahme durch Wohnungslose auswirken:

- Die Zuversicht, am eigenen Alkoholproblem etwas ändern zu *können*, sowie die Motivation, daran etwas ändern zu *wollen*, sind bei vielen Wohnungslosen gering ausgeprägt bzw. „verschüttet". Ein erstes Ziel sachkundiger Arbeit mit alkoholabhängigen Wohnungslosen muss deshalb darin bestehen, möglichst viele „alkoholbelastete" Wohnungslose überhaupt erst einmal für eine Intervention zu gewinnen. *Alkoholbezogene Interventionen müssen bei Wohnungslosen also zuallererst an der Förderung der Gesprächsbereitschaft über das Thema „Alkohol" und sodann an der Förderung von Änderungsmotivation und Änderungszuversicht ansetzen.*
- Viele Wohnungslose schreckt Suchthilfe ab, wenn sie sich von vornherein auf (lebenslange) Abstinenz festlegen müssen – weil sie den kompletten Verzicht auf Alkohol nicht wünschen oder er für sie – zum Beispiel nach der 23. Entgiftungsbehandlung (= Misserfolgserfahrung) – nicht einhaltbar ist. Daraus folgt: *Alkoholbezogene Interventionen müssen – um für die Zielgruppe der Wohnungslosen attraktiv zu sein – zieloffen sein, das heißt neben dem Ziel der Abstinenz auch das des reduzierten Alkoholkonsums (= kontrolliertes Trinken) vorsehen.* Wenn auch ein „weniger Alkohol" und nicht nur ein „nie mehr Alkohol" als Veränderungsziel zulässig ist, ist begründet zu erwarten, dass die bei Wohnungslosen oft hohe Abbruchquote während der Behandlung gesenkt wird und durch die Konsumreduktion nicht nur die Lebensqualität der Betroffenen erhöht wird, sondern auch die sozialen Probleme und Kosten der zuständigen Kommunen gesenkt werden.

Die zuvor genannten Desiderata – Förderung der Änderungsmotivation und zieloffene Suchthilfeangebote – wurden in einem Projekt („WALK") des Katholischen Männerfürsorgevereins München (KMFV) aufgegriffen. Über Anlage und Ergebnisse dieses Projektes wird im folgenden Abschnitt berichtet.

**5.2 Das Projekt WALK:
Änderungsmotivation und Konsumreduktion fördern**

Im Mai 2003 hat der KMV – Träger vieler Wohnungsloseneinrichtungen in München (vgl. www.kmfv.de) – zusammen mit dem Fortbildungsträger GK Quest Akademie Heidelberg (www.gk-quest.de) das Projekt „*WALK*" *("Wohnungslosigkeit und Alkohol: Einführung zieloffener Suchtarbeit in Einrichtungen der Wohnungslosenhilfe des Katholischen Männerfürsorgevereins München")* initiiert (vgl. Bundesverband der Betriebskrankenkassen 2007). Ausgangspunkt des Projektes war die zuvor begründete Feststellung, dass idealer Einsatzort suchtbezogener Interventionen die Wohnungslosenhilfe selbst ist.

Im Rahmen des Projektes wurden 65 pädagogische KMFV-MitarbeiterInnen in drei Blöcken und insgesamt 10 Tagen in Methoden der „Motivierenden Gesprächsführung" („Motivational Interviewing"; Miller; Rollnick 2004; Körkel; Veltrup 2003) geschult, um die von ihnen betreuten Wohnungslosen einladend (statt abschreckend) auf ihre Alkoholproblematik anzusprechen und ihre alkoholbezogene Änderungsmotivation zu fördern. Der zweite Schulungsteil bestand in der Aneignung der Kompetenz, strukturierte Einzel- und Gruppenprogramme zum kontrollierten Trinken durchzuführen, um ihre Klientel beim Erreichen einer Alkoholreduktion (ggf. Abstinenz) gezielt zu unterstützen (vgl. Körkel 2002, 2008; König; Gehring; Körkel; Drinkmann 2007; www.kontrolliertes-trinken.de). In einer nachträglichen MitarbeiterInnenbefragung erwies sich diese suchtbezogene Professionalisierung sowohl machbar als auch Erfolg versprechend (vgl. Ballweg; Schuchmann 2007).

Insgesamt waren acht Einrichtungen mit Wohnunterbringung und eine ambulante Einrichtung des KMFV am WALK-Projekt beteiligt. 762 Klienten wurden im Rahmen eines Einzelgespräches oder einer Gruppenveranstaltung auf eine Programmteilnahme angesprochen. 110 Klienten haben sodann an einem der einrichtungsintern durchgeführten Programme zum kontrollierten Trinken teilgenommen und 84 dieses abgeschlossen. Verlaufsstudien zum Trinkverhalten wurden für die 264 Bewohner zweier niedrigschwelliger Wohnhäuser, in denen Alkoholkonsum gestattet ist, durchgeführt. 202 Bewohner wurden zwischen März 2004 und Juli 2005 auf eine Programmteilnahme angesprochen, 47 von ihnen (= 23,3% der angesprochenen Bewohner), die in der Vergangenheit jegliche alkoholbezogene Einflussnahme abgelehnt hatten, nahmen an einer Intervention zum kontrollierten Trinken teil. Alle Programmteilnehmer waren männlich, im Durchschnitt 43,9 Jahre alt und zu 55,6% ledig (29,6% geschieden). Sie lebten im Mittel 2,0 Jahre in der Einrichtung. 92,6% bezogen als Haupteinnahmequelle Sozialhilfe bzw. Arbeitslosengeld bzw. Arbeitslosenhilfe. Ca. 80% wiesen einen Haupt- oder Sonderschulschulabschluss oder keinen Schulabschluss auf. 82% waren alkoholabhängig, 11% Alkoholmissbraucher, 7 hatten weder eine Missbrauchs- noch eine Abhängigkeitsdiagnose. Die per strukturierter Interviews erhobene durchschnittliche wöchentliche Trinkmenge vor Programmbeginn betrug 52,6 Standardgetränkeeinheiten (SE), SD = 39,7 (1 SE = 20 g Alkohol = 0,5 l Bier oder 0,2 l Wein/Sekt oder drei einfache Schnäpse). Mehr als die Hälfte der Programmteilnehmer (55,6%) konsumierte mehr als 800 g Alkohol in der Woche (dies entspricht z.b. 40 Flaschen Bier zu je 0,5 Liter). Erhobene Laborwerte und Fremdbeurteilungen der SozialpädagogInnen untermauern, dass die Selbstaussagen der Klienten als hinreichend valide gelten können.

Die Wohnungslosen nahmen entweder am „Ambulanten Gruppenprogramm zum kontrollierten Trinken" (AkT; 10 wöchentliche Sitzungen) oder dem modifizierten Einzelprogramm „kT-WALK" (20–25 Sitzungen) teil (vgl. im Detail König et al. 2007). Beide Programme wurden ungefähr zu gleichen Teilen in Anspruch genommen. Sieben Personen brachen das Programm ab (Gründe: schwere gesundheitliche Probleme mit notwendiger stationärer Behandlung, Tod, mangelnde Motivation, Antritt einer Entgiftungsbehandlung, Wechsel in eine Abstinenztherapie).

Für 27 Programmteilnehmer liegen Daten aus der 6-Monats-Erhebung vor, zu deren Zeitpunkt 40,7% die Programmteilnahme abgeschlossen hatten; für 13 Personen sind keine 6-Monats-Daten vorhanden (Gründe: Nichterreichbarkeit aufgrund von Auszug, psychische Beeinträchtigungen [z.B. Depressionen], Desinteresse).

Der wöchentliche Alkoholkonsum ist von Programmstart bis sechs Monate danach von 52,6 SE auf 29,1 SE, d.h. um durchschnittlich 23,5 SE (= 470 g Alkohol) gesunken. Dies entspricht einer Reduktion um 44,7%. Der Anteil der Hochkonsumenten mit mehr als 800 g Alkohol in der Woche sank von 55,6% auf 22,2%. Die Reduktion erwies sich ein Jahr nach Programmbeginn als stabil und ging mit einem Anstieg der Lebenszufriedenheit der Klienten einher. Die stärkste Konsumreduktion wiesen die Teilnehmer mit der Diagnose „Abhängigkeit" auf (vgl. zu Details der Ergebnisse: König et al. 2007).

5.3 Resümee

- Ein erheblicher Teil der Wohnungslosen, der zunächst keiner alkoholbezogenen Intervention zugänglich scheint, kann durch die Methode der Motivierenden Gesprächsführung in Verbindung mit der Option der Konsum*reduktion* (statt Abstinenz) für die Teilnahme an einem Programm zum kontrollierten Trinken gewonnen werden.
- Die Teilnahme an einem Konsumreduktionsprogramm ist Erfolg versprechend: Der Alkoholkonsum nimmt deutlich ab und die Lebenszufriedenheit steigt an.
- Entgegen der zum Teil verbreiteten Meinung sind Alkohol*abhängige* nicht ungeeignet für ein Reduktionsangebot – im Gegenteil: Sie profitieren von diesem am meisten.
- Die zuvor berichteten Studienergebnisse sollten an größeren Stichproben repliziert und innerhalb der Wohnungslosenpopulation auf Subgruppenunterschiede geprüft werden.

6 Gesamtresümee

Sucht-, vor allem Alkoholprobleme, sind unter drei von vier Wohnungslosen virulent. Suchtarbeit verdient deshalb eine hohe Priorität in der Wohnungslosenhilfe. Eine dort anzusiedelnde Suchtarbeit, will sie erfolgreich sein, sollte auf den Pfeilern „Motivierende Gesprächsführung" und „zieloffene Behandlung" beruhen und Programme zur Konsumreduktion einbeziehen. Wie das Projekt WALK demonstriert hat, sind MitarbeiterInnen der Wohnungslosenhilfe in überschaubarer Zeit für die Aneignung dieser professionellen Kompetenzen qualifizierbar (König et al. 2007). Die Erweiterung ihres Handlungsspielraums wird von ihnen nahezu durchgängig nicht als Zusatzbelastung, sondern als Professionalisierungszuwachs und Bereicherung erlebt (Ballweg; Schuchmann 2007). Und wie sich zeigt, ist ein erstaunlicher Teil der Alkohol konsumierenden Wohnungslosen – oft als hoffnungslose Fälle angesehen – zu einer Reduktion ihres Konsums zu motivieren. Die Teilnahme an einem Programm zum kontrollierten Trinken führt zu Konsumreduktionen von im Mittel 45% (= 470 g Alkohol bzw. 23,5 Flaschen Bier), die auch noch nach einem Jahr Bestand haben. Der Einsatz gezielter Motivierungsmaßnahmen und zieloffener Suchthilfeangebote in Einrichtungen der Wohnungslosenhilfe verspricht somit einen Gewinn an Lebensqualität für die Wohnungslosen, einen Qualifizierungszuwachs für die MitarbeiterInnen und eine Senkung der öffentlichen Versorgungskosten und im günstigen Fall eine Wiedereingliederung der Wohnungslosen in normale Wohn- und Arbeitssituationen.

Literatur

Ballweg, Thomas; Schuchmann, Alexander (2007): Ist nun alles anders? Auswirkungen des Projekts auf Organisation und Akteure. In: Bundesverband der Betriebskrankenkassen [Hg.], Zieloffene Suchtarbeit mit Wohnungslosen (Gesundheitsförderung und Selbsthilfe, Band 19) (S. 205–228). Bremerhaven: Wirtschaftsverlag NW/Verlag für neue Wissenschaft.

Bundesarbeitsgemeinschaft Wohnungslosenhilfe (BAG): Ausmaß der Wohnungslosigkeit 2006. Zugriff am 12.9.2009 www.bag-wohnungslosenhilfe.de/index2.html.

Bundesverband der Betriebskrankenkassen [Hg.] (2007): Zieloffene Suchtarbeit mit Wohnungslosen (Gesundheitsförderung und Selbsthilfe, Band 19). Bremerhaven: Wirtschaftsverlag NW/Verlag für neue Wissenschaft.

Fichter, Manfred M.; Quadflieg, Norbert (1999): Alcoholism in homeless men in the mid-nineties: Results from the Bavarian Public Health Study on homelessness European Archives of Psychiatry and Clinical Neuroscience, 249, 34–44.

Fichter, Manfred M.; Quadflieg, Norbert (2001): Prevalence of mental illness in homeless men in Munich, Germany: Results from a representative sample. Acta Psychiatrica Scandinavica, 103, 94–104.

Fichter, Manfred M.; Quadflieg, Norbert (2003): Course of alcoholism in homeless men in Munich, Germany: Results from a prospective longitudinal study based on a representative sample. Substance Use and Misuse, 38, 395–427.

Fichter, Manfred M.; Quadflieg, Norbert; Cuntz, Ulrich (2000): Prävalenz körperlicher und seelischer Erkrankungen. Daten einer repräsentativen Stichprobe obdachloser Männer. Deutsches Ärzteblatt, 97: A-1148-1154 (Heft 17).

Gosdschan, Siegfried; Keck, Frida; Liedholz, Ulrich; Nägele, Albert (2002): Alkoholabhängigkeit und Wohnungslosigkeit (Materialien zur Wohnungslosenhilfe, Band 52). Bielefeld: Verlag Soziale Hilfe.

Hilge, Thomas; Schulz, Wolfgang (1999): Entwicklung eines Messinstrumentes zur Erfassung chronisch mehrfachbeeinträchtigter Alkoholabhängiger: Die Braunschweiger Merkmalsliste (BML). Sucht, 45, 55–68.

König, Dieter; Gehring, Uli; Körkel, Joachim; Drinkmann, Arno (2007): Das Projekt WALK und die Ergebnisse der Begleitstudie. In: Bundesverband der Betriebskrankenkassen [Hg.], Zieloffene Suchtarbeit mit Wohnungslosen (Gesundheitsförderung und Selbsthilfe, Band 19) (S. 99–118). Bremerhaven: Wirtschaftsverlag NW/Verlag für neue Wissenschaft.

Körkel, Joachim (2002): Kontrolliertes Trinken: Eine Übersicht. Suchttherapie, 3, 87–96.

Körkel, Joachim (2008): Damit Alkohol nicht zur Sucht wird – kontrolliert trinken. Stuttgart: Trias Verlag.

Körkel, Joachim; Veltrup, Clemens (2003): Motivational Interviewing: Eine Übersicht. Suchttherapie, 4, 115–124.

Miller, William R.; Rollnick, Stephen (2004): Motivierende Gesprächsführung. Freiburg: Lambertus Verlag.

Nouvertné, Klaus; Wessel, Theo; Zechert, Christian (2002): Obdachlos und psychisch krank. Bonn: Psychiatrie-Verlag.

Podschus, Jan; Dufeu, Peter (1995): Alkoholabhängigkeit unter wohnungslosen Männern in Berlin. Sucht, 41, 348–354.

Reker, Martin; Wehn, Erhard (2001): Qualifizierte Hilfen für alkoholabhängige und wohnungslose Menschen. In: Wienberg, Günther; Driessen, Martin [Hg.], Auf dem Weg zur vergessenen Mehrheit. Innovative Konzepte für die Versorgung von Menschen mit Alkoholproblemen (S. 191–203). Bonn: Psychiatrie-Verlag.

Reker, Thomas; Eikelmann, Bernd (1997): Wohnungslosigkeit, psychische Erkrankungen und psychiatrischer Versorgungsbedarf. Deutsches Ärzteblatt, 94: A-1439-1441 (Heft 21).

Renner, Gerold; Längle, Gerhard (1996): Alkoholabhängige Wohnungslose. In: Längle, Gerhard; Mann, Karl; Buchkremer, Gerhard [Hg.], Sucht. Die Lebenswelten Abhängiger (S. 196–206). Tübingen: Attempto.

Salize, Hans Joachim; Dillmann-Lange, Cornelia; Kentner-Figura, Beate (2003): Alkoholabhängigkeit und somatische Komorbidität bei alleinstehenden Wohnungslosen. Sucht aktuell, 10, 52–57.

Trabert, Gerhard (2000): Aufsuchende ambulante medizinische Versorgung (medical streetwork). In: Hinz, Peter; Simon, Titus; Wollschläger, Theo [Hg.], Streetwork in der Wohnungslosenhilfe. Hohengehren: Baltmannsweiler-Schneider.

Wessel, Theo (1996): Im „Bermuda-Dreieck". Patienten zwischen Psychiatrie, Obdachlosenhilfe und Suchtkrankenhilfe. In: Institut für kommunale Psychiatrie [Hg.], Auf die Straße entlassen. Obdachlos und psychisch krank (S. 77–94). Bonn: Psychiatrie Verlag.

Integrierendes Management: ein wirksamer Ansatz zur Verknüpfung von fachlichen, ethischen und wirtschaftlichen Zielsetzungen in Sozialunternehmen

Gisela Rudoletzky

1 Die Vereinbarkeit von ethischen und wirtschaftlichen Zielsetzungen als strukturelles Problem

Die aktuelle Finanzkrise führt uns sehr eindrücklich vor Augen, was passiert, wenn Banken und Unternehmen einseitig nur noch die Wünsche ihrer Aktionäre (shareholder) nach kurzfristigen Maximalrenditen berücksichtigen: Im Oktober 2008 stand das System der internationalen Kapitalmärkte kurz vor dem Zusammenbruch. Die Staatsregierungen der führenden Industrieländer stabilisierten das Bankensystem mit Hilfe von Milliardenbeträgen aus öffentlichen Steuermitteln, um damit die Ausbreitung der Krise auf die „Realwirtschaft" aufzuhalten.

Hans-Werner Sinn analysiert in seinem neuen Buch „Kasino-Kapitalismus" die Ursachen der Bankenkrise sehr detailliert und kenntnisreich. Interessanterweise widerspricht er dabei dem gängigen Erklärungsmuster, das in der Gier der Banker nach immer höheren Bonuszahlungen die Hauptursache für die Krise sieht. Für ihn greift dieser Ansatz nicht weit genug.[1] Die Ursache der Finanzkrise sieht er vor allem in einem „Systemfehler", der es den Anlegern ermöglichte, die Renditeerwartungen einer Anlage von der Haftungsverantwortung für die damit verbundenen Risiken organisatorisch abzukoppeln („Privatisierung der Gewinne und Sozialisierung der Risiken"). Zur Lösung dieses Systemfehlers bedarf es einer umfassenden Veränderung der institutionellen Rahmenbedingungen der Finanzmärkte. Auf dieser Grundlage entwickelt er eine Reihe von Veränderungsvorschlägen mit dem Ziel, die internationalen Kapitalmärkte langfristig durch geeignete supranationale Aufsichtsgremien zu ordnen und zu regulieren. Sinn beruft sich dabei auf die „Väter der Sozialen Marktwirtschaft in Deutschland" Walter Eucken,

---

1 „Es kann nicht genug betont werden, dass es bei der angebotenen Erklärung des Glücksrittertums der Banken nicht primär um Fehlanreize für die Bankvorstände geht, sondern um Fehlanreize für die Aktionäre. [...] Sie verlangen von ihren Banken risiko- und ertragreiche Geschäftsmodelle [...]. Deshalb verpflichten sie den Vorstand auf hochgesteckte Renditeziele und gestalten im Aufsichtsrat die Entlohnungssysteme für die Manager so, dass ein Anreiz entsteht, die dazu nötigen Geschäftsmodelle zu realisieren. Wenn der Vorstandsvorsitzende der Deutschen Bank ein Renditeziel von 25 % verkündet, so deshalb, weil ihm die institutionellen Investoren im Nacken sitzen, die 86% seiner Aktien besitzen und die Analysten auf ihn hetzen" (Sinn 2009, S. 97f).

Alfred Müller-Armack, Alexander Rüstow und Ludwig Erhard, die bereits vor über 60 Jahren festlegten, dass es zu den Aufgaben des Staates gehört, die Märkte zu regulieren, wirtschaftliche Macht zu begrenzen und durch Sozialpolitik für Gerechtigkeit und Sicherheit zu sorgen (vgl. ebd. S. 181).

Regulierung bedeutet also, ein gesellschaftliches Zielsystem zu entwickeln, das die Erwartungen und Werte aller beteiligten Interessensgruppen berücksichtigt und nicht einseitig die Position eines einzelnen Teilnehmers (in der Regel des Mächtigsten) übernimmt. Dafür braucht es gesetzliche Regelungen, die z.B. Manager dazu zwingen, mögliche Risiken ihres Handelns bei der Entscheidungsfindung stärker zu berücksichtigen, in dem sie für die sozialen und wirtschaftlichen Folgen haftbar gemacht werden. Aus der Geschichte wissen wir, dass die Festlegung wirtschafts- und sozialpolitischer Zielsetzungen das Ergebnis von komplexen politischen Aushandlungsprozessen im jeweiligen gesellschaftspolitischen Kontext ist[2]. Gesetze und Vorschriften haben in diesem Zusammenhang die Funktion, die Interessenslagen und Werte der Allgemeinheit bzw. betroffener Bevölkerungsgruppen deutlich zu benennen und in den Entscheidungsprozess einzubringen.

Auf der Makroebene übernimmt also der Gesetzgeber die Aufgabe, durch Regulierungen für einen sinnvollen Ausgleich zwischen den unterschiedlichen Interessensgruppierungen zu sorgen. Doch wie verlaufen die entsprechenden Aushandlungs- und Entscheidungsprozesse auf Unternehmensebene? Inzwischen gilt die Vereinbarkeit von ethischen und wirtschaftlichen Zielsetzungen auch für diakonische und kirchliche Einrichtungen als selbstverständlicher Bestandteil der Unternehmenspolitik. Zumindest steht das so in den Leitbildern. Doch wie sieht das in der Realität aus? Wie lässt sich die Spannung zwischen ökonomischer Notwendigkeit und fachlichen, sozialen und spirituellen Zielen in den vielfältigen alltäglichen Entscheidungen ausbalancieren?

2   Was bedeutet integrierendes Management?

Bereits vor 40 Jahren entwickelte eine Gruppe von Professoren und Dozenten an der Hochschule St. Gallen unter Leitung von Hans Ulrich ein erstes Modell für eine ganzheitliche Managementlehre (vgl. Rüegg-Stürm 2003, S. 6f). Ziel war es, die fortschreitenden disziplinären Auffächerung der Betriebswirtschaftslehre mit Hilfe eines integralen Bezugsrahmens zu überwinden und ein Modell zur Verfügung zu stellen, das ein Unternehmen nicht als einen aus Einzelfaktoren bestehenden Produktions- und Leistungserstellungsprozess versteht, sondern als ein produktives soziales System, das in vielfältigen Beziehungen und Wechselwirkungen zu seiner Umwelt steht. Zu den Aufgaben des

---

[2] Eine Analyse der deutschen Wirtschaftspolitik seit 1949 zeigt dies sehr deutlich. Vgl. dazu Abelshauser, Werner 2008: Deutsche Wirtschaftsgeschichte seit 1945, Bonn 2004 und Der Fischer Weltalmanach: Chronik Deutschlands 1949-2009, Bonn.

Managements gehört es, dieses vieldimensionale System sowohl im Außenverhältnis zu seinen Stakeholdern, als auch im Innenverhältnis (Gestaltung der Wertschöpfungsprozesse) auszubalancieren und an die sich ständig veränderten Rahmenbedingungen anzupassen. Entsprechend dieses ganzheitlichen Ansatzes wird Management definiert als *„Gestalten, Lenken (Steuern) und Weiterentwickeln zweckorientierter soziotechnischer Organisationen"* (ebd. S. 22). Das Modell ermöglicht es, komplexe Probleme in ihrem Gesamtzusammenhang zu sehen und wirksam zu bearbeiten.

Johannes Rüegg-Stürm sieht die primäre Aufgabe eines integrierenden Managements darin, *„[…] eine komplexe Organisation im Kontext einer Vielfalt von sich teilweise widersprechenden Ansprüchen, Interessen, Rationalitäten, Visionen und Werten achtsam nach innen zu integrieren und langfristig tragfähig nach außen in die Gesellschaft einzubetten"* (Arx / Rüegg-Stürm 2007, S. 1013). Forschungsergebnissen zeigen, dass z.B. in Krankenhäusern das zentrale Managementproblem durch das Spannungsfeld zwischen fortschreitenden fachlichen und professionellen Spezialisierungen einerseits und der effizienten Koordination dieser Expertinnen und Experten andererseits begründet ist.[3] Wirksames Management steht daher vor der Herausforderung, über die Entwicklung neuer Kommunikations- und Führungsformen eine geschickte Re-Integration der beteiligten Professionswelten zu fördern und dabei medizinische, pflegerische, ethische und ökonomische Aspekte sinnvoll aufeinander zu beziehen.

Werte und Normen spielen im Modell des integrierenden Managements eine zentrale Rolle und sind das Ergebnis von dynamischen Aushandlungsprozessen zwischen unterschiedlichen Akteuren, die ihre Interessen und Anliegen vor dem Hintergrund bestimmter Normen und Werte gelten machen (vgl. Rüegg-Stürm 2003, S. 34). Anspruchsgruppen werden definiert als Menschen, Organisationen oder Institutionen im Umfeld einer Unternehmung, die unmittelbar oder indirekt von der unternehmerischen Tätigkeit betroffen sind. Sie greifen bestimmte Anliegen aus den Umweltsphären Gesellschaft, Technologie, Natur und Wirtschaft auf und machen ihr Interesse an einer Verwirklichung dieser Anliegen geltend (ebd., S. 33). Die ethische Reflexion der Werte und Normen, die den Unternehmensentscheidungen und Handlungsweisen zugrunde liegen, bilden den zentralen Bezugspunkt der unternehmerischen Legitimationsprozesse im Kontext eines normativen Managements (ebd. S. 34). Die Aushandlungsprozesse findet idealerweise in Form von fairen diskursiven Auseinandersetzungen statt. Angesiedelt sind sie auf zwei unterschiedlichen Ebenen:

---

3 Die Medizin hat in den letzten Jahrzehnten laufend neue Wissensgebiete in Subprofessionen institutionalisiert und das Krankenhaus damit in Dutzende Kliniken ausdifferenziert. Dies erschwert die übergeordnete Steuerbarkeit, fehlende Transparenz „manifestiert sich in mühsamem Suchen nach relevanten Daten, in überbordender administrativer Arbeit und in häufigem Improvisieren" (Arx/Rüegg-Stürm 2007, S. 1013).

- In der Interaktion mit den verschiedenen Anspruchsgruppen einer Unternehmung werden grundlegende normative Festlegungen getroffen (Vision, Leitbild).
- Davon abgeleitet wird in mikropolitischen Verhandlungsprozessen, die konkrete Ausgestaltung der internen Ordnungselemente (Strategie, Struktur und Kultur) und der Wertschöpfungsprozesse eines Unternehmens ausgehandelt.

Die komplexen und zeitintensiven Abstimmungsprozesse bringen folgende Vorteile mit sich (vgl. Schneider/Minnig/Freiburghaus 2007, S. 46ff):

- Sie legen unterschiedliche Interessenslagen und mögliche Interessenskonflikte offen.
- Der Diskurs dient zur Vermittlungs- und Übersetzungsarbeit zwischen unterschiedlichen Perspektiven und stärkt die Eigen- bzw. Fremdwahrnehmung.
- Auf dieser Grundlage wird ein gemeinsamer Denk- und Entwicklungsprozess möglich, der zur Entwicklung einheitlicher Entscheidungskriterien dient.

3 Das St. Galler Management-Modell für Unternehmen der Caritas und Diakonie

Das St. Galler Management-Modell wurde für Unternehmen entwickelt, die nicht nur ökonomische Ziele verfolgen. Es misst der Frage nach dem Sinn und den Werten eines Unternehmens eine große Bedeutung zu und ist deshalb besonders geeignet für kirchliche und gemeinnützige Unternehmen. *„Die Ausgestaltung diakonischer Unternehmen lässt sich also nicht auf eine eindimensionale Zielrichtung bündeln, sondern sie ergibt sich aus dem Zusammenspiel unterschiedlicher Interessen, die von den verschiedenen Anspruchsgruppen eingebracht werden. Aus diesen unterschiedlichen Interessen erwachsen die Interaktionsthemen als Austauschbeziehungen zwischen den Anspruchsgruppen und dem Unternehmen. Alle, auch teilweise divergierende Wünsche müssen in einer Balance gehalten werden"* (Fischer 2007, S. 74).

Michael Fischer hat das St. Galler Management-Modell für Unternehmen der Caritas und Diakonie weiterentwickelt. Besonderen Handlungsbedarf sieht er in folgenden Punkten:

- Die Werteorientierung einer Unternehmung muss in die Entwicklung einer Gesamtstrategie einbezogen werden (ebd. S. 85).
- Diakonische Einrichtungen sollten eigene Qualitätsmaßstäbe und –standards entwickeln, mit deren Hilfe sie selbst definieren und sicherstellen können, was *„sie unter einer christlich motivierten Versorgung ihrer anvertrauten Menschen verstehen" (ebd. S. 89).* Konkret geht es um die Klärung folgender Frage: Welche Qualität sozialer Arbeit soll mit welchen Mitteln bzw. welchen Verfahren erreicht werden? Als positives Beispiel wird das Zertifizierungsverfahren proCum Cert für konfessionelle

Krankenhäuser genannt, das medizinische, pflegerische, soziale und spirituelle Qualitätskriterien entwickelt hat (vgl. ebd. S. 92f).

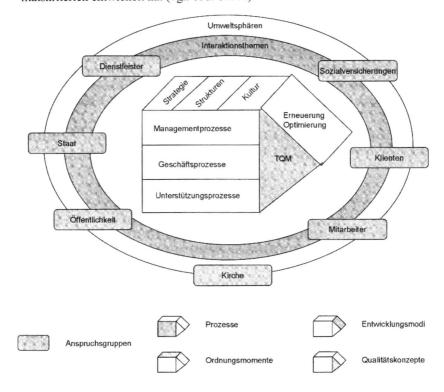

*Abbildung 3   Management-Modell für Unternehmen der Caritas und Diakonie.
Quelle: Fischer 2007, S. 71.*

4 Instrumente der zielorientierten Führung und Steuerung

Fredmund Malik beschreibt die Aufgaben eines wirksamen Managements wie folgt: Für Ziele sorgen, Organisieren, Entscheiden, Kontrollieren, Messen, Beurteilen und Fördern von Menschen (vgl. Malik 2001, S. 170ff). Der Ansatz der zielorientierten Mitarbeiterführung (Management by Objectives - MbO) wurde bereits in den 50er Jahren in den USA von Peter Drucker entwickelt (vgl. Drucker 1954) und von der Praxis begeistert aufgenommen. Zielorientierung bringt viele Vorteile: *„Ziele sind unverzichtbar für jede Organisation. Die Management-Aufgabe, für Ziele zu sorgen und mit Zielen zu führen, bestimmt in maßgeblicher und durch nichts zu kompensierender Weise die Effektivität einer Organisation. Sie bestimmt auch die Wirksamkeit jedes Menschen, und zwar kei-*

neswegs nur in der Wirtschaft. [...] Ziele geben menschlicher Anstrengung Richtung und Sinn" (Malik 2001, S. 189). Kenntnis der Ziele fördert die Identifikation und Motivation der Mitarbeiter, Partizipation bei der Zielbestimmung schafft Akzeptanz und ist die Basis für eine ergebnisorientierte Leistungsbewertung. Typisch für diesen Ansatz ist der Aufbau einer Zielhierarchie in einem verschränkten „Top-Down und Bottom-Up-Vorgehen": Ziele werden in Unterziele zerlegt und den verschiedenen hierarchischen Ebenen und Abteilungen zugeordnet, so dass das gesamt Unternehmen über ein inhaltlich aufeinander abgestimmtes Zielsystem geführt wird. Deshalb kann MbO auch als Grundlage zur strategischen Unternehmensführung angewandt werden (vgl. Wunderer 2006, S. 232f).

Zielorientierte Führung scheint ein Modell zu sein, das einfach zu verstehen, aber schwer zu realisieren ist. So weist Wunderer darauf hin, dass nur wenige Unternehmen wirklich konsequent MbO praktizieren. *„Der hohe Abstraktions- und Komplexitätsgrad von Zielen, die mangelnde Erfahrung mit der Zielformulierung und Operationalisierung sowie die fehlenden Instrumente zu ihrer Definition und Evaluation führten meist dazu, dass Ziele mit Hauptaufgaben oder maximal mit Schwerpunktaufgaben (Programmen) gleichgesetzt wurden. Damit waren aber wieder nur die Mittel zur Zielerreichung definiert und nicht der Kurs selbst"* (Wunderer 2006, S. 233).

Auch das St. Galler Management-Modell übernimmt die Grundgedanken des MbO und unterteilt Managementprozesse in drei Kategorien, die aufeinander aufbauen (vgl. Rüegg-Stürm 2003, S. 70ff):

1. Normative Orientierungsprozesse dienen der Reflexion und Klärung der normativen Grundlagen der unternehmerischen Tätigkeit.
2. Strategische Entwicklungsprozesse dienen der langfristigen Zukunftssicherung einer Unternehmung. Sie beschäftigen sich intensiv mit dem Geschäftsumfeld (Markt- und Konkurrenzanalyse) und analysieren die eigenen Ressourcen (Stärken-Schwächen-Analyse, Identifikation von Kernkompetenzen).
3. Operative Führungsprozesse gewährleisten effiziente Abläufe und Problemlösungsroutinen. Konkret geht es dabei um Prozessmanagement, Mitarbeiterführung, Finanzplanung und Qualitätsmanagement.

Mitte der 90er Jahre entwickelten Kaplan und Norton (1997) eine neues Instrument zur strategischen Steuerung mittels Zielvorgaben und Kennzahlen: die Balanced Scorecard (BSC). Sie gehen von der Annahme aus, dass vergangenheitsorientierte finanzielle Kennzahlen nicht mehr ausreichen um ein komplexes Unternehmen zu steuern. Sie schlagen deshalb Leistungsmessungen aus vier verschiedenen Perspektiven vor: Finanzen, Kunden, interne Geschäftsprozesse sowie Lernen und Entwicklung (vgl. Wunderer 2005, S. 444). Grundlegend wird beim Einsatz der BSC davon ausgegangen, dass nicht nur finanzielle, sondern auch immaterielle bzw. weiche Erfolgsfaktoren messbar und durch Kennzahlen erfassbar sind (vgl. Stoll 2003, S.79). Bestimmte betriebliche Vorgänge können direkt quantitativ mit Kennzahlen dargestellt werden, qualitative Abläufe sind oftmals nur indirekt über Indikatoren zu erfassen. Empfohlen wird die Formulierung von max. 25 Kennzahlen, für jede Perspektive in der Regel vier bis sieben Kennzahlen (vgl. ebd., S. 83). Die Kombination von wirtschaftlichen und sozialen Kennzahlen macht diesen Ansatz besonders attraktiv für Sozialunternehmen. In der Diakonie ist die Anwendung von BSC heute bereits zu einem Standard geworden, wenn es darum geht, Leitbilder und Visionen in konkrete Handlungen und Aktionen zu übersetzen (vgl. Hübner/Schwarzer 2008, S. 8). Die Autoren verweisen in ihrem Artikel darauf, dass einige diakonische Einrichtungen das Instrument weiterentwickelt haben. So ergänzte z.b. die Bodelschwinghsche Anstalt Bethel die BSC um die Perspektive „Diakonische Identität und Werte".

5 Fehlende Indikatoren für die Wirksamkeit Sozialer Arbeit führen zu einer Dominanz wirtschaftlicher Kennzahlen in der Strategischen Planung

Trotz aller Erfolgsmeldungen, scheinen die bisher vorliegenden Ergebnisse der strategischen Planung mittels Kennzahlen noch nicht wirklich zufrieden stellend zu sein. So beklagen sich z.b. Internationale Hilfsorganisationen, dass die Maßstäbe, an denen ihre Arbeit gemessen wird, vor allem technisch-pragmatischer und wirtschaftlicher Natur sind. Der soziale Aspekt humanitärer Hilfe spiele dabei nur noch eine periphere Rolle (vgl. Langhof 2008, S. 237). Sie sehen darin ein Konflikt zwischen ihren eigenen Ansprüchen und den externen Anforderungen der Kostenträger. Die Autorin sucht in ihrer Studie nach den Ursachen für diese Schieflage und kommt dabei zu einem sehr interessanten Ergebnis: da es in der Humanitären Hilfe an geeigneten inhaltlichen Kriterien für die Überprüfung der Qualität und Wirksamkeit von Hilfsprojekten mangelt, konzentrieren sich die Hilfsorganisationen auf quantitative Messzahlen. Dadurch steigt die Relevanz wirtschaftlicher Kennzahlen ständig weiter an (vgl. ebd. S. 250). Das Dilemma besteht also darin, dass die Hilfsorganisationen mangels geeigneter qualitativer Indikatoren für ihre fachliche Arbeit mit ihrem Verhalten selbst zur Dominanz einer rein ökonomischen Betrachtungsweise beitragen.

Vieles spricht dafür, dass sich die vorliegenden Untersuchungsergebnisse auch auf den Bereich der Sozialen Arbeit übertragen lassen. Im Zuge des Umbaus der Sozialleistungssysteme kommt dem Nachweis der Wirksamkeit der eingesetzten Hilfen immer mehr Bedeutung zu. So zwingen z.b. Leistungsvereinbarungen mit Kostenträgern die Sozialunternehmen dazu, die Outcome-Variablen für ihre Leistungen operational zu definieren und dadurch überprüfbar zu machen (vgl. Arnold 2009, S. 459). In der Praxis zeigt sich jedoch häufig, dass die Definition von Qualität, vor allem von Ergebnisqualität, große Schwierigkeiten bereitet.[4] Insgesamt scheint es im Bereich Ergebnisqualität und

---
4 Deshalb sind z.b. viele diakonische Einrichtungen dazu übergegangen, mit Hilfe von Wirkungsanalysen und Ursache-Wirkungsbeziehungen die Outcome-Qualität ihrer Arbeit zu beschreiben (vgl. Hübner/Schwarzer 2008, S. 7).

Wirkungsorientierung Sozialer Arbeit noch großen Diskussions- und Handlungsbedarf zu geben. Erst wenn hier befriedigende Ergebnisse vorliegen, kann eine wirkliche Balance zwischen fachlichen, ethischen und wirtschaftlichen Zielen in der zielorientierten Steuerung erreicht werden.[5]
Interessante Ergebnisse zur Begründung eines sozialpädagogischen Wirksamkeitsbegriffs erbrachte das Bundesmodellprogramm „Wirkungsorientierte Jugendhilfe", das im Auftrag des Deutschen Bundesministeriums für Familie, Senioren, Frauen und Jugend durchgeführt wurde. Die zentrale Ausgangsfrage der sozialwissenschaftlichen Evaluation lautete: Wie können Hilfen zur Erziehung in der Kinder- und Jugendhilfe wirkungsorientierter gestaltet werden? Um diese Frage zu beantworten, wurden die Leistungs-, Entgelt- und Qualitätsentwicklungsvereinbarungen der teilnehmenden Jugendhilfeeinrichtungen evaluiert. Daraus konnten entscheidende Wirkfaktoren abgeleitet werden (vgl. Otto / Schneider 2009, S. 20-23). Sie erweitern die professionelle Entscheidungsgrundlage um empirisch fundierte Erkenntnisse („Evidenzbasierte Professionalisierung"). Die Hilfe ist im Einzelfall nach wie vor gemeinsam mit den Adressat/innen auszuhandeln, zu finden und zu erbringen. Allerdings gehört das empirische Wissen um Wirkungsmechanismen und relevante Kontexte in der modernen Jugendhilfe in den Wissensfundus professioneller Einrichtungen (vgl. Wirkungsorientierte Jugendhilfe, Band 09 / 2009, S. 59).

6 Fazit

Zentrale Aufgabe und zugleich größte Herausforderung des integrierenden Managements ist es, normative, strategische und operationale Unternehmensziele zu entwickeln, zu vereinbaren und zu evaluieren. Das St. Galler Management-Modell zeigt, dass Zielvereinbarungen das Ergebnis von komplexen Aushandlungsprozessen zwischen unterschiedlichen Interessensgruppen sind. Deshalb gehören Gestaltung und Moderation dieser Aushandlungsprozesse zu den zentralen Managementaufgaben der heutigen Zeit. Daraus ergeben sich folgende Aufgabenstellungen für Sozialunternehmen und Wohlfahrtsverbände:

---

5 Fleßa beschreibt eindrucksvoll die Schwierigkeiten, die es auf diesem Wege noch zu lösen gibt: „Der diakonische Träger hingegen muss den abstrakten Begriff der Nächstenliebe operationalisieren. Was ist Nächstenliebe? Kann Nächstenliebe präventiv sein? Darf Nächstenliebe auch Härte implizieren? [...] Selbst wenn es gelingt, Nächstenliebe als Oberziel für ein konkretes Unternehmen exakt zu definieren, ergibt sich das Messproblem. [...] Die Zielerreichung der Nächstenliebe unterliegt der individuellen Interpretation. Es fehlt die trennscharfe Entscheidungsgrundlage" (Fleßa 2008, S. 71).

- Klärung der unterschiedlichen Anliegen, Erwartungen und Interessen der Anspruchsgruppen.
- Diskussion der fachlichen, sozialen, spirituellen, ökologischen und wirtschaftlichen Zielvorstellungen.
- Entwicklung eines gemeinsamen Wertekanons.
- Überwindung der zunehmenden fachlichen und professionellen Spezialisierung in der Sozialen Arbeit. Re-Integration der unterschiedlichen Fachbereiche bzw. Handlungsfelder mit ihren spezifischen Fachlogiken und ihrer gewachsenen Kultur.
- Einrichtung von „runden Tischen" bzw. Projektteams, in denen die Fachexpertinnen und -experten interdisziplinär an praxisorientierten Themenstellungen arbeiten (z.B. der Optimierung von Wertschöpfungsprozessen).
- Entwicklung geeigneter fachlicher Qualitätsstandards für die Leistungen der Sozialen Arbeit (Ergebnisqualität, Wirkungsorientierung) in enger Kooperation zwischen Theorie und Praxis.
- Formulierung strategischer (fachbereichsübergreifender) Unternehmensziele auf der Basis gemeinsamer Wertevorstellungen.
- Operationalisierung der Ziele und Entwicklung von sinnvollen Kennzahlen bzw. Indikatoren zur Steuerung.
- Einrichtung von fachübergreifenden Foren zur Konfliktbewältigung (z.B. Ethikkomitees)
- Begleitung und Evaluation der Umsetzung.

Literatur

Abelshauser, Werner (2004): Deutsche Wirtschaftsgeschichte seit 1945, Bonn: Bundeszentrale für politische Bildung.

Arnold, Ulli (2009): Qualitätsmanagement in Sozialwirtschaftlichen Unternehmen, in: Arnold, Ulli ; Maelicke, Bernd [Hg.]: Lehrbuch der Sozialwirtschaft, 3. Auflage, Baden-Baden: Nomos, S. 458–495.

Arx, Widar von; Rüegg-Stürm, Johannes 2007: Integrierendes Management von Healthcare-Organisationen, in: Schweizerische Ärztezeitung 2007; 88:23, S. 1012–1015.

Drucker, Peter F. (1954): The Practice of Management, New York: Harper&Row. Deutsche Ausgabe: Die Praxis des Managements, Düsseldorf: Econ, (1956, 1970, 1998).

Fischer, Michael (2007): Theologie und Ökonomie in Unternehmen der Caritas und Diakonie, in: Dienberg, Thomas; Fasel, Georg; Fischer, Michael [Hg.]: Spiritualität und Management, Berlin: LIT-Verlag , S. 53–100.

Fischer Weltalmanach (2008): Chronik Deutschland 1949 – 2009, 60 Jahre deutsche Geschichte im Überblick, Bonn: Bundeszentrale für politische Bildung.

Fleßa, Steffen (2008): Innovationspromotion als originäre Funktion diakonischer Sozialleistungsunternehmen, in: Jahrbuch Sozialer Protestantismus Band 2: Von der „Barmherzigkeit" zum „Sozialmarkt". Zur Ökonomisierung sozial-diakonischer Dienste, Gütersloh: Gütersloher Verlagshaus, S. 64–87.

Hübner, Ingolf; Schwarzer, Uwe (2008): Gelingendes Management, in: Sozialwirtschaft 3/2008, S. 6–9.

Kaplan, Robert S.; Norton, David P. [Hg.] (1997): Balanced Scorecard: Strategien erfolgreich umsetzen, Stuttgart: Schäffer-Poeschel.

Langhof, Antonia (2008): „Ich habe gerne ein gutes Projekt, das ich vorzeige". Zur Managementisierung der humanitären Hilfe, in: Hessinger, Philipp; Wagner, Gabriele [Hg.]: Ein neuer Geist des Kapitalismus? Paradoxien und Ambivalenzen der Netzwerkgesellschaft, Wiesbaden: VS Verlag.

Malik, Fredmund (2001): Führen, Leisten, Leben. Wirksames Management für eine neue Zeit, München: Heyne.

Malik, Fredmund (2007): Management. Das A und O des Handwerks, Frankfurt a.M.; New York: Campus.

Ott, Hans-Uwe; Schneider, Klaus (2009): Zur Wirksamkeit Sozialer Arbeit, in: Forum für Politik, Gesellschaft und Kultur, Ausgabe 288, Juli 2009, S. 20–23.

Rüegg-Stürm, Johannes (2002): Das neue St. Galler Management-Modell, Bern: Haupt.

Schneider, Jürg; Minnig, Christoph; Freiburghaus, Markus (2007): Strategische Führung von Nonprofit-Organisationen, Bern: Haupt.

Sinn, Hans-Werner (2009): Kasino-Kapitalismus. Wie es zur Finanzkrise kam, und was jetzt zu tun ist. 2. überarbeitete Auflage, Berlin: Econ.

Stoll, Bettina (2003): Balanced Scorecard für soziale Organisationen. Qualität und Management durch strategische Steuerung, Regensburg/Berlin: Walhalla.

Wirkungsorientierte Jugendhilfe, Band 09 (2009): Praxishilfen zur wirkungs-orientierten Qualifizierung der Hilfen zur Erziehung, hrsg. von ISA Planung und Entwicklung GmbH, Universität Bielefeld, Fakultät für Erziehungs-wissenschaften. www.wirkungsorientierte-jugendhilfe.de/seiten/download/html [Zugriff: 28.09.09]

Wunderer, Rolf (2006): Führung und Zusammenarbeit. Eine unternehmerische Führungslehre, 6. überarbeitete Auflage, München: Luchterhand.

Befreiende Sozialarbeit als Menschenrechtsprofession im Kontext des Gemeinwesens

Günter Rausch

Einmal angenommen, Sozialarbeiter kämen an die Regierungsmacht. Wie würden sie wohl Obdachlosigkeit bekämpfen? Was meinen Sie? Ein Scherzbold meinte mal, sie würden „mehr Brücken bauen."
Herbert Effinger hat in seinem 2008 erschienenen Buch: „Die Wahrheit zum Lachen bringen" darauf verwiesen, dass Humor ein hilfreiches Medium in der Sozialen Arbeit sein könnte. Einleitend schreibt er, dass Humor einen Versuch darstelle, „auch das Unzulängliche, das Widersprüchliche und Ambivalente ernst zu nehmen und abzubilden. Mit Humor lassen sich auch leichter neue Wege entwickeln. Humor greift natürlichen Widerstand gegen Veränderungen auf und nutzt diese Energien für Veränderungen." (S. 11)
Welche innovativen Entwicklungslinien könnten aus der obigen Humoreske aufgegriffen werden? Ganz augenscheinlich ist es der realsatirische Verweis auf die üblichen alltagspraktischen und systemimmanenten Lösungsversuche zur Bewältigung von sozialen Notlagen und Problemen. Landauf, landab sehen sich immer mehr SozialarbeiterInnen verpflichtet, ihre Handlungsoptionen innerhalb der vorgefundenen Strukturen, Gewohnheiten und alltäglichen Gegebenheiten auszurichten. Dabei gibt es durchaus Theorien und Konzepte, die den Handlungshorizont weiter spannen und neue Wege ermöglichen.
Eine solche theoretische Fundierung könnte die von Staub-Bernasconi bereits 1995 proklamierte Neuorientierung der Sozialen Arbeit als Menschenrechtsprofession sein. Sie hat überzeugend dargelegt, dass die Sozialarbeit auf diesem Wege die Aussicht hätte, aus der lästigen Fremdbestimmung herauszukommen und sich selber einen eigenen, wissenschaftlich fundierten Auftrag zu geben. Dreh- und Angelpunkt ihrer Überlegungen sind die fundamentalen und universalen menschlichen Bedürfnisse, die sich in den Menschenrechten widerspiegelten.
Eine solchermaßen verstandene Soziale Arbeit stützt sich auf die Allgemeine Erklärung der Menschenrechte der Vereinten Nationen vom 10. Dezember 1948. 1992 publizierte das „Centre for Human Rights" der UNO zusammen mit dem Weltverband der Sozialarbeit (International Federation of Social Workers - IFSW) ein Handbuch mit dem Titel „Human Rights und Social Work". In der Folge wurde eine Definition erarbeitet, wonach Soziale Arbeit die Aufgabe habe, „den sozialen Wandel, Problemlösungen in zwischenmenschlichen Beziehungen sowie die Ermächtigung und Befreiung von Menschen, um ihr Wohlbefinden zu heben. ...Prinzipien der Menschenrechte und sozialer

Gerechtigkeit sind für die Soziale Arbeit fundamental." (vgl. www.ifsw.org/p38000739. html, gelesen am 24.09.2009).
Ermächtigung und Befreiung werden so zu Schlüsselbegriffen der Sozialen Arbeit. Ermächtigung ist uns seit Jahren als „Empowerment" vertraut geworden. Auf der Generalversammlung des IFSW und des IASSW in Adelaide wurde im Oktober 2004 das Dokument „Ethik in der Sozialen Arbeit Erklärung der Prinzipien" verabschiedet, in dem u.a. das Recht auf Selbstbestimmung eine besondere Rolle spielt. Demnach sollten Sozialarbeiter/innen „das Recht der Menschen achten und fördern, eigene Wahl und Entscheidungen zu treffen, ungeachtet ihrer Werte und Lebensentscheidung, vorausgesetzt, das dadurch nicht die Rechte und legitimen Interessen eines anderen gefährdet werden." Zugleich wurde das Recht auf Beteiligung proklamiert: „Sozialarbeiter/innen sollten das volle Einbeziehen und die Teilnahme der Menschen, die ihre Dienste nutzen fördern, so dass sie gestärkt werden können in allen Aspekten von Entscheidungen und Handlungen, die ihr Leben betreffen." (www.ifsw.org/p38000739.html, gelesen am 24.09.2009.)

Eine solchermaßen verstandene Soziale Arbeit ist disziplinüberschreitend anschlussfähig an maßgebliche aktuelle Diskurse zur gesellschaftlichen und politischen Entwicklung auf nationaler und internationaler Ebene. Sie knüpft zugleich an vertraute Diskussionszusammenhänge um die Theorie des Guten Lebens an, die auf Aristoteles zurückgeht. Dabei geht es um materielle, wie immaterielle, private wie öffentliche Güter und um Bedürfnisse und Fähigkeiten der Menschen und nicht zuletzt auch um deren Bindungen und Beziehungen im Kontext des Ganzen. Gelingen kann dies nur im Rahmen eines „guten Staates" bzw. einer „guten Gesellschaft", die die Voraussetzungen für einen gerechten Zugang zu Bildung, Gesundheit und Arbeit aber auch eine lebensdienliche Umgebung schaffen müssen. Es müssen in diesem Modell also die Grundlagen für eine menschliche Entwicklung gewährleistet werden.
Der indische Ökonom und Nobelpreisträger Amartya Sen hat mit seinen 1999 veröffentlichen Thesen ein auch für die Soziale Arbeit interessantes Brückenkonzept vorgestellt. Bei ihm stehen die Begriffe der Entwicklung und der Freiheit im Mittelpunkt, wobei er „Entwicklung" als das Maß an Freiheit definiert, über die das Individuum verfügt (vgl. Sen 1999). Freiheit umfasst dabei auch die menschlichen Grundrechte auf Gesundheit, ausreichende Ernährung, Bildung oder politische Partizipation. Seit Anfang der 90er Jahre veröffentlichen die Vereinten Nationen zur menschlichen Entwicklung. Sie fordern eine Verbesserung der Bildungschancen für alle, mehr Geschlechtergleichheit und weniger Armut.
Menschliche Entwicklung wird so als ein universeller Wert verstanden, der auf den Menschenrechten basiert und mehr Teilhabemöglichkeiten für alle Menschen impliziert. In diesem Sinne impliziert Freiheit bei Sen, dass Menschen selbstbestimmt leben und ihre Lebenspläne verwirklichen können. Der indische Ökonom fragt mit seinem „Capability Approach", der am ehesten als Befähigungs-Ansatz bzw. als Verwirklichungschancen-Ansatz übersetzt wird, was der Mensch für ein gelingendes Leben benötigt. Dabei fehle

es auch den Armen keineswegs an grundlegenden Fähigkeiten und Möglichkeiten, wenn sie bloß den entsprechenden zu den Ressourcen erhielten.
Im Grunde ist hiermit ein möglicher Rahmen für eine „befreiende Sozialarbeit" abgesteckt. Befreiende Sozialarbeit meint aber nicht nur im Sinne Kants, den Mut, den eigenen Verstand zu gebrauchen, um die selbstverschuldete Unmündigkeit abzulegen. Es meint auch nicht nur Befreiungsarbeit im Sinne Paulo Freires, der eine Pädagogik der Unterdrückten entwickelte.
Befreiende Sozialarbeit meint dies alles und doch mehr. Ronald Lutz hat es in seinem 2005 erschienenen Sammelband mit dem Titel „Befreiende Sozialarbeit" folgendermaßen formuliert: „Den Anspruch der Modernen ernst genommen und von den Menschen ausgehend, kann es nur um die Befreiung der Menschen aus einengenden Verhältnissen und Situationen gehen. Befreiung heißt dabei ein Verständnis der eigenen Lebenssituation zu entwickeln, die einschränkend, belastend, sorgenvoll und defizitär ist und mitunter zu gefährlichem und riskantem Verhalten führt." (Lutz 2005, S. 21)
Es wird deutlich, dass damit auf allen Ebenen sozialarbeiterischen Handelns, sowohl auf der politischen Makroebene als auch zum Beispiel auf der Mikroebene der individuellen Beratung, eine solche „befreiende Sozialarbeit" zu verorten ist. Sie erinnert auch an jene Gemeinwesenarbeit, wie sie seit deren Erklärung zum Allgemeinen Arbeitsprinzip jeglicher Sozialarbeit im Jahre 1980 von Boulet, Kraus und Ölschlägel definiert wurde. Demnach sollte Gemeinwesenarbeit wie jedwede Soziale Arbeit „Beiträge zur tendenziellen Aufhebung und Überwindung von Entfremdung leisten, also die Selbstbestimmung handelnder Subjekte ermöglichen." (Boulet u.a. 1980, S. 156f). In diesem Sinne wäre Soziale Arbeit dann eine zweifelsfreie Befreiungsarbeit, „als sie die unmittelbaren Wünsche und Probleme der Menschen ernst nimmt, zu veränderndem Handeln unter Berücksichtigung der politisch-historischen Möglichkeiten motiviert und Einsichten in die strukturellen Bedingungen von Konflikten vermittelt." (a.a.O.)
Es schließt sich somit wieder der Kreis zu Staub-Bernasconi's Idee der Menschenrechtsprofession, die für die Soziale Arbeit eine neue Werteorientierung anbietet. Staub-Bernasconi versteht die Menschenrechte als Realutopien und damit als „individuelle und kollektiv geteilte Bilder des Wünschbaren, für die vage bis sehr konkrete Vorstellungen bestehen, unter welchen Bedingungen und mit welchen Ressourcen und Mitteln sie verwirklicht werden könn(t)en" (Staub-Bernasconi 1995b, S. 72) Menschenrechte sind dann sogar „eine der gesuchten, neue Hoffnung vermittelnden Alternativen zum unkritisch gepriesenen Liberalismus und totgesagten Sozialismus" (Staub-Bernasconi 1995b, S. 75).
Auch hier liegen die Anknüpfungspunkte für eine Gemeinwesenarbeit, der es immer schon um die „res publica" bzw. um die Gestaltung des gelingenden Lebens im Rahmen der „polis" ging.
Dazu braucht es freilich Grundhaltungen, die sich am ehesten mit einer Pädagogik der Hoffnung, die sich an Bloch anlehnt, umschreiben ließen. Bloch forderte uns in seinem Lebenswerk Prinzip Hoffnung dazu auf, „ins Gelingen verliebt zu sein und nicht ins Scheitern!" (Bloch 1979 (Bd.1), S. 1)

Befreiende Sozialarbeit ist dann ein allgemein gültiger Arbeitsauftrag vor einem ethisch reflektierten Menschenbild, der sich an den Bedürfnissen der Menschen und nicht etwa an Gewinn- und Machtinteressen irgendwelcher Eliten orientiert, sich an den gesetzlich verankerten Menschenrechten ausrichtet und sich dabei auf eine nachhaltige, menschendienliche Bewirtschaftung der Ressourcen stützt.

Vor diesem Hintergrund lässt sich die Gemeinwesenarbeit, als allgemeines Arbeitsprinzip einer Menschenrechtsprofession, in allen Arbeitsfeldern der Sozialen Arbeit umsetzen. Oftmals müssen wir uns dabei mit vermeintlich kleinen Schritten begnügen, wo wir doch allzu gerne große Sprünge machen würden. Dann erscheint es umso wichtiger, sein Handeln in einen größeren, reflektierten Zusammenhang zu stellen und das Tagesgeschäft auf eine Vision hin zu orientieren. Ronald Lutz hat eine solche Vision skizziert: „Die Welt, in der wir leben, ist nur eine der Vielen, sie ist geworden, sie verweht und sie entsteht auch wieder neu und anders. ... Daraus keimt Hoffnung, es bedeutet zugleich eine Verpflichtung für die Lebenden: Aus der gegebenen Welt, aus deren Erfahrungen und deren Wissen, lassen sich neue Zukünfte entwerfen." (Lutz 2005, S. 21)

Ob wohl eine solchermaßen verstandene Soziale Arbeit es dabei beließe, Brücken zu bauen, damit Obdachlose darunter schlecht schlafen können oder ob sie auch nach neuen Wegen Ausschau hielte, um in eine bessere Zukunft zu gelangen, in der die Abgründe hinter und unter uns gelassen würden?

Literatur

Boulet, Jean Jacques; Krauss, E. Fritz & Oelschlägel, Dieter (1980): Gemeinwesenarbeit als Arbeitsprinzip. Eine Grundlegung, Bielefeld: AJZ-Druck-und-Verlag.

Bloch, Ernst (1979): Das Prinzip Hoffnung, Bd. 1-3, Frankfurt a.M.: Suhrkamp.

Effinger, Herbert & Limbrunner, Alfons (2008): „Die Wahrheit zum Lachen bringen". Humor als Medium in der Sozialen Arbeit. Weinheim/München: Juventa.

Lutz, Ronald u.a. (2005): Befreiende Sozialarbeit. Skizzen einer Vision. Oldenburg: Paulo-Freire-Verlag.

Sen, Amartya (1999): „Development as Freedom"; Oxford: Knopf.

Staub-Bernasconi, Silvia (1995): Systemtheorie, soziale Probleme und Soziale Arbeit: lokal, national, international, oder: vom Ende der Bescheidenheit Bern, Stuttgart, Wien: Haupt.

Staub-Bernasconi, Silvia (2003): Soziale Arbeit als (eine) Menschenrechtsprofession. In: Sorg, Richard (Hrsg.): Soziale Arbeit zwischen Politik und Wissenschaft. Münster: LIT.

Publikationen der vier Evangelischen Hochschulen

Darmstadt

Marianne Brieskorn-Zinke

(2008). Der Beitrag der Pflegeberufe zur Bevölkerungsgesundheit. In: Prävention und Gesundheitsförderung, Band 3, Heft 3, Aug. 2008, S. 193–199.

(2008). Anspruch und Wirklichkeit der Gesundheitsförderung in der Pflege – Was ist von der europäischen Fortbildung PH in der Praxis angekommen? In: Pflegezeitschrift 9/2008, S. 486–489 (zusammen mit Weyand, Elke).

(2008). Public Health Nursing: Was ist das eigentlich? In: Public Health Forum, Nr. 61, 16. Jahrgang, Dez. 2008, S. 2–3.

(2008). Körperwahrnehmung und Gesundheit – Anregungen zu einer personal- und patientenorientierten Gesundheitsbildung für die Pflegepraxis. In: Pflegezeitschrift 12/2008, S. 662–666.

(2008). Psychische Gesundheit, Public Health und die Rolle der Pflege. In: Abderhalden, C.; Needham, I.; Schulz, M.; Schoppmann, S.; Stefan, H. [Hg.]: Psychiatrische Pflege, psychische Gesundheit und Recovery. Unterostendorf: IBICURA, S. 15–22.

(2009). Gesundheit in der Pflege. In: Biendarra, I.; Weeren, M. [Hg.]: Gesundheit – Gesundheiten? Eine Orientierungshilfe. Würzburg: Königshausen; Neumann, S. 167–180.

Margret Flieder

(2008). „Sei doch nicht gleich so ungehalten!" Zum Alltag pflegender Töchter und Schwiegertöchter zwischen Geduld und Zeitdruck. In: Bauer, Annemarie; Gröning, Katharina [Hg.]: Gerechtigkeit, Geschlecht und demografischer Wandel. Frankfurt a.m.: Mabuse Verlag, S. 259–273.

(2008). Was wirklich tröstet: Erfahrungsbezogene Hilfen aus der Sicht von Getrösteten. In: Flieder, Margret; Jansen, Jan-Peter [Hg.]: Praxishandbuch Palliativpflege und Schmerzmanagement. Merching: Forum Gesundheitsmedien, Kap. 6.8, S. 1–10.

(2008). Verstehende Zugänge zu Demenzkranken finden in der letzten Lebensphase. Aufbauthema des Schulungsteils. In: Flieder, Margret; Jansen, Jan-Peter [Hg.]: Praxishandbuch Palliativpflege und Schmerzmanagement. Merching: Forum Gesundheitsmedien, Kap. 9.3.6, S. 1–8.

(2008). (zusammen mit Bock von Wülfingen, Christiane; Schauer, Olaf).Motivation und Arbeitszufriedenheit. In: Conzen, Christel; Freund, Jutta; Overlander, Gabriele [Hg.]: Pflegemanagement heute. München: Verlag Elsevier, S. 313–335.

(2008). (zusammen mit Overlander, Gabriele).Beratung und Schulung: Formen der Pflegeberatung. In: Conzen, Christel; Freund, Jutta; Overlander, Gabriele [Hg.]: Pflegemanagement heute. München: Verlag Elsevier, S. 456–471.

(2008). Pflegebezogene Entscheidungsprozesse in Einrichtungen der Palliativpflege. Aufbauthema des Schulungsteils. In: Flieder, Margret; Jansen, Jan-Peter [Hg.] Praxishandbuch Palliativpflege und Schmerzmanagement. Merching: Forum Gesundheitsmedien, Kap. 9.3.7, S. 1–8.

(2009). Praxishilfe Gesprächsführung mit Patienten und Angehörigen. In: Burgheim, Walter [Hg.]: Qualifizierte Begleitung von Sterbenden und Trauernden. Merching: Forum Gesundheitsmedien,. Kap. 4.21, S. 1–16.

(2009). Fortbildungen nutzen und gestalten. In: Burgheim, Walter [Hg.]: Qualifizierte Begleitung von Sterbenden und Trauernden. Merching: Forum Gesundheitsmedien, Kap. 7.19, S. 1–19.

(2009). Stressbewältigung. Aufbauthema des Schulungsteils. In: Flieder, Margret; Jansen, Jan-Peter [Hg.]: Praxishandbuch Palliativpflege und Schmerzmanagement. Merching: Forum Gesundheitsmedien, Kap. 9.3.8, S. 1–10.

(2009). Lebenslagen und Pflegesituationen von Menschen am Rande der Gesellschaft. In: Pflegen, (1), S. 14–22.

Rezensionen

(2008). Rezension zu: (2007) Illetschko, Christine: Brücken zwischen dir und mir. Wien, New York: Springer Verlag. In: www.socialnet.de/rezensionen/5294.php

(2008). Rezension zu: (2007) Panke-Kochinke, Birgit: Gewalt gegen Pflegende. Analyse und Intervention. Frankfurt a.M.: Mabuse Verlag. In: www.socialnet.de/rezensionen/5363.php

(2008). Rezension zu: (2007) Hüper, Christa; Hellige, Barbara: Professionelle Pflegeberatung und Gesundheitsförderung für chronisch Kranke. Frankfurt a.M.: Mabuse Verlag. In: www.socialnet.de/rezensionen/6728.php

(2008). Rezension zu: (2008) Ihle, Jutta: Pflegerische Krisenintervention. Forschungsergebnisse – Unterrichtskonzept – Bearbeitung von Fallbeispielen. Wien: Facultas Verlag. In: www.socialnet.de/rezensionen/6729.php

(2009). Rezension zu: (2008) Bauer, Ullrich; Büscher, Andreas [Hg.]: Soziale Ungleichheit und Pflege. Wiesbaden: VS Verlag für Sozialwissenschaften. In: www.socialnet.de/rezensionen/6066.php

(2009). Rezension zu: (2008) Rohnstock, Katrin [Hg.]: Am Ende meines Lebens. Menschen über 80 erzählen. Opladen: Verlag Barbara Budrich. In: www.socialnet.de/rezensionen/7243.php

(2009). Rezension zu: (2008) Beyer, Sigrid: Frauen im Sterben. Gender und Palliaitve Care. Freiburg: Lambertus Verlag In: www.socialnet.de/rezensionen/7020.php

Marlies W. Fröse

(2008). Die Bundesarbeitsgemeinschaft Sozialmanagement/Sozialwirtschaft e.V. In: Bassarak, Armin; Wöhrle, Armin [Hg.]: Sozialmanagement. Ausbildung, Forschung und Theorie. München: Zielverlag, S. 16–20 (zusammen mit Bassarak, Herbert; Schellberg, Klaus).

(2008). Leadership Diskurse: Neue Herausforderungen für die Führung und Leitung. In: Bassarak, Armin; Wöhrle, Armin [Hg.]: Sozialmanagement. Ausbildung, Forschung und Theorie. München: Zielverlag, S. 101–106.

(2008). "Managers do the things right, leaders do the right thing" – Überlegungen zu gegenwärtigen Leadership-Diskursen. In: Evangelisch – Diakonisch. Evangelische Hochschulperspektiven Bd. 4. Freiburg: FEL, S. 217–245.

(2009). Leadership Diskurse – neue Herausforderungen für die Führung und Leitung! In: Eurich, Johannes; Brink, Alexander [Hg.]: Leadership in sozialen Organisationen. Wiesbaden: Verlag Sozialwissenschaft, S. 225–244.

[Hg.] (2009). Mixed Leadership: Mit Frauen in die Führung! Bern/Stuttgart/Wien: Haupt Verlag, 370 Seiten (zusammen mit Szebel-Habig, Astrid).

(2009). Neue Wege gehen. In: Fröse, Marlies W.; Szebel-Habig, Astrid [Hg.]: Mixed Leadership: Mit Frauen in die Führung! Bern/Stuttgart/Wien: Haupt Verlag, S. 11–16 (zusammen mit Szebel-Habig, Astrid).

(2009). Presencing Gender in Organisations. In: Fröse, Marlies W.; Szebel-Habig, Astrid [Hg.]: Mixed Leadership: Mit Frauen in die Führung! Bern/Stuttgart/Wien: Haupt Verlag, S. 17–58.

(2009). Die Initiatorin des Total E-Quality Prädikats – eine rebellische Unternehmerin. Eva Maria Roer. In: Fröse, Marlies W.; Szebel-Habig, Astrid [Hg.]: Mixed Leadership: Mit Frauen in die Führung! Bern/Stuttgart/Wien: Haupt Verlag, S. 223–228 (zusammen mit Szebel-Habig, Astrid).

(2009). Moderne Partnerschaft und Führungsverständnis. Ein Interview mit Elke Benning-Rohnke und Achim Rohnke. In: Fröse, Marlies W.; Szebel-Habig, Astrid [Hg.]: Mixed Leadership: Mit Frauen in die Führung! Bern/Stuttgart/Wien: Haupt Verlag, S. 229–234 (zusammen mit Szebel-Habig, Astrid).

(2009). Rezension zu: (2008) Friedrich Glasl; Weeks, Dudley: Die Kernkompetenzen für Mediation und Konfliktmanagement. Ein Praxisbuch mit Fallbeispielen auf DVD: Concadora Verlag: Stuttgart, S. 103. In: Zeitschrift Organisationsentwicklung, Heft 2.

(2009). Rezension zu: (2008) Friederike Habermann: Der homo oeconomicus und das Andere. Hegemonie, Identität und Emanzipation. Baden-Baden: Nomos Verlag.

(2009). Rezension zu: (2009) Friederike Habermann: Halbinseln gegen den Strom. Anders Leben und Wirtschaften im Alltag – Anregungen und Reflexionen. Königstein: Ulrike Helmer Verlag. In: Zeitschrift Organisationsentwicklung, Heft 3/2009.

Carsten Gennerich

(2008). (zusammen mit Strack, M.; Hopf, N).Warum Werte? In: Witte, E.H. [Hg.]: Sozialpsychologie und Werte. Lengerich: Pabst S. 90–130.

(2008). (zusammen mit Riegel, U.; Ziebertz, H.-G.). Formen des Religionsunterrichts aus Schülersicht differentiell betrachtet: Eine Analyse im Wertekreis. In: Münchener Theologische Zeitschrift, 59 (2), S. 173–186.

(2009). Ein empirisch gestütztes Modell zur Reflexion der Beziehung von Erfahrung und religiösen Deutungsperspektiven als Grundlage der Unterrichtsplanung. In: Theo-Web. Zeitschrift für Religionspädagogik, 8 (1), S. 160-202.

(2009). (zusammen mit Feige, Andreas). Jugend und Religion in neuer Perspektive: Empirisch valide Forschungsergebnisse durch eine theoretisch angemessene Fundierung. In: International Journal for Practical Theology, 13 (1), S. 22–45.

Volker Herrmann

[Hg.] (2008). Diakonische Bildung. Arbeitspapiere aus der Evangelischen Fachhochschule Darmstadt, Nr. 10 – Juni 2008.

[Hg.] (2008). Evangelische Kirche und sozialer Staat. Diakonie im 19. und 20. Jahrhundert. Stuttgart: Kohlhammer.

(2008). „...die Forderung einer eigenen Disziplin ‚Diakonik' ist erst wenige Jahre alt". Eine kleine Skizze der Geschichte der Diakoniewissenschaft im 19. und 20. Jahrhundert. In: Eurich, Johannes; Oelschlägel, Christian [Hg.]: Diakonie und Bildung. Heinz Schmidt zum 65. Geburtstag. Stuttgart: Kohlhammer, S. 95–108.

(2008). Johann Hinrich Wichern – Martin Gerhardt – Jochen-Christoph Kaiser. Eine Skizze der Diakoniegeschichtsforschung. In: Kaiser, Jochen-Christoph: Evangelische Kirche und sozialer Staat. Diakonie im 19. und 20. Jahrhundert. [Hg.]: Herrmann, V. Stuttgart: Kohlhammer, S. 11–15.

(2008). Marke Diakonie. In: Kottnik, Klaus-Dieter K.; Hauschildt, Eberhard [Hg.]: Diakoniefidel. Grundwissen für alle, die mit Diakonie zu tun haben. Rheinbach/Gütersloh: Gütersloher Verlagshaus, S. 174–177.

(2008). Diakonische Kirche vor Ort – Impulse aus Theologie und Gemeinde. In: Evangelisch – Diakonisch. Evangelische Hochschulperspektiven Bd. 4. Freiburg: FEL, S. 95–103 (zusammen mit Köhler-Offierski, Alexa).

Ulrike Höhmann

(2008). Versorgungsbrüche vermeiden. In: Heilberufe Spezial: Experten-Standards 2008, S. 25–27.

(2008). (zusammen mit Panfil, E-M.; Stegmüller, K.; Krampe E-M.).BuBI: Berufseinmündungs- und –verbleibstudie Hessischer PflegewirtInnen – eine Studie des Hessischen Instituts für Pflegeforschung (HessIP). In: Pflege; Gesellschaft (13) 3, S. 215–234.

(2009). Voraussetzungen und Möglichkeiten einrichtungs- und berufsgruppenübergreifender Kooperation zur Verbesserung der Versorgungsqualität pflegebedürftiger Menschen. In: Stemmer, R. [Hg.]: Qualität in der Pflege trotz knapper Ressourcen? Hannover: Schlütersche, S. 11–28.

(2009). Pflegeberufe als Profession? Entwicklungschancen und Hürden. In: Jansen, M. [Hg.]: Pflegende und sorgende Frauen und Männer. Hessische Landeszentrale für berufliche Bildung [Hg.]: POLIS, Heft 49, S. 89–110.

Heino Hollstein-Brinkmann

(2008). Psychosoziale Diagnostik. In: Beratung aktuell, 9. Jg., Heft 3, S. 156–169.

Holger Kirsch

(2008). Störungen des Essverhaltens bei Mukoviszidose-Patienten. In: Hirche, Tom O.; Wagner, Thomas O.F. [Hg.]: UPDATE MUKOVISZIDOSE I. Stuttgart: Thieme Verlag, S. 75–80.

Gabriele Kleiner

(2009). Soziale Arbeit in Einrichtungen der stationären Altenhilfe. Entwicklungslinien – Widersprüche – Orientierungen. In: Soziale Arbeit 2/2009, Deutsches Zentralinstitut für soziale Fragen, Berlin, Seite 54–58.

Rezension zu: (2008). Philipp-Metzen, H. Elisabeth: Die Enkelgeneration im ambulanten Pflegesetting bei Demenz. Wiesbaden: VS Verlag für Sozialwissenschaften. In: www.socialnet.de/rezensionen/6988.php

Stefanie Krach

(2009). (zusammen mit Stein, Anne-Dore; Niediek, Imke).Integration und Inklusion auf dem Weg ins Gemeinwesen. Möglichkeitsräume und Perspektiven. In: Gemeinsam leben – Zeitschrift für integrative Erziehung, 17. Jg., Heft 3, S.132–138.

Alexa Köhler-Offierski

[Hg.] (2008). (zusammen mit Edtbauer, Richard). Evangelisch – Diakonisch. Evangelische Hochschulperspektiven Bd. 4. Evangelische Fachhochschulen Darmstadt, Freiburg, Ludwigsburg, Nürnberg. Freiburg: FEL.

(2008). (zusammen mit Edtbauer, Richard).Zur Einführung. In: Evangelisch – Diakonisch. Evangelische Hochschulperspektiven Bd. 4. Freiburg: FEL, S. 7–15.

(2008). (zusammen mit Herrmann, Volker).Diakonische Kirche vor Ort – Impulse aus Theologie und Gemeinde. In: Evangelisch – Diakonisch. Evangelische Hochschulperspektiven Bd. 4. Freiburg: FEL, S. 95–103.

(2008). Identitätsentwicklung und soziale Umwelt. Evolûciâ identiônosti i socialnaâ sreda. In: Dialog kultur – kultura dialoga, 1–7 sentjabrja 2008 goda, Kostroma: Kostromskoæi gos. Universitet, S. 90–95.

(2009). Stress und Coping – oder: Was belastet mich und wie werde ich damit fertig? In: Flieder, Margret; Jansen, Jan-Peter [Hg.]: Praxishandbuch Palliativpflege und Schmerzmanagement. Merching: Forum Gesundheitsmedien, Kap. 8.7, S. 1–18.

(2009). Bildung und Erziehung in der Kindheit – der Darmstädter Verbundstudiengang stellt sich vor. In: Behindertenpädagogik, 48. Jg., Heft 2/2009. Gießen: Psychosozial-Verlag, S. 191–196.

(2009). Rezension zu: (2009) Lantermann, Ernst-Dieter; Döring-Seipel, Elke; Eierdanz, Frank; Gerhold, Lars: Selbstsorge in unsicheren Zeiten: Resignieren oder Gestalten. Weinheim: Beltz Psychologie Verlags Union (PVU). In: www.socialnet.de/rezensionen/7596.php

Giesela Kubon-Gilke

(2009). (zusammen mit Held, Martin; Sturn, Richard). „Vorwort". In: Jahrbuch Normative und institutionelle Grundfragen der Ökonomik 8, S. 7–16.

(2009). „Institutionelles Design für das Bildungssystem – Ordnungspolitische Herausforderungen". In: Jahrbuch Normative und institutionelle Grundfragen der Ökonomik 8, S. 17–39.

Cornelia Mansfeld

(2008). Aspekte des Lebens von Familien im Sozialen Wandel – Vorschläge für diakonisches und sozialpädagogisches Handeln. In: Evangelisch – Diakonisch. Evangelische Hochschulperspektiven Bd. 4. Freiburg: FEL, S. 117–127.

Bernhard Meyer

[Hg.] (2009). Perspektivenwechsel und demokratisches Lernen. Aachen: Shaker Verlag.

Ingrid Miethe

(2008). From "Strange Sisters" to "Europe's Daughters"? European Enlargements as a Chance for Women's Movement in East and West Germany. In: Roth, Silke (ed.): Gender Politics in the Expanding European Union. Mobilization, Inclusion, Exclusion. Oxford, New York: Berghahn Books, S. 118–136.

(2008). Widersprüchliche Gegenprivilegierungen. Bildungspolitik der DDR im Korsett unterschiedlicher ideologischer Prämissen. In: Geißel, Brigitte; Manske, Alexandra [Hg.]: Kritische Vernunft für demokratische Transformationen. Festschrift für Christine Kulke. Opladen; Farmington Hills, S. 145–163.

(2008). Die Vorstudienschule/ABF in den hochschulpolitischen Auseinandersetzungen an der Universität Greifswald (1946–1962). in: Alvermann, Dirk; Spiess, Karl-Heinz [Hg.]: Bausteine zur Greifswalder Universitätsgeschichte. Vorträge anlässlich des Jubiläums „550 Jahre Universität Greifswald". Stuttgart: Franz Steiner, S. 179–202.

(2009). Vom Nutzen der nutzlosen Bildung – Identitätsbildung und Citoyen. In: Held, Martin; Kubon-Gilke, Gisela; Sturn, Richard [Hg.]: Bildungsökonomie in der Wissensgesellschaft. Jahrbuch Institutionelle und normative Grundfragen der Ökonomik, Band 8. Marburg: Metropolis, S. 107–125.

(2009). Frames, Framing, Keying. Biographical Perspectives on Social Movement Participation. In: Johnston, Hank (ed.): Culture, Protest, and Social Movements. Burlington: Ashgate Publishing, S. 135–156.

(2009). Forschungsethik. In: Friebertshäuser, Barbara; Langer, Antje; Prengel, Annedore [Hg.]: Handbuch Qualitative Forschungsmethoden in der Erziehungswissenschaft. Weinheim: Juventa, S. 929–939.

(2009). Forschende Lehre, forschende Praxis. Qualitative Forschungsmethoden und die Praxis Sozialer Arbeit. In: Blätter der Wohlfahrtspflege. 156. Jg., Heft 2, S. 49–51.

(2009). (zusammen mit Gahleitner, Silke). Forschung tut not. Wissen generieren für die Theorie und für die Praxis Sozialer Arbeit. Editorial für das Themenheft „Forschung". In: Blätter der Wohlfahrtspflege. 156 Jg., Heft 2, S. 43–44.

Imke Niediek

(2008). Ist dabei sein wirklich Alles? – Konzeptionelle Anregungen zur Gestaltung von Partizipationsprozessen. In: Zeitschrift für Heilpädagogik 59 (8), S. 293–298.

Frank Nieslony

(2008). Zur strukturellen Kooperation zwischen Jugendhilfe und Schule – deutsche Probleme und niederländische Erfahrungen. In: Henschel, A. u.a. [Hg]: Jugendhilfe und Schule. Handbuch für eine gelingende Kooperation. Wiesbaden: VS Verlag für Sozialwissenschaften, S. 507–516.

(2008). Für eine interdisziplinäre Schule – Zur professionellen Kooperation im Rahmen schulbezogener Sozialarbeit in den Niederlanden. In: Theorie und Praxis der sozialen Arbeit, Heft 3/2008, 59. Jg., S. 219–227.

(2008). Schule und Jugendhilfe oder Für eine interdisziplinäre Schule. In: Verein für Sozialplanung (VSOP), Infobrief Juni 2008, S. 12–15.

(2008). (zusammen mit Stehr, Johannes). Evaluation der Schulsozialarbeit. Dokumentation des Jugendhilfeplanungsprojektes 2006–2008 der Wissenschaftsstadt Darmstadt.

(2008). (zusammen mit Stehr, Johannes). Jugendhilfe und Schule. Evaluation der Schulsozialarbeit in Darmstadt. In: Arbeitspapiere aus der Evangelischen Fachhochschule Darmstadt, Nr. 12 – Oktober 2008.

(2008). Schule und Jugendhilfe. Qualitative Voraussetzungen zur Errichtung sozialräumlicher Bildungslandschaften. In: Sozialmagazin, Heft 11/2008, 33. Jg., S. 34–39.

Annette Rabe

[Hg.] (2009). Ärzte zwischen Heilauftrag und Kostendruck. Haftungsfragen bei Unterlassung ärztlicher Behandlungen aufgrund Wirtschaftlichkeitserwägungen. Karlsruhe: Verlag Versicherungswirtschaft.

Michael Schilder

(2008). Nahrungsverweigerung als Phänomen in der palliativen Pflege. In: Flieder, M.; Jansen, J.-P. [Hg.]: Praxishandbuch Palliativpflege und Schmerzmanagement. Merching: Forum Gesundheitsmedien, S. 1–18.

(2009). Evidenzbasierte Pflege in der Palliativpflege. In: Flieder, M.; Jansen, J.-P. [Hg.]: Praxishandbuch Palliativpflege und Schmerzmanagement. Merching: Forum Gesundheitsmedien, S. 1–16.

(2009). (zusammen mit Flieder, Margret; Höhmann, Ulrike).Niedrigschwellige Entlastungsangebote für pflegende Angehörige von Menschen mit Demenz aus der Sicht von Betroffenen und Fachpersonen. In: PFLEGEN, Evangelischer Fach- und Berufsverband für Pflege e.V., (3+4), S. 17–21.

Bettina Schuhrke

(2008). Sexuelle Erziehung in der Familie. In: Schmidt, R.-B.; Sielert, U. [Hg.]: Handbuch Sexualpädagogik und sexuelle Bindung. Weinheim; München: Juventa, S. 527–534.

(2009). (zusammen mit Arnold, J.). Kinder und Jugendliche mit problematischem sexuellem Verhalten in (teil-)stationären Hilfen zur Erziehung. In: Praxis der Kinderpsychologie und Kinderpsychiatrie, 58 (3), S. 186–214.

Johannes Stehr

(2008). (zusammen mit Nieslony, Frank). Jugendhilfe und Schule. Evaluation der Schulsozialarbeit in Darmstadt. In: Arbeitspapiere aus der Evangelischen Fachhochschule Darmstadt, Nr. 12.

Anne-Dore Stein

(2008). Die Bedeutung des Inklusionsgedankens – Dimensionen und Handlungsperspektiven. In: Hinz, A.; Körner, I.; Niehoff, U.: Von der Integration zur Inklusion. Grundlagen – Perspektiven – Praxis. Marburg: Lebenshilfe, S. 74–90.

(2008). Integration als Möglichkeitsraum der Vergesellschaftung von Individuen. In: Z. Behindertenpädagogik, 47. Jg., H. 3, S. 283–299.

[Hg.] (2009). Integration/Inklusion aus internationaler Sicht. 3. Symposium zur internationalen Heil- und Sonderpädagogik. Bad Heilbrunn: Klinkhardt Verlag (zusammen mit Bürli, Alois, Strasser, Urs), 312 Seiten.

(2009). Die Verwissenschaftlichung des Sozialen. Wilhelm Polligkeit zwischen individueller Fürsorge und Bevölkerungspolitik im Nationalsozialismus. In: Anhorn, A.; Bettinger, F.; Schmidt-Semisch, H.; Stehr, J. [Hg.]: Perspektiven kritischer Sozialer Arbeit, Band 4. Wiesbaden: VS-Verlag, 325 Seiten.

(2009). Integration wirklich für Alle? Anspruch und Wirklichkeit in ausgewählten Ländern. In: Bürli, A.; Strasser, U.; Stein, A.-D. [Hg.]: Integration/Inklusion aus internationaler Sicht. Bad Heilbrunn: Klinkhardt-Verlag S. 196–208.

(2009). Verantwortung gemeinsam übernehmen – Community Living. In: Dokumentation der Fachtagung: `Selbstbestimmt Leben in der Gemeinde´, Januar 2009. Bad Honnef: Caritas Verband, S. 58–67.

(2009). (zusammen mit Niediek, I.; Krach, S.). Integration und Inklusion auf dem Weg ins Gemeinwesen. Möglichkeitsräume und Perspektiven. Tagungskommentar. In: Gemeinsam leben – Zeitschrift für integrative Erziehung, 17. Jg., Heft 3, S. 132–138.

Michael Vilain

[Hg.] (2008). (zusammen mit Markert, Andreas; Buckley, Andrea; Biebricher, Martin). Soziale Arbeit und Sozialwirtschaft. Beiträge zu einem Feld im Umbruch. Münster: Lit-Verlag.

[Hg.] (2008). (zusammen mit Lange, Niels; Ueschner, Janina).Regionale Stiftungskooperation. Netzwerke und Stiftungsverbünde in Theorie und Praxis. Ibbenbüren: ivd-Verlag.

(2008). Corporate Social Responsibility – ein Thema für die Sozialwirtschaft? In: Markert, Andreas u.a.[Hg.]: Soziale Arbeit und Sozialwirtschaft. Beiträge zu einem Feld im Umbruch. Münster: Lit-Verlag, S. 135–158.

(2008). (zusammen mit Lange, Niels; Ueschner, Janina).Miteinander statt Nebeneinander – Der Stiftungsverbund Westfalen-Lippe als Motor regionaler Stiftungskooperationen. In: Lange, Niels u.a.: Regionale Stiftungskooperation. Netzwerke und Stiftungsverbünde in Theorie und Praxis. Ibbenbüren: ivd-Verlag, S. 48–66.

(2009). Der Finanzierungsmix in Nonprofit-Organisationen und das Management selbsterwirtschafteter Mittel. Lehrbrief für den Bereich Spezielle BWL. Hamburg: HFH-Hamburger Fernhochschule.

(2009). Fundraising. Lehrbrief für den Bereich Spezielle BWL. Hamburg: HFH-Hamburger Fernhochschule.

Dieter Zimmermann

(2008). (zusammen mit Groth, U.; Müller, K.; Schulz-Rackoll, R.) Praxishandbuch Schuldnerberatung *(früherer Titel: Stiftung Integrationshilfe für ehemals Drogenabhängige [Hg]): Schuldnerberatung in der Drogenhilfe)* Loseblattwerk, 14. Ergänzungslieferung. Neuwied: LUCHTERHAND-Verlag.

(2008). (zusammen mit Bentele, M.; Zipf, Th.). Die Teambank und ihr Produkt easyCredit. In: BAG-SB INFORMATIONEN Heft 2/2008, S. 68–71 und In: Informationsdienst Schuldnerberatung 2/2008, S. 3–7.

(2008). Ergebnisse der Fachtagung „Reform der Verbraucherinsolvenz" am 14. Mai 2008 an der Evangelischen Fachhochschule Darmstadt. In: ZVI Heft 7/2008, S. 323 f.

(2008). (zusammen mit Freeman, St.). Die Gewährleistung des Existenzminimums bei der Forderungspfändung. In: ZVI 2008, S. 374–378, 408 und In: BAG-SB INFORMATIONEN Heft 3/2008, S. 22–27.

(2008). (zusammen mit Zipf, Th.). Schuldnerschutz bei eheähnlicher Gemeinschaft und „Stiefkind" – Konstellationen – das Urteil des OLG Frankfurt a.m. vom 4.7.2008. In: ZVI 2008, S. 378–380 und In: BAG-SB INFORMATIONEN Heft 3/2008, S. 47–50.

(2008). Prozesskostenhilfebekanntmachung 2008 und neuer Rechenbogen für die Beratungs- und Prozesskostenhilfe (Stand: 01.07.2008). In: BAG-SB INFORMATIONEN Heft 3/2008, S. 59–61.

(2008). Kindergeld sowie Kinderfreibetrag werden zum 01.01.2009 erhöht – Auswirkungen auf Kinder-Mindestunterhalt und Unterhaltsvorschuss. In: Informationsdienst Schuldnerberatung 4/2008, S 6–8.

(2008). Höheres Kindergeld, höherer Kinderfreibetrag und neue Düsseldorfer Tabelle zum 01.01.2009. In: BAG-SB INFORMATIONEN Heft 4/2008, S. 44–46 und S. 61–66.

(2009). Verschuldung. In: Cornel; Kawamura-Reindl; Maelicke; Sonnen [Hg.]: Resozialisierung – Handbuch, 3. Aufl. 2009. Baden-Baden: NOMOS-Verlag, S. 438–465.

Renate Zitt

(2008). Hoffnung und Verletzlichkeit und Verantwortung. Theologisch-ethische Dimensionen und Multiperspektiven in der Sozialen Arbeit. In: Hoburg, Ralf [Hg.]: Theologie der helfenden Berufe. Stuttgart: Kohlhammer-Verlag, S. 183–195.

(2008). Dialogische Theologie in Bildungsprozessen. Perspektiven kirchlicher Bildungsverantwortung im Studium der Sozialen Arbeit. In: Eurich, Johannes; Oehlschlägel, Christina [Hg.]: Diakonie und Bildung. Heinz Schmidt zum 65. Geburtstag. Stuttgart: Kohlhammer-Verlag, S. 196–210.

(2008). Angewandte Theologie und Praxis von Lehre und Forschung im Studium der Sozialen Arbeit. In: Rektorenkonferenz Kirchlicher Fachhochschulen [Hg.]: Entdeckungen und Aufbrüche. Theologie und Ethik in Studium und Praxis der Sozialen Arbeit. Opladen und Farmington Hills: Barbara Budrich Verlag, S. 59–76.

(2008). „Gibt es einen diakonischen Bildungsbegriff?" oder: „Was ist diakonische Bildung?" In: Evangelisch – Diakonisch. Evangelische Hochschulperspektiven Bd. 4. Freiburg: FEL, S. 129–141.

(2008). Diakonisch-soziales Lernen in der Gemeinde. In: Adam, Gottfried; Lachmann, Rainer [Hg.]: Neues Gemeindepädagogisches Kompendium. Göttingen: Verlag Vandenhoeck und Rupprecht unipress, S. 363–379.

(2008). Diakonische Spiritualität. In: Kottnick, Klaus-Dieter K.; Hauschildt, Eberhard [Hg.]: Diakoniefibel. Grundwissen für alle, die mit Diakonie zu tun haben. Gütersloh: Gütersloher Verlagshaus, S. 169–173.

Freiburg

Sabine Allwinn

(2007). Rezension zu Lueger-Schuster, Brigitte: Psychosoziale Hilfe bei Katastrophen und komplexen Schadenslagen, Berlin, Heidelberg, New York, Hongkong, London, Mailand, Paris, Tokio, Wien: Springer-Verlag, 2006, ISBN 978-3-211-29130-6. In: socialnet Rezensionen unter www.socialnet.de/rezensionen/4306.php.

(2008). Rezension zu Lasogga, Frank; Gosch, Bernd [Hg.]: Notfallpsychologie, Berlin, Heidelberg, New York, Hongkong, London, Mailand, Paris, Tokio, Wien: Springer-Verlag, 2008, ISBN 978-3-540-71625-9. In: socialnet Rezensionen unter www.socialnet.de/rezensionen/6073.php.

Ulrich Bayer

(2007). Chronik der Evangelischen Kirchengemeinde Freiburg 1807 bis 2007. In: Jahrbuch für Badische Kirchen- und Religionsgeschichte, 1/2007, S. 159–162.

(2007). Rezension zu: Diasporaarbeit im Wandel der Zeit. Festschrift anlässlich des 175. Gründungsjubiläums des Gustav-Adolf-Werkes e.V., zugleich: Die evangelische Diaspora. Jahrbuch des Gustav-Adolf-Werks 76. Jahrgang, 2007. In: Jahrbuch für Badische Kirchen- und Religionsgeschichte 2/2008, S. 220–221.

Benjamin Benz

(2008). Europäische Sozialpolitik. In: Maelicke, Bernd [Hg.]: Lexikon der Sozialwirtschaft. Baden-Baden: Nomos. S. 307–311.

(2008). Niedriglöhne. In: Maelicke, Bernd [Hg.]: Lexikon der Sozialwirtschaft. Baden-Baden: Nomos. S. 719–722.

(2008). Schattenwirtschaft. In: Maelicke, Bernd [Hg.]: Lexikon der Sozialwirtschaft. Baden-Baden: Nomos. S. 859–861.

(2008). Armut im Familienkontext. In: Huster, Ernst-Ulrich; Boeckh, Jürgen; Mogge-Grotjahn, Hildegard [Hg.]: Handbuch Armut und soziale Ausgrenzung. Wiesbaden: VS Verlag. Seite 381–399.

(2008). Armutspolitik der Europäischen Union. In: Huster, Ernst-Ulrich; Boeckh, Jürgen; Mogge-Grotjahn, Hildegard [Hg.]: Handbuch Armut und soziale Ausgrenzung. Wiesbaden: VS Verlag. Seite 523–540.

(2008). Politik(-wissenschaft) und Soziale Arbeit: Bedeutung für die Frühpädagogik. In Kasüschke, Dagmar; Fröhlich-Gildhoff: Frühpädagogik heute. Herausforderungen an Disziplin und Profession. Köln /Kronach: Carl Link Verlag. Seite 60–68.

(2008). Erstes Gesetz zur Änderung des BEEG. Gesetzentwurf der Fraktionen der CDU/CSU und SPD. Stellungnahme zur Anhörung im Familienausschuss des Bundestages am 16.09.08. www.bundestag.de/ausschuesse/a13/anhoerungen/anhoerung11/stellungnahmen_63_sitzung/371d_16_13_benz.pdf [27.05.2009].

(2008). In welcher Beziehung stehen wir? Überlegungen zwischen Politik, Ökonomie und Sozialer Arbeit. www.beziehungswerk.org [27.5.2009].

(2009). Soziale Dienste und Sozialstaatlichkeit im europäischen Kontext. In: Arnold, Uli; Maelicke, Bernd [Hg.]: Lehrbuch der Sozialwirtschaft. 3. Aufl.. Baden-Baden: Nomos. S. 78–95.

(2009). Perspektiven der Mindestsicherung. In: Maier, Konrad [Hg.]: Armut als Thema in der Sozialen Arbeit. Freiburg im Breisgau: FEL. S. 209–230.

(2009). „Wir brauchen eine Politik, die alle Kinder fördert" – Familienpolitischer Appell von 16 Verbänden als Fallbeispiel politischer Sozialer Arbeit. Vortrag. Jahrestagung „Soziale Arbeit als Akteur der Sozialpolitik" der Deutschen Gesellschaft für Soziale Arbeit. Jena. 28./29. November 2008. www.dgsinfo.de/pdf/Benz_Familienpolitik.pdf [27.5.2009].

(2009). Familie – Wirklichkeiten im sozialen und politischen Umbruch. In: Balz, Hans-Jürgen; Biedermann, Klaus; Huster, Ernst-Ulrich; Mogge-Grotjahn, Hildegard; Zinda, Ursula [Hg.]: Zukunft der Familienhilfe. Veränderungen und integrative Lösungsansätze. Neukirchen- Vluyn: Neukirchener Verlagsgesellschaft. S. 17–26.

Isa Breitmaier

(2008). Kinder und Kindheit in der Bibel. In: Junge Kirche 69, 1/2008, S. 1–4.

(2008). Gerechtigkeit lernen. Breitmaier, Isa; Sutter Rehmann, Luzia [Hg.]: Seminareinheiten zu den drei Grundkategorien der Gerechtigkeit, Bd. 1, Lehren und lernen mit der Bibel in gerechter Sprache. Mit Beiträgen von Breitmaier, Isa; Butting, Klara; Rapp, Ursula; Schiffner, Kerstin; Sutter Rehman, Luzia, Gütersloh: Gütersloher Verlagshaus.

(2008). Staunen, genießen, leiden, gestalten. Wenn Menschsein zum Thema wird. Ein Theologischer Anthropologiekurs, Breitmaier, Isa; Heckel, Ulrich; Rommel, Birgit; Seckendorf, Ingrid; Strack, Helmut [Hg.]: Bielefeld: Bertelsmann.

(2008). Evangelischer Religionsunterricht mit diakonischer Ausrichtung im Dualen System der Berufsschule. In: Edtbauer, Richard; Köhler-Offierski, Alexa [Hg.]: Evangelisch-Diakonisch, in: Evangelische Hochschulperspektiven Bd. 4, Freiburg: FEL, S. 181–193.

2009). Frauen sind Mütter, was sonst? Bibelarbeit zu Frauenberufen. In: Arbeitshilfe zum Weitergeben 1, S. 14–20. Hrsg.: Evangelische Frauen in Deutschland (EFiD), dort auch Bezug.

Susanne Ehmer

(2008). Verluste durch Kontrolle – Kontrollverlust? In: Zeitschrift Aufsichtsrat, Heft 4/2008 (zusammen mit Schober-Ehmer, Herbert).

(2008). Dialog als kreativer Denkraum in modernen Organisationen. In: Zeitschrift Aufsichtsrat, Heft 1/2008, S. 24–26.

(2008). (zusammen mit Schober-Ehmer, Herbert). Das Redmont Leadership Modell© unter: www.schoberehmer.com/sites/pdfs/redmont_folder/redmont%20special-Fuehrungskraft-Jun09.pdf.

(2008). Leadership – Mind – Spirit. Der Text zum Vortrag, anlässlich des 1. Redmont-Dialog-Symposiums am 22. Januar 2008 im Siemensforum Wien. (zusammen mit Schober-Ehmer, Herbert) unter: www.schoberehmer.com/site.htm   www.schoberehmer.com/sites/pdfs/redmont_folder/Einladung_Redmont.pdf.

Klaus Fröhlich-Gildhoff

(2007). Verhaltensauffälligkeiten bei Kindern und Jugendlichen, Stuttgart: Kohlhammer.

(2007). (zusammen mit Peichl, M.; Engel, E.-M.) Gewalt im Arbeitsalltag von Fachkräften in Kindertageseinrichtungen. In: Theorie und Praxis der Sozialen Arbeit, Heft 2/2007, S. 25–35.

(2007). (zusammen mit Glaubitz, D.). Qualitätsentwicklung durch Selbstevaluation und –reflexion. In: kinderleicht 2/07, S. 25–26.

(2007). Wer Qualität will, muss in Qualität investieren. In: kindergarten heute, 37. Jg., Heft 5, S. 6 –14.

(2007). Effektivitätsforschung in der Sozialen Arbeit – ein heißes Eisen. In: Klie, T.; Roß, P.-S. [Hg.]: Sozialarbeitswissenschaft und angewandte Forschung in der Sozialen Arbeit, Freiburg: Verlag Forschung-Entwicklung-Lehre, S. 109–128.

(2007). (zusammen mit Rönnau, M.; Dörner, T.; Engel, E.-M.; Kraus-Gruner, G.). Kinder Stärken! Resilienzförderung in der Kindertagesstätte unter systematischer Einbindung der Eltern. In: Prävention, 2/2007, S. 55–60.

(2007). (zusammen mit Engel, E.-M.; Pape, E.; Rönnau, M.). Ambulante Hilfen für gewalttätige Kinder und Jugendliche – eine europäische Vergleichsstudie. In: Horizonte, 30, 7/2007, S. 57–60.

(2007). (zusammen mit Engel, E.-M.; Dörner, T.). Raus aus der Sackgasse! Hilfen für Straßenkinder und SchulverweigerInnen. In: Unsere Jugend, 59. Jg., Heft 10, S. 415–424 .

(2007). Beziehungsgestaltung in der Kinder- und Jugendlichenpsychotherapie. In: Klinische Sozialarbeit. Zeitschrift für psychosoziale Praxis und Forschung, 3.Jg., Heft 4, S. 9–11.

(2007). Fröhlich-Gildhoff, K.; Nentwig-Gesemann, I.; Schnadt, P. [Hg.]: Neue Wege gehen – Entwicklungsfelder in der Frühpädagogik, München: Reinhardt.

(2007). Resilienzförderung als Ausbildungsbestandteil. In: Fröhlich-Gildhoff, K.; Nentwig-Gesemann, I.; Schnadt, P. [Hg.]: Neue Wege gehen – Entwicklungsfelder in der Frühpädagogik, München: Reinhardt, S. 133–146.

(2007). Resilienz-Stärkung in der Kindertageseinrichtung. Ein Beitrag zur Förderung von Chancengerechtigkeit und (psycho-)sozialer Gesundheit. In: Schwendemann, W.; Götzelmann, A. [Hg.]: Evangelische Hochschschulperspektiven. Bd. 3., Soziale Gesundheit, S. 241–249.

(2007). Gewalterleben von Fachkräften der Sozialen Arbeit – eine Vergleichsstudie. In: Engelke, E.; Maier, K.; Steinert, E.; Borrmann, S.; Spatscheck, C. [Hg.]: Forschung für die Praxis. Zum gegenwärtigen Stand der Sozialarbeitsforschung, Freiburg: Lambertus Verlag, S. 76–80.

(2007). (zusammen mit Dörner, T., Kraus-Gruner, G.; Rönnau, M.). Kinder Stärken! Resilienzförderung in der Kindertagesstätte. In: Engelke, E.; Maier, K.; Steinert, E.; Borrmann, S.; Spatscheck, C. [Hg.]: Forschung für die Praxis. Zum gegenwärtigen Stand der Sozialarbeitsforschung, Freiburg: Lambertus Verlag, S. 84–87.

(2007). (zusammen mit Engel. E.). Evaluationsforschung in der Sozialen Arbeit. In: Engelke, E.; Maier, K.; Steinert, E.; Borrmann, S.; Spatscheck, C. [Hg.]: Forschung für die Praxis. Zum gegenwärtigen Stand der Sozialarbeitsforschung, Freiburg: Lambertus Verlag, S. 297–305.

(2008). Rezension zu: Stumm, G.; Pritz, A. [Hg.]: Wörterbuch der Psychotherapie, Wien und New York: Springer, 2007, In: socialnet.de unter *www.socialnet.de/rezensionen/4906.php*

(2008). (zusammen mit Beuter, S.). Zwischen Toleranz und Grenzsetzung. Ergebnisse der wissenschaftlichen Begleitevaluation des Freiburger Jugendhilfeprojekts „BauStellen – Wohnen und Qualifizieren von sozial benachteiligten jungen Menschen". In: Sozialmagazin, 33. Jg., Heft 2, S. 38–45.

(2008). (zusammen mit Wigger, A.; Lecaplain, P.; Svensson, O.; Stelmaszuk, Z.W.). Professional support for violent young people. Results of a comparative European study, Freiburg i. Br.: FEL-Verlag.

(2008). (zusammen mit Rönnau, M.; Dörner, T.; Kraus-Gruner, G.; Engel, E.). Kinder Stärken! – Resilienzförderung in der Kindertageseinrichtung. In: Praxis der Kinderpsychologie und Kinderpsychiatrie, 57. Jg., Heft 2, S. 98–116.

(2008). (zusammen mit Rönnau, M., Dörner, T.; Jaede, W.). Kinder Stärken! Ein Kooperationsprojekt zur Förderung der seelischen und körperlichen Widerstandskraft (Resilienz) von Kindern. In: Scheuerer-Englisch, H.; Hundsalz, A.; Menne, K. [Hg.]: Jahrbuch für Erziehungsberatung. Bd. 7, Weinheim: Beltz, S. 95–112.

(2008). Forschung in der Frühpädagogik. Fröhlich-Gildhoff, K.; Nentwig-Gesemann, I.; Haderlein, R. [Hg.], Freiburg: FEL-Verlag.

(2008). (zusammen mit Nentwig-Gesemann, I.; Haderlein, R.). Forschung in der Frühpädagogik Sinn – Standards – Herausforederungen.In: Fröhlich-Gildhoff, K.; Nentwig-Gesemann, I.; Haderlein, R. [Hg.]: Forschung in der Frühpädagogik, Freiburg: FEL-Verlag, S. 13–36.

(2008). (zusammen mit Kasüschke, D.). Frühpädagogik heute. Herausforderungen an Disziplin und Profession. Köln: Wolters-Kluwer, Carl Link Verlag.

(2008). (zusammen mit Rönnau, M.; Dörner, T.). Eltern stärken mit Kursen in Kitas, München: Reinhard.

(2008). Rezension zu: Opp. G.; Fingerle, M.: Was Kinder stärkt. Erziehung zwischen Risiko und Resilienz. München: Reinhard, 2007. In: Praxis der Kinderpsychologie und Kinderpsychiatrie, 57. Jg., Heft 4, S. 317–319.

(2008). (zusammen mit Engel, E.-M.).Hochschulen vernetzen sich. In: KiTa aktuell, 17. Jg., Heft 5, S. 111–112.

(2008). (zusammen mit Kraus-Gruner, G.; Rönnau, M.; Füssinger, E.). Violence Prevention in the Educational Institution „Kindergarten" – Pre-study. Present approaches and Development Possibilities, Freiburg: FEL-Verlag.

(2008). Rezension zu: Flückiger, C.; Wüsten, G.: Ressourcenaktivierung, Bern: Hans Huber, 2008. In: socialnet Rezensionen unter www.socialnet.de/rezensionen/6334.php [27.06.2008].

(2008). (zusammen mit Kraus-Gruner, G.; Rönnau, M.). Gewaltprävention und Friedenserziehung in Kindertageseinrichtungen. In: kita aktuell, 17. Jg., 6/2008 S. 129–133.

(2008). Effective Factors in Child and Adolescent Therapy: Considerations for a meta-concept. In: Behr, M.; Cornelius-White, J. HD. [Eds.]: Facilitating Young Peoples Development. International perspectives on person-centred theory and practice, Ross-on-Wye: PCCS Books, S. 25-39.

(2008). Person-Centred Interventions with Violent Children and Adolescents. In: Behr, M.; Cornelius-White, J. HD. (Eds.). Facilitating Young Peoples Development. International perspectives on person-centred theory and practice, Ross-on-Wye: PCCS Books, S. 96–107.

Cornelia Helfferich

(2008). Empirische sexualpädagogische Forschung im Themenfeld Jugendsexualität. In: Schmidt, Renate-Berenike; Sielert, Uwe [Hg.]: Handbuch Sexualpädagogik und sexuelle Bildung, Weinheim; München: Juventa, S. 53–66.

(2008). Alles beim Alten? Wie der demografische Wandel Lebenslaufmuster von Frauen und Männern morgen und das Alter übermorgen beeinflusst. In: Buchen, Sylvia; Maier, Maja S. [Hg.]: Älterwerden neu denken. Interdisziplinäre Perspektiven auf den demografischen Wandel, Wiesbaden: VS, S. 31–45.

(2008). Reproduktive Kulturen: Die Regeln des angemessenen Umgangs mit Fertilität, reproduktiven Technologien und Geschlechterbeziehungen im Lebenslauf. In: Rehberg, K.-S. [Hg.]: Die Natur der Gesellschaft. Verhandlungsband des 33. DGS-Kongresses, Frankfurt a.M.: Campus, S. 441–454.

(2008). Familienplanung im mittleren Lebensalter. In: Impulse. Newsletter zur Gesundheitsförderung, Heft 3, S. 5–6.

Thomas Klie

(2009). Klie, Th.; Krahmer, U. [Hg.]: Sozialgesetzbuch XI. Soziale Pflegeversicherung. Lehr- und Praxiskommentar. 3. Auflage, Baden-Baden: Nomos-Verlag.

(2009). (zusammen mit Lincke, Hans-Joachim). „Selbstbestimmung und Teilhabe: Eine Analyse der Welfare-Mixturen". In: Zukunft Quartier – Lebensräume zum Älterwerden. Bd. 3: Soziale Wirkung und „Social Return", Bielefeld: Verlag Bertelsmann Stiftung, S. 214–228.

(2009). „Autonomie und Demenz und die Debatte um die Patientenverfügung." In: „Aktiv für Demenzkranke" – Referate auf dem 5. Kongress der Deutschen Alzheimer Gesellschaft Selbsthilfe Demenz. Bd. 7, Berlin, S. 329–334.

(2009). „Das Urteil: VG Göttingen: Wenn Schutzbedürftigkeit gegeben ist, gilt das Heimgesetz – auch wenn formal Betreutes Wohnen vorliegt." In: Altenheim, 48. Jg., 01/2009, S. 29–30.

(2009). „Das Urteil: Bundessozialgericht entscheidet: Wirtschaftlichkeitsprüfungen ohne Anlass sind in Pflegeheimen passé." In: Altenheim, 48. Jg., 02/2009, S. 31–32.

(2009). „Das Urteil: Bayerisches Verwaltungsgericht: Ein Heimleiter darf mehrere Einrichtungen in Personalunion managen." In: Altenheim, 48. Jg., 03/2009, S. 35–36.

(2009). „Das Urteil: Oberverwaltungsgericht Sachsen-Anhalt: Heimvertrag endet im Pflegeheim mit dem Tod." In: Altenheim, 48. Jg., 04/2009, S. 31–32.

(2009). „Das Urteil: Verwaltungsgericht Frankfurt a.M.: Schließung einer Seniorenwohngemeinschaft durch Heimaufsicht war rechtens." In: Altenheim, 48. Jg., 05/2009, S. 27–28.

(2009). „Persönliche Budgets als produktive Irritation im Sozialleistungssystem." In: Archiv für Wissenschaft und Praxis der sozialen Arbeit, 01/2009, S. 4–16.

(2009). „Wohn- und Betreuungsvertragsgesetz – Heimgesetz: Neuregelung der zivilrechtlichen Vorschriften." In: Altenheim, 48. Jg., 01/2009, S. 6.

(2009). „Heimgesetz NRW – Im Fokus: Teilhabe und Wohnen." In: Altenheim, 48. Jg., 01/2009, S. 36–38.

(2009). (zusammen mit Viol, M.; Bredthauer, D.). „Entscheidungsfindung zwischen Sicherheit und Mobilitätsförderung: Die Suche nach dem Königsweg." In: BT-Prax, 18. Jg., 01/2009, S. 18–24

(2009). „Patientenverfügung" (Editorial). In: Geriatrie Journal, 11. Jg., 01/2009, S. 1.

(2009). „Patientenverfügung". In: Geriatrie Journal, 11. Jg., 01/2009, S.17–20.

(2009). (zusammen mit Viol, M.). „Fragen aus der Praxis: PräFix – Ein Projekt als Antwort auf die Herausforderungen der betreuungsrechtlichen Praxis." In: KVJS BtR-Info, 01/2009, S.12–17.

(2009). „Der lange Atem des Rechts." In: Praxis Palliative Care, 02/2009, S. 40–42.

(2009). (zusammen mit Ziller, Hannes). „Zur Organisationsstruktur von Pflegestützpunkten." In: NDV, 05/2009, o.S.

(2009). „Pflege nach Noten. Ab Sommer werden Senioreneinrichtungen bewertet." In: KWA Journal, 01/2009, S. 6–7.

(2009). „Zukunft Quartier – Lebensräume zum Älterwerden. Expertise von Prof. Dr. Thomas Klie: Sozialpolitische Neuorientierung und Neuakzentuierung rechtlicher Steuerung, Bielefeld: Bertelsmann Stiftung.

(2008). Gerth, Christina (Kontakt Christina.Gerth@t-online.de) – Interview mit Prof. Dr. Klie, Thomas, 04/2008. In: Die Zeit. Turbulente Nächte in Niederzier und Vossenack.

(2008). Pflege. In: Olk, Thomas; Klein, Ansgar; Hartnuß, Birger [Hg.]: Engagementpolitik i.E.

(2008). Expertenstatement von Professor Dr. Thomas Klie – „Masterstudium als Regel"; In: ?, Berufsreportage Gerontologe.

(2008). Mobilität und Sicherheit bei demenziell erkrankten Heimbewohnern. Professionelle Antworten auf ein „every day" Thema durch das QN I der BUKO-QS.

(2008). „Die wichtigsten Änderungen der Pflegereform 2008", Mencke und Schäfer, Vincentz-Verlag, erscheint wohl in Altenpflege oder Altenheim, 8/2008 (Korresp. vom 08.08.2008).

(2008). „Beiträge zum Gesundheitsmanagement", für Sammelband der Nomosreihe. Nomos-Verlag. (Korresp. vom 19.08.2008).

(2008). „Case Management zwischen sozialpolitischen Zwängen und Kundensouveränität. Modernisierungsstrategien zwischen Berufsethik und Ökonomie (CM-Beitrag Korresp. vom 21.11.2008).

(2009). „Pflegebudget – Impulse für Politik und Praxis. Ergebnisse des vierjährigen Modellprojektes.". In: Die Ersatzkasse, 01/2009.

(2009). „Osteuropäische Pflegekräfte in den Grauzonen des Rechts?" Pflegerecht (PflR), (Korresp. Mitte Februar 2009).

(2009). „Ruhiggestellt und fixiert: Pflege zwischen Freiheit und Risiko". (Korresp. 26.03.2009).

(2009). „Ärztliche Versorgung in Pflegeheimen – Neue rechtliche Optionen." (wohl in Altenheim, Korresp. vom 05/09).

(2009). „Führerschein und Fahreignung im Alter." (wohl in KWA Journal, Korresp. vom 05/09).

Björn Kraus

(2009). Jenseits von Wahrheit und Beliebigkeit. Konstruktivistische Grundlagen systemischer Methodik – Konsequenzen, Anspruch, Grenzen, Kontext: Zeitschrift für Systemische Therapie und Familientherapie, Göttingen: Vandenhoeck; Ruprecht. Heft 2/2009, S. 149–154.

(2009). Systemisch-konstruktivistische Überlegungen zur Bedeutung erkenntnistheoretischer Positionen für normative und methodische Fragen in der Sozialen Arbeit. In: Mühlum, A.; Rieger, G. [Hg.]: Soziale Arbeit in Wissenschaft und Praxis, Lage: Jacobs, S. 102–114.

(2009). Jenseits von Wahrheit und Beliebigkeit. Konstruktivistische Grundlagen systemischer Methodik – Konsequenzen, Anspruch, Grenzen, Kontext. Zeitschrift für Systemische Therapie und Familientherapie. Göttingen: Vandenhoek & Rupprecht. Heft 2/2009. S. 149–154.

(2009). Systemisch-konstruktivistische Überlegungen zur Bedeutung erkenntnistheoretischer Positionen für normative und methodische Fragen in der Sozialen Arbeit. In: Mühlum, A. Rieger, G. [Hg.]: Soziale Arbeit in Wissenschaft und Praxis. Lage: Jacobs. S. 102–114.

(2009). [Hg.] (zusammen mit Fröhlich-Gildhoff, K., Baier-Hartmann, M., Geissler-Frank, I.): Lebensphasen – Entwicklung aus interdisziplinärer Perspektive. Freiburg/Br.: FEL.

(2009). Einordnung des Themas in die Modularen Strukturen des Studiums der Sozialen Arbeit: In: Fröhlich-Gildhoff, K., Baier-Hartmann, M., Geissler-Frank, I., Kraus, B. [Hg.]: Lebensphasen – Entwicklung aus interdisziplinärer Perspektive. Freiburg/Br.: FEL. S. 15–19.

(2009). Die Lebenswelt in sozialpädagogischer und erkenntnistheoretischer Perspektive. In: Fröhlich-Gildhoff, K., Baier-Hartmann, M., Geissler-Frank, I., Kraus, B. [Hg.]: Lebensphasen – Entwicklung aus interdisziplinärer Perspektive. Freiburg/Br.: FEL. S. 21–38.

(2009). Zu einem Bildungsverständnis der Jugendarbeit: Jenseits von „Selbstwerdung" vs. „Beschäftigungsfähigkeit": In: In: Fröhlich-Gildhoff, K., Baier-Hartmann, M., Geissler-Frank, I., Kraus, B. [Hg.]: Lebensphasen – Entwicklung aus interdisziplinärer Perspektive. Freiburg/Br.: FEL. S. 161–167.

(2009). Ziellos und Handlungsunfähig? Die Debatten um Konstruktivismus und „Postmoderne" und ihre Konsequenzen für die Standards methodischen Handelns.: In: Fröhlich-Gildhoff, K., Baier-Hartmann, M., Geissler-Frank, I., Kraus, B. [Hg.]: Lebensphasen – Entwicklung aus interdisziplinärer Perspektive. Freiburg/Br.: FEL. S. 15–19.

Kerstin Lammer

(2008). Intense Encounters in Hospital Ministry. In: Miles, Al: Pacific Health Ministries, 20 Year Anniversary, Honolulu, S. 56–58.

(2009). (zusammen mit Breit-Kessler, Susanne; Dennerlein, Norbert).Du bist mir täglich nahe – Sterben, Tod, Bestattung Trauer, Gütersloh: Gütersloher Verlagshaus.

(2009). Mehrere Beiträge und Gesamtredaktion der Buchveröffentlichung: Stay wild statt burn out – Leben im Gleichgewicht, Gütersloh: Gütersloher Verlagshaus.

(2009). Endlichkeit und Ewigkeit. In: Kramer, A.; Ruddat, G.; Schirrmacher, F. [Hg.]: Ambivalenzen der Seelsorge. Festschrift für Michael Klessmann zum 65. Geburtstag, Neukirchen-Vluyn: Neukirchener Verlag, S. 18–32.

(2009). Kalter Schweiß auf dem Rücken – Seelsorge nach traumatischen Erlebnissen. In: Deutsches Pfarrerblatt, 4/2009, S. 179–182.

Hiltrut Loeken

(2006). Persönliches Budget für behinderte und pflegebedürftige Menschen im europäischen Vergleich. In: AHA e.V.; Windisch, Matthias [Hg.]: Persönliches Budget. Neue Form sozialer Leistung in der Behindertenhilfe und Pflege. Nutzerorientierung oder Sparzwang?, Neu-Ulm: AG Spak , S. 30–41.

(2006): Disability Studies – Impulse für die Soziale Arbeit mit behinderten Menschen und die Sonderpädagogik. In: Hermes, Gisela; Rohrmann, Eckhard [Hg.]: Nichts über uns – ohne uns, Neu-Ulm: AG Spak, S. 234–247.

(2006): Jung, behindert und integriert? – Behindertenhilfe und Jugendhilfe im Gespräch. In: Eckart Fachverband, Ev. Fachverband für Erziehungshilfen in Westfalen-Lippe und Diakonisches Werk Westfalen [Hg.]: Kontakte 10, Münster: 6/2006.

(2006). (zusammen mit Windisch, Matthias): Junge Menschen mit Behinderung in der kommunalen Jugendbildung. In: Sozial Extra, 30. Jg., Heft 5, S. 40–45.

(2006). (zusammen mit Windisch, Matthias): Inklusive außerschulische Bildung für Jugendliche und junge Erwachsene. In: Platte, Andrea; Seitz, Simone; Terfloth, Karin [Hg.]: Inklusive Bildungsprozesse, Bad Heilbrunn: Klinkhardt, S 222–226.

(2007). Rezension zu: Antor, Georg; Bleidick, Ulrich [Hg.]: Handlexikon der Behindertenpädagogik. Schlüsselbegriffe aus Theorie und Praxis, Stuttgart: Kohlhammer Verlag, 2006, 2., überarbeitete und erweiterte Auflage, ISBN 3-17-019216-7. In: socialnet Rezensionen unter www.socialnet.de/rezensionen/4559.php

(2008). Kooperation zwischen Schule und Jugendhilfe im Umgang mit schulischen Verhaltensproblemen. In: Reiser, Helmut; Dlugosch, Andrea; Willmann, Marc [Hg.]: Professionelle Kooperation bei Gefühls- und Verhaltensstörungen, Hamburg: Dr. Kovač, S. 151–170.

(2008). (zusammen mit Windisch, Matthias): Pädagogische Professionalisierung in der außerschulischen Behindertenhilfe. In: neue praxis, 38. Jg., Heft 2, S. 201–211.

Publikationen Freiburg

(2008). Rezension zu: Bundschuh, Konrad u.a. [Hg.]: Wörterbuch Heilpädagogik. Ein Nachschlagewerk für Studium und pädagogische Praxis, Bad Heilbrunn: Julius Klinkhardt Verlagsbuchhandlung, 2007, 3., überarbeitete Auflage, ISBN 978-3-7815-1507-9. In: socialnet Rezensionen unter www.socialnet.de/rezensionen/5465.php

(2009). (zusammen mit Windisch, Matthias): Unterstützerkreise (Circles of Support) als Netzwerkstrategie im ambulant Unterstützten Wohnen für Menschen mit Behinderung zur Förderung ihrer Teilhabe. In: Börner, S.; Glink, A. u. a. [Hg.]: Integration im vierten Jahrzehnt, Bad Heilbrunn: Klinkhardt, S. 96–104.

(2009). Rezension zu: Sabine Lingenauber [Hg.]: Handlexikon der Integrationspädagogik. Projekt Verlag, 2008, ISBN 978-3-89733-128-0. In: socialnet Rezensionen unter www.socialnet.de/rezensionen/7096.php

Konrad Maier

(2008). Soziale Arbeit in der ‚Krise der Arbeitsgesellschaft', [Hg.], Freiburg: FEL Unterrichtsmaterialien Lehrbücher, Bd. 1., 280 S.

(2008). Krise des Erwerbssystems – Krise der Arbeitsgesellschaft. In: Soziale Arbeit in der ‚Krise der Arbeitsgesellschaft', S. 15–42.

(2008). (zusammen mit Kreutner, Karola; Schmidt, Christine).Das Thema Arbeit und Arbeitslosigkeit in Geschichte und Theorie Sozialer Arbeit. In: Soziale Arbeit in der ‚Krise der Arbeitsgesellschaft', S. 66–78

(2008). Versuch eines Resümees: Die paradoxe Situation erfordert eine paradoxe Soziale Arbeit. In: Soziale Arbeit in der Krise der Arbeitsgesellschaft, S. 237–247.

(2008). Wie evangelisch ist die Sozialarbeit? – Wie sozialarbeiterisch ist die Diakonie? In: Edtbauer, Richard; Köhler-Offierski, Alexa [Hg.], Evangelisch Diakonisch. Evangelische Hochschulperspektiven Bd. 4, Freiburg, FEL, S. 65–78.

(2008). Verbesserungsfähig aber unverzichtbar. Kritische Bemerkungen zur Neuauflage des Standardwerks von Engelke, Ernst: „Theorien der Sozialen Arbeit". In: Sozialmagazin 12/2008, S. 24–27.

(2009). Armut als Thema der Sozialen Arbeit, [Hg.], Freiburg, FEL Unterrichtsmaterialien Lehrbücher, Bd. 2., 296 S.

(2009). Armut als Thema der Sozialen Arbeit – eine Einführung. In: Armut als Thema der Sozialen Arbeit, S. 13–46.

(2009). Für ein erwerbsunabhängiges Grundeinkommen. In: Armut als Thema der Sozialen Arbeit, S. 231–257.

(2009). Soziale Arbeit braucht qualifizierte Grundlagenforschung. In: Blätter der Wohlfahrtspflege 2/2009, S. 45–48.

(2009). Überlegungen zum Selbstverständnis Sozialer Arbeit vor dem Hintergrund der postmodernen Care-Diskussion. In: Albert Mühlum; Günter Rieger [Hg.]: Soziale Arbeit in Wissenschaft und Praxis. Festschrift für Wolf Rainer Wendt, Lage: Jacobs Verlag, S. 171–183.

(2009). Rezension zu: Seifert, Hartmut; Struck, Olaf [Hg.]: Arbeitsmarkt und Sozialpolitik. Kontroversen um Effizienz und soziale Sicherheit, VS Verlag,In: socialnet Rezensionen unter www.socialnet.de/rezensionen.

Reiner Marquard

(2008). Gemeinsames Wurzelholz. In: Ulrich Ruh [Hg.]: Das Jesusbuch des Papstes – Die Debatte, Freiburg: Herder Verlag, S. 99–104.

(2008). Ethik in der Medizin. Zur Frage einer möglichen Änderung des Stammzellgesetzes (StZG). In: Evangelische Orientierung, 2008, S. 9–10.

(2008). Wir dürfen dazugehören! In: Fischer, Ulrich, Jepsen, Maria, Klaiber, Walter, Noack, Axel, Scheele, Paul-Werner, Warnke, Joachim [Hg.]: Mit der Bibel durch das Jahr 2008. Ökumenische Bibelauslegungen, Stuttgart: Kreuz, S. 70–72.

(2008). Komplementäre Ethik zwischen Asymmetrie und Selbstbestimmung am Beispiel der Patientenverfügung. In: Gottesdienst feiern – Gastfreundschaft wagen. Eine Festgabe für Meinold Krauss, Darmstadt: Wissenschaftliche Buchgesellschaft, S. 152–157.

(2008). Von der Ökonomie der einen Ethik zur Ökumene der Ethiken! Ein Einspruch an die evangelische Kirche. In: Materialdienst des Konfessionskundlichen Instituts Bensheim (MDkI), 2008, S. 45–46.

Rezension zu: Körtner, Ulrich H.J.: Ethik im Krankenhaus. Diakonie – Seelsorge – Medizin, Göttingen: Vandenhoeck; Ruprecht, 2007, In: ThLZ 12/2008, S. 980–981.

(2008). Mathias Grünewalds Tauberbischofsheimer Andachtsbilder in der Kunsthalle Karlsruhe und Martin Luthers Theologia crucis. In: ZGO Band 156/2008, S. 179–194.

Dirk Oesselmann

(2007). Educacão para o Desenvolvimento Sustentável como Desafio para a Formacão Acadêmica. (Bildung für nachhaltige Entwicklung als Herausforderung für die akademische Ausbildung). In: Trilhas 20/2007, UNAMA, S. 57–62.

(2007). In-Between: auf den Spuren pluralitätsfähiger Wahrheitsfindung. In: Praxis Gemeindepädagogik 3/2007, S. 49–51.

(2007). Impulse von Paulo Freire und Ernst Lange auf eine Bildung zur Gerechtigkeit. In: Forum Erwachsenenbildung 1/2007, DEAE, S. 19–25.

(2007). Globales Lernen an Evangelischen Fachhochschulen. In: Sozialmagazin 6/2007, S. 44–52.

(2007). „...und sie wurden alle erfüllt von dem heiligen Geist." Annäherungen an die Bewegung der Pfingstler. In: Grundschule Religion Nr.18, 1/2007, S. 26–27.

(2007). Flughafen – Liturgie "in between". In: Fermor, Gotthard; Schäfer, Gerhard K.; Schroeter-Wittke, Harald; Wolf-Withöft, Susanne [Hg.]: Gottesdienst-Orte. Handbuch Liturgische Topologie, Leipzig: Evangelische Verlagsanstalt, S. 107–111.

„Du und ich, wir alle sind Menschen...". Differenz und Religion im Elementarbereich. In: Baur, K. [Hg.]: Zu Gast bei Abraham. Ein Kompendium zur Interreligiösen Kompetenzbildung, Stuttgart: Calwer Verlag, S. 122–125.

(2007). Freire, Paulo. Schreiner, Peter; Mette, Norbert; Oesselmann, Dirk; Kinkelbur, Dieter [Hg.]: Unterdrückung und Befreiung, Münster, New York, München, Berlin: Waxmann.

(2007). Freire, Paulo. Schreiner, Peter; Mette, Norbert; Oesselmann, Dirk; Kinkelbur, Dieter. [Hg.]: Bildung und Hoffnung. Münster, New York, München, Berlin: Waxmann.

(2007). Oesselmann, Dirk; Matthiae, Giesela; Mayer, Gabriele [Hg.]: Bildungslernen im Globalen Dorf. Interkulturelle – ökumenisch – geschlechtergerecht – nachhaltig. Fachtagungsdokumentation. Comenius/FSBZ/EMS, Comenius/FSBZ/EMS, 2006/07.

(2007). CD: Oesselmann, Dirk; Galvao, Marcelo Batista; Bassalo, Lucelia: Conselhos Escolares. UNAMA/UNICEF/FIDESA.

(2007). CD: Oesselmann, Dirk; Garcia, Maria Lúcia Gaspar, Ferraira, Fernanda: Educacão, Diversidade Cultural e Democracia. (Bildung, kulturelle Vielfalt und Demokratie). Tagungskompendien des 1. Internationalen Kongresses „Erziehungswissenschaftliche Forschung in Amazonien", UNAMA/FIDESA.

(2008). Rezension zu Beuers, Christoph; Pithan, Annabelle; Wuckelt, Agnes [Hg.]: Leibhaftig leben. In: PGP, 4/2008, S. 64.

(2008). Über den schwierigen Umgang mit Wahrheit(en) – Versuche einer pluralitätsfähigen Wahrheitsfindung, In: Theo-Web, S. 76.

(2008). Encontros Transculturais: sua importância para o pensar e agir democrático de educadores (as) numa comparacão internacional. („Transkulturelle Begegnungen: die Bedeutung von demokratischem Denken und Handeln von ErzieherInnen in einer internationalen Perspektive"), Oesselmann, Dirk; Garcia, Maria Lúcia Gasparo [Hg.]: Serie Forschungsberichte. Belém: UNAMA.

(2008). Oesselmann, Rosemarie; Oesselmann, Dirk: Belém: „Gate of Amazonia" – Port and River as Crossroads. In: Kokot, Waltraut; Gandelsman-Trier, Mijal; Wildner, Kathrin; Wonneberger, Astrid [Hg.]: Port Cities as Areas of Transition. Ethnograohhis Perspectives. Bielefeld: transcript, S. 125–144.

(2008). Freire, Paulo. Schreiner, Peter; Mette, Norbert; Oesselmann, Dirk; Kinkelbur, Dieter [Hg.]: Pädagogik der Autonomie, Münster, New York, München, Berlin: Waxmann.

(2009). Weltweite Zusammenarbeit in der internationalen Jugendarbeit. In: Internationale Jugendarbeit der Bunderrepublik/IJAB: Herausforderungen und Potentiale internationaler Jugendarbeit. Dokumentation des Zukunftkongresses Jugend Global 2020, Bonn: IJAB, S. 70–71.

(2009). Rezension zu Rößler, Maren: Zwischen Amazonas und East River. In: EthnoSkripts, Bielefeld: transcript Verlag, 1/2009, S. 237–239.

(2009). Clima Escolar. Belém: UNAMA, Ministério da Justica, Observatório da Violência nas Escolas – Pará.

(2009). Zwischen den Welten. In: Fünfsinn, Bärbel; Mayer, Gabriele: Gender und religiöse Bildung weltweit – Biografische Einsichten. Frankfurt a.M.: Verlag Lembeck, S. 178–184.

(2009). Möglichkeiten und Grenzen des interkulturellen und interreligiösen Studienprojektes der EFHs im Nahen Osten. In: Baur, Katja [Hg.]: Abraham – Impulsgeber für Frieden im Nahen Osten?! BIDA – Brücken zum interreligiösen und interkulturellen Dialog in Amman/Nahost, Bd. 1.

Ulrich Pfeifer-Schaupp

(2007). Prä-Therapie in der Altenpflege. Dr. med. Mabuse. Zeitschrift für alle Gesundheitsberufe. 32. Jg., Nr. 170, Nov./Dez. 2007, S. 50–52.

(2007). Rezension zu: von Schlippe, Arist; Grabbe, Michael [Hg.]: Werkstattbuch Elterncoaching. Elterliche Präsenz und gewaltloser Widerstand in der Praxis, Göttingern: Vandenhoeck und Ruprecht, 2007, ISBN 3-525-49109-3. In: socialnet Rezensionen unter www.socialnet.de/rezensionen/5017.php [02.12.2007].

(2007). ... dann lass' es einfach! Was nicht funktioniert, lassen wir besser. In: Neue Gespräche, Arbeitsgemeinschaft für katholische Familienbildung, 37. Jg., H 6, S. 21.

(2007). Gesundheit ist nicht alles. Eine un-zeitgemäße Betrachtung über Mitgefühl als Grundhaltung in der Sozialen Arbeit. Evangelische Hochschulperspektiven Bd. 3, Freiburg: FEL, S. 137–145.

(2008). Trauer in der systemischen Supervision. In: Kontext. Zeitschrift für Systemische Therapie und Familientherapie, Vandenhoeck; Ruprecht, 39, H 1, S. 30–50.

Günter Rausch

(2008). Der Widerstand der Mieter wächst. In: Bürgerinitiative Wohnen ist Menschenrecht, Mieterzeitung, 11/2008, Freiburg im Breisgau, S. 1.

(2008). Gemeinwesenarbeit im Kontext von Wohnen, Lebensqualität und Gesundheit. In: Sozialmedizinisches Zentrum Liebenau, SMZ-Info, Graz (At), Heft 12/2008, S. 4–7.

Jürgen Rausch

(2008). VS-Research: Management-Bildung-Ethik (zusammen mit Hoch, Hans; Kraus, Björn; Rausch, Günter; Schwendemann, Wilhelm; Seibel, Bernd). In: Volkert, Werner Bd. 1: Die Kindertagesstätte als Bildungseinrichtung. Neue Konzepte zur Professionalisierung in der Pädagogik der frühen Kindheit, Wiesbaden: VS-Verlag für Sozialwissenschaften.

(2008). (zusammen mit Schwendemann, Wilhelm): Geleitwort. In: Volkert, Werner: Die Kindertagesstätte als Bildungseinrichtung. Neue Konzepte zur Professionalisierung in der Pädagogik der frühen Kindheit, Management-Bildung-Ethik Bd. 1, Hoch, Hans; Kraus, Björn; Rausch, Günter; Rausch, Jürgen; Schwendemann, Wilhelm; Seibel, Bernd [Hg.], Wiesbaden: VS-Verlag für Sozialwissenschaften, S. 5–7.

(2008). (zusammen mit Schwendemann, Wilhelm): Ethik, Management, Schule, 1. Internationales Oberrheinsymposium, Münster: Waxmann Verlag.

(2008). (zusammen mit Schwendemann, Wilhelm): 1. Internationales Oberrheinsymposium Ethik-Management-Schule. In: Ethik, Management, Schule. 1. Internationalen Oberrheinsymposium Freiburg, Münster: Waxmann Verlag, S. 11–14.

(2008). Schule als Unternehmen – ein neues Selbstverständnis. In: Ethik, Management, Schule. 1. Internationalen Oberrheinsymposium Freiburg, Münster: Waxmann Verlag, S. 15–20.

(2008). (zusammen mit Schwendemann, Wilhelm und Winkel, Rainer): Wilhelm Schwendemann und Jürgen Rausch im Gespräch mit Rainer Winkel. In: Ethik, Management, Schule, 1. Internationalen Oberrheinsymposium Freiburg, Münster: Waxmann Verlag, S. 43–56.

(2008). (zusammen mit Schwendemann, Wilhelm): Ganztagesbildung und Schulmanagement in der Ganztagesschule. In: Ethik, Management, Schule. 1. Internationalen Oberrheinsymposium Freiburg, Münster: Waxmann Verlag, S. 89–100.

(2008). Schule-Wirtschaft-Unternehmen. In: Ethik, Management, Schule. 1. Internationalen Oberrheinsymposium Freiburg, Münster: Waxmann Verlag, S. 101–127.

(2008). (zusammen Mit Schwendemann, Wilhelm; Boschki, Reinhold; Schäfer, Vera; Wagensommer, Georg): Vorwort In: Schwendemann, Wilhelm; Boschki, Reinhold [Hg.]: Vier Generationen nach Auschwitz – Wie ist Erinnerungslernen heute noch möglich? Erinnern und Lernen. Texte zur Menschenrechtspädagogik, Bd. 4., Schwendemann, W.; Marks, St., Berlin: LIT, S. 3–4.

(2008). (zusammen mit Schwendemann, Wilhelm): Diversität und evangelische Schule. In: Edtbauer, Richard; Köhler-Offierski, Alexa [Hg.]: Evangelische Hochschulperspektiven, Bd. 4, 2008, Freiburg: FEL, S. 171–180.

(2009). Schule führen im Spannungsfeld von Stabilisierung und Veränderung, Wiesbaden: VS-Verlag für Sozialwissenschaften. Wiesbaden: VS-Verlag.

(2009). (zusammen mit Wilhelm Schwendemann): In: Krobath, Thomas [Hg.]: Eine metaethische Reflexion von Führungshandeln in evangelischen Bildungsunternehmen, Freiburg: Lambertus.

(2009). Diversität und Schulentwicklung. Der Erfolgreiche Umgang mit Diversität – ein konstitutives Merkmal für das Management zukunftsfähiger Schulen. In: Jäggle, Martin; Krobath, Thomas [Hg.]: Religiöse Dimensionen in Schulkultur und Schulentwicklung, Wien: LIT.

Gisela Rudoletzky

(2008). Rezension zu: Bernd Maelicke [Hg.]: Innovation und Management in der Sozialwirtschaft. In: Socialnet, 01/08: . socialnet.de/rezensionen/4374.php. [Zugriff: 28.09.09]

Traugott Schächtele

(2008). Himmel, Hölle – evangelisch. In: Evangelisch – Diakonisch. Evangelische Hochschulperspektiven, Bd. 4, Freiburg: FEL-Verlag, S. 17–30.

(2008). Predigt über Johannes 20,19–31 (1. Sonntag nach Ostern/Quasimodogeniti). In: Er ist unser Friede. Lesepredigten Textreihe I/1, Leipzig: Evangelische Verlagsanstalt, S. 214–221.

(2008). Predigt über Johannes 1,1–5.9–14. In: Göttinger Predigten im Internet unter predigten.uni-goettingen.de

(2008). Predigt über Johannes 1,1–5.9–14. In: Evangelische Landeskirche in Württemberg [Hg.], Lektorenpredigten mP.

(2009). Was macht den Menschen zum Menschen? Predigt über Matthäus 4,1–11 und das Lied „Mensch" von Herbert Grönemeyer am Sonntag Invocavit. In: Christian Schwarz [Hg.]: Gottesdienst Praxis Serie B, Arbeitshilfen für die Gestaltung von Gottesdiensten zu Kasualien, Feiertagen, besonderen Anlässen und Arbeitsbücher für die Gemeindepraxis, Gütersloh: Gütersloher Verlagshaus, S.27–33.

(2009). Präzedenzfall des in Gott bewahrten Lebens. Predigt über Matthäus 28,1–10. In: Deutsches Pfarrerblatt 3/2009, Speyer: Evang. Presseverlag Pfalz, S. 148.

(2009). Die Herausforderung des Andersseins annehmen. Evangelische Pfarrvereine und der Wandel des Pfarrberufs. In: Evangelische Orientierung. Zeitschrift des Evangelischen Bundes 1/2009, Bensheim, S. 3–4.

(2009). Bittgottesdienst für Frieden und Schutz des Lebens. Predigt über Matthäus 16,1–4. In: Er ist unser Friede, Lesepredigten Textreihe I/2, Leipzig: Evangelische Verlagsanstalt, S. 191–198.

Wilhelm Schwendemann

(2008). (zusammen mit Averbeck, Hans-Henning; Obermann, Andreas; Schröder, Bernd). Religionsunterricht an berufsbildenden Schulen (BRU): Herausforderung für die religionspädagogische Theoriebildung. In: BRU, Heft 48/2008, S. 40–50.

(2008). Sünde: vielschichtig – komplex – uneindeutig. In: BRU-Magazin, Heft 48, S. 2–4.

(2008). „Was ist das für ein Menschensohn"? – Ein empirisches Forschungsprojekt zur Rezeption von Markus 4, 35–41 bei Zweit- und Viertklässlern, in: »Sehen kann man ihn ja, aber anfassen…?« Jahrbuch für Kindertheologie 7/2008, Stuttgart: Calwer, S. 77–90 (zusammen mit Schäfer, Hannes; Vobbe Frederic).

(2008). (zusammen mit Hannes Ball, Hannes; Hassan, Sadik; Wöhrlin, Traugott). Haus des Islam. Einblicke und Einsichten, calwer materialien, Stuttgart: Calwer.

(2008). (zusammen mit Rausch, Jürgen [Hg.]). Ethik – Management – Schule. 1. Internationales Oberrheinsymposium Freiburg, Münster: Waxmann.

(2008). (zusammen mit Rausch, Jürgen). Vorüberlegungen. In: Ethik – Management – Schule. 1. Internationales Oberrheinsymposium Freiburg ([Hg.] Schwendemann, Wilhelm; Rausch, Jürgen), Münster: Waxmann, S. 7–9.

(2008). 1. Internationales Oberrheinsymposium Ethik – Management – Schule. In: Ethik – Management – Schule. 1. Internationales Oberrheinsymposium Freiburg, Schwendemann, Wilhelm; Rausch, Jürgen [Hg.], Münster: Waxmann, S. 11–14.

(2008). Schwendemann, Wilhelm; Rausch, Jürgen im Gespräch mit Winkel, Rainer. In: Ethik – Management – Schule. 1. Internationales Oberrheinsymposium Freiburg, Schwendemann, Wilhelm; Rausch, Jürgen [Hg.], Münster: Waxmann, S. 43–56.

(2008). (zusammen mit Rausch, Jürgen). Ganztagsbildung und Schulmanagement in der Ganztagsschule. In: Ethik – Management – Schule. 1. Internationales Oberrheinsymposium Freiburg, Schwendemann, Wilhelm; Rausch, Jürgen [Hg.], Münster: Waxmann, S. 89–100.

Publikationen Freiburg

(2008). (zusammen mit Rausch, Jürgen). Diversität und evangelische Schule. In: Evangelische Hochschulperspektiven Bd. 4, Edtbauer, Richard; Köhler-Offierski, Alexa [Hg.], Freiburg: FEL, S. 171–180.

(2008). Vier Generationen nach Auschwitz – Wie ist Erinnerungslernen heute noch möglich? Schwendemann, Wilhelm; Boschki, Reinhold [Hg.], in Zusammenarbeit mit Rausch, Jürgen; Schäfer, Vera; Wagensommer, Georg; Münster u.a.: LIT, (Erinnern und Lernen – Texte zur Menschenrechtspädagogik Bd. 4).

(2008). (zusammen mit Boschki, Reinhold; Rausch, Jürgen; Schäfer, Vera; Wagensommer, Georg). Vorwort. In: Vier Generationen nach Auschwitz – Wie ist Erinnerungslernen heute noch möglich? In Zusammenarbeit mit Rausch, Jürgen; Schäfer, Vera; Wagensommer, Georg; Münster u.a.: LIT, S. 3–4.

(2008). (zusammen mit Boschki, Reinhold). Vier Generationen nach Auschwitz – Wie ist Erinnerungslernen heute noch möglich? In: Vier Generationen nach Auschwitz – Wie ist Erinnerungslernen heute noch möglich? In Zusammenarbeit mit Rausch, Jürgen; Schäfer, Vera; Wagensommer, Georg; Münster u.a.: LIT, S. 5–16.

(2008). Vier Generationen nach Auschwitz – Wie ist Erinnerungslernen heute noch möglich? – Schlüssel für erinnerungsgeleitetes Lernen in Schule, Gesellschaft, Kirche (Teil 2). In: Vier Generationen nach Auschwitz – Wie ist Erinnerungslernen heute noch möglich? In Zusammenarbeit mit Rausch, Jürgen; Schäfer, Vera; Wagensommer, Georg; Münster u.a.: LIT, S. 95–97.

(2008). Konfirmandenunterricht – als erinnerndes und widerständiges religionspädagogisches Handeln gegen Rassismus und Antisemitismus. In: Vier Generationen nach Auschwitz – Wie ist Erinnerungslernen heute noch möglich? In Zusammenarbeit mit Rausch, Jürgen; Schäfer, Vera; Wagensommer, Georg; Münster u.a.: LIT, S. 99–114.

(2008). Jugendliche sehen Auschwitz: Für die Zukunft lernen – ein Filmprojekt. In: Vier Generationen nach Auschwitz – Wie ist Erinnerungslernen heute noch möglich? In Zusammenarbeit mit Rausch, Jürgen; Schäfer, Vera; Wagensommer, Georg; Münster u.a.: LIT, S. 161–172.

(2008). (zusammen mit Matthias Stahlmann). Johannes Calvin 10.7.1509 – 27.5.1564 – eine biographische Skizze. In: Das Wort – Evangelische Beiträge zu Bildung und Unterricht, 4/2008, S. 9–13.

(2008). (zusammen mit Matthias Stahlmann). Johannes Calvin – Stationen seines Lebens und Wirkens. In: Das Wort – Evangelische Beiträge zu Bildung und Unterricht, 4/2008, S. 20–22.

(2009). Philipp Melanchthon: Die Weisheit wird aus der menschlichen Gesellschaft vertrieben, Gewalt regiert die Welt. Eine kleine Bildungsreise und Reminiszenz an Philipp Melanchthon. In: Quatember. Vierteljahreshefte für Erneuerung und Einheit der Kirche 72, Heft 3, 2008, S. 143–156.

(2009). Rezension zu: Flick, Uwe; von Kardorff, Ernst; Steinke, Ines [Hg.]: Qualitative Forschung. Ein Handbuch., 6., durchgesehene und aktualisierte Auflage, Reinbek: Rowohlt Verlag, ISBN 978-3-499-55628-9, 2008. In: socialnet Rezensionen unter www.socialnet.de/rezensionen/6819.php [26.01.2009].

(2009). Rezension vom 16.07.2009 zu: Friedrich W. Kron: Grundwissen Pädagogik. UTB FÜR WISSENSCHAFT (Stuttgart) 2009. 7. vollständig überarbeitete und erweiterte Auflage. ISBN 978-3-8252-8038-3. In: socialnet Rezensionen unter www.socialnet.de/rezensionen/7408.php, Datum des Zugriffs 16.07.2009.

(2009). (zusammen mit Andrea Ziegler). (2009): Menschenrechtsbildung am Beispiel von Janusz Korczak, in: Das Wort – Evangelische Beiträge zu Bildung und Unterricht, 2/2009, S. 9–21.

(2009). Rezension zu: Stephan Marks: Warum folgten sie Hitler? Die Psychologie des Nationalsozialismus. Unter Mitarbeit von Heidi-Mönnich-Marks, Patmos Verlag Düsseldorf 2007, in: Freiburger Rundbrief 16, 2009/Heft 4. Neue Folge. Zeitschrift für christlich-jüdische Begegnung, S. 303–306.

(2009). Gedenkstättenpädagogik in der vierten Generation nach Auschwitz als eine Form von Menschenrechtspädagogik, in: Oeftering, Tonio [Hg.] (2009): Texte zur Menschenrechtspädagogik, Münster u.a.: LIT-Verlag, S. 49–64.

Beate Steinhilber

(2007). „Die schönste Krone für das beste Kind." Linien der Differenz und Wege zur Anerkennung. Vortrag und Workshop an der Landesakademie für Fortbildung und Personalentwicklung an Schulen. Sommerakademie III „Lernen in und durch Vielfalt", Esslingen.

Dörte Weltzien

(2007). Mutmacher und Fallstricke. Erste Evaluationsergebnisse. In: BeobAchtung und Erziehungs-Partnerschaft, Newsletter Nr. 5 (Sonderausgabe) unter www.offensive-bildung.de/

(2007). Begleitetes Malen im Atelier –Bildungsverhalten und soziale Vernetzung. Werkstattbericht. Institut für Bildungs- und Sozialmanagement der Fachhochschule Koblenz (ibus), Discussion Paper, Nr. 03-2007 (zusammen mit Günther, Christoph).

(2007). Die wichtigste Lernform als Randerscheinung? In: Theorie und Praxis der Sozialpädagogik (TPS) 8/07. S. 30–31.

(2007). Die ganze Welt hat sich verändert. Einblicke in den berufsbegleitenden Studiengang „Bildungs- und Sozialmanagement mit Schwerpunkt frühe Kindheit" (B.A.). In: Theorie und Praxis der Sozialpädagogik (TPS) 4/07. S. 16–19.

(2007). Positionierung der Einrichtung im Markt. Studienbuch 20 zum Bildungs- und Sozialmanagement, Remagen: ibus-Verlag.

(2008). Bedarfsorientierte Profilbildung in Kindertageseinrichtungen. Theoretische Konzepte und Praxisprojekte. Weltzien, Dörte; Bogdanski, Margarete; Dehn, Manuela; Günthner, Christoph; Koallick, Anke; Rieck, Gudrun; Ullrich, Annette. In: Institut für Bildungs- und Sozialmanagement der Fachhochschule Koblenz (ibus), Discussion Paper. Nr. 05-2008.

(2008). Wer sich am Bedarf orientiert, gewinnt! Bedarfsanalysen – was sie bringen und wie sie gelingen. In: Kindergarten heute. Das Leitungsheft, 3/2008. S. 26–30.

(2008). Einführung stärkenorientierter Beobachtungsverfahren in Kindertageseinrichtungen – Auswirkungen auf die Wahrnehmung kindlicher Interessen, Dialogbereitschaft und Partizipation. In: Forschung in der Frühpädagogik. Materialien zur Frühpädagogik, Bd. 1, Zentrum für Kinder- und Jugendforschung (ZfKF) der Evangelischen Hochschule Freiburg (zusammen mit Viernickel, Susanne) S. 203–234.

(2008). Beobachtung und Erziehungspartnerschaft: Ein Projekt im Rahmen der Offensive Bildung. Kindergarten heute. Das Leitungsheft, 1/2008 (zusammen mit Viernickel, Susanne). S. 24.

Ludwigsburg

Beate Aschenbrenner-Wellmann

[Hg.] (2009). Mit der Vielfalt leben – Verantwortung und Respekt in der Diversity- und Antidiskriminierungsarbeit mit Personen, Organisationen und Sozialräumen. Stuttgart: Verlag der Evangelischen Gesellschaft.

(2009). Diversity-Kompetenz – Überlegungen zu einer Schlüsselqualifikation für Theorie und Praxis der Sozialen Arbeit. In: dies. [Hg.]: Mit der Vielfalt leben – Verantwortung und Respekt in der Diversity- und Antidiskriminierungsarbeit mit Personen, Organisationen und Sozialräumen. Stuttgart: Verlag der Evangelischen Gesellschaft, S. 61-85.

(2009). Vielfalt, Anerkennung und Respekt - die Bedeutung der Diversity-Kompetenz für die Soziale Arbeit. In: Bock, Michael/Sanders, Karin [Hg.]: Kundenorientierung – Partizpation – Respekt. Neue Ansätze in der Sozialen Arbeit. Wiesbaden: VS-Verlag

(2009). Diversity-Kompetenz - Überlegungen zu einer Schlüsselqualifikation für Theorie und Praxis der Sozialen Arbeit. In: IZA Zeitschrift für Migration und Soziale Arbeit. 3/4 2009.

Monika Barz

(2008). Durch Daten und Fakten zu einem neuen Genderbewußtsein. Ein Lehrexperiment. Schriftenreihe der Evangelischen Fachhochschule Reutlingen-Ludwigsburg. Stuttgart.

(2009). Paradigmenwechsel in der Vermittlung geschlechtssensibler Analysekompetenzen. Beispiel eines Lehrexperiments im Studiengang Soziale Arbeit. In: Iwers-Stelljes, Telse [Hg.]: Prävention-Intervention-Konfliktlösung. Pädagogisch-psychologische Förderung und Evaluation. Wiesbaden: VS-Verlag. S. 153-168.

(2009). Es ist eine tolle Erfahrung ... In: EWMD Baden-Württemberg. e.V. [Hg.]: Erfolgsfaktor Frau in Management und Führung. Stuttgart. S. 38ff.

Katja Baur

[Hg.] (2008). Wichern 2008- (k)ein Thema im Religionsunterricht? Arbeitsbücher für Schule und Bildungsarbeit, Bd.9, Münster et. al.: LIT Verlag.

[Hg.] (2009). Abraham- Impulsgeber für Frieden im Nahen Osten?! Ein friedenspädagogisches Studienprojekt evangelischer Hochschulen zum interreligiösen und interkulturellen Lernen in Jordanien und Israel. BIDA, Bd.1. Münster et. al.: LIT Verlag.

(2009). zusammen mit Johannsen, Krischan [Hg.]: Ich hör dir einfach zu. Am Beispiel der Telefonseelsorge seelsorgerlich-personale Kompetenzen fördern. Stuttgart: Calwer Verlag.

(2009). Die Kirche gehört ins Dorf- und die Moschee? In: Aschenbrenner-Wellmann, Beate. Schriftenreihe der EH Ludwigsburg, Bd.7. Stuttgart: Verlag und Buchhandlung der Evang. Gesellschaft.

Richard Edtbauer

(2009). zusammen mit Kievel, Winfried: Grundsicherungs- und Sozialhilferecht für soziale Berufe, München: C.H. Beck.

Eckart Hammer

(2008). Männer altern anders. In: Für Arbeit und Besinnung, Heft 3, S. 14-17.

(2008). et al.: Projekt „Älter werden in Grünbühl" Sozialraum- und Bedarfsanalyse. Ludwigsburg: Evangelische Fachhochschule Ludwigsburg.

(2008). „Was Hänschen nicht lernt..." Bildung und Älterwerden. In: Collmar, N./Hess, G. [Hg.]: Bildung im Umbruch - Bildung im Aufbruch. Stuttgart: Verlag und Buchhandlung der Evang. Gesellschaft, S. 202-211.

(2008). Liga der Freien Wohlfahrtspflege Baden-Württemberg [Hg.]: Trendstudie: Gut umsorgt zu Hause im Jahre 2020 – Potenziale für die Pflege daheim. Stuttgart: Verlag der Liga.

(2009). Schattenarbeiter im Rollenkonflikt. In: Männerforum, Heft 40, S. 28-29.

(2009). Kontinuierlicher Verbesserungsprozess im Qualitätssicherungsverbund. In: Sozialmanagement, Heft 3, S. 33-34.

(2009). Männer und Alter(n). Der alte Mann – das unbekannte Wesen. In: Sozialmagazin 7-8/2009, S. 16-21.

(2009). Männer – Alter – Pflege. Pflegen Männer ihre Angehörigen? Oder werden sie nur gepflegt? In: Sozialmagazin 7-8/2009, S. 22-28.

Bernhard Mutschler

(2008). Anzeige (Zeitschriften- und Bücherschau) von: Ursula Ulrike Kaiser: Die Hypostase der Archonten (Nag Hammadi Codex II,4). In: Zeitschrift für die alttestamentliche Wissenschaft 120/2008. S. 304.

(2008). Anzeige (Zeitschriften- und Bücherschau) von: Dieter Lührmann: Weisheitliche, magische und legendarische Erzählungen. Bundesbuch. In: Zeitschrift für die alttestamentliche Wissenschaft 120/2008. S. 309.

(2008). Jakob und seine Patchworkfamilie. Warum sich das Familienbild der Bibel für Idealisierungen nicht eignet. In: Evangelisches Gemeindeblatt für Württemberg 103/2008, 24. August. S. 12f.

(2008). Die Verspottung des Königs der Juden. Jesu Verspottung in Jerusalem unter dem Blickwinkel einer parodierten Königsaudienz. Biblisch-theologische Studie 101. Neukirchen-Vluyn: Neukirchener Verlag.

(2008). Theologische Antworten aus Lk 22,24–30 (Rangstreit der Jünger) auf die Frage: Was bedeutet „Evangelisch – Diakonisch"? In: Edtbauer, Richard; Köhler-Offierski, Alexa [Hg.]: Evangelisch – Diakonisch, Evangelische Hochschulperspektiven Band 4. Freiburg i.B.: FEL, S. 31–47.

(2008). Anzeige (Zeitschriften- und Bücherschau) von: Heinz-Josef Fabry und Dieter Böhler [Hg.] (2008) Im Brennpunkt: Die Septuaginta. Bd. 3: Studien zur Theologie, Anthropologie, Ekklesiologie, Eschatologie und Liturgie der Griechischen Bibel. In: Zeitschrift für die alttestamentliche Wissenschaft 120/2008. S. 447.

(2008). Anzeige (Zeitschriften- und Bücherschau) von: Paul Heger, Cult as the Catalyst for Division. Cult Disputes as the Motive for Schism in the Pre-70 Pluralistic Environment. In: Zeitschrift für die alttestamentliche Wissenschaft 120/2008. S. 456f.

(2008). Anzeige (Zeitschriften- und Bücherschau) von: Stephen C. Barton/Loren T. Stuckenbruck/ Benjamin G. Wold [Hg.]: Memory in the Bible and Antiquity. The Fifth Durham-Tübingen Research Symposium. In: Zeitschrift für die alttestamentliche Wissenschaft 120/2008. S. 465f.

(2008). Anzeige (Zeitschriften- und Bücherschau) von: Bettina Wellmann: Von David, Königin Ester und Christus. Psalm 22 im Midrasch Tehillim und bei Augustinus. In: Zeitschrift für die alttestamentliche Wissenschaft 120/2008. S. 478f.

Annette Noller

(2008). (Redaktion) zusammen mit Brückner, Susanne, Handreichung häusliche Gewalt. Interventionsmöglichkeiten in Fällen häuslicher Gewalt in Pfarramt, Diakonat und Religionsunterricht, hg. v. Evangelische Landeskirche in Württemberg, Stuttgart: Evangelisches Medienhaus.

(2008). Theologie des Reiches Gottes und diakonisches Handeln in der Welt bei Johann Hinrich Wichern, in: Edtbauer, Richard; Köhler-Offierski, Alexa [Hg.], Evangelisch – Diakonisch, Evangelische Hochschulperspektiven Band 4. Freiburg i.B.: FEL, S. 49ff.

(2008). Kulturelle Teilhabe eröffnen - Werte im Dialog wahrnehmen, in: Beck, Helmut; Schmidt, Heinz [Hg.], Bildung als diakonische Aufgabe, Stuttgart: Kohlhammer, S. 150ff.

(2008). Diakonie und Bildung, in: Kottnik, Klaus -Dieter; Hauschildt, Eberhard [Hg.], Diakoniefibel. Grundwissen für alle, die mit Diakonie zu tun haben, Gütersloh: Gütersloher Verlagshaus, S. 37ff.

(2008). Diakonat und Pfarramt. Biblische und professionstheoretische Überlegungen, in: Merz, Rainer/Schindler, Ulrich; Schmidt, Heinz [Hg.], Dienst und Profession. Diakoninnen und Diakone zwischen Anspruch und Wirklichkeit, (VDWI 34), Heidelberg: Winter, S. 84ff.

(2008). Bildung und Gewaltprävention: Jugendliche Gewalt und moralische Entwicklung, in: Eurich, Johannes; Oelschlägel, Christian [Hg.], Diakonie und Bildung. Heinz Schmidt zum 65. Geburtstag, Stuttgart: Kohlhammer, S. 345ff.

(2008). Ethik – was ist richtig, was ist falsch? Ethikreihe im Evangelischen Gemeindeblatt für Württemberg, Stuttgart: Evangelische Gemeindepresse GmbH, Zwölf Artikel, März 2008, bis Juli 2008, jeweils S. 7.

Karin Sanders

[Hg.] (2009). zusammen mit Bock, Michael: Kundenorientierung – Partizipation – Respekt. Neue Ansätze in der Sozialen Arbeit. Wiesbaden: VS-Verlag.

(2009). Basisorientierte Steuerung von Arbeitsgruppen durch das „Partizipative Produktionsmanagement". In: Sanders, Karin; Bock, Michael [Hg.]: Kundenorientierung – Partizipation – Respekt. Neue Ansätze in der Sozialen Arbeit (S. 9–26). Wiesbaden: VS-Verlag.

(2009). Sanders, Karin: Trust - Vertrauen in dezentralen Strukturen, organisationsübergreifenden Verbundsystemen und Teams. In: Sanders, Karin; Bock, Michael [Hg.]: Kundenorientierung – Partizipation – Respekt. Neue Ansätze in der Sozialen Arbeit (S. 27–46). Wiesbaden: VS-Verlag.

Claudia Schulz

(2008). „Kirche ist doch kein Sportverein!" Dilemmata, Paradoxien und die Prekarität der Mitgliedschaft in der Organisation Kirche. In: Hermelink, Jan; Wegner, Gerhard [Hg.]: Paradoxien kirchlicher Organisation. Niklas Luhmanns frühe Kirchensoziologie und die aktuelle Reform der Evangelischen Kirche. Würzburg: Ergon Verlag, S. 101–121.

(2008). Vom Lebensgefühl der Armen und der Kunst, diakonische Kirche zu sein. In: Edtbauer, Richard; Köhler-Offierski, Alexa [Hg.]: Evangelisch – Diakonisch, Evangelische Hochschulperspektiven Band 4. Freiburg i.B.: FEL, S. 105–116.

(2008). Wer würdigt und wer fürchtet den kirchlichen Strukturwandel? Regionalisierung aus der Sicht von Kirchenmitgliedern aus unterschiedlichen Lebensstilen und Milieus. In: Nethöfel, Wolfgang; Grunwald, Klaus-Dieter [Hg.]: Aufbruch in die Region. Kirchenreform zwischen Zwangsfusion und profilierter Nachbarschaft. Hamburg: EB-Verlag, S. 126–135.

(2008). Die Kirchen voller Weihnachtschristen. Ein soziologischer Blick auf den Gottesdienst zur Weihnachtszeit. In: ZGP 4/2008, S. 5–8.

(2009). zusammen mit Gerhard Wegner: Wer hat, dem wird gegeben. Biblische Zumutungen über Armut und Reichtum. Neukirchen: Neukirchener Verlag.

(2009). zusammen mit Hauschildt, Eberhard; Kohler, Eike: Milieus praktisch. Analyse- und Planungshilfen für Kirche und Gemeinde. Göttingen: Vandenhoeck; Ruprecht.

(2009). zusammen mit Ahrens, Petra-Angela; Wegner, Gerhard: Religiosity with a Protestant Profile. In: What the World Believes. Analyses and Commentary on the Religion Monitor 2008. Gütersloh: Gütersloher Verlagshaus, S. 513–531.

(2009). Armut und Ausgrenzung bewältigen: Konturen subjektiver Wahrnehmung einer objektiven Herausforderung. In: Sollmann, Ulrich [Hg.]: Psychotherapie Forum, Themenheft Objektive und subjektive Armut. Wien: Springer 2009, S. 51–57.

Hans-Ulrich Weth

(2008). Zeitschriften- und Rechtsprechungsübersicht Grundsicherungs- und Sozialhilferecht. In: Informationen zum Arbeitslosenrecht und Sozialhilferecht 3/2008, S. 141–144, 5/2008, S. 235–240, 6/2008, S. 283–288 (zusammen mit Berlit, Uwe u.a.). Baden-Baden: Nomos-Verlag.

(2008). Anmerkung zum Beschluss des LSG Sachsen-Anhalt vom 24.01.2008 – L 2 B 96/07 AS ER. In: Informationen zum Arbeitslosenrecht und Sozialhilferecht 4/2008, S. 177–178. Baden-Baden: Nomos-Verlag.

(2009). Zeitschriften- und Rechtsprechungsübersicht Grundsicherungs- und Sozialhilferecht. In: Informationen zum Arbeitslosenrecht und Sozialhilferecht 1/2009, S. 42–46, 3/2009, S. 139–144 (zusammen mit Berlit, Uwe u.a.). Baden-Baden: Nomos-Verlag.

(2009). Effektiver Rechtsschutz im Bereich existenzsichernder Sozialleistungen noch gewährleistet? In: Sartorius, Wolfgang [Hg.]: Wer wenig im Leben hat, braucht viel im Recht. Beiträge zur Rechtsberatung und Rechtsverwirklichung im SGB II. Reutlingen: Diakonie-Verlag, S. 35–50.

(2009). Zur Rechtsstellung einkommensarmer Menschen und den notwendigen Änderungen im SGB II. In: Diakonisches Werk der EKD [Hg.]: Diakonie Texte – Positionspapier 07.2009 (zusammen mit Keicher, Rolf u.a.).Stuttgart: Verlag der Diakonie.

(2009). Gesetzliche Rentenversicherung – Entwicklung und Stand rechtlicher Regelungen. In: Aner, Kirsten; Karl, Ute [Hg.]: Handbuch Soziale Arbeit und Alter. Wiesbaden: VS-Verlag, S. 241–252.

Nürnberg

Brigitte Bürkle

(2008). (zusammen mit Rümer, Kathrin).Rezension zu: Schirmer, Herbert: Krankenhaus-Controlling, Renningen: Expert Verlag 2006. In: socialnet. Rezensionen unter www.socialnet.de/rezensionen/4337.php.

(2009). Bildung outsourcen? Die betriebliche Weiterbildung an Krankenhäusern ist strategisch auszurichten, KU Gesundheitsmanagement 2/2009, S. 33–35.

Christine Güse

(2009). Rezension zu: Bostelaar, René A. u.a. [Hrsg]: Case Management im Krankenhaus, Hannover: Schlütersche Verlagsgesellschaft, (2008). In: socialnet, Rezensionen vom 24.02.2009 unter www.socialnet.de/rezensionen/6583.php.

(2009). Neue Verantwortlichkeiten für unterschiedliche Arbeitsfelder. In: Die Schwester. Der Pfleger, 04/2009, S. 404–407.

Beate Hofmann

[Hg.] (2009). Praxis Gemeindepädagogik, Heft 1/2009: Glaubenskurse für Erwachsene, darin: Einfach den richtigen Glaubenskurs finden?! S. 5–9.

(2009). Die unvollende Emanzipation. Strategien Evangelischer Jugendsozialarbeit zur Förderung benachteiligter Jungen. In: Faire Chancen für einen Platz im Leben. Texte zur Evangelischen Jugendsozialarbeit, [Hg.] EJSA Bayern, S. 61–70.

(2009). (zusammen mit Gerd E. Stolz).Wer besucht Evangelische Stadtakademien? Eine empirische Studie zu den Zielgruppen Evangelischer Erwachsenenbildung. In: Nachrichten der ELKB 1/2009, S. 12–15

(2009). Die Suche nach der heilen Welt. Evangelikale Bewegung in den USA, ein Erfolgsmodell für Deutschland? In: das baugerüst 1/2009, S. 88–93.

(2009). Health and Nurturing for Body, Mind and Soul – Mothers' Recuperation between Family Politics and Health Care. In: Christian Bioethics 1–11/2009, Oxford.

(2009). Diakonie – die kirchliche Stieftochter. Grundlegene Überlegungen. In: Themenhefte Religion, [Hg.] Bärbel Husmann und Roland Biewald, Bd. 8: Diakonie. Praktische und theoretische Impulse für sozial-diakonisches Lernen im Religionsunterricht, Leipzig: Evangelische Verlagsanstalt.

(2009). Rezension zu: Köser, S: Denn eine Diakonisse darf kein Alltagsmensch sein, in: ThLZ 134. Jg., H..5 2009, S. 637–639.

Karl-Peter Hubbertz

(2008). Vergessene Zusammenhänge. Welche Impulse gibt christliche Sozialarbeit in Indien der deutschen Berufswirklichkeit? In: Edtbauer, Richard; Köhler-Offierski, Alexa [Hg.] Evangelisch – Diakonisch. Evangelische Hochschulperspektiven Band 4. Freiburg: Verlag Forschung – Entwicklung – Lehre, S. 79–94.

(2009). Kinderarmut in Indien. Chancen durch Elternbildung und Soziale Arbeit. Oldenburg: Paulo Freire Verlag.

Joachim König

(2008). Ein Erfolgsrezept. Externe Evaluation des Modellprojekts ‚Kircheneintrittsstelle'. In: Nachrichten der Evangelisch-Lutherischen Kirche in Bayern. München: Evangelisch-Lutherischen Landeskirchenrat. 63/1, S. 10–11.

[Hg.] (2008). (zusammen mit Oerthel, Christian; Puch, Hans-Joachim). In Soziales investieren – Mehr Werte schaffen. ConSozial 2007. München: allitera-Verlag.

(2008). Das Ziel ist Gesellschaftsfähigkeit. Anmerkungen zu den Aufgaben von Jugendsozialarbeit. In: Blätter der Wohlfahrtspflege 2/2008, Jahrgang 155, S. 43–49.

(2008). Psychosoziale Folgen und Bewältigung von Jugendarbeitslosigkeit. In: Kammerer, Bernd; K. Gref, Kurt [Hg.], Übergangsmanagement – Wege zur beruflichen und sozialen Integration junger Menschen, Nürnberg: emwe-Verlag, S. 31–42.

(2008). Selbstevaluation als Methode der Qualitätsentwicklung in der psychosozialen Praxis. In: Gesundheit Berlin [Hg.], Dokumentation 13. Kongress Armut und Gesundheit ‚Teilhabe stärken – Empowerment fördern – Gesundheitschancen verbessern!', Gesundheit Berlin e.V., 2008.

[Hg.] (2009). (zusammen mit Oerthel, Christian; Puch, Hans-Joachim).Wertschöpfung durch Wertschätzung. Dokumentation der ConSozial 2008. München: allitera-Verlag.

(2009). Einführung in die Partizipative Qualitätsentwicklung. Wie Organisationen durch Beteiligung und Selbstorganisation lernen. Wiesbaden: VS-Verlag.

(2009). Selbstevaluation in der Gesundheitsförderung: Perspektiven und Methode. In Kolip, Petra; Müller, Veronika [Hg.] Qualität von Gesundheitsförderung und Prävention. Handbuch Gesundheitswissenschaften. Bern: Verlag Hans Huber.

Jürgen Kruse

(2008). (zusammen mit Lüdtke, Peter-Bernd; Reinhard, Hans-Joachim; Winkler, Jürgen; Zamponi, Irene). Sozialgesetzbuch III Arbeitsförderung, Lehr- und Praxiskommentar, Baden-Baden: Nomos-Verlag.

(2009). (zusammen mit Reinhard, Hans-Joachim; Winkler, Jürgen; Höfer, Sven; Schwengers, Clarita).SGB XII Sozialhilfe, Kommentar, München: C.H. Beck Verlag.

(2009). [Hg.]. (zusammen mit Hänlein, Andreas). Sozialgesetzbuch V – Gesetzliche Krankenversicherung, Lehr- und Praxiskommentar, Baden-Baden: Nomos Verlag.

(2009). Et al. Gastiger, Sigmund; Winkler, Jürgen [Hg.]. Recht der Sozialen Sicherung: Studienbuch für die Soziale Arbeit, Freiburg im Breisgau: Lambertus, 1. Auflage.

(2009). Et al. [Hg.] Gastiger, Sigmund; Oberloskamp, Helga; Winkler, Jürgen. Recht konkret Teilband 2, Grundsicherung für Arbeitsuchende, Sozialhilfe, Pflegeversicherung, Sozialverwaltungsverfahren; March: Verlag für das Studium der sozialen Arbeit. Fall „Der ‚Hartzige' Haushalt", S. 32 ff; 6. überarb. Auflage.

(2009). (zusammen mit Reinhard, Hans-Jürgen.; Winkler, Jürgen) SGB II – Grundsicherung für Arbeitsuchende, Kommentar, München: C.H. Beck; 2. Aufl.

Andrea Nickel-Schwäbisch

(2008). Vom unendlichen Horizont der Systeme. Ein monologischer Dialog zwischen Theologie und Systemtheorie. In: Brachtendorf, Johannes; Möllenbeck, Thomas; Nickel, Gregor; Schaede, Stephan [Hg.], Unendlichkeit. Interdisziplinäre Perspektiven, Tübingen: Verlag Mohr Siebeck, S. 315–326.

Hans-Joachim Puch

(2008). (zusammen mit Endres, Egon).Die Zukunft entwerfen – Innovationsmanagement in Sozialunternehmen. In. Puch, Hans-Joachim; König, Joachim; Oerthel, Christian [Hg]: In Soziales investieren – Mehr Werte schaffen, München: allitera, S. 68–77.

[Hg.] (2008). In Soziales investieren – Mehr Werte schaffen. München: allitera Verlag (zusammen mit König, Joachim; Oerthel, Christian).

(2009). Konzentrische Kreise – Zehn Jahre ConSozial. In: Puch, Hans-Joachim; König, Joachim; Oerthel, Christian [Hg.]: Wertschöpfung durch Wertschätzung, München: allitera Verlag, Seite 18–21.

[Hg.] (2009). (zusammen mit König, Joachim; Oerthel, Christian).Zukunft: Wertschöpfung durch Wertschätzung. München: allitera.

(2009). Rezension Herbert Ammann, Raimund Hasse, Monika Jakobs u.a. [Hg.]: Freiwilligkeit. Seismo-Verlag (Zürich). 2008. In: socialnet unter www.socialnet.de/rezensionen/6166.php (vom 25.03.2009).

(2009). Rezension zu: Bernd Jaquemoth [Hg.]: Ehrenamtliche Tätigkeit. Verbraucher-Zentrale Nordrhein-Westfalen. Düsseldorf 2008. In: socialnet unter www.socialnet.de/rezensionen/7095.php (vom 16. 04.2009).

Stephan Richter

(2008). (zusammen mit Friedrich, Ernst). Elemente und Haltungen aus den Kampfkünsten als hilfreiche Instrumente in der Beratung von Einzelnen und Organisationen. In: Wagner, Winfried [Hg.]: Living Aikido: Bewegungs- und Lebenskunst. Aikido-Prinzipien in Beratung und Therapie. Herbolzheim: Centaurus-Verlag. S. 37–64.

(2007). „Ich mach´ mir die Welt, Widdewidde wie sie mir gefällt..." Ermöglichungsdidaktik – eine (religions-)pädagogische Perspektive. In: EWuB 55 (4), S. 497–513.

Roswitha Sommer-Himmel

(2008). Krippenerziehung unter dem Aspekt des Bayerischen Bildungs- und Erziehungsplans. KiTa aktuell BY 3/2008, S. 54–56.

(2008). (gemeinsam mit M. Maksim). Im Himmel haben alle Flügel. In: Gehirn und Geist 04/2008, S. 22–26.

(2008). Kinder, die nach dem Tod fragen. Vorstellungen, Fragen und Bewältigungsmuster von Kindergarten- und Grundschulkindern zu dem Thema Tod. KiTa aktuell BY, S. 28–31.

(2009). Rezension zu: Jörg-Strübing: Grounded Theory. Zur sozialtheoretischen und epistemologischen Fundierung des Verfahrens der empirisch begründeten Theoriebildung. In socialnet Rezensionsdienst. www.socialnet.de/rezensionen

(2009). Akademisierung der Frühpädagogik – gesellschaftlich und bildungspolitisch notwendig. KiTa aktuell BY 4/2009, S. 86–87.

(2009). Dem Fachkräftemangel begegnen: Fachkräftegewinnung und Entwicklung durch Akademisierung für pädagogische Arbeitsfelder mit der Zielgruppe Kinder von 0–12 Jahren.In: EEV-aktuell.

Barbara Städtler-Mach

(2009). Ganz schön alt – Plädoyer für einen veränderten Schönheitsbegriff. In: Zeitschrift für Gerontologie und Ethik, 1/2009, S. 60–66.

(2009). Religiöse Bedürfnisse bei Menschen mit Demenz – Eine Studie. In: Zeitschrift für Gerontologie und Ethik, 2/2009, S. 124–136.

[Hg.] (2009). Zeitschrift für Gerontologie und Ethik, erscheint viermal jährlich.

Autorinnen und Autoren dieses Bandes

Birgit Bender-Junker	Dr. theol., ist Professorin für Theologie an der Evangelischen Fachhochschule Darmstadt.
Benjamin Benz	Dr. rer. soc., ist Professor für Politikwissenschaft an der Evangelischen Hochschule Freiburg.
Richard Edtbauer	Assessor iur., ist Professor für Recht und Verwaltung an der Evangelischen Hochschule Ludwigsburg.
Margret Flieder	Dr. phil., ist Professorin für Pflegewissenschaft und Pflegepraxis an der Evangelischen Fachhochschule Darmstadt.
Christine Haberstumpf	Ass. iur., ist Studentin der Sozialwirtschaft und Doktorandin an der Universitaet Hall i.T./Oesterreich
Karl-Peter Hubbertz	Dr. phil., ist Professor für Theorien und Handlungslehre Sozialer Arbeit und Sozialpsychologie an der Evangelischen Fachhochschule Nürnberg.
Holger Kirsch	Dr. med., ist Professor für Sozialmedizin an der Evangelischen Fachhochschule Darmstadt und Facharzt für Psychosomatische Medizin und Psychotherapie, Psychoanalytiker und Supervisor.
Gabriele Kleiner	Dr. phil., ist Professorin für Sozialgerontologie an der Evangelischen Fachhochschule Darmstadt.
Maria Knab	Dr. rer. soc., Dipl. Pädagogin ist Professorin für Theorie und Praxis Sozialer Arbeit an der Evangelischen Hochschule Ludwigsburg.
Alexa Köhler-Offierski	Dr. med., Dr. h.c. Uni Kostroma (RUS), ist Professorin für Sozialmedizin und Präsidentin der Evangelischen Fachhochschule Darmstadt.

Joachim Körkel	Dr. phil., ist Professor für Psychologie an der Evangelischen Fachhochschule Nürnberg.
Jürgen Kruse	Prof. i.K. Dr. iur., ist Professor für Sozialrecht, Arbeitsrecht und Zivilrecht an der Evangelischen Fachhochschule Nürnberg und Fachanwalt für Sozialrecht in München (RA'e Zamponi & Kruse).
Gisela Kubon-Gilke	Dr. rer. pol., ist Professorin für Ökonomie und Sozialpolitik an der Evangelischen Fachhochschule Darmstadt.
Konrad Maier	Dr. phil. rer. pol., Prof. emeritiert, war Professor für Politikwissenschaft an der Evangelischen Hochschule Freiburg.
Dirk Oesselmann	Dr. phil., ist Professor für Gemeindepädagogik an der Evangelischen Hochschule Freiburg.
Hans-Joachim Puch	Dr. rer. pol., ist Professor für Soziale Arbeit und Soziologie (Schwerpunkt: Organisation und Management Sozialer Arbeit) und Präsident der Evangelischen Fachhochschule Nürnberg.
Günter Rausch	Dr. paed., ist Professor für Gemeinwesenarbeit, Sozialarbeitswissenschaft, Sozialmanagement an der Evangelischen Hochschule Freiburg.
Jürgen Rausch	Dr. phil., M.A., ist akademischer Mitarbeiter an der Evangelischen Hochschule Freiburg.
Stephan Daniel Richter	Dipl.-Rel.Päd. (FH), TZI-Diplom, Supervisor (DGSv); Lehrkraft für besondere Aufgaben an der Evangelischen Fachhochschule Nürnberg. Außerdem unterrichtet er Wirtschaftsethik an der Fachhochschule für angewandtes Management in Erding.

Die Autorinnen und Autoren

Gisela Rudoletzky	Dr. phil., Diplom Volks- und Betriebswirtin, promovierte Soziologin, Professorin für Ökonomie an der Evangelischen Hochschule Freiburg.
Traugott Schächtele	Dr. theol., für Evangelische Theologie, Systematische Theologie und Homiletik / Liturgik, an der Evangelischen Hochschule Freiburg und Landeskirchlicher Beauftragter für Prädikantenarbeit.
Claudia Schulz	Dr. phil., Dipl. Theologin, ist Professorin für Soziale Arbeit und Diakoniewissenschaft an der Evangelischen Hochschule Ludwigsburg.
Wilhelm Schwendemann	Dr. phil., ist Professor für Evangelische Theologie, Schul- und Religionspädagogik an der Evangelischen Hochschule Freiburg.
Hans-Ulrich Weth	Assessor iur., ist Professor für Recht, Verwaltung, Politikwissenschaft an der Evangelischen Hochschule Ludwigsburg.